智慧交通技术创新与先行示范丛书

U0820599

道路设施性能高频多维感知与数字化管理技术

杜豫川　刘成龙　吴荻非　著

ADVANCED MULTI-DIMENSIONAL MONITORING AND DIGITAL MANAGEMENT TECHNOLOGY FOR ROAD INFRASTRUCTURES

人民交通出版社
北京

内 容 提 要

本书主要围绕道路设施性能高频多维感知与数字化管理中涉及的体系架构、理论方法、技术方案以及系统构建等方面进行阐述。全书共包含10章,主要包括高频多维道路基础设施全息数字化体系、振动反应式路面平整度快速检测技术、路面异常颠簸精准感知与定位技术、路面病害自动识别与评价技术、道路隐伏病害无损检测与自动化分析技术、精细化道路环境激光雷达全景建模和应用技术、面向预防性养护的路面微观纹理检测与评价技术、时空完备的道路基础设施数字化管理模式,以及多源性能数据交叉解释与病害致因分析。

本书可为政府、企业、科研机构、交通运输行业主管部门进行道路基础设施性能采集与养护决策提供参考,也可为汽车生产企业、地图厂商等提供数据采集方案。

图书在版编目(CIP)数据

道路设施性能高频多维感知与数字化管理技术/杜豫川,刘成龙,吴荻非著. — 北京:人民交通出版社股份有限公司,2024. 8. — ISBN 978-7-114-19683-6

Ⅰ. U417

中国国家版本馆 CIP 数据核字第 20243BM659 号

Daolu Sheshi Xingneng Gaopin Duowei Ganzhi yu Shuzihua Guanli Jishu

书　　名: 道路设施性能高频多维感知与数字化管理技术
著 作 者: 杜豫川　刘成龙　吴荻非
责任编辑: 杨丽改
责任校对: 赵媛媛　卢　弦
责任印制: 刘高彤
出版发行: 人民交通出版社
地　　址: (100011)北京市朝阳区安定门外外馆斜街3号
网　　址: http://www.ccpcl.com.cn
销售电话: (010)59757973
总 经 销: 人民交通出版社发行部
经　　销: 各地新华书店
印　　刷: 北京武英文博科技有限公司
开　　本: 787×1092　1/16
印　　张: 18.75
字　　数: 452千
版　　次: 2024年8月　第1版
印　　次: 2024年8月　第1次印刷
书　　号: ISBN 978-7-114-19683-6
定　　价: 98.00元

序一
FOREWORD ONE

在过去的20年里，我国公路建设迅猛发展，基础设施建设成就举世瞩目。然而，高密度的公路建设导致海量在役公路集中迈入“老龄化”阶段。公路基础设施性能衰变显著，养护运维工作压力空前，以数据科学为研究范式的道路基础设施养护数字化转型成为必然趋势。

在这个数据驱动知识拓展的蓬勃发展时代，《道路设施性能高频多维感知与数字化管理技术》一书的作者们凭借多年深耕道路设施检测与运维领域经验，全面介绍了道路设施的多维高频感知技术，并将其与数字化管理理念相结合，为读者呈现了一幅全景式的道路基础设施数字化管理蓝图，作出了海量异构监检测数据由“可视化展示”到“可计算分析”的积极应用。

高频多维的数据采集是数据驱动设施评估运维体系的基石，通过这一手段，以细颗粒度、精细化视角构建了道路设施性能的多参数表征方法。这不仅是对道路性能变化的更灵敏感知，更是对道路设施复杂演变过程的深刻认知。本书的独特之处在于其对时空维度的深入探讨，这一创新的构思在空间上实现了全方位的数据获取，涵盖了路内、路表和路域三个维度，更在时间上实现了设施性能的连续追踪，使得我们能够更加准确地捕捉道路设施性能的动态演变，也为后续效益评估、养护决策等提供数据基础。

不仅如此，本书还创新性地提出了多源数据的交叉解译方法。这一方法充分发掘和释放了多源数据的巨大潜能，为研究者提供了更多角度分析的可能性。通过对不同来源数据的关联分析，我们可以更全面地理解道路性能衰变的内在机理，为其性能管理和延寿提供更为有效的指导。

在全球范围内，交通基础设施对于社会的运转至关重要。因此，本书的研究内容不仅是学术界的探索，更是对实际工程经验的总结。通过深入研究道路设施性能的新方法，我们能够更好地保障道路的可靠性、安全性和可持续性；将前沿技术与实际案例相结合，可为广大读者提供更丰富的实践参考。相信读者通过对本书内容的深入阅读，能够收获新的见解，为未来的道路设施性能研究和管理贡献智慧和力量。

最后，我衷心祝愿书中的知识能够得到广泛传播，并为交通领域的发展与进步贡献力量。

中国工程院院士：

2024年1月

序二
FOREWORD TWO

自古罗马时期起，道路即成了支撑交通运输的重要基础设施，并在随后数千年文明发展过程中扮演了重要角色。近数十年来，我国在道路基础设施建设领域取得了突破性进展，公路通车里程居世界第二，其中高速公路里程居全球第一，极大促进了我国交通运输产业的进步，也使中国成为名副其实的交通大国。然而，道路基础设施虽然拥有沥青混合料、钢筋混凝土组成的强健"肌体"，却仍无法避免各类损伤和病害的产生。在长久的交通荷载和持续演化的恶劣天气影响下，道路结构会产生磨损、开裂、破损等不可逆损伤，甚至导致塌陷等重大安全事故。在道路设施建设速率减缓、道路养护里程日益增加的"建养并重"新时代背景下，如何管理好、养护好、运营好我国海量在役道路设施，已成为我国交通运输行业在未来数十年面临的重大工程问题。

杜豫川教授团队建立的以"高频多维感知"为驱动的数字化道路设施管理模式已在国内打造了多个标杆案例，取得显著成效，成为智慧运维行业应用的典范。以杜豫川教授领衔编著的《道路设施性能高频多维感知与数字化管理技术》这一著作，集成了其团队在近十余年的核心研究成果，聚焦新时代道路设施高效管理、科学养护、高品质运维等关键问题，提出了以"数据"为核心的道路养护运维新模式，通过对道路设施运行状态进行高频、多维、全面的"体检"，建立道路设施的"数字化"病历档案，打造道路设施数字化新型管理技术体系。

该著作紧密结合道路设施性能状态的感知、评估、决策全流程，介绍了"数据-业务"

双闭环的道路基础设施数字化管理体系,系统阐述了路面平整度、路面异常颠簸、路面病害、道路隐伏病害、道路全域环境、路面微观纹理六大关键道路设施性能状态的新型感知技术,并重点讲解了智能化装备的应用和深度学习驱动的智能解译评估方法,探讨了"高频"和"多维"感知模式下道路设施数字化管理新模式和道路病害精细化演变历程。

本书中展示的道路设施数字化管养领域的理论成果和技术进步,兼顾工程实用性和学术指导性,为我国城市道路、等级公路、农村公路在未来数十年的养护管理提供了新技术和新思路。

中国工程院院士: 朱合华

2024年3月

前言

PREFACE

道路基础设施是经济社会发展的基石，具有战略性、基础性和先导性作用。过去30年是我国道路建设的“大干快上”高速发展期，公路总里程从140万公里跃升至540余万公里，然而集中的建设不可避免地使得海量道路设施同步进入“老龄化”阶段，存量服役道路养护压力空前巨大。在气象环境和往复的外部荷载影响下，道路基础设施会产生裂缝、坑槽、抗滑性能下降等表观性能衰变，以及基层疏松、脱空等隐伏病害，给交通安全与出行体验带来严峻考验。在此背景下，设施性能快速检测、结构损伤精准诊断，以及科学养护决策，成为新时代道路基础设施运维管养的重要议题，也是我国大规模在役道路安全高效运营的核心保障。

纵观我国道路基础设施运维管理的发展历程，其经历了机械化、自动化、信息化、数字化四个主要发展阶段。20世纪末，自国外引进的多功能路况快速检测车、车载落锤弯沉仪等自动化检测设备与机械化养护装备推动了行业的机械化与自动化转型，形成了一批具有代表性的国产替代产品。21世纪初，信息化技术的飞速发展打破了道路检测与养护的壁垒，路面管理系统、养护决策系统等应运而生，信息化与自动化的深度融合全面提升了道路基础设施的运维养护效能。在全球数字经济迅猛发展的背景下，数据驱动的道路科学养护管理和技术研发迎来了快速发展时期，机遇与挑战并存。充分发挥数字化技术对传统行业的引领、带动与改造作用，促进行业转型升级，是发展交通运输新质生产力、形成新时代我国国际竞争力、彰显中国式现代化道路独特优势和特色的必然选择。与此同时，道路设施管理模式也在发生着深刻变革，服务对象从服务设施完好进化为服务舒适出行，养护行为从被动矫正养护转化为主动预防维护，问题发现从依赖人工经验转化为海量数据驱动，管理范围从服务单一设施转化为服务广域路网，养护周期从项目级短周期管理转化为全生命智慧更新。道路设施管理革新对多维度性能数据的采集、挖掘与应用带来了新的挑战。

针对上述问题及发展趋势，本书旨在构建高频多维的道路设施全息数字化管理体系，不仅依托轻量化巡查手段构建了高频性能数据的分析新范式，同时也将设施性能评价维度拓展为"路面-路内-路域"的全断面诊断，并提出了高频多维数据的联合解译分析方法，为道路基础设施的养护提质增能。本书围绕高频多维数字化体系的技术内涵、感知框架、检测方法、评价分析等方面进行阐述。全书共10章，各章内容如下：第1章总结了道路管养数字化发展背景与趋势；第2章介绍了"数据-业务"双闭环的道路基础设施数字化管理体系及其核心组成——高频多维道路基础设施全息感知、"一图统管"道路基础设施数字化管理平台、高效低扰的养护技术与工艺、多源信息融合的养护作业效果后评估方法；第3章解析了复杂工况下车路耦合振动机理，提出了高精度的振动反应式路面平整度快速检测模型及其参数标定方法；第4章在振动解析的基础上构建了异常颠簸的精准评价与定位方法，并设计了主客观融合的定量评价机制；第5章利用前沿的人工智能技术建立了多类别路面病害自动识别算法，提出了面向病害识别的RoadID网络架构，在此基础上构建了源域可迁移的跨场景应用框架；第6章将感知视野从路面深入路内结构中，利用探地雷达技术建立了路内病害无损识别方法，实现了隐伏病害的快速排查；第7章从宏观角度出发利用先进的激光点云(LiDAR)技术实现宏观的道路环境三维精细化建模，并开发了病害尺寸、路面平整度等多类性能参数的自动提取方法；第8章从微观角度出发，利用三维扫描成像方法获取路面的纹理构造，进而对表观构造参数进行精准计算与估计；第9章和第10章分别从高频和多维两个角度，揭示病害的时空演化机理与路面-路内病害耦合作用，建立了病害时空追溯与致因交叉解释方法。本书是对道路基础设施性能数字化研究成果的总结和凝练。内容涵盖了从道路设施性能感知到数字化管理的各个方面，为道路基础设施的数字化养护巡查、评估、决策提供理论基础和技术支撑。

本书由杜豫川、刘成龙、吴荻非合著，其中第3~5章由刘成龙主要撰写，第6~8章由吴荻非主要撰写，其余各章由杜豫川主要撰写。本书汇集了作者和其研究团队多年的研究成果，书中大部分数据与方法来自团队研究，由衷感谢同济大学智能交通新兴计算与感知研究课题组历届师生对本书的贡献，尤其感谢李亦舜、岳光华、潘宁、翁梓航、高倩、覃伯豪、岳劲松等人提供的数据文献资料与编写支持。

本书得到了国家自然科学基金项目“自然路面表观损伤数据集在线构建与时空分析”(51978519)、“众筹数据驱动的城市路网平整度感知方法研究”(52108411)、“密集数据驱动的路面性能推演模型研究”(52372305)、国家重点研发计划“港珠澳大桥智能化运维技术集成应用”(2019YFB1600703)，以及上海市教委科研创新计划自然科学重大项目(2021-01-07-00-07-E00092)的资助，在此表示感谢！

著 者

2024 年 6 月于上海

目录

CONTENTS

第 1 章 Chapter 01

绪论

1.1 数字赋能新时代智慧养护管理

道路基础设施是维持现代社会高品质运行的重要国家资产之一,其服役性能的好坏影响着社会运行效率和公众出行安全与感受。过去 40 年,我国交通行业实现了"跨越式"飞速发展,交通基础设施规模已位居全球首位,我国成为名副其实的交通大国。截至 2022 年底,我国公路里程已超过 540 万 km,新建道路增速逐渐趋于平缓,而大量的已有道路设施需要不断地进行养护维修,从而保证其在全生命周期内正常运营。过去 10 年,我国公路里程年均增长率不足 5%,而公路养护里程占比超 99%(图 1-1),公路设施养护投资规模增长超过 350%,道路交通系统发展正处于从"增量扩张"到"存量优化"的转型阶段,交通基础设施数字化治理是交通大国向交通强国迈进的必然举措。

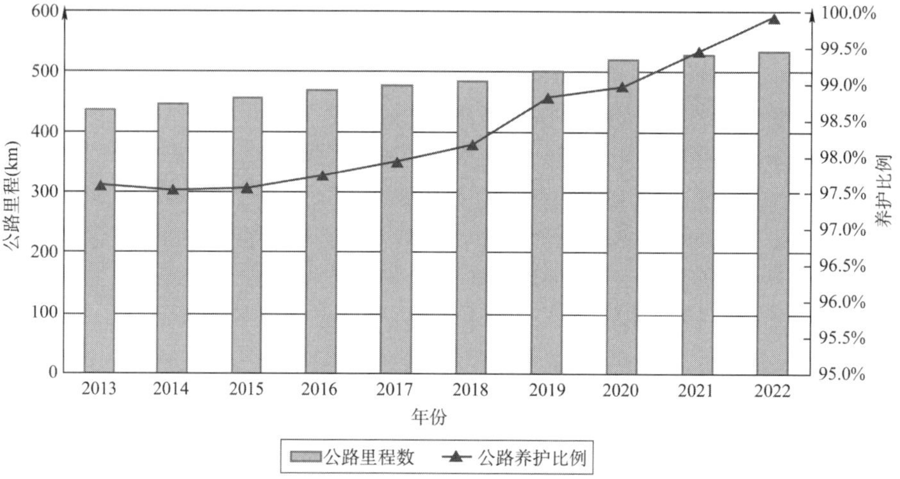

图 1-1 我国公路里程与公路养护比例

我国以惊人的速度建成了举世瞩目的大规模公路网络,与此同时也意味着道路基础设施会集中进入快速"老龄化"发展阶段,道路交通基础设施管理面临着"资产体量巨大"与"服役设施老龄化"的双重挑战。以上海为例,上海城市快速路平均服役年限达到 25 年,其中服役时间最长的内环高架路的服役年限已达 29 年;高速公路平均服役年限达到 22 年,服役时间最长的沪嘉高速公路的服役年限已达 35 年,二者已进入设施性能的快速衰变期。但传统公路状况质量评定检测数据覆盖范围有限,且数据更新周期长,主要用于支撑养护资金分配、绩效评估、大中修计划制订等规划工作,难以直接指导日常的设施养护维修。长期以来,由于我国道路基础设施存在分布广、交通负荷重、检测数据覆盖度低、更新时延长的特点,使得设施整体状况不明晰、养护时机不恰当等现象普遍存在,海量道路资产存在"看病难"问题,亟须构建低成本、高频率、多维度的道路设施性能数字化技术体系,以保障设施的可持续高质量运营。

为了顺应数字化发展新阶段的形势变化,推动经济高质量发展,构筑国家竞争新优势,加快建成社会主义现代化强国，中共中央、国务院印发了《数字中国建设整体布局规划》，提出按照“2522”的整体框架进行布局推进数字中国建设。“强国建设，交通先行”，交通运输行业是经济发展的大动脉和强国建设的大基石，为了推进全国交通运输工作，加快建设交通强国，构建现代综合交通运输体系，国务院印发了《“十四五”现代综合交通运输体系发展规划》。保障交通运输行业的高质量发展，促进交通行业科学进行数字化转型是重中之重。为此，交通运输部印发了《数字交通“十四五”发展规划》，提出建设“一脑、五网、两体系”数字化发展格局，同时联合科学技术部印发了《交通领域科技创新中长期发展规划纲要（2021—2035年）》，以提升基础设施高质量建设养护技术水平、提升交通装备关键技术自主化水平、大力推动深度融合的智慧交通建设、提升新时期交通运输科技创新能力等，并明确强调要从智慧、安全、绿色三个价值维度发展智慧交通。

在交通运输行业的数字化转型进程中，公路运输作为切实关系公众出行安全利益的运输方式，如何保障其更高质量、更加可靠地发展是重要的一环。为了保障公众的出行安全，提高市民的出行体验，促进道路养护管理高质量发展，加快建设交通强国，交通运输部制定了《“十四五”公路养护管理发展纲要》，围绕提升公路基础设施韧性、维护路网良好技术状况、促进资源集约节约利用、推动公路数字化转型、提高公路运行服务水平等方面提出了一系列要求。在此大背景下，数据驱动的新型数字化养护管理模式成为发展主流，并在云计算、人工智能等高新技术的加持下蓬勃发展。数字化养护管理要求加强基础设施性能感知和运行状态监测，确保做到及时检测和发现问题，并依托大规模检测数据和数字化养护管理平台实现养护管理科学决策，切实提高道路的服务水平和保障交通安全通畅，是发展和实现智慧交通的关键所在。

在海量道路资产管理的巨大压力下，我国道路养护运维仍面临巨大挑战，交通基础设施的数字化转型是未来发展的必然趋势。然而，现有道路设施性能数据的匮乏直接导致现有设施运维工作主要以被动化、矫正式、兜底型养护为主，存在明显的流程开环不闭合现象，即设施检测数据难以支撑养护维修工作，而养护维修工作又缺乏后评估质量跟踪手段，使得养护效益难以有效评估，大多数养护维修作业均以服务形式，如日常养护、专项养护、应急养护、大中修等为结算依据，缺少对养护质量的综合评价与效能反馈，导致城市道路基础设施损坏“治标不治本”“常修常坏”，长生命周期养护成本显著增加。道路管养业务链条不闭合的源头上是数据治理能力不足，缺乏有效的处理方式对多源、异构、海量、分散的基础设施性能时空数据进行有效的分类、管理和整合，致使数据在获取、整合、利用的过程中无法形成闭环，这导致部分道路基础设施的问题和隐患无法被及时发现和排除，影响服务能力，同时加剧服役性能劣化，增大维护工作量和施工难度，难以发挥巨额养护投资效益。

长期以来，由于数据支撑不足、养护资金有限等因素的影响，许多地区在道路维修养护方面存在滞后现象，从而导致常常出现预防性养护和早期日常养护不足的问题。长时间的维护空白期导致了道路设施的大范围、高频率损坏，需要进行“休克式”的大规模养护和修复。然而，这种大规模的养护工作严重影响了交通通行能力，造成了极大的交通出行不便。同时大规模的维修养护工作需要巨大的资金投入，协调各方面资源，包括人力、物资和技术等，这都极大地降低了维修养护效率，增加了维修养护成本。

在人工智能、云计算、分布式传感等技术的推动下，道路养护运维行业正处在由信息化向数字化转型的关键阶段。20世纪末期，我国道路养护行业兴起，实现了养护装备与器械从机械化向自动化的升级演化。21 世纪初，随着计算机技术的快速发展，路面管理系统、养护决策系统等信息化终端应运而生，经过了 20 余年的发展，养护运维行业基本实现了全面的信息化。近 10 年来，在日益增长的管理需求与日新月异的技术迭代共同牵引下，养护行业正逐步推进数字化转型工作，数据驱动的养护管理成为交通系统发展的重要方向，密集型数据科学已成为继实验科学、理论科学、计算科学后的第四范式，以全面、海量、长时观测数据为基础的数据驱动模型构建和分析范式逐渐成为道路养护领域的研究热点，然而数据驱动的养护模式在工程应用中仍面临数据刻画不全面、损伤度量不精细、衰变规律不明晰以及推演场景难迁移等问题，导致大量实际养护决策仍然严重依赖主观的专家经验，需继续推进数字化手段赋能传统养护运维决策过程。道路养护行业转型升级历程见图 1-2。

图 1-2　道路养护行业的转型升级

道路养护行业的数字化浪潮推动了管理模式的转型升级，实现了管理方式从人工看问题到“数据”看问题的转变，维护手段从传统人工检测到智能感知监测的转变，维护行为从被动矫正维护到主动预防维护转变，服务对象从服务设施完好向服务城市出行转变，服务范围从服务单一设施向服务城市路网转变。道路养护运维领域取得了丰富的数字化成果，并切实提升了用户的出行体验。现有的数字化工作仍以探索性数据科学为主，以可视化展示与交互为主要特征，虽然有效的协作和关联了数据资源，并为运维管理提供决策支撑，但数据的应用决策仍以人为主，无法实现数据的自主智能。可计算科学是探索性数据科学的必然发展趋势，自动挖掘海量数据价值，发挥数据潜力，实现信息的智能解译和知识的自主学习，建立具有知识-数据协同驱动的决策支持工具，全面提升养护运维效能。高频多维的道路基础设施性能数据是可计算数据科学的基础保障，本书旨在综合利用多源传感手段，实现低成本、大规模的设施数据采集，并充分挖掘数据价值，提升数据治理能力，构建数据-业务双闭环的设施高品质管理体系。

1.2 数字化养护与数字道路交通系统

在交通运输行业发展背景下，道路养护行业的数字化浪潮只是道路交通行业数字化转型浪潮下的一片“浪花”。从整个行业发展趋势来看，道路交通系统数字化发展已经历经了十余年历程，其整体架构、发展理念对于道路基础设施及其养护行业的数字化转型，均具有突出的指导意义。

关于数字道路交通系统的内涵及架构，现有的研究多基于数字孪生理念对其进行解构，认为数字道路交通系统的内涵在于将物理世界中的道路、交通车辆、出行者及其之间交互信息和关系以数字化形式在虚拟空间进行时空一致的融合与交互，并观测、分析、推演、反馈，以实现在物理空间对道路交通系统进行研究、控制和解析，从而支撑全寿命智慧运维、车路协同自动驾驶、路网级交通管控、伴随式信息服务等数字交通新应用。其核心在于打通物理世界与数字世界的数据传递、推演和反馈，这与道路养护的数字化转型路线也“不谋而合”，即道路性能的数字化感知、推演预测和科学决策。

数字道路交通系统是一个多要素耦合的智能化系统，根据不同要素的时空特征，可将其分为快变量、中变量、慢变量3层，如图1-3所示。其中，快变量要素指的是道路交通系统中具有“短期突变”特征的数据要素，包括实时的车辆、行人、交通信号等交通运行状态信息。此类数据具备变化迅速、随机性强的特点，时空分辨率和感知精度要求高，是支撑自动驾驶、车路协同、交通管控的核心内容。中变量要素指的是道路交通系统中具有“中期渐变”特征的数据要素，包括各类交通基础设施的服役状况数据、资产运行状态数据等，例如桥隧设施的健康状况、道路路面的使用性能和结构性能、沿线设施的完好情况等。此类要素通常变化稳定，具有一定规律性和可塑性，对时空分辨率、时空覆盖度、感知精度均有一定要求，是支撑交通基础设施全生命周期运维、养护、维修的重要内容。慢变量要素则是道路交通系统中具有“长期微变”特征的数据要素，其主要指的是基础设施的物理形态及基础属性信息，包括桥梁构件、道路线形、路域资产等。此类要素变化范围和变化幅度通常非常有限，具有长期稳定特征，对时空覆盖度要求高，是构建道路高精度地图，支撑中变量、快变量全周期、全天候数字化的基础底座。

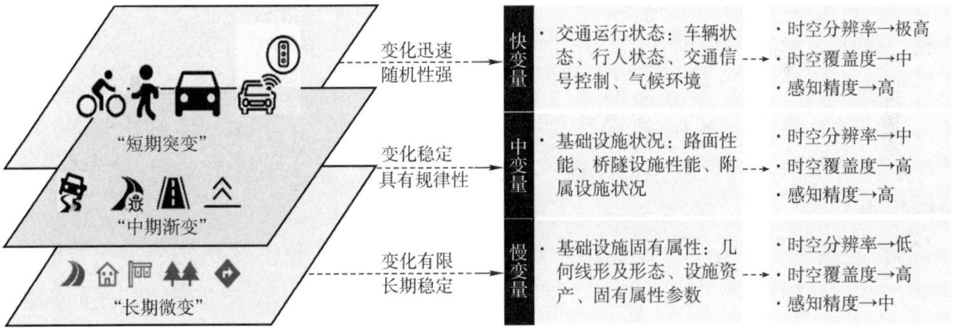

图1-3　数字道路交通系统的基本要素

道路的数字化养护主要与数字交通系统中的“中变量”要素相关，即道路基础设施的各类服役性态。不同于“快变量”要素，“中变量”要素变化周期较长，且通常不具备突变性，其时空分辨率的需求较低，但由于道路结构的复杂性和多样性，包括路表、路面、基层、土基等结构，因此其涉及的“中变量”要素更为繁杂，既包括路表、路面的抗滑性能、平整度、标线磨损等使用性能，也包括路基、基层结构的变形、脱空、承载力下降。因此，实现路网级、大规模、全生命周期道路数字化养护的核心，在于利用智能化、联网化、低成本的手段实现多模态道路服役性态的快速、广域、精准感知，揭示道路损伤致因，推演道路服役性态发育态势，制定科学、可靠的养护决策。

虽然“中变量”要素的数字化是支撑道路养护数字化转型的核心技术，但“快变量”和“慢变量”也对道路养护具有一定支撑作用。例如气候环境、交通荷载等“快变量”要素是诱发道路性能衰变的重要因素，而道路结构、材料等基础信息，亦是道路养护运维的基础要素。因此，道路养护的数字化转型，既是“中变量”要素数字化的重要应用场景，也是整个数字道路交通系统中的关键环节和重要分支。

1.3 道路养护管理数字化发展趋势

道路养护管理数字化的发展具有典型的“需求主导-技术驱动”特色，一方面，新兴检测技术、通信技术、传感技术的涌现，推动道路性能感知朝着高精度、多维度、立体化发展；另一方面，大体量道路基础设施低成本、高效能的养护运维需求，也促使各类数字化技术朝着轻量化、模块化迭代。总结道路养护数字化的发展趋势，主要表现在以下方面。

(1)感知装备的轻量化：低成本、模块化、广覆盖的智能监/检测装备将成为道路养护数字化转型的核心驱动。传统以重型检测装备为主的数据采集模式受限于感知成本，难以保证较高的时空分辨率和时空覆盖度，无法全面揭示道路性能演化的发展历程。轻量化感知装备的核心在于实现普通车辆的“技术再造”，通过加装模块化、低成本的感知器件，例如高清摄像头、探地雷达、激光雷达(LiDAR)等，将普通车辆快速改装为具备大范围检测能力的智能车辆，可大大提升路网设施性能感知的时空覆盖度和时空分辨率。

(2)解析模型的智能化：以深度学习、机器视觉、人工智能等技术为驱动的感知数据解析模型将成为突破海量感知数据快速、精准解译的关键路径。传统基于经验规则的数据解译方法适用于小体量、标准化的感知数据，但在高并发、大体量信息感知场景下解析效率有限、适应性不足。研究具有高泛化能力、低算力需求的深度学习模型，并使其与轻量化装备深度融合，打造具有数据解析能力的智能感知终端，可实现道路病害、养护事件的实时感知和即时研判，提升养护效能。

(3)养护决策的科学化：在实现道路性能演化历程高时空分辨率感知基础上，未来公路养护的决策方法将从传统的“力学-经验”模型向“数据-机理”双驱动模式转型。通过精准跟踪道路性能的时空演化特征，融合应用强化学习等方法，实现养护资源调度、养护时机选取、养护工艺优化的科学决策，改善现有对的经验判别模式，将成为道路养护未来发展的必然趋势。

(4)运维管理的数智化：在实现道路养护数字化感知、解析、决策的基础上，基于“一网通管”理念的数智化运维管理平台将成为未来道路基础设施管理的重要工具。通过打通道路运维管理的横向数据壁垒和纵向数据障碍，实现道路交通系统中的交通荷载、气候环境等“快变量”要素信息和道路设备自身固有参数“慢变量”要素信息的一体化集成，融合“中变量”要素的感知信息、解译模型和决策算法，完成路网设施性能的综合诊断、评估和预警，将得以全面推进。

第 2 章
Chapter 02

高频多维道路基础设施全息数字化体系

近年来,我国的交通基础设施建设发展迅速,道路交通网络的覆盖率、总里程和密度都有了巨大的提升。市场需求的增长和高质量发展的要求必然带来基础设施建设与运营的挑战,规划基础设施网络的建设和已建成大量基础设施的运营养护都带来劳动力和经济上的双重压力。在十九大“网络强国、交通强国、数字中国”的战略部署下,我国数字经济也同步进入发展快车道,市场潜力巨大。除目前的存量基础设施外,《国家综合立体交通网规划纲要》中对立体交通网线网里程,包括铁路、公路、水路等都有明确的数据指标规划,要在2035年达到70万km的线网里程,这意味着15年内,我国交通基础设施的增量部分还很可观,而这部分增量将会同步实现数字化、智能化,这也是智慧交通行业发展繁荣的重要保证。

随着以人工智能、大数据、物联网为代表的数字化技术快速发展,交通运输系统正处于从机械自动化到信息数字化的转型阶段,数字孪生、信息物理系统,甚至元宇宙概念被引入动态交通系统管理中。不断增长的基础设施体量给后续的管理运营带来了巨大的压力,基础设施的运维目前仍是高人力需求、高成本的工作,缓解存量和增量基础设施带来的运维压力是一个亟须解决的问题。基础设施的数字化通过引入新技术,在基础设施的全要素、全周期数字化,全方位交通感知网络建设,以及载运工具、作业装备智能化三方面对基础设施进行提升,减少人工需求,提高养护效率和养护质量,也提高基础设施运维的应急响应能力,在基础设施全生命周期内最大化利用资源。通过人工智能、大数据、云计算等技术在交通基础设施建设和运营方案方面的综合应用,能够提高建设效率、养护效率,减少资源的消耗,也能带来更好的交通出行体验。道路基础设施数字化是推动我国从“交通大国”迈向“交通强国”的必要举措,也是未来道路交通系统发展的重要方向。

此外,劳动力供给下降的趋势也是基础设施数字化迫切推广的原因。2019年,我国60岁以上老年人口2.5亿,占比18%,预计到2027年老年人口占比将提升到20%,进入深度老龄化社会。到2050年老年人口将达到4.87亿,占总人口的1/3,我国在不久的将来就将比肩日本的老龄化程度。而由于老龄化的趋势,劳动人口占比将明显下降,像当今的日本一样,仍需要大量人工来维持运营的基础设施在未来可能面临无人可用而难以为继的情况。日本的《智慧城市2050》报告中就明确指出,智慧城市的建设迫在眉睫,需要对基础设施的感知和管养工作进行智能化、数字化,减轻人工需求,避免老龄化社会导致基础设施不能维持运转的后果。我国虽然目前还没有劳动力短缺的问题,但按照老龄化的趋势,日本现在面临的问题也是未来我国将会面临的问题。因此,未雨绸缪地进行基础设施的数字化,逐步减轻基础设施运维管养对人工的依赖十分必要。

我国公路资产体量巨大且服役状况差异明显,使得道路基础设施数字化过程必然是个分阶段、分场景、分条件的持续推进过程。基础设施数字化是指将物理的设施状态转化为数字化(计算机可读)的信息形态进行管理与交互,其不仅可以搭建物理世界与信息世界的桥梁,同时通过可度量、可解析的数据模型实现大规模基础设施状态的信息化管理。道路基础设施的数字化涉及路面、路内结构、路侧附属设施等设施资产的性能数据采集、分析与信息应用。众所周知,道路系统是个复杂的结构体系,其服役状态不仅取决于表观路面性能的变化,也受到深层结构损伤与路侧设施完整性等多维属性的影响。同时,道路基础设施性能也包含了宏观平顺性参数、中观病害级属性与微观纹理特征等多尺度的数据类型。传统道路基础设施数字化主要集中于道路参数级数字化，可通过计算国际平整度指数（International Roughness Index，IRI），行驶舒适性指数（Riding Quality Index，RQI），路面状况指数（Pavement Condition Index，PCI），路面综合评价指数（Pavement Quality Index，PQI），落锤式弯沉仪（Falling Weight Deflectometer，FWD）等指标评价描述道路的性能状态。这些参数虽然可以有效地反映不同层面的道路设施状态，但由于数据粒度大、更新频率低、信息关联弱等问题，导致难以有效地、精细化地跟踪设施的动态衰变过程。而且，这些参数采集大都依赖于精密的重量级器械（如激光、落锤弯沉仪、钻芯仪等），具有采集成本高、操作过程复杂的特点，从而限制了获取数据的鲜度与广度，使得道路基础设施数字化覆盖率低、信息更迭周期长，难以有效支撑养护管理工作。

另一方面，从道路基础设施的业务管理流程上来看，传统基于年度更新检测数据的养护计划制订与实施方式存在数据时效性较低、决策针对性较差的问题，虽然能够在一定程度上优化资金的分配方式，但对具体的养护作业实施支撑力度不足。低频更新的粗粒度数据资源导致道路养护管理工作“开环”不闭合，如图 2-1 所示。数据流向不明确、数据更新不及时、数字维度不全面是推进道路基础设施数字化管理的难点所在，受限于数据质量，现有的路面管理系统（Pavement Management System，PMS）中设施的衰变分析主要采用统计趋势外延与概率预测模型，难以准确量化外部环境与养护作业对道路设施性能的影响，进而影响了养护时机与措施的选择。

图 2-1　道路养护管理工作“开环”不闭合

数据的业务需求和数据的供给能力平衡一直是制约基础设施数字化发展的关键瓶颈问题。在现实的业务管理中经常产生类似的“数据困境”，即现有的数据特性不足以支撑运维管理业务的需求，而道路交通系统产生的海量数据信息同时又难以挖掘应用产生巨大的沉没成本。例如在道路养护派单业务中，虽然 PMS 中已经具备了大量的路面平整度、路面状况、车辙等数据，但由于数据的更新频率不足导致无法直接支撑日常的工单派发。另一方面，随着移动传感技术的快速发展，大部分车辆具备了图像采集、振动感知、高精定位的功能，每天积累了 PB 级的数据信息，这些信息有效地反映了道路基础设施的服役状态，但由于缺乏可靠的数据众筹手段与技术，使得数据资源的效能难以发挥。

因此，本书立足道路设施数字化管理趋势，以交通强国建设纲要为导向，面向上述道路存量设施管理中存在的实际问题，提出了“数据-业务”双闭环的道路基础设施数字化管理体系，旨在利用数据的全过程闭环，推动业务的闭环反馈式管理，实现数据驱动的养护管理决策模式，解决数据制式不统一、数据类别不一致等导致的“非共识”零散的数字化管理问题，从顶层架构角度出发，描绘双闭环管理的过程要素与技术需求，为新时代道路基础设施管养提供指导性意见与可靠的技术支撑。

2.1 “数据-业务”双闭环的道路基础设施数字化管理体系

道路基础设施管理的范畴很大，广义上来说，其包含了为道路使用者提供基本出行条件、保障城市稳健发展的各类土木与机电设施的状态管理。在道路的运营维护期，一般是指对道路结构物(路基、路面等)服役状态的健康监管与养护。现有的道路设施管理流程主要包括数据采集、养护决策、施工作业、效益评估四个过程，但由于目前的道路设施数据主要采用 IRI、PCI 等统计性参数，更新频率较低，主要用于支撑道路的大中修与专项养护，难以指导日常的养护派单工作。

现有 PMS 中日常养护管理模块主要采用人工巡检的方式对道路上的病害进行拍照记录，这种方法虽然可以有效地提高检测数据的更新频率与精细化程度，但是受到从业人员的主观性影响，导致数据分析结果往往具有较强的倾向性，另一方面，车行道的病害人工巡查会产生较大的安全风险，导致关键轮迹带位置的病害采集率较低。数据的低频和有偏更新导致养护决策的指向性与科学性不足，且目前最常用的养护决策方法是最劣优先法(Worst-first Strategy)，即每次对质量最差的道路优先进行养护。最劣优先法虽然与养护业务的契合度高，但极易受到数据有偏性的影响，因此，工程应用中仍采用专家经验法进行养护决策的判断。

养护决策工作不仅包括了养护范围与养护时机的选择，同样也涉及养护技术的比选，因地制宜地设计养护方案可以有效提升养护效能。养护决策优化模型一直以来是相关领域的研究热点，面向不同的养护决策周期与管理空间范围提出了许多可靠的优化模型。但大多数养护决策模型均假设道路设施的性能完全已知且稳定更新，而实际工程中采集的数据受到数据更新频率、数据存储制式、数据类别差异等因素的影响，使得其主要用于道路性能评价，很难支撑养护决策优化工作。或由于数据的采样率不足，以及维度有限，决策结果可能与实际管理诉求相差甚远。数据能力不足是导致养护优化难以实际应用最关键的因素之一。

道路基础设施数字化管理的另一个重要的应用即对养护作业的效益进行定量评估。传统道路养护工程验收主要基于对当前状态的简单评测，缺乏对设施服役性能的长期跟踪，难以有效判别养护作业的有效性。与此同时，养护作业不仅影响着路面性能本身，同时受到封路等施工组织方案的影响，会对路网交通状态产生明显的作用，这种负面影响不仅可以通过交通组织的闭塞时长评价，也往往会在民众舆情中有所体现。因此，如何利用高频更新的多维道路设施性能数据，建立具备延续性的养护作业效益长期跟踪与综合评价体系是提高道路基础设施管理的重要举措。

在此背景下,本书提出了“数据-业务”双闭环的基础设施数字化管理体系,主要是通过道路设施管理流程的数据闭环,带动全过程的业务闭环,从而实现数据驱动的养护管理工作,如图 2-2 所示。

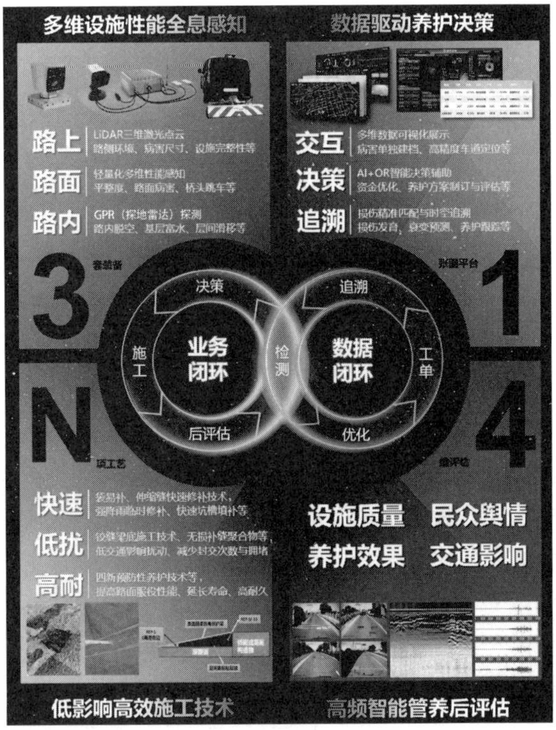

图 2-2 “数据-业务”双闭环数字化管理体系

2.2 高频多维道路基础设施全息感知

高频多维道路基础设施数字化采集技术是双闭环体系的基础,其需要满足不同业务环节的数字化管理需求,并从数据的精度、维度、鲜度等角度满足管理的需求。根据道路基础设施主体,其数字化过程主要包括面向路面、路内、路侧三个维度。

路面性能高频感知主要包含路面平整度、病害分布、异常颠簸、纹理特性等内容,采用轻量化的检测技术可以将路面性能数据更新频率提升至 1 次/天,有效支撑后续的日常养护工作,其中反应类平整度快速检测技术在本书第 3 章进行详细介绍,车载连续式路面异常颠簸精准与评价在本书第 4 章进行详细介绍,基于人工智能的路面病害自动识别与跟踪技术在本书第 5 章进行详细介绍,基于三维相机的路面纹理特性分析与抗滑预估技术在本书的第 8 章进行详细介绍。

路内性能精细化感知主要包括路基结构状态派别、结构性能的准确评价、隐性病害(空洞、富水、层间滑移等)无损检测等内容,采用三维探地雷达探查技术可以在不对路面进行破坏的条件下对下部结构进行有效探查,既避免了钻芯取样造成的结构应力集中,又可以将传统抽样采样的方法变为路段级连续测量。路内结构无损探查技术在本书的第6章进行详细介绍。

路侧环境感知主要包括道路三维空间线性、路侧保护设施(防护栏、防眩板等)缺损、标志标线污损、机电设施运行情况等内容,主要采用激光雷达(Light Detection and Ranging, LiDAR)技术与点云分析技术进行自动化的道路全景建模与三维尺寸判别,结合RGB图像实现不同类别的要素完整性与状态分析。精细化道路环境激光雷达全景建模技术在本书的第7章进行详细介绍。

2.3 “一图统管”道路基础设施数字化管理平台

“一图统管”道路基础设施数字化管理平台是双闭环体系的中枢系统,利用“图”将数据可视化,并打通各项业务的信息隔阂。“一图统管”平台本质上是业务和数据相结合的枢纽,其关键特征在于交互、决策、追溯三个层面。其中“交互”是指所有的设施数据均以业务需求为导向,即保证业务与数据的无障碍性;“决策”是指在海量、高频、检测数据的支撑下进行的靶向养护决策优化支撑,将专家经验与数据驱动有效融合,实现了工程场景的模型实时应用;“追溯”是指数据的时空连续性,主要是通过地理信息、时间戳、场景特征等实现不同车辆、不同频次、不同数据源的数据在时空上完备可溯,可以有效支撑后续的效益评估工作。以日常巡检养护为例,“一图统管”系统构筑了一套“巡查-审核-派单-评估”的业务流程闭环管理体系,让道路养护作业时刻处于可知、可信、可控的状态下。以高频路面巡检数据为基础,将日常巡查工作当中发现的病害信息及时反馈智能巡查业务系统,通过业务系统自动筛选高危病害后发出提示,由管理人员审核授权后,将养护任务及时向养护人员派发工单,待养护人员完成维护并将维护结果拍照上传后,最后由系统自动评估维护效果,完成全流程的业务逻辑闭环。

在养护决策优化方面,将道路设施的巡查病害数据建立历史病害时空数据库,可以根据时序的不断递进变化,在较长时间内分析路面平整度、表观损伤分布的整体劣化演变规律,结合道路性能预测模型,及时发现劣化突变位点,挖掘路网不同区域道路的最不利发育条件,及时安排养护维修作业,降低维护成本与安全风险,提高道路服役性能与用户出行舒适性。时空完备的道路基础设施数字化管理模式在本书的第9章进行详细介绍。

在道路病害的致因分析方面,通过将病害图像数据与行驶振动数据进行联合分析,筛选异常点位,综合分析颠簸致因,实现道路设施异常的致因判别;针对传统养护行为仅维护表观损伤,而无法发现导致表观病害频繁发生的道路深层结构损坏的局限性,通过连续跟踪的路面表观病害对病害频发及聚集性产生的位点进行靶向探地雷达结构扫描,实现表面-深层的联合分析,挖掘病害产生的根本原因,从而可以从繁杂且庞大的病害巡查数据当中,及时挖掘出结构损伤区域,对深层病害实现“外科手术式”的直击病因的定向维护。多源性能数据交叉解释与病害致因分析技术在本书的第 10 章详细介绍。

2.4 高效低扰的养护技术与工艺

随着城市交通流量逐步增大,道路基础设施养护与交通管制之间的矛盾越发显著,导致道路养护压力逐年上升。道路养护作业通常需要封道作业,对交通通行能力影响巨大,严重影响公众日常出行。在传统养护工艺基础上,城市道路养护亟需快速、高效、低扰的“四新”养护技术,提升养护效率,保障养护效果,降低交通环境影响。

现有的道路养护技术和工艺多基于传统养护维修标准,根据道路运维年限、年度抽检结果进行决策,按照养护层级可划分为日常养护、专项养护、综合整治和大中修四个层级。但由于道路状况数据覆盖度不足,现有的养护模式仍以粗放型养护为主,且养护工艺较落后,施工作业对交通影响大。

针对现有养护模式、养护工艺的现实问题,本章节重点探讨了数据驱动的新型养护技术与工艺。依托高频多维的道路基础设施智能感知体系,可对路表、路内的各类损伤和隐患进行探查。进一步利用智能化的性能预测和养护决策技术,深度剖析道路损伤致因,进而为养护技术、养护材料的精准应用提供有力的数据支撑。

面向不同的养护场景和不同等级的道路损坏状态,“四新”养护技术通常可分为“小修小补”的日常养护和应急养护、解决“疑难杂症”的专项养护、延长道路使用寿命的预养护技术等。

(1)日常养护和应急养护通常为“点”式作业,依托高频多维感知技术实时采集的各类道路损伤病害,可利用冷拌冷铺类沥青材料对路表坑槽、伸缩缝高差进行快速填补和修复,或基于可降解的封装材料形成自碾压式修补材料,在强降雨、恶劣天气环境下对路表突发性坑槽病害进行快速应急修补,避免路表损伤进一步拓展导致产生交通安全问题。

(2)专项养护技术多用于解决道路基础设施的各类“疑难杂症”,包括路面结构的“频修频坏”、铰缝损坏所致的桥面纵向裂缝、基层支撑不良所致的路面沉陷等。针对上述问题,传统解决方案多采用铣刨重铺的养护工艺,养护资源消耗大、养护封道时间长。而在新型数据驱动的养护模式下,通过融合路表损坏历史状态信息、探地雷达深层探测信息,挖掘道路、桥面结构真实损坏成因,进而采用注浆补强、无损补缝等“低扰”施工工艺进行精准、针对性处治,避免大范围的开挖封道作业,减少封交次数和拥堵。

(3)预养护技术旨在通过预防性养护技术和工艺,延长道路基础设施全周期的使用寿命。结合高频多维感知和数据驱动技术,预养护技术应用包括养护路段筛选、养护手段决策和养护效果跟踪三阶段。首先基于道路路网的性能状况,确定是否满足预养护条件,并筛选符合预养护条件的路段。在此基础上,依托 2.3 节的数字化决策内容,可构建预养护手段决策库和决策方法,并进一步结合养护效果跟踪形成预养护管理闭环。具体的预养护工艺,可依托路面状况数据、路表微观性能状况、平整度状况,选用封层技术、罩面技术或再生技术等高耐久性材料进行养护提级。但由于养护工艺与技术并非本书的主要研究内容,因此,在后续章节中不再进行深入展开介绍。

2.5 多源信息融合的养护作业效果后评估方法

道路基础设施管养的后评估工作是“数据-业务”双闭环管理模式中的最后环节和全链条有效性的根本保证，后评估主要关注养护施工作业的养护质量、养护持续性、养护效益和民众舆情四个方面。其中养护质量表示养护作业后设施性能提升的水平，主要以《公路技术状况评定标准》(JTG 5210)中规定的性能指标进行定量评价；养护持续性表示养护作业后道路设施在短期与长期内维持的状态，评估基础设施在养护后的不同时间周期内应达到的预期效果；养护效益表示在养护后基础设施的生命周期过程中产生的经济、社会、生态效益，包括养护作业后由于道路质量提升而降低的事故率和碳排放、减少施工作业产生封交现象导致的交通状况影响等；民众舆情可通过社交平台、问卷走访得到的舆论状况，评价用户的真实出行体验，是养护工作最直观的用户反馈，评估基础设施的行驶舒适度、满意度、驾驶行为变化等。养护作业的后评估工作应该基于高频多维道路设施检测数据进行多维度量化评判，打通“检测-决策-施工-评价”全过程闭环管理。

第 3 章
Chapter 03

振动反应式路面平整度快速检测技术

路面平整度是评价路面性能的重要指标之一，它不仅影响驾驶员及乘客的行驶舒适性和安全性，而且还与车辆振动、运行速度、轮胎摩擦与损耗及油耗等密切相关。20 世纪 50 年代，路面平整度的概念还包含在道路服务性能这个大的道路等级概念中，直到 1960 年，这一参数才被单独列出作为评价标准使用。美国各州道路与交通工作协会（American Association of State Highway and Transportation Officials，AASHTO）通过实际试验路测试及回归分析，证明路面平整度对道路服务性能指数（Present Serviceability Index，PSI）的贡献度高达 95%以上，这也是这一参数可以广泛推广的重要原因之一。2002 年，国家合作公路研究计划（National Cooperative Highway Research Program，NCHRP）推出的 AASHTO 设计标准中，正式将路面平整度作为设计验算指标之一，而非仅仅作为路面施工验收的控制指标。路面长期性能研究计划（Long Term Pavement Performance，LTPP）通过大量数据分析表明：路面平整度，尤其是道路修建时的初始值，显著地影响路面的使用性能，如果能降低路面 10%的平整度，则路面的使用寿命可大约延长 5%，如果降低程度达到 25%，则路面的使用寿命可提升 10%~20%。总结国内外相关研究可以看出平整度对于道路的修建、使用、养护的重要作用，无论在道路的设计与使用中，该参数都是重要的评价指标之一，甚至早些年在许多国家，路面平整度也是道路系统分级的标准。

除对道路本身产生的影响外，路面平整度对于行驶车辆的安全、驾驶员及乘客的舒适性、路网能耗等都有着明显的作用。一方面，路面不平整造成车辆振动加剧、驾驶员操纵频繁，导致行驶阻力增加，使得车辆损耗及燃油消耗增加。McLean 和 Foley 利用测试试验证明：对于小汽车来说，每增加 1 单位的国际平整度指数（International Roughness Index，IRI），会增加 0.5%~3.6%的油耗，而对于大型货车来说，其增加的上限将提至 4.1%。在轮胎损耗方面，1987 年的高速公路（Highway Development and Managment，HDM 发展与管理）报告显示：相比于其他条件，路面平整度对轮胎损耗具有更明显的影响。路面的短波损耗及粗纹理变化会提高车轮在路面的摩擦阻力，进而加剧轮胎损耗。

由于路面平整度是非物理量，是约定可计量，不同定义和测量方法会给出不同的结果。根据美国材料与测试协会（ASTM）的定义：路面平整度表征了铺面表面与真实平面的差值，具有影响车辆动力性能、行驶质量和动荷载的路面特征。国际道路协会欧洲分会（PIARC）利用“Unevenness”描述路面平整度，并介绍其与路面纹理、抗滑性能和湿路滑胎特征有关，其是车辆与路面互相作用的结果，是路面高程的函数。我国标准《公路工程名词术语》（JTJ 002—1987）中将路面平整度定义为：路表面纵向的凹凸量的偏差值。

根据路面平整度的定义可以发现，表达平整度的方式有很多种，大体可分为“断面式”指标或“反应式”指标，前者直接利用这个与标准平面的差值作为评定指标，后者是通过测量它对车辆动力性能的影响作为评定指标。根据多年的研究发展，基本归纳为以下几种指标：国际平整度指数（IRI）、路面功率谱密度（PSD）、直尺测定最大间隙与平整度标准差 σ、断面指数（PI）、平均评分等级（MPR）、竖向加速度均方根值（RMSVA）、车辆反应指数（VRI）等。

在各项指标中，国际平整度指数（IRI）值是目前使用最广泛的检测指标。1982 年，Sayer 等受世界银行的资助在巴西等国家进行了路面平整度试验，并在此基础上提出了 IRI。IRI

以四分之一车模型为基础，测试车辆以 80km/h 的速度行驶在路面上，在行驶距离内由动态反应悬架装置的累积竖向位移量作为 IRI 值，由于 IRI 值具有稳定性、有效性、可转移性等优点，因此许多国家均采用该参数作为路面平整度的检测指标。

在半个多世纪的发展过程中，人们曾经研究过多种路面平整度测量方法和设备。这些仪器大体可以分成三类：断面类平整度仪、反应类平整度仪和主观评估法。断面类平整度仪测量的是车辆行驶轨迹下道路表面的高程变化量。通过对高程变化的数学解析，计算路面的平整度值，如水准仪、三米直尺、惯性断面仪、纵断面分析仪，以及近年来新兴的三维激光雷达等，该类仪器的特点是：测量精度高，但仪器精密，操作复杂，耗时耗力，测量效率低。另一种断面类平整度仪采用的是非接触式平整度测量法，如车载激光仪等，这类仪器是目前我国道路平整度测量的主要方法之一，它的优点在于测量效率较高、结果准确，缺点在于仪器使用和养护成本高，不同精度的激光仪的结果对比性差，不适合短周期、路网级道路测量。反应类平整度仪是通过测量车辆的振动反应来衡量路面的平整性，如颠簸累计仪等，这类仪器的特点是价格较低、操作简单，但测量稳定性差，且易受到测量初始条件及环境影响，导致其时间与空间稳定性差。从发展变革看，路面平整度检测最初是由反应式（RTRRMS）的检测方式，通过测量车辆的位移变化表征平整度；到采用断面评价指标的检测方式，通过测量路面的纵线高程差变化表征平整度；再到后期非接触式的断面类检测方式，例如激光平整度检测仪，既直观地测量了路面的高程变化，同时又考虑了车辆自身振动的影响。近几年来，路面平整度检测呈两极化的发展方向：一方面是通过简易的装置进行平整度估计，例如基于智能手机的方法；另一方面是研发更精密、更快捷的检测仪器，如 3D 激光扫描仪等。对于前者来说，由于采用手机等移动终端作为检测设备，其数据的可靠度较低，主要依赖相关拟合的方法建立其与路面平整度指标的关系，结果随机性较强。而对于精密检测仪器来说，面临的最大问题是设备的生产成本高昂，且需要对测试车辆进行大规模改装，难以在高频率、大范围的路网检测中使用，主要用作公路质量抽样检测。本章重点针对振动反应式平整度检测技术，从数据分析的角度出发，通过对大量的车辆振动影响进行分析，来描述路面的平顺性能情况，更直观地表征车-路间的相关关系。同时降低路面平整度指数的检测费用，以海量、廉价的车辆传感信息代替精密、昂贵的激光传感设备数据，有效提高检测里程覆盖与数据更新频率。

3.1 基于功率谱密度分析的车-路振动作用机理解析

车辆在道路上行驶时，其产生的振动主要由两部分振动耦合而成：一是由于车辆发动机运转自发产生的振动，这类振动主要受到车辆的行驶速度、挡位以及发动机性能等影响；二是由于路面不平整颠簸所造成的车辆振动，这类是通过“路面-轮胎-悬架”的方式自下而上传播，主要受到车辆的行驶速度、悬架阻尼及弹性、胎压等参数的影响。车-路耦合振动致使检测车辆产生不可避免的垂向振动，无论是断面式检测设备或反应类检测设备，均受其影响产生系统误差，对结果稳定性产生影响。

由于车辆的振动在时域上随机性较大，因此，难以直接剔除其产生的影响，但在频域中却表现出了一定的分布特征。车辆在道路上行驶时,如果将路面的不平整作为系统激励,而簧载和非簧载振动作为系统响应,基于四分之一车模型的定义则可以将其看作一个线性时不变系统。拉普拉斯变换与功率谱密度分析是求解激励响应模型的数学方法,且功率谱密度函数在频域上积分的实际物理意义表征了信号幅值的均方根值,这与国际平整度指数(IRI)值的物理定义类似。因此,本节通过四分之一车模型的动力学方程,挖掘振动信号功率谱密度函数与IRI值的相关关系,并考虑发动机动力对车辆自身振动的影响,从而建立基于车辆悬架振动的路面国际平整度指数预估模型。

3.1.1 四分之一车模型

车辆悬架装置是一个复杂的振动装置,悬架装置的数学模型应根据车辆系统的结构形式、悬架类型、分析问题等要求对系统进行适当的简化。四分之一车模型(Quarter Car)是研究车辆悬架控制规律最常采用的基础模型,虽然它并没有完全体现车辆的整体信息,但它包含了振动问题中车辆性能分析上的主要特征,且结构简单。它是一个双质量二自由度的力学模型,考虑了车辆的垂直振动。为了描述路面-车辆之间的振动动力学关系,在国际平整度指数的计算中,采用了基于弹簧悬架的二自由度四分之一车模型,如图3-1所示。四分之一车模型主要包含了三个部分:1/4车重的车体、悬架装置和1个车轮。四分之一车模型的动力学方程可表达为式(3-1)~式(3-4)。

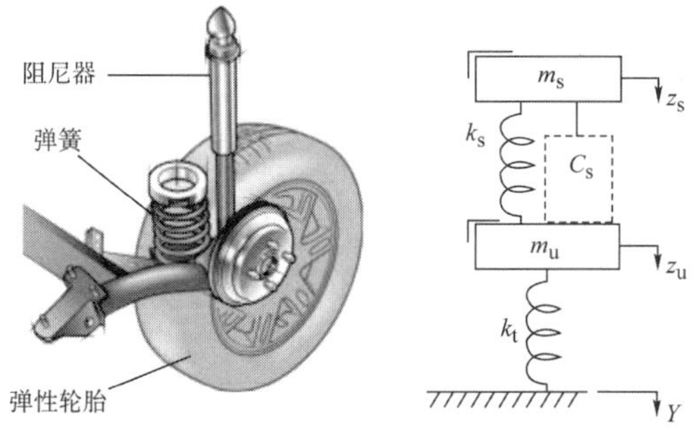

a) 四分之一车模型　　b) 四分之一车模力学模型

图3-1　四分之一车模型与其力学模型

图3-1中,Y为车轮所在轨迹的路面纵断面高程,m_s为车辆簧载质量,m_u是非簧载质量,z_s与z_u分别为簧载质量和非簧载质量的绝对位移,k_s为悬架装置刚度,k_t为轮胎刚度,C_s为悬架阻尼系数,L为路面纵断面的测量距离。

$$m_s\ddot{z}_s+C_s(\dot{z}_s-\dot{z}_u)+k_s(z_s-z_u)=0 \tag{3-1}$$

$$m_u\ddot{z}_u+C_s(\dot{z}_u-\dot{z}_s)+k_s(z_u-z_s)+k_t(z_u-Y)=0 \tag{3-2}$$

$$\ddot{z}_s=1/m_s\cdot[C_s(\dot{z}_u-\dot{z}_s)+k_s(z_u-z_s)] \tag{3-3}$$

$$\ddot{z}_u=1/m_u\cdot[C_s(\dot{z}_s-\dot{z}_u)+k_s(z_s-z_u)+k_t(Y-z_u)] \tag{3-4}$$

式(3-1)描述了簧载质量的力学平衡,式(3-2)描述了非簧载质量的力学平衡,式(3-3)和式(3-4)分别是通过式(3-1)、式(3-2)联立求解获得的簧载垂向加速度(垂向位移二阶导数)和非簧载垂向加速度的动力学表达。从式(3-1)~式(3-4)中可以看出,车辆内部产生的振动虽然是由路面的高程变化引起，但在传递过程中受到了车体质量、轮胎和悬架弹性以及阻尼的影响，从而发生了较大的变化。作为目前世界上最常用的表征路面行驶性能的参数之一，国际平整度指数（IRI）值就是在四分之一车模型基础上提出的，其表达式如式（3-5）所示：

$$\text{IRI} = \frac{1}{L}\int_0^L |z_s - z_u|\,\mathrm{d}x \tag{3-5}$$

从式（3-5）中可以发现，IRI 实际是通过车内悬架装置上下的位移差，也就是车内的实际感知位移作为评价标准。因此，IRI 是综合了断面类与动态类平整度测度方法的优点而得到的一个评价指标，兼具了客观描述与主观评价的特征。但也由于这样的特征，导致 IRI 既不能直接通过测量路面的绝对高程获得，也很难剔除车辆自振导致的结果偏差。

3.1.2 路面平整度与悬架振动的激励模型

根据 IRI 的定义可以看出，四分之一车模型满足线性时不变系统的特征要求。其中路面的高程变化可以视作系统激励，簧载和非簧载质量的振动视作系统响应。利用拉普拉斯变换求解微分方程式（3-1）、式（3-2），由于当 $t=0$ 时，初始条件下，簧载非簧载的位移、速度与加速度三项均为 0，因此，代入可获得下式：

$$\begin{pmatrix} m_s s^2+C_s s+k_s & -C_s s-k_s \\ -C_s s-k_s & m_u s^2+C_s s+k_s+k_t \end{pmatrix}\begin{pmatrix} F_s(s) \\ F_u(s) \end{pmatrix} = \begin{pmatrix} 0 \\ k_t l(Y) \end{pmatrix} \tag{3-6}$$

式中，$F_s(s)$ 与 $F_u(s)$ 分别为簧载质量与非簧载质量运动的拉氏变换函数；$s = \sigma + j\omega$，w 代表角频率，$j=1$；$l(Y)$ 表示路面高程输入的拉氏变换结果。根据系统响应的定义，线性反应系统的响应函数为：

$$G_s(s) = \frac{F_s(s)}{l(Y)} \tag{3-7}$$

$$G_u(s) = \frac{F_u(s)}{l(Y)} \tag{3-8}$$

式中，$G_s(s)$ 与 $G_u(s)$ 为系统响应函数。根据式（3-6）可分别求解响应函数。

$$G_s(s) = \frac{k_t C_s s + k_t k_s}{m_s m_u s^4 + C_s(m_s+m_u)s^3 + (k_s m_s + k_t m_s + k_s m_u)s^2 + C_s k_t s + k_t k_s} \tag{3-9}$$

$$G_u(s) = \frac{-k_t m_s s^2 + k_t C_s s + k_t k_s}{m_s m_u s^4 + C_s(m_s+m_u)s^3 + (k_s m_s + k_t m_s + k_s m_u)s^2 + C_s k_t s + k_t k_s} \tag{3-10}$$

根据拉氏变换的线性性质，可获得悬架振动的稳态响应式：

$$l(z_s(t) - z_u(t)) = (G_s(s) - G_u(s)) \cdot l(Y) \tag{3-11}$$

将 $G_s(s)-G_u(s)$ 记作响应传递函数 $H(s)$，则悬架振动在时间域的表达为：

$$z(t) = |z_s(t) - z_u(t)| = l^{-1}|H(s)| \cdot Y(t) \tag{3-12}$$

式中，$l^{-1}|H(s)|$ 是传递函数的逆拉普拉斯变换，记作 $G(t)$。因此，系统响应 $z(t)$ 的均值可以表示为：

$$E(z(t)) = E\left(\int_{-\infty}^{\infty} G(t,\tau)Y(t)\mathrm{d}\tau\right) = \int_{-\infty}^{\infty} G(t,\tau)E(Y(t))\mathrm{d}\tau = \int_{-\infty}^{\infty} G(t,\tau)\mathrm{d}\tau \cdot \overline{Y} \tag{3-13}$$

式中，$\overline{Y}$ 代表路面高程的输入的均值，τ 代表时间间隔。信号的自相关函数可表达为式(3-14)，其中 * 代表卷积运算符。因此，响应信号的自相关函数如式(3-15)所示。

$$R_x(\tau)=E(x(t)x*(t-\tau)) \tag{3-14}$$

$$\begin{aligned} R_x(\tau) &= E(x(t)x^{\mathrm{T}}(t+\tau)) \\ &= E\left[\int_{-\infty}^{\infty} G(p)Y(t-p)\mathrm{d}p\left(\int_{-\infty}^{\infty} G(q)Y(t+\tau-q)\mathrm{d}q\right)\right] \\ &= \int_{-\infty}^{\infty}\int_{-\infty}^{\infty} G(p)R_Y(t+p-q)G^{\mathrm{T}}(q)\mathrm{d}p\mathrm{d}q \end{aligned} \tag{3-15}$$

采用 p、q 作为时间间隔。设 $p=\xi-\tau$，代入上式中，可获得自相关函数(3-16)。

$$R_x(\tau)=\int_{-\infty}^{\infty} G(\xi-\tau)\left(\int_{-\infty}^{\infty} R_Y(\xi-q)G^{\mathrm{T}}(q)\mathrm{d}q\right)\mathrm{d}\xi = G(-\tau)\cdot R_Y(\tau)\cdot G^{\mathrm{T}}(\tau) \tag{3-16}$$

功率谱密度谱（Power Spectral Density，PSD）是对随机变量均方值的量度，是求解线性时不变系统激励与响应最常用的方法之一。为求解平稳信号的功率谱密度，采用维纳-辛钦公式进行计算。设 $x(t)$ 为一平稳随机过程，$R_x(\tau)$ 是它的自相关函数，若 $R_x(\tau)$ 的傅立叶变换存在，则有：

$$S(f)=\int_{-\infty}^{\infty} R_x(\tau)\mathrm{e}^{-2\pi jf\tau}\mathrm{d}\tau \tag{3-17}$$

式中，$S(f)$ 即为 $x(t)$ 的功率谱密度，f 为频率，$R_x(\tau)$ 可用功率谱密度的逆傅立叶变换表示：

$$R_x(\tau)=\int_{-\infty}^{\infty} S(f)\mathrm{e}^{2\pi j\tau f}\mathrm{d}f \tag{3-18}$$

式(3-17)、式(3-18)组成了维纳-辛钦公式对，根据式(3-16)计算的自相关函数，对两侧分别进行拉氏变换，可以获得功率谱密度的转化表达：

$$S_z(s)=l(l^{-1}|H(-s)|)\cdot S_Y(s)\cdot l(l^{-1}|H^{\mathrm{T}}(-s)|)=|H(s)|^2S_Y(s) \tag{3-19}$$

注意，上式成立的前提条件是输入的振动满足平稳随机特性（Station Steady-State），一般认为路面的高程分布满足平稳随机过程。在信号分析领域，为便于计算，经常将拉普拉斯变换的 s 域（s-domain）的实数部分取 0。当信号输入可以视为正弦波叠加时，$s=\omega j$，$\omega=2\pi f$，其中 ω 代表角频率，式中 $j=1$。因此，可以将其表示为傅立叶变化。连续傅立叶函数其实是拉普拉斯变化的一种特殊的形式，因此，在实数域为 0 的情况下，维纳-辛钦公式可以用于拉普拉斯变化中，分别将其带入式(3-9)、式(3-11)、式(3-19)中，得到基于角频率的路面功率谱与悬架功率谱关系式(3-20)、式(3-21)。

$$S_z(\omega)=|H(\omega)|^2S_Y(\omega) \tag{3-20}$$

$$H(\omega)=\frac{k_t m_s \omega^2}{m_s m_u \omega^4+C_s(m_s+m_u)\omega^3+(k_s m_s+k_t m_s+k_s m_u)\omega^2+C_s k_t \omega+k_t k_s} \tag{3-21}$$

将路面视作一个连续的曲面，那么道路纵断面的平整度序列是一种随机现象，它基本服从高斯概率分布的零均值各态历经随机场，可以看成平稳随机变化过程，若转化为随机过程则具有平稳遍历特性。同时，路面的高程波动特征具有明显的信号特点。因此，可考虑采用功率谱密度 $G_q(n)$ 来描述路面的不平整特征。1984 年，国际标准协会在 ISO/TC108 提出的路面平整度表示方法草案中，建议路面功率谱密度表达式如(3-22)所示：

$$S_Y(n)=G_q(n_0)\left(\frac{n}{n_0}\right)^{-\varphi} \tag{3-22}$$

式中,n 为空间频率,数值上为路面波长的倒数,m^{-1};n_0 参考空间频率,为 0.1 m^{-1};$G_q(n_0)$ 在 n_0 频率下的路面谱值 m^2/m^{-1};φ 为频率系数,一般取 2。在进行振动分析时,应把空间谱密度转化为时间谱密度 $S_Y(\omega)$ 进行表示,将 $n=f/v$ 和 $\omega=2\pi f$ 代入式(3-22)中可得:

$$S_Y(f)=\frac{1}{v}S_Y(n)=G_q(n_0)n_0^2\frac{v}{f^2} \tag{3-23}$$

$$S_Y(\omega)=(2\pi)^3G_q(n_0)n_0^2\frac{v}{\omega^2} \tag{3-24}$$

根据线性时不变系统特征,车身加速的复振幅为:$F_a(s)=-\omega^2F_s(s)$。因此,车身加速度的传递函数如式(3-25)所示:

$$H_a(\omega)=\omega^2\frac{F_s(\omega)}{l(Y)}=\omega^2\cdot H_s(\omega)=H(\omega)\cdot\left(\frac{C_s}{m_s}\omega+\frac{k_s}{m_s}\right) \tag{3-25}$$

式中,$F_a(\omega)$ 代表车身加速度的拉普拉斯变换;$H_a(s)$ 代表车身加速度的传递函数,$S_a(\omega)$ 表示车身加速度的功率谱密度函数。将式(3-25)代入式(3-20)中,可以获得路面功率谱与车身加速度功率谱的关系式:

$$S_Y(\omega)=S_a(\omega)/|H_a(\omega)|^2=\frac{S_a(\omega)}{\left(\frac{C_s}{m_s}\omega+\frac{k_s}{m_s}\right)^2} \tag{3-26}$$

根据帕塞瓦尔定理(Parseval's Theorem),信号时域的平方和可以表示信号的能量大小,其与其傅立叶变换后的积分值相等。且功率谱密度下总的功率与对应的总的平均信号功率相等,它是逐渐趋近于零的自相关函数,如式(3-27)、式(3-28)所示:

$$\int_{-\infty}^{\infty}|x(t)|^2\mathrm{d}t=\int_{-\infty}^{\infty}|S(\omega)|^2\mathrm{d}\omega \tag{3-27}$$

$$\varphi_z^2=R_z(0)=\frac{1}{2\pi}\int_{-\infty}^{\infty}S_z(\omega)\mathrm{d}\omega=\frac{1}{2\pi}\int_{-\infty}^{\infty}|H(\omega)|^2S_Y(\omega)\mathrm{d}\omega \tag{3-28}$$

将式(3-26)代入式(3-28)中,可得:

$$\begin{aligned}\varphi_z^2&=\frac{1}{2\pi}\int_{-\infty}^{\infty}\frac{|H(\omega)|^2}{|H_a(\omega)|^2}\cdot S_a(\omega)\mathrm{d}\omega\\&=\frac{1}{2\pi}\int_{-\infty}^{\infty}\frac{S_a(\omega)}{\left(\frac{C_s}{m_s}\omega+\frac{k_s}{m_s}\right)^2}\mathrm{d}\omega\end{aligned} \tag{3-29}$$

信号的平均功率是信号均方根值的量度,对于路面输入信号来说,一般与其均值呈线性关系。

$$E(|z_s(t)-z_u(t)|)=k\cdot\varphi_z \tag{3-30}$$

式中,k 为线性拟合系数。在实际的检测中,不可能真正实现连续的路面高程或是车辆振动采集,必定会在一定的采样频率下进行,频率越高越接近连续测量。式(3-5)的国际平整度指数(IRI)值的离散表达如式(3-31)所示：

$$\mathrm{IRI}=\frac{1}{L}\int_0^L\left|z_s-z_u\right|\mathrm{d}x=\frac{1}{N}\sum_{i=1}^{N}\left|z_s(i)-z_u(i)\right| \tag{3-31}$$

式中，N 代表总的采样点总数。将式(3-29)、式(3-30)代入上式，可得：

$$\mathrm{IRI}=k\cdot\sqrt{\frac{1}{2\pi}\int_{-\infty}^{\infty}\frac{S_a(\omega)}{\left(\frac{C_s}{m_s}\omega+\frac{k_s}{m_s}\right)^2}\mathrm{d}\omega} \tag{3-32}$$

由式(3-32)可以看出，IRI 与车体垂向加速度的功率谱密度和角频率乘积的均方根值线性相关，可以通过在车辆内部布置加速度传感器采集悬架振动，然后对拟合参数 k 进行现场标定，即可获得基于车内 Z 轴加速度值国际平整度 IRI 检测模型。

3.1.3 车辆自振与悬架振动的激励模型

在国际平整度指数(IRI)值计算的过程中，其定义仅考虑了悬架的振动累计状况，但并未考虑车辆自身振动的影响，且忽略了车辆发动机振动的影响。车辆在平整道路上行驶时，发动机工作所产生的垂向振动甚至可能超过路面平整度所致振动。因此，在进行 IRI 的测量和计算时必须要考虑到车辆自振的影响。本节主要探讨车辆发动机系统如何影响悬架的整体振动，同时基于动力学模型和频域分析的方法建立其与 IRI 检测结果的相关关系。

在本书中，我们只考虑发动机产生的激振力对于悬架振动影响，不考虑发动机本身固定类型与支架模式，因此，可以将发动机产生的激振力视作对簧载质量的一个外力作用，图 3-2 所示的四分之一车模型简化结构中加入了发动机外力的影响。在模型中，$f(t)$ 为发动机激振力输入，用来表示由于发动机振动对悬架装置输入的外力。该系统的动力学表达式如式(3-33)、式(3-34)所示。

$$m_s\ddot{z}_s+C_s(\dot{z}_s-\dot{z}_u)+k_s(z_s-z_u)=f(t) \tag{3-33}$$

$$m_u\ddot{z}_u+C_s(\dot{z}_u-\dot{z}_s)+k_s(z_u-z_s)+k_t(z_u-Y)=0 \tag{3-34}$$

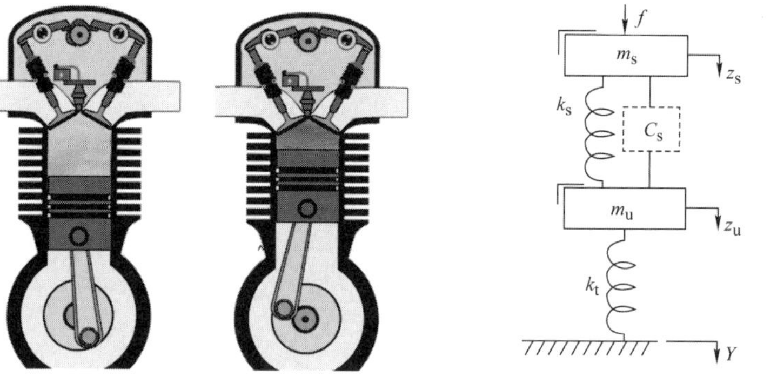

a) 单缸四冲程发动机　　b) 四分之一车模型发动机悬架装置

图 3-2　单缸四冲程发动机与悬架装置

考虑的车辆发动机模型为常见的单缸四冲程发动机，车辆发动机产生的垂直激振力可以看作是活塞连杆等往复产生的惯性力和曲轴飞轮等的离心惯性力的组合，可用式(3-35)～式(3-37)表示。

$$f(t)=-P_j\cos\theta+P_r\cos(\alpha-\theta) \tag{3-35}$$

$$P_j=-m_{e1}r\gamma^2\cos(\gamma t)-m_{e1}\lambda r\gamma^2\cos(2\gamma t) \tag{3-36}$$

$$P_r=m_{e2}r\gamma^2 \tag{3-37}$$

式中,P_j 代表活塞连杆等往复产生的惯性力;P_r 代表曲轴飞轮等的离心惯性力;θ 为活塞轴线与铅垂线夹角;α 为曲轴转角;m_{e1} 为活塞部件质量;m_{e2} 为飞轮部件的质量;r 为曲轴半径;γ 为曲轴角速度;λ 为曲柄连杆比。式(3-33)和式(3-34)可以转化为标准式如下:

$$\begin{bmatrix} m_s & 0 \\ 0 & m_u \end{bmatrix}\begin{pmatrix} \ddot{z}_s \\ \ddot{z}_u \end{pmatrix}+\begin{bmatrix} C_s & -C_s \\ -C_s & C_s \end{bmatrix}\begin{pmatrix} \dot{z}_s \\ \dot{z}_u \end{pmatrix}+\begin{bmatrix} k_s & -k_s \\ -k_s & k_s+k_t \end{bmatrix}\begin{pmatrix} z_s \\ z_u \end{pmatrix}=\begin{pmatrix} f(t) \\ 0 \end{pmatrix} \tag{3-38}$$

根据式(3-35)~式(3-37),可以将车辆发动机振动看作简谐振动的叠加,因此:

$$f(t)=F_0 e^{i\gamma t} \tag{3-39}$$

式中,F_0 为振动幅值;e 为自然对数;t 为时间;i 为虚数单位,简谐振动的稳态解可表达为:

$$z_s=Z_s e^{i\gamma t},z_u=Z_u e^{i\gamma t} \tag{3-40}$$

式中,Z_s 与 Z_u 是系统参数,受到间歇频率影响。将式(3-39)、式(3-40)代入式(3-38),可获得:

$$\begin{bmatrix} (-\gamma^2 m_s+i\gamma C_s+k_s) & (-i\gamma C_s-k_s) \\ (-i\gamma C_s-k_s) & (-\gamma^2 m_u+i\gamma C_s+k_s+k_t) \end{bmatrix}\begin{pmatrix} Z_s \\ Z_u \end{pmatrix}=\begin{pmatrix} f(t) \\ 0 \end{pmatrix} \tag{3-41}$$

求解上式可获得:

$$z_s=\frac{(-\gamma^2 m_s+i\gamma C_s+k_t+k_s)F_0}{\gamma^4 m_s m_u-i\gamma^3 C_s(m_s+m_u)-k_s\gamma^2(m_s+m_u)-k_t\gamma^2 m_s+i\gamma k_t C_s}\cdot e^{i\gamma t} \tag{3-42}$$

$$z_u=\frac{(i\gamma C_s+k_s)F_0}{\gamma^4 m_s m_u-i\gamma^3 C_s(m_s+m_u)-k_s\gamma^2(m_s+m_u)-k_t\gamma^2 m_s+i\gamma k_t C_s}\cdot e^{i\gamma t} \tag{3-43}$$

根据 IRI 的定义要求将式(3-42)、式(3-43)做差可得:

$$|z_s-z_u|=\left|\frac{(-\gamma^2 m_s+k_t)F_0}{\gamma^4 m_s m_u-i\gamma^3 C_s(m_s+m_u)-k_s\gamma^2(m_s+m_u)-k_t\gamma^2 m_s+i\gamma k_t C_s}\cdot e^{i\gamma t}\right| \tag{3-44}$$

设:

$$\hat{A}=\gamma^4 m_s m_u-k_s\gamma^2(m_s+m_u)-k_t\gamma^2 m_s \tag{3-45}$$

$$\hat{B}=\gamma k_t C_s-\gamma^3 C_s(m_s+m_u) \tag{3-46}$$

因此,式(3-44)可写成:

$$|z_s-z_u|=\left|\frac{(-\gamma^2 m_s+k_t)F_0}{\sqrt{\hat{A}^2+\hat{B}^2}}\cdot e^{i(\gamma t-\varphi)}\right|=\left|\frac{(-\gamma^2 m_s+k_t)F_0}{\sqrt{\hat{A}^2+\hat{B}^2}}\cdot\sin(\gamma t-\varphi)\right|,\varphi=\tan^{-1}\left(\frac{\hat{B}}{\hat{A}}\right) \tag{3-47}$$

从上式可以看出,在发动机激励为谐振的情况下,簧载质量与非簧载质量振动差值的稳态响应同样为谐振运动,且频率与激振频率相同,而相位滞后。其振动的幅值只取决于系统本身的物理参数。正弦波的平均值为:

$$\mathrm{E}|z_s-z_u|=\frac{2}{\pi}\left|\frac{(-\gamma^2 m_s+k_t)F_0}{\sqrt{\hat{A}^2+\hat{B}^2}}\right| \tag{3-48}$$

当车辆保持匀速行驶时,发动机汽缸振动的频率基本不变,式(3-48)为仅与车体悬架特征相关的常量,设其为截距 b。结合式(3-32),可获得考虑车辆发动机自振影响的 IRI 推算公式:

$$\mathrm{IRI} = k \cdot \sqrt{\frac{1}{2\pi}\int_{-\infty}^{\infty} \frac{S_{\mathrm{a}}(\omega)}{\left(\frac{C_{\mathrm{s}}}{m_{\mathrm{s}}}\omega + \frac{k_{\mathrm{s}}}{m_{\mathrm{s}}}\right)^{2}}\mathrm{d}\omega} - b \tag{3-49}$$

上述模型中,涉及的参数 k、b 均为车辆自身参数相关常量,可以通过现场试验标定。因此,在实际应用时,仅需要基于多组标准路段平整度数据,即可通过回归计算获得模型参数。

3.1.4 模型的实证与评价

相较于简化计算的四分之一车模型,实际测量状态下,车辆本身构造更为复杂。因此,需通过现场试验的方式分析不同速度、不同 IRI 条件下的模型适用场景。本节重点阐述了车-路耦合振动分析模型的试验验证与评价。为覆盖不同的平整度水平和不平整类型,分别设置了两种不同平整度梯度分布的测试环境:

(1)平整度较低,IRI 分布主要集中在 0~2m/km 之间,主要面向高速公路进行采样,标准 IRI 值采集方式为激光检测车采样;

(2)平整度分布均匀,IRI 较为均匀分布在 1~6m/km 之间,主要面向城市道路进行采样,标准 IRI 值采集方式为水准仪标准采样。

由于面向的检测环境不同,所需的测试速度也不尽相同。对于高速公路采样,测试速度保持在 80km/h,为保证结果具有代表性,测试过程中不存在停车的情况,若减速/换道行为导致速度颠簸超过了(80±10)km/h 的冗余范围,则对前后路段进行剔除。对于城市道路,使用 40km/h 速度进行测试。测试环境如下所述。

(1)浙江宁波甬台温高速公路上行桩号 K1595~K1635,甬台温高速公路下行桩号 K1595~K1642.792,台金高速公路上行桩号 K45~K138,台金高速公路下行桩号 K31~K138 等共超过 200km 路段;

(2)上海市唐港路、两港大道、平宇路、港阳路、海丹路等城市道路。标准检测值为激光检测车/水准仪检测结果。

为了对比本书所提出的数学模型,利用两种国际上认可度较高的 IRI 推算方法进行对比分析:①加速度均方根值法(RMS);②快速傅立叶转换分析法(FFT)。前者计算简便,考虑了车辆振动的波动幅度,不考虑不同频率的作用;后者考虑了频率分布的影响,但较难直观反映车辆参数的作用。需注意的是,在以往研究中也存在相关基于功率谱密度分析的算法,但大多基于数理统计特征,忽略了车辆内部参数以及发动机的影响。因此,为与传统功率谱密度算法区分,将基于数学推导的功率谱密度分析算法定义为 Mathematical Power Spectral Density(M-PSD)。

为了验证不同平整度梯度的模型测量能力,分别对两种试验环境进行分析处理。在试验环境(1)中,将超过 200km 的测量高速公路分为约 150km 进行模型拟合训练,而剩下的 50km 进行模型验证。经过算法计算获得的对应参数情况如图 3-3 所示。

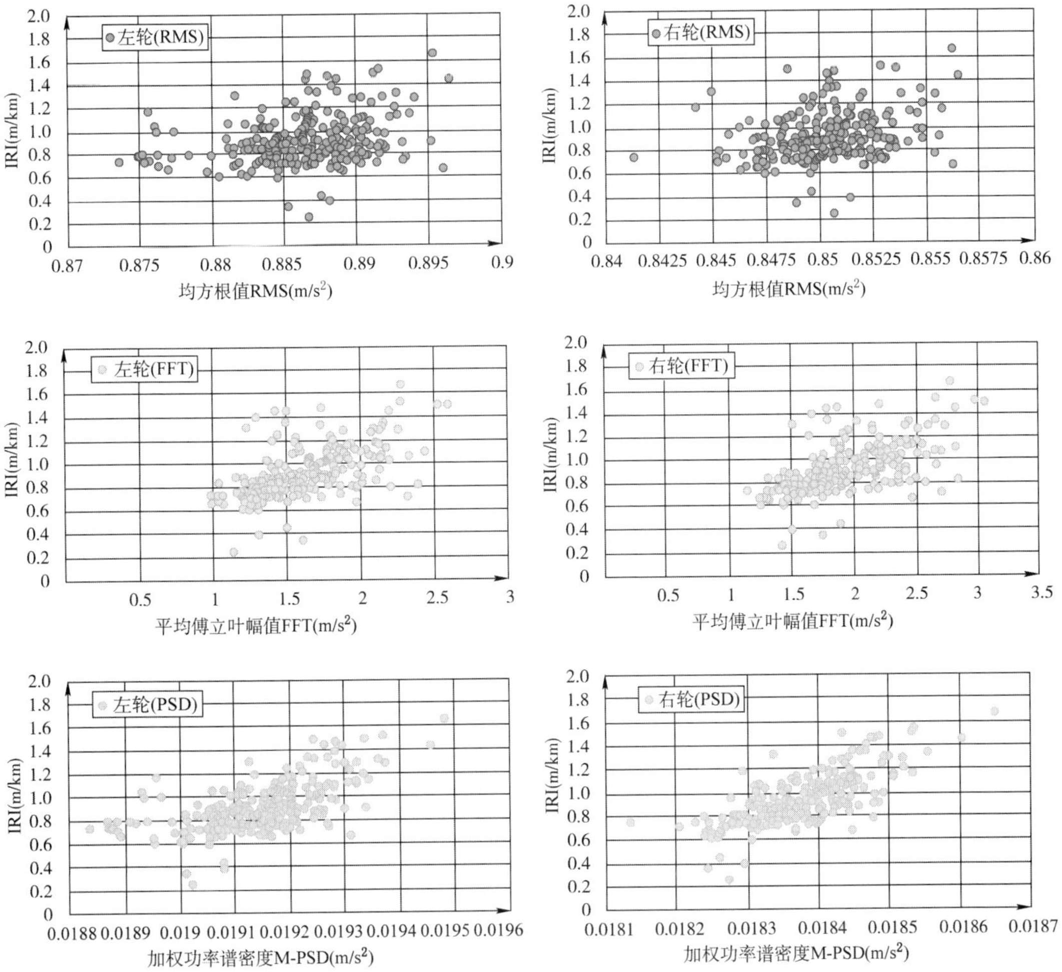

图 3-3　三种求解算法下的国际平整度指数(IRI)计算结果

由于在测量过程中必定会出现扰动项与系统误差。假设在不间断测量的条件下系统误差保持稳定,而扰动项符合零均值的正态分布,因此,对每个 IRI 范围内的数据进行聚类平均,将 IRI 设置为每隔 0.2m/km 一个类,分别将每个 0.2m/km 区段内的数据进行取平均,进而消除系统误差。对聚类后的数据进行参数标定与线性拟合的结果如图 3-4 所示。

如图 3-4 所示,所有的计算参数都显示出了其与 IRI 的正相关关系。本书所提出的 M-PSD 方法相较于另两种方法,具有更好的拟合程度,左右轮的拟合度均超过 0.9。虽然 RMS 是一个良好的车辆平稳性表征参数,但是它对于路面平整度的表达能力很有限,尤其是当 IRI 较小时(IRI<1m/km),其离散性非常明显。根据图 3-4 可以看出,FFT 对于低 IRI 的稳定性最强,但从整体来看,M-PSD 则在各个区间段中都有较为稳定的拟合结果。结果证明,M-PSD 方法来预估路面的平整度情况,在低平整度范围内具有较好的区分表达。

图 3-5 显示了利用标定参数进行测试集检测的结果。RMS、FFT、M-PSD 三种方法的平均误差分别为 0.52、0.37 和 0.23。然而,在路段 36 上预估的结果明显异常,根据公式计算的结果低于 0,与路面平整度计算式的物理特征相悖。而这个异常点在 RMS 上表现得更为明显,

表明该位置的测量结果可能存在较大的测量偏差,因此,在实际应用时,除应极大似然的求解模型参数,当遇到预测值小于 0 的情况,需进行额外的测量核正。值得注意的是,以上计算结果均是在检测范围内极大似然拟合的参数,仅针对该车辆参数,该平整度梯度范围内具有代表性,并不能证明这里计算获得 k 与 b 等参数在其他范围内仍然适用。当平整度梯度扩大后,这三种模型的预测精度均应该有所提高。

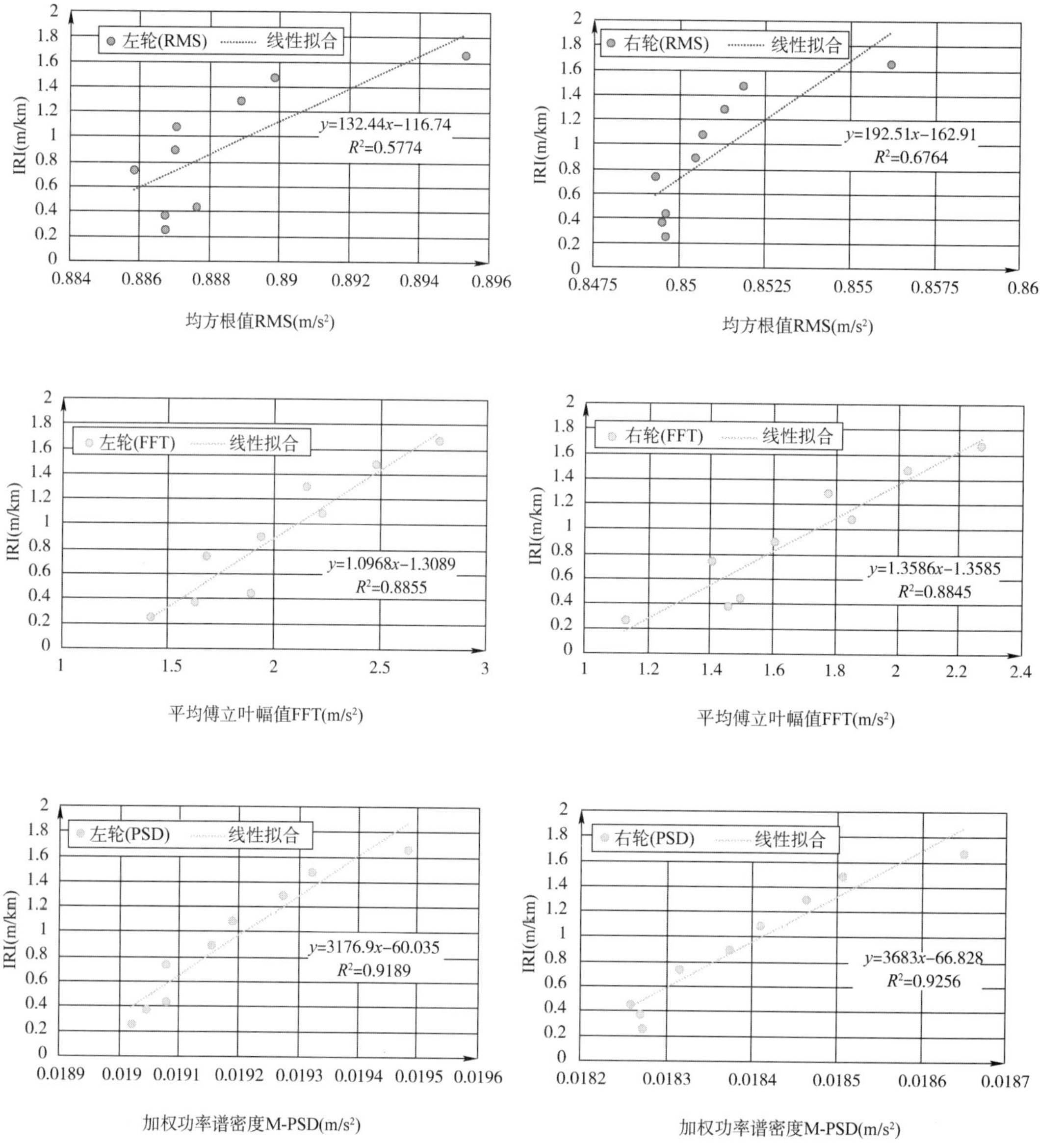

图 3-4　三种求解算法下的国际平整度指数(IRI)聚类拟合结果

在试验环境(2)中,主要是采用上海市多个平整度在 1~6m/km 之间的路段进行两条轮迹带的分别检测。经过各算法计算的特征参数与 IRI 关系如图 3-6 显示,其中,每组图中上侧均为左轮采集数据的分析结果,下侧为右轮采集数据的分析结果。

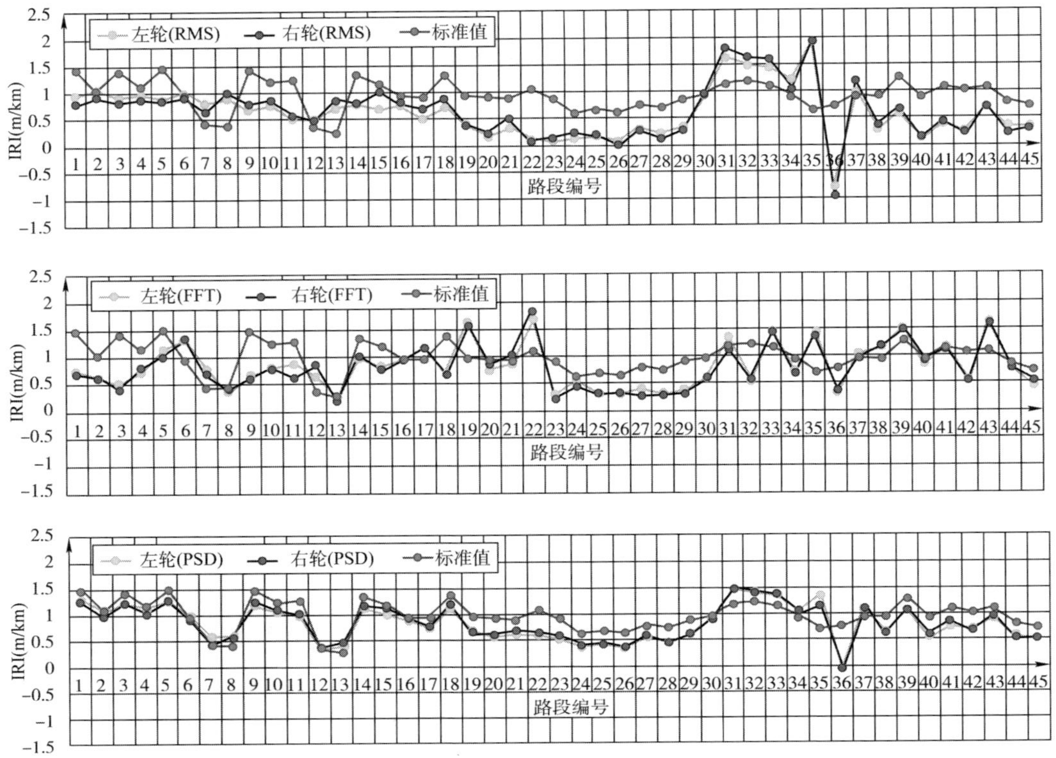

图 3-5　不同预估模型在测试集上的预测效果

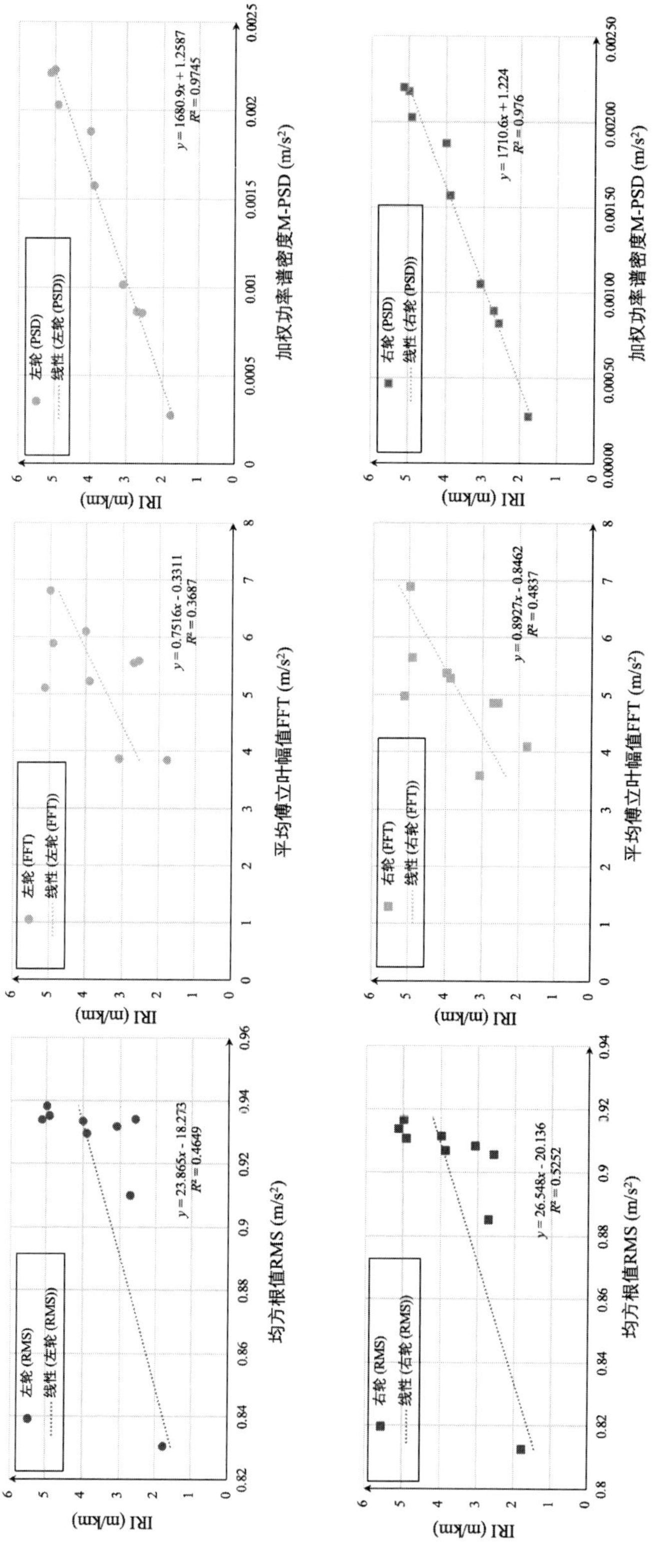

图 3-6 国际平整度指数（IRI）与不同的求解算法

如图 3-6 所示，以 40km/h 为测试速度，三种方法所计算的结果拟合图示。从图中可以看出，基于功率谱密度分析的方法与国际平整度指数存在明显的线性相关关系。FFT 算法虽然在 IRI 较小时的分辨率较高，但是当扩大 IRI 的范围时，FFT 算法的精度明显下降，原因可能在于当 IRI 范围比较小时，车辆悬架阻尼对于路面产生的颠簸影响较小，当 IRI 提高时，路面变颠簸，车辆振动加剧，其自振及阻尼的影响也就愈加明显，FFT 算法虽然可以实现频率上的振动滤波，但本身不具有剔除车辆振动和悬架阻尼影响的功能，因此在 IRI 范围较大的时候拟合程度明显降低。反之，M-PSD 法在车辆振动明显时，拟合程度明显提高，与 IRI 存在明显的线性相关关系，拟合优度都明显高于另外两种算法。

综上所述，M-PSD 国际平整度预估模型在不同的 IRI 范围内具有较强的准确性和稳定性，相较于 RMS 与 FFT 等振动数据处理方法，其不仅在理论推导上具有更准确的物理关系，同时在拟合计算中也具有更高的拟合效果与预测能力，多种场景平均测量误差均在 10% 以内，可以有效解决传统基于多点激光检测车的平整度检测方法价格昂贵的问题，适合于大范围、短周期的路网级平整度水平预估与监测。

3.2 振动数据采集频率敏感性分析

采样频率也是平整度预估的重要参数，高频采样可保证 PSD 计算的频率分辨率，但会增加数据采集成本。同时，平整度诱发车辆振动的主频存在聚集性。因此，本节重点探讨振动数据采样频率对平整度检测模型的影响。

由于采样过程是无差异平均抽样，因此，在上海市典型道路（$IRI \in [0,6]$）原有 200Hz 的数据集中，分别以 f = 175Hz、150Hz、125Hz、100Hz、75Hz、50Hz、25Hz 共 7 种采样频率进行抽样，计算在 7 类采样频率下的模型拟合结果和检测误差，分析检测频率对于 M-PSD 模型测量结果的影响。为保证抽样的合理性，提出采用两种抽样方式：①抗混叠抽样；②等间隔抽样。

在计算过程中，分别采用有限脉冲响应方法和等间距方法在原先 200Hz 的数据上进行降频采样，获得 7 个采样频率的对应数据，并按照 3.1 节流程构建 M-PSD 平整度预估模型。图 3-7、图 3-8 为两种抽样方式的加速度重采样结果，图 3-9、图 3-10 为两种抽样方式下 M-PSD 与 IRI 的拟合结果，图 3-11、图 3-12 为两种抽样方式下 IRI 预测的误差分布曲线。

对比上述两种采样结果，随着采样频率的降低，振动加速度均方根值（RMS）基本保持不变，说明原始振动信号的主要特征得到了保留，而加权加速度均方根值（M-PSD）由于受到车辆自振的影响，其变化并无一致性特征。频率下降前期 M-PSD 主要呈上升趋势，当频率降至 25Hz 左右，M-PSD 明显下降。考虑是车辆自振频率在 0~30Hz 之间，因此，当采样频率不足 60Hz 时，功率谱密度法很难分辨出车辆自振产生的影响，导致明显的计算参数下降。对比 M-PSD 拟合结果，无论是抗混叠采样还是等间隔采样方法，随着频率下降，拟合优度逐渐下降。当抗混叠采样的采样频率低于 75Hz、等间隔采样的采样频率低于 100Hz 时，IRI 估计误差显著增加，当频率低于 25Hz 时，200Hz 下的平均误差扩大到 2 倍，且在越不平整的道路上误差更大。

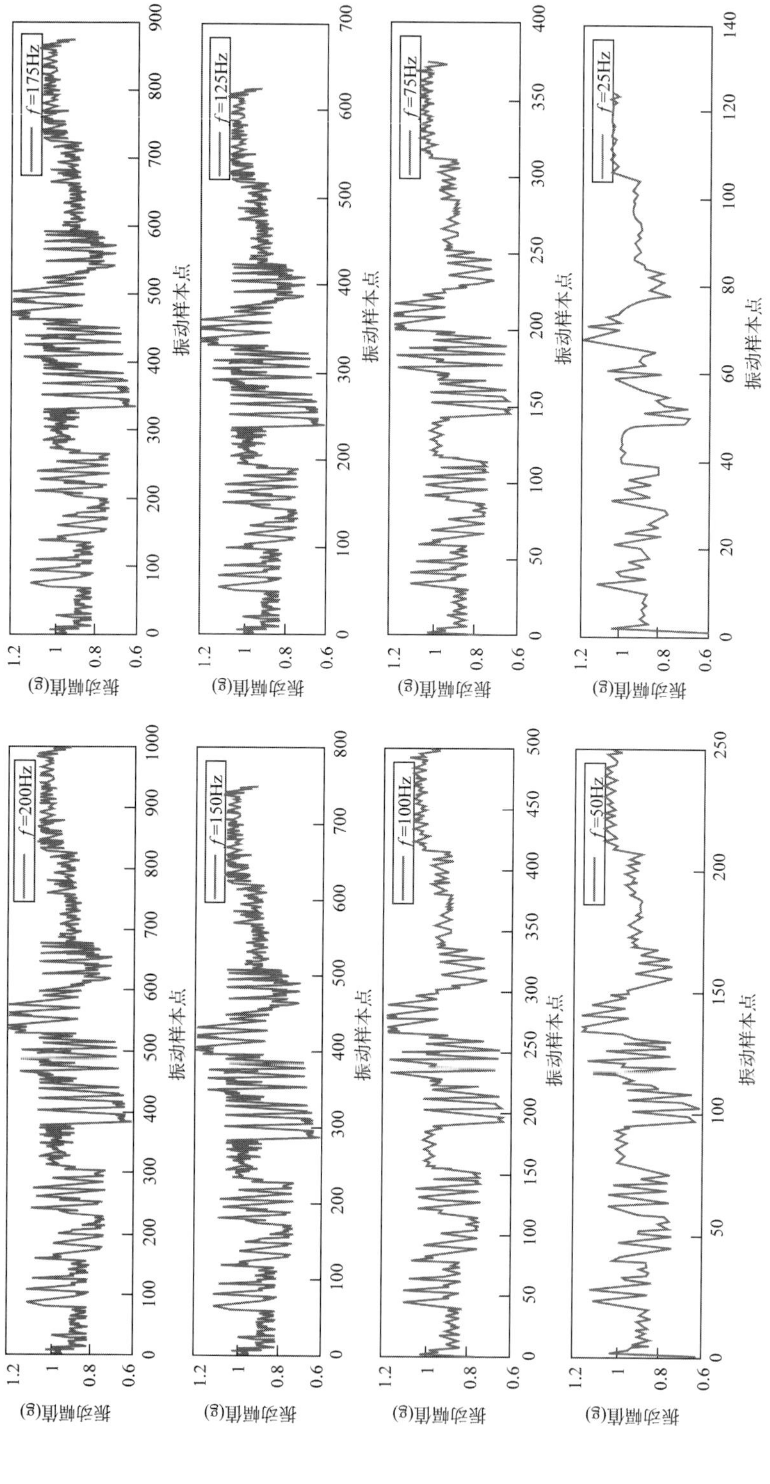

图 3-7 抗混叠的低通滤波不同频率下重采样结果

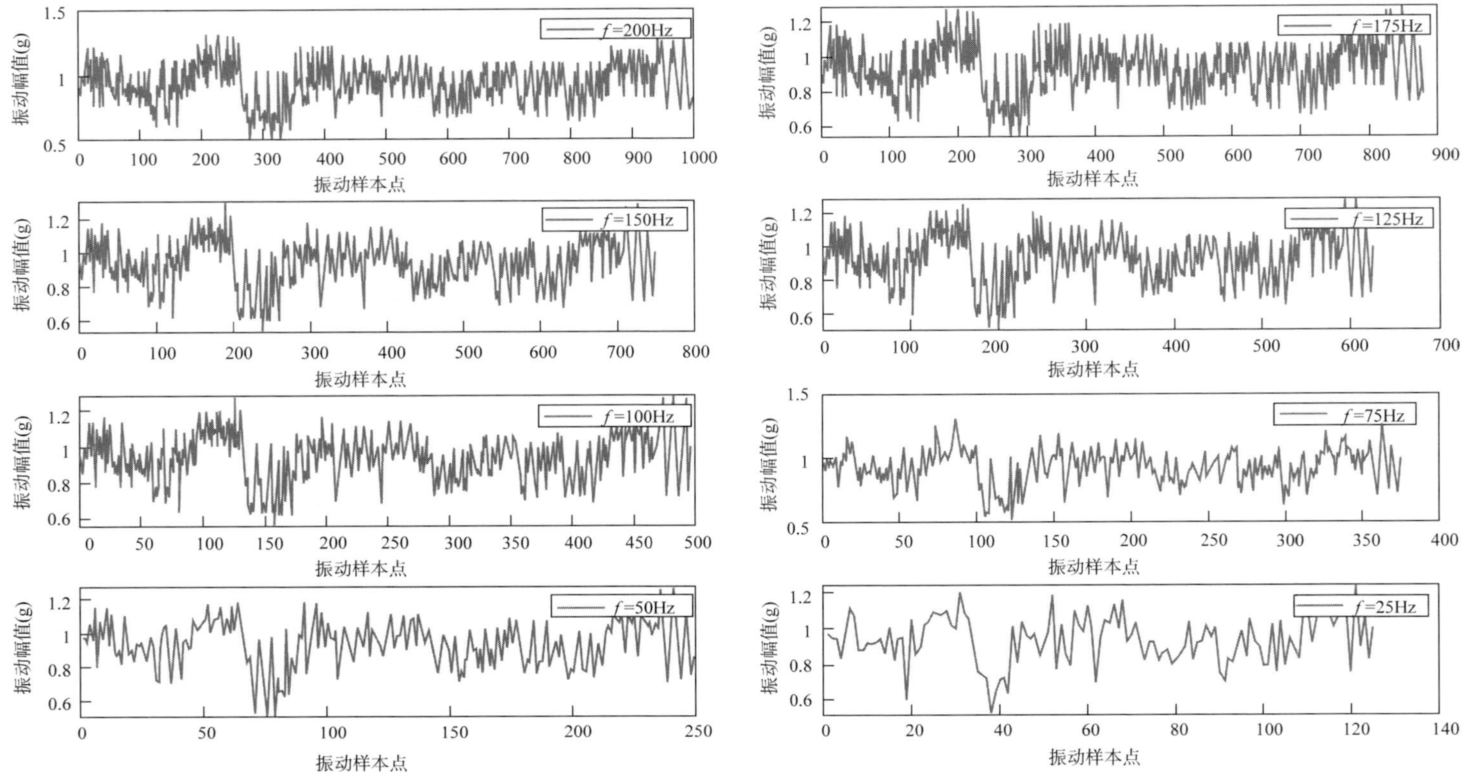

图 3-8 等间隔抽样下不同频率下重采样结果

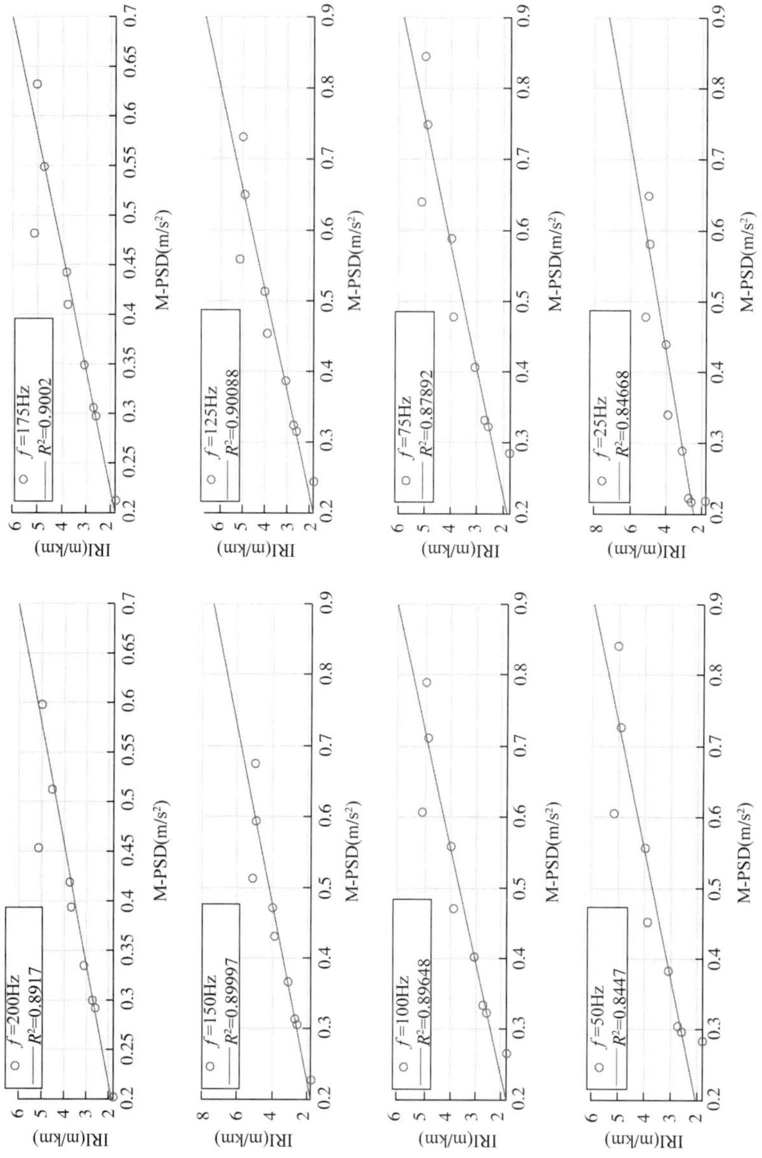

图 3-9　不同采样频率的 M-PSD 算法拟合结果（抗混叠采样）

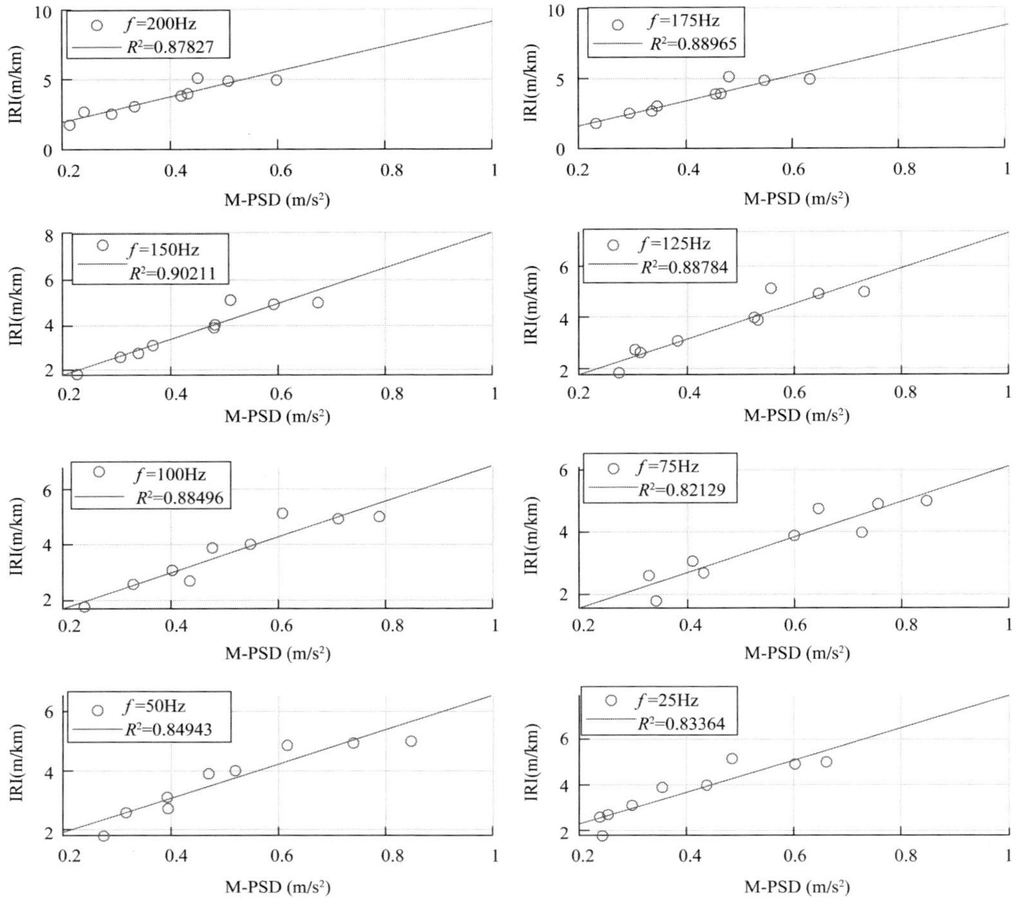

图 3-10 不同采样频率的 M-PSD 算法拟合结果(等间隔采样)

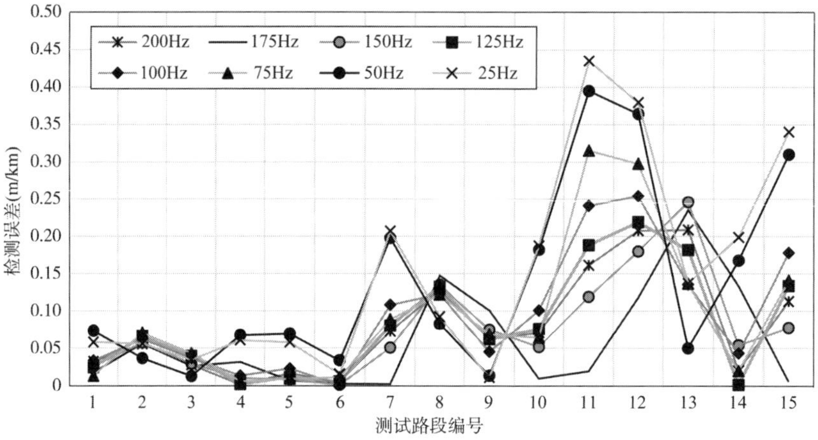

图 3-11　不同采样频率与国际平整度指数检测相对误差（抗混叠采样）

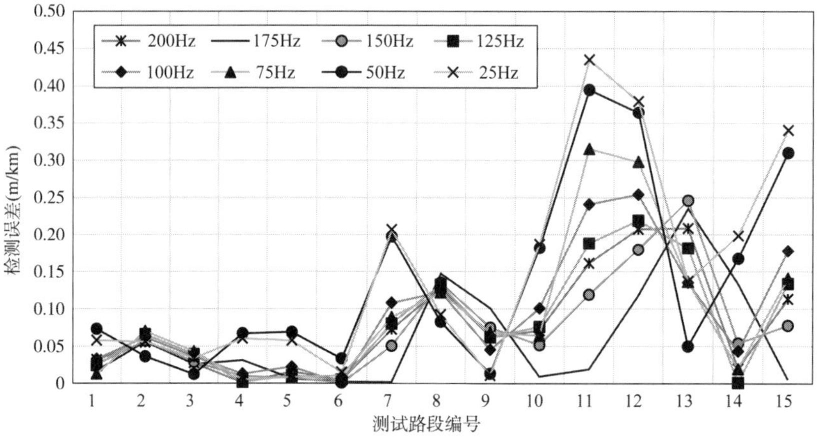

图 3-12　不同采样频率与国际平整度指数检测相对误差（等间隔采样）

综上所述，可以看出，为保证单车模型检测精度，对于抗混叠降频采样，频率可降低至75Hz；对于等间距降频采样，频率可降低至100Hz。在检测设备条件的限制下，75/100Hz的降频频率可以保证检测精度的稳定变化，不发生明显结果突变。需要注意的是，物理降频过程不仅会导致信号的组分丢失，同时也会延长空间采样频率，扩大连续两点采样的间距，从而导致不同采样频率下的路面振动检测位点不同，这也是产生误差的主要原因之一。因此，降频过程虽然对零均值高斯分布的路面高程具有一定稳定性，但对于异常颠簸影响的鲁棒性较差。

3.3 M-PSD反应类平整度预估模型速度修正

行驶速度对车辆的振动反馈、路面谱分布以及发动机稳态振动都具有较大影响。根据Sayers给出的IRI定义，IRI的测量速度应为80km/h。事实上，在实际的测量过程中，由于条件限制，很难保证车辆以80km/h的速度匀速行驶，而且不同速度会很大程度上影响IRI的计算结果。因此,应当考虑在不同车速下模型的可靠性,以及分析速度修正的必要性。检测车辆的行驶速度会改变平整度空间采样间隔和车辆振动状况,为保证测试结果具有可比性,需对速度因素进行分析与提取,在试验设计中,主要面向不同的平整度梯度环境,分别进行匀速速度梯度试验,分析不同速度梯度的振动时频特征表达。

为探讨速度对模型结果的影响,分别以 10km/h、20km/h、30km/h、40km/h、50km/h、60km/h、70km/h、80km/h 的速度通过试验路段,测量车身的竖向加速度,基于 M-PSD 模型计算该路段的 IRI。图 3-13a)显示了在 IRI = 4.7m/km(为例)的路段上不同的行驶速度对于 M-PSD 的影响;图 3-13b)显示了不同速度、不同平整度下 M-PSD 均方根值的变化情况。

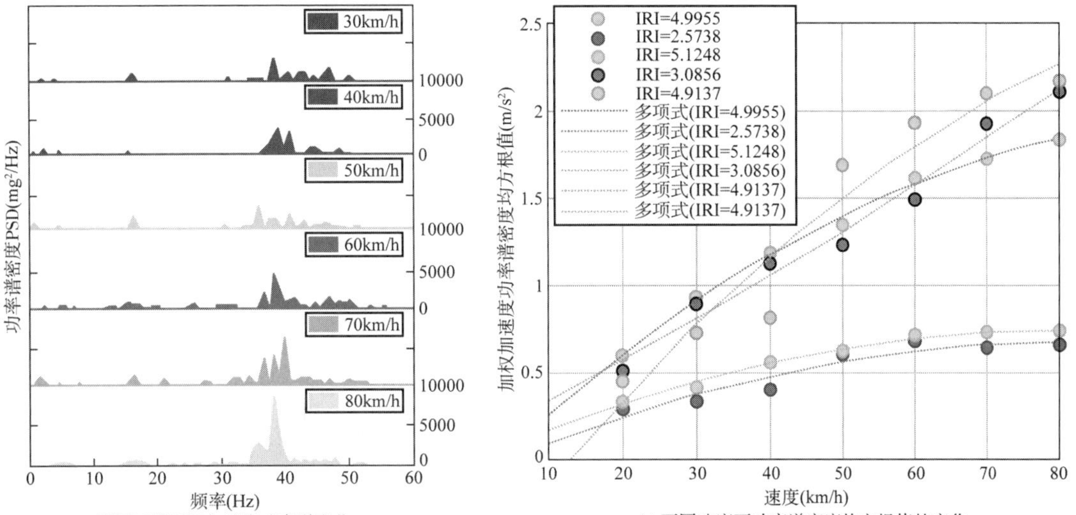

a) 不同速度下的加速度功率谱变化　　b) 不同速度下功率谱密度均方根值的变化

图 3-13　检测速度对 M-PSD 的影响

从图 3-13a)中可以看出,不同的行驶速度对功率谱密度不同频率段的分布产生的影响不大,主要扩大了核心频段的 PSD 幅值(35~50Hz),在频率 17.5Hz 附近位置存在明显的功率谱密度局部峰值,主要表征了车辆自振的影响。图 3-13b)显示了在不同平整度条件下,悬架振动的加权功率谱密度图积分变化情况:随着速度的提高,M-PSD 主要呈上升趋势,这也与图 3-13a)中表现的规律相符,上升的规律基本符合二次分布。此外,具体速度影响的幅度受到道路平整度本身调控,IRI 越大,也就是越颠簸的道路,当车辆速度同比例梯度升高时,其振动的反馈也就越明显。因此,通过速度来修正振动信号本身或是其产生的 M-PSD 值,均受到外界环境影响。考虑到该算法在实际操作时,主要标定参数为模型梯度 k 与截距 b,图 3-14 显示了在不同速度梯度下,不同平整度条件下 M-PSD 模型拟合参数的变化情况。

如图 3-14 所示,基于最小二乘法结果,不同速度梯度下模型参数斜率 k 基本符合对数增长,拟合优度为 0.88,模型参数截距 b 基本符合负指数下降,拟合优度为 0.98。通过速度直接修正模型拟合参数的优势在于,减小了路面平整度参数梯度的影响,且极大似然估计结果减少了随机扰动(符合零均值高斯分布)的干扰。将检测速度 30km/h 和 60km/h 作为模型的标准工况速度,在标定试验时分别用两标准工况速度进行匀速行驶,M-PSD 所计算的模型参数分别为 k_{30}、b_{30} 与 k_{60}、b_{60}。根据图 3-14 中的关系式结构,速度修正系数见式(3-50)、式(3-51)。

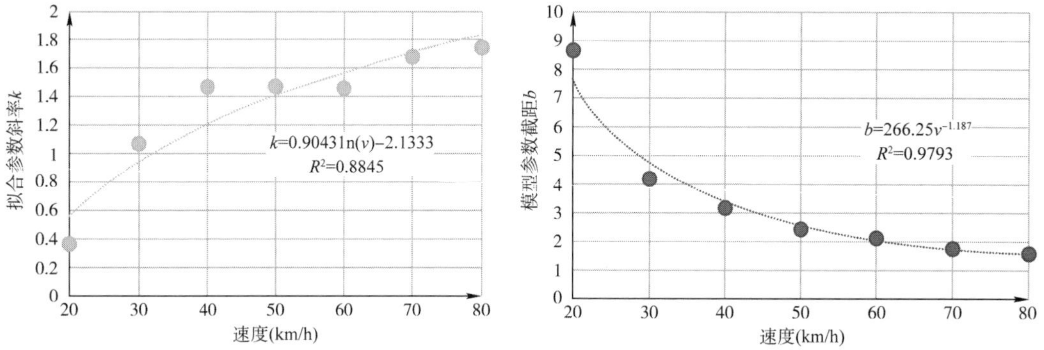

图 3-14 速度与模型参数的相关关系

$$k_v = \frac{(k_{60} - k_{30})}{\ln 2} \cdot \ln(v) - \frac{(\ln 30 k_{60} - \ln 60 k_{30})}{\ln 2} \tag{3-50}$$

$$b_v = b_{30} / 30^{\log_2(b_{60}/b_{30})} \cdot v^{\log_2(b_{60}/b_{30})} \tag{3-51}$$

式中，k_v 与 b_v 分别代表在速度 v 下，模型拟合参数的修正结果。

3.4 基于半监督学习框架的路网级路面平整度预估模型

本书 3.1 节介绍了一种基于车辆悬架振动预估国际平整度指数（IRI）的计算方法。这种方法虽然可以大大降低传统路面平整度检测的时间投入和人力物力消耗，但需要对车辆进行准确的标定工作，且测试过程需要对车辆的参数、测试速度、环境参数等进行控制。此外，随着车辆自动化水平的提高，车辆会自主采集大量的自身振动、速度与位置信息，但是由于用户隐私保护，这些信息往往无法对应到实际车辆的参数中，且其采集的轨迹未知，故而是一种不完整、粗集的数据信息。因此，本节主要是通过多车数据的“量”来弥补数据“质”的差距，在未知车辆参数和标定拟合参数的条件下，通过大量的车辆振动数据来预估路面平整度情况。

由于路面平整度分布的随机性和车辆自身悬架装置的差异性，完全通过非监督聚类的方式来挖掘路面的平整度信息将十分困难，且检测结果容易受到路段上车辆速度、类型、流量等条件的影响，导致结果鲁棒性差。因此，提出采用半监督学习的方法对路网中大范围的路段平整度进行预估。首先在测定路网中选择一部分既定的道路作为已知平整度的道路，当车辆经过这些路段时可以根据车辆的振动数据和路段已知的平整度信息对车辆相关参数进行拟合，当该车行驶到其他未知平整度路段时，则可以根据车辆的振动信息和拟合预估的车辆参数对路段的 IRI 进行估计。由于多车振动的粗集特征，仅通过一次拟合或估计获得的路面平整度值是不准确的，需通过大量车辆的振动数据对预测结果进行增强和修正，从而获得稳定的预测结果。图 3-15 显示了基于多车粗集振动数据的路网级路面平整度预估算法框架。

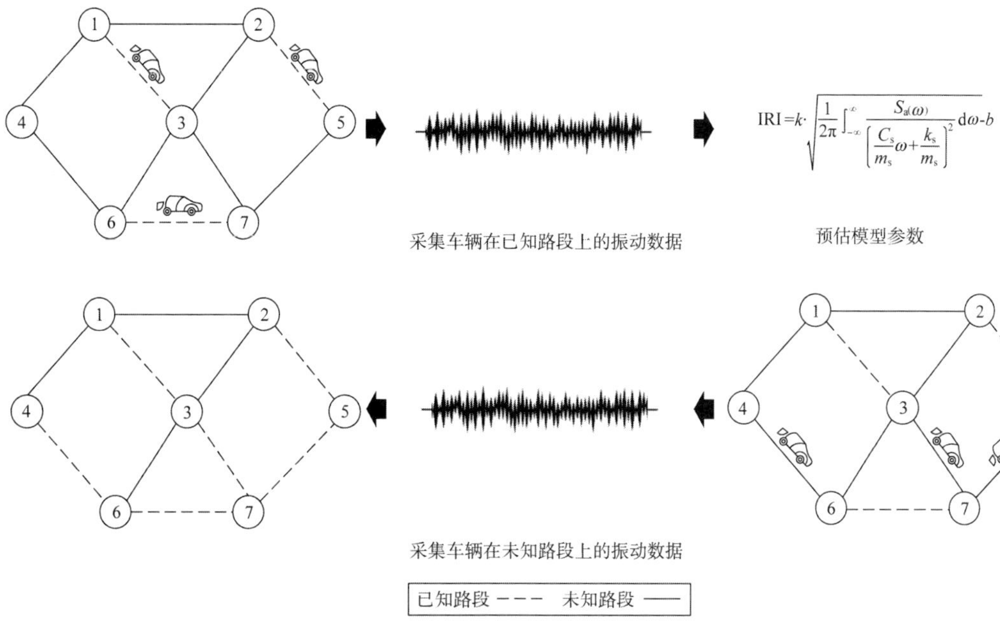

图 3-15　基于多车粗集振动数据的网级路面平整度预估算法框架

要想实现“路标定车-车标定路”的循环标定框架，首先需要对影响车辆的振动的特征进行提取。如推导式(3-52)是国际平整度指数 IRI 值与车辆悬架振动，以及车辆参数的关系。式中 IRI 作为标定路段可以视为已知(图 3-15 中虚线路段)，$S_a(\omega)$为振动功率谱密度函数，可以通过传感器的检测数据进行计算，需要标定的参数包括模型的拟合系数 k、b，以及车辆的固有参数 C_s、k_s、m_s。在实际的测试过程中我们无法对每辆车的固有参数进行获取，且这些固有参数本身会影响车辆振动功率谱计算过程，将车辆标定问题变为非线性的参数估计。因此，将功率谱密度函数进行分段，将固有参数作为分段的加权因子，如图 3-16 及式(3-53)所示。

$$\mathrm{IRI}=k\cdot\sqrt{\frac{1}{2\pi}\int_{-\infty}^{\infty}\frac{S_a(\omega)}{\left(\frac{C_s}{m_s}\omega+\frac{k_s}{m_s}\right)^2}\mathrm{d}\omega}-b \tag{3-52}$$

$$\begin{aligned}\mathrm{IRI}&=k\cdot\sqrt{\frac{1}{2\pi}\int_{-\infty}^{\infty}\frac{S_a(\omega)}{\left(\frac{C_s}{m_s}\omega+\frac{k_s}{m_s}\right)^2}\mathrm{d}\omega}-b\\&\approx\frac{k}{\sqrt{2\pi}}\cdot\left\{\begin{array}{l}\sqrt{\int_0^{l_1}\frac{S_a(\omega)}{\left(\frac{C_s l_1}{2m_s}+\frac{k_s}{m_s}\right)^2}\mathrm{d}\omega}+\sqrt{\int_{l_1}^{l_2}\frac{S_a(\omega)}{\left(\frac{C_s(l_2+l_1)}{2m_s}+\frac{k_s}{m_s}\right)^2}\mathrm{d}\omega}+\cdots+\\\sqrt{\int_{l_{N-1}}^{l_N}\frac{S_a(\omega)}{\left(\frac{C_s(l_N+l_{N-1})}{2m_s}+\frac{k_s}{m_s}\right)^2}\mathrm{d}\omega}\end{array}\right\}-b\end{aligned} \tag{3-53}$$

式中，N 为存在振动幅值的功率谱密度函数（PSD）频率上限，考虑到 PSD 双边谱的对称性，只对频率为正的区间进行计算。如果将频率分段的间隔等分，其距离为 Δl，则上式可变为。

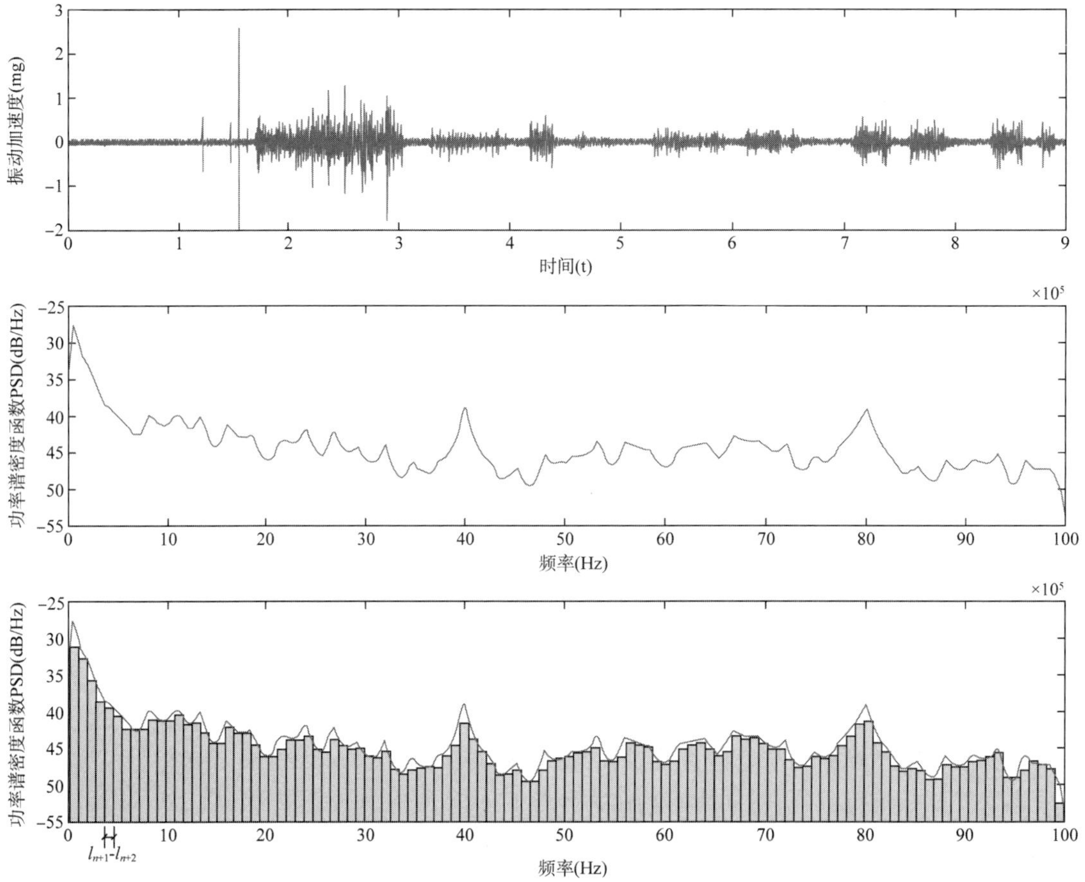

图 3-16　功率谱密度函数离散近似化

$$
\begin{aligned}
\mathrm{IRI} &\approx \frac{k}{\sqrt{2\pi}} \cdot \left[\begin{array}{l} \left(\dfrac{C_s \Delta l}{2m_s} + \dfrac{k_s}{m_s}\right)\sqrt{\displaystyle\int_0^{\Delta l} S_a(\omega)\,\mathrm{d}\omega} + \left(\dfrac{C_s \Delta l}{m_s} + \dfrac{k_s}{m_s}\right)\sqrt{\displaystyle\int_{\Delta l}^{2\Delta l} S_a(\omega)\,\mathrm{d}\omega} + \cdots + \\ \left(\dfrac{(N-1)\,C_s \Delta l}{2m_s} + \dfrac{k_s}{m_s}\right)\sqrt{\displaystyle\int_{(N-1)\Delta l}^{N\Delta l} S_a(\omega)\,\mathrm{d}\omega} \end{array} \right] - b \\
&= \sum_{i=1}^{N-1}\left(\frac{n}{2}P+Q\right)\sqrt{\int_{(n-1)\Delta l}^{n\Delta l} S_a(\omega)\,\mathrm{d}\omega} - b = \sum_{i=1}^{N-1}\left(\frac{i}{2}P + Q\right)f(\omega) - b
\end{aligned} \tag{3-54}
$$

式中，P、Q、b 为模型拟合参数，其仅与车辆的固定参数有关，$f(\omega)$ 为车辆振动 PSD 在每个分段下的积分均方值。通过这样的切割变换，就可以将原来具有 5 个模型参数的非线性问题转化为只具有 3 个拟合参数的线性问题，方便在过程中进行求解。式（3-54）最少需要 3 个已知路段可以对 P、Q 与 b 进行计算，因此仅当车辆行驶过超过 3 个及以上的已知 IRI 路段时，才可以作为已知参数的车辆进而在其他路段进行测试使用。当车辆行驶过的已知 IRI 路段不止

三条时,可以根据多条路段的数据对车辆参数进行调整,根据式(3-54)参数的预测误差为:

$$\mathrm{IRI}^{(i)}=\sum_{n=1}^{N-1}\left(\frac{n}{2}P+Q\right)f(\omega)^{(i)}-b+\varepsilon^{(i)} \tag{3-55}$$

式中,$\varepsilon^{(i)}$ 为预测的随机误差,服从均值为 0 的正态分布,因此式(3-55)可以表达为:

$$p(\varepsilon^{(i)})=\frac{1}{\sqrt{2\pi}\sigma}\exp\left\{-\frac{\left[\mathrm{IRI}^{(i)}-\sum\limits_{n=1}^{N-1}\left(\frac{n}{2}P+Q\right)f(\omega)^{(i)}-b\right]^2}{2\sigma^2}\right\} \tag{3-56}$$

式中,σ 为正态分布标准差,计算上式的似然函数如式(3-57)所示:

$$\begin{aligned}\log L(P,Q)&=\log\prod_i\frac{1}{\sqrt{2\pi}\sigma}\exp\left\{-\frac{\left[\mathrm{IRI}^{(i)}-\sum\limits_{n=1}^{N-1}\left(\frac{n}{2}P+Q\right)f(\omega)^{(i)}-b\right]^2}{2\sigma^2}\right\}\\&=\sum_i\log\frac{1}{\sqrt{2\pi}\sigma}-\frac{1}{2\sigma^2}\cdot\sum_i\left[\mathrm{IRI}^{(i)}-\sum_{n=1}^{N-1}\left(\frac{n}{2}P+Q\right)f(\omega)^{(i)}-b\right]^2\end{aligned} \tag{3-57}$$

根据式(3-57),对数极大似然函数的前半部分为定值,因此为了保证似然函数的最大化,仅需保证下式:

$$\min J(P,Q)=\sum_i\left[\mathrm{IRI}^{(i)}-\sum_{n=1}^{N-1}\left(\frac{n}{2}P+Q\right)f(\omega)^{(i)}-b\right]^2 \tag{3-58}$$

在本书研究中,发动机的作用可以利用与误差同分布的噪声 ε 代替,从而减少未知变量维度 b。分别对参数 P 和 Q 求偏导等于 0,可获得极大似然下的模型参数:

$$\begin{aligned}\frac{\partial J(P,Q)}{\partial P}=2\sum_i\left\{\sum_{n=1}^{N-1}\left(\frac{n}{2}P+Q\right)[f(\omega)^{(i)}]\sum_n^{N-1}\left(\frac{n}{2}\right)[f(\omega)^{(i)}]\right\}-\\\sum_i\sum_n^{N-1}\left[\frac{n}{2}\cdot f(\omega)^{(i)}\right]\cdot\mathrm{IRI}^{(i)}=0\end{aligned} \tag{3-59}$$

$$\begin{aligned}\frac{\partial J(P,Q)}{\partial Q}=2\sum_i\left\{\sum_{n=1}^{N-1}\left(\frac{n}{2}P+Q\right)[f(\omega)^{(i)}]\sum_n^{N-1}[f(\omega)^{(i)}]\right\}-\\\sum_i\sum_n^{N-1}(f(\omega)^{(i)})\cdot\mathrm{IRI}^{(i)}=0\end{aligned} \tag{3-60}$$

联立式(3-59)和式(3-60)可以获得两个参数的极大似然估计结果:

$$\hat{P}=\frac{\begin{array}{c}\sum\limits_i\left[\sum\limits_{n=1}^{N-1}f(\omega)^{(i)}\cdot\mathrm{IRI}^{(i)}\right]\cdot\sum\limits_i\left\{\sum\limits_{n=1}^{N-1}f(\omega)^{(i)}\cdot\sum\limits_{n=1}^{N-1}\left[\frac{n}{2}\cdot f(\omega)^{(i)}\right]\right\}\\-\sum\limits_i\left\{\sum\limits_{n=1}^{N-1}\left[\frac{n}{2}\cdot f(\omega)^{(i)}\right]\cdot\mathrm{IRI}^{(i)}\right\}\cdot\left\{\sum\limits_i\sum\limits_{n=1}^{N-1}\left[\frac{n}{2}\cdot f(\omega)^{(i)}\right]\right\}^2\end{array}}{\left[\sum\limits_i\left\{\sum\limits_{n=1}^{N-1}f(\omega)^{(i)}\cdot\sum\limits_{n=1}^{N-1}\left[\frac{n}{2}\cdot f(\omega)^{(i)}\right]\right\}\right]^2-\left\{\sum\limits_i\sum\limits_{n=1}^{N-1}\left[\frac{n}{2}\cdot f(\omega)^{(i)}\right]\right\}^2} \tag{3-61}$$

$$\hat{Q}=\frac{\sum_{i}\left[\sum_{n=1}^{N-1}f(\omega)^{(i)}\cdot \mathrm{IRI}^{(i)}\right]\cdot\left\{\sum_{i}\sum_{n=1}^{N-1}\left[\frac{n}{2}\cdot f(\omega)^{(i)}\right]\right\}^{2}-\sum_{i}\left\{\sum_{n=1}^{N-1}\left[\frac{n}{2}\cdot f(\omega)^{(i)}\right]\cdot \mathrm{IRI}^{(i)}\right\}\cdot\sum_{i}\left\{\sum_{n=1}^{N-1}f(\omega)^{(i)}\cdot\sum_{n=1}^{N-1}\left[\frac{n}{2}\cdot f(\omega)^{(i)}\right]\right\}}{-\left[\sum_{i}\left\{\sum_{n=1}^{N-1}f(\omega)^{(i)}\cdot\sum_{n=1}^{N-1}\left[\frac{n}{2}\cdot f(\omega)^{(i)}\right]\right\}\right]^{2}+\left\{\sum_{i}\sum_{n=1}^{N-1}\left[\frac{n}{2}\cdot f(\omega)^{(i)}\right]\right\}^{2}} \tag{3-62}$$

式(3-61)、式(3-62)可以用来对行驶过的车辆进行参数标定。在实际的应用过程中，每辆预估出参数的车辆行驶到未标记路段时，都可以通过式(3-53)进行 IRI 的估计。然而由于在实测过程中，必然会有多辆车通过同一段道路，从而对道路预估出不同的 IRI 数值。不同车辆可能通过了不同数量的已知路段对参数进行标定[式(3-62)中的 i]，其对参数 P、Q 标定拟合的置信程度也不尽相同。因此，本节以半监督学习中的自训练模型为基础，基于 P、Q 参数拟合的置信程度建立模型迭代与样本库传递模型，利用已知标签的道路集 R，训练采集车辆集 V，继而通过车辆集 V 来预测未知标签的道路集 U。选择在 U 中置信程度最高的路段，将其从 U 中移除，加入 R 中，并循环进行上述过程，直至 U 为空集。

由于车辆的行驶轨迹不同，并非所有车辆都能够驶过全部的已知路段进行参数拟合，所以车辆集 V 就可以根据其通过拟合路段的数量进行分类：$V=\{V_2,V_3,\cdots,V_{\max}\}$。一般而言，在数据样本质量稳定的情况下，数据量越大，参数拟合的可靠度和泛化能力就越强。因此，提出利用半监督学习的方法，提高模型的训练能力。具体的步骤如下：

(1)将采集车辆集 V 根据其通过已知路段的数量进行分类：$V=\{V_2,V_3,\cdots,V_{\max}\}$，绘制其频率分布直方图，计算 85% 车辆数分位数所对应的通过已知标签道路的数量 $M_{85\%}$，$2\leqslant M_{85\%}\leqslant \max$。

(2)选取 $V_{M_{85\%}}$ 中的车辆，通过其振动数据，基于式(3-61)、式(3-62)预估其模型参数 P、Q。考虑 $V_{M_{85\%}}$ 中的车辆标定路段较多，因此参数拟合的置信程度较高，首先用 $V_{M_{85\%}}$ 中的车辆和式(3-53)进行位置路段的平整度预估。

(3)设通过第 i 次重复(1)~(2)过程检测出 IRI 的道路为 U_i，计算 U_i 中每条道路 j 所对应计算出的 IRI_j 的方差 σ_j。

(4)选择 $\bar{j}=\min\{\sigma_j\in\max[\mathrm{size}(IRI_j)]\}$，一条未知道路可能获得多辆行驶过的车辆检测，从而计算得不同的 IRI 数值，上式保证尽量选择具有最多车辆经过的路段(可能不唯一)，从而保证其结果的稳定性。并在这些路段中选择结果分布最稳定(方差最小)的一条 $\bar{j}$，将其从未知集 U 中移除，并加入至已知 R 中。

(5)重复执行(1)~(4)过程，直至 $U=\phi$。

这种基于自训练的方式最大的优点是每一次循环都采用预测结果中置信程度最高的道路作为已知集，不断扩充已知集 R，从而更好地拟合车辆 V 中的参数。提高了车辆 V 中的参数置信程度又反过来提高了位置集 U 的预估能力，直至最终所有的未知集 U 都并入已知集 R 中，半监督自训练流程如图 3-17 所示。

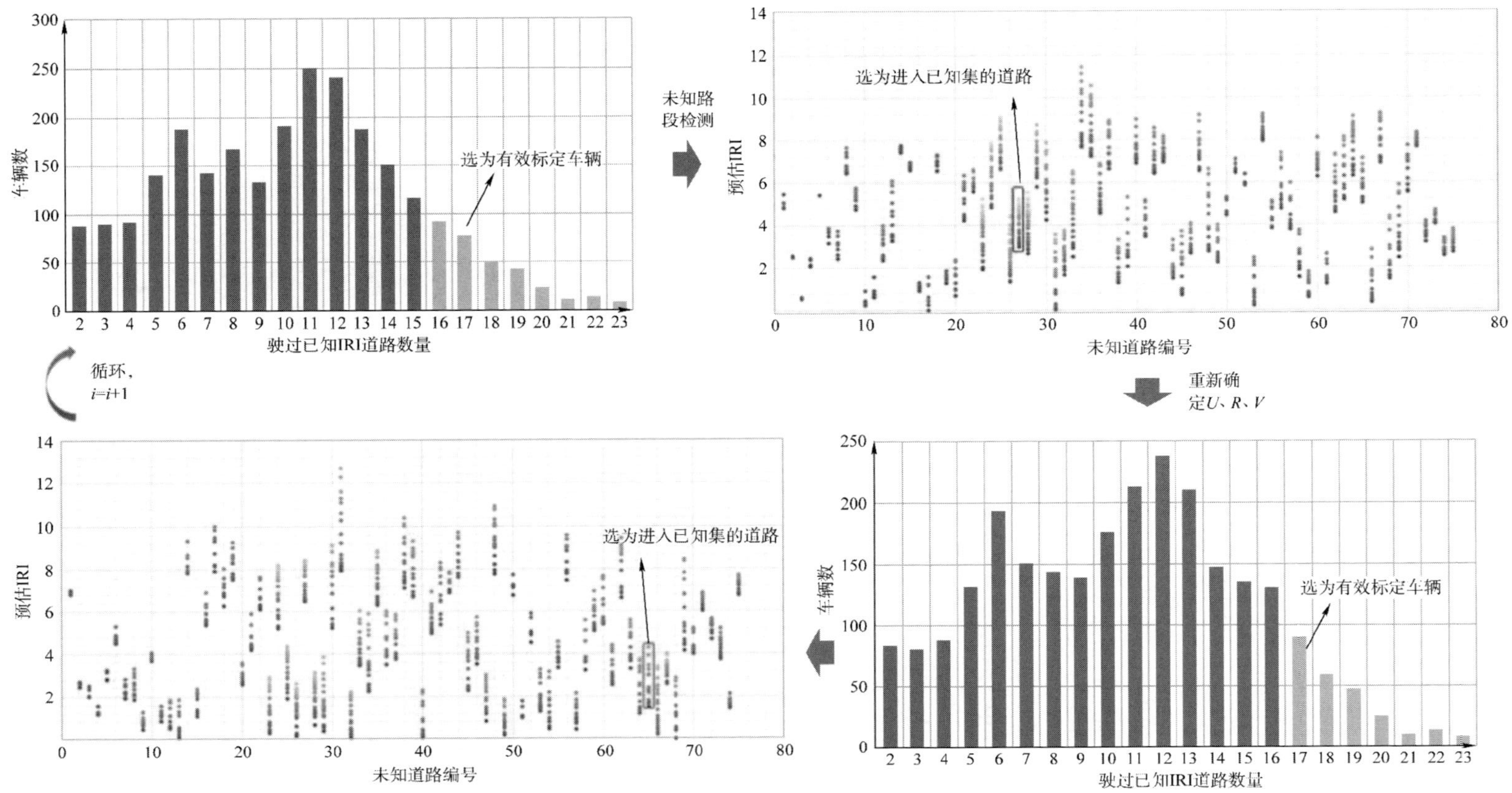

图 3-17　半监督自训练模型计算流程

3.5 基于八自由度整车模型的车辆动力学仿真验证

由于目前具备检测能力的车辆渗透率仍然有限,很难进行实际的现场试验,因此采用仿真模拟的方式,搭建路网级条件下路面平整度检测环境,对车辆振动进行仿真。目前常见的车辆振动信息获取主要是基于成型的车辆动力学仿真软件,如 CARSIM、Prescan 等,这些仿真软件能够通过对车辆类型、参数、驾驶员信息、环境信息等进行定制化输入,但其多用于特定工况下的仿真建模,难以大范围复刻路网的信息,也很难进行外部的循环测试仿真。因此,本书根据八自由度的车辆振动模型,搭建了网级路面质量仿真框架,对多车、复杂平整度分布道路的振动信息进行仿真模拟,用以验证半监督学习自训练模型。

3.5.1 仿真环境搭建

为了更好地仿真实际的车辆在不同平整度激励下的振动情况,本节参考 Cantisani 与 Loprencipe 提出的整车(Full car)框架,建立了一种八自由度的车辆模型,其中不仅考虑了车辆的悬架和振动参数,同时也考虑了转矩等的影响,整车模型如图 3-18 所示。

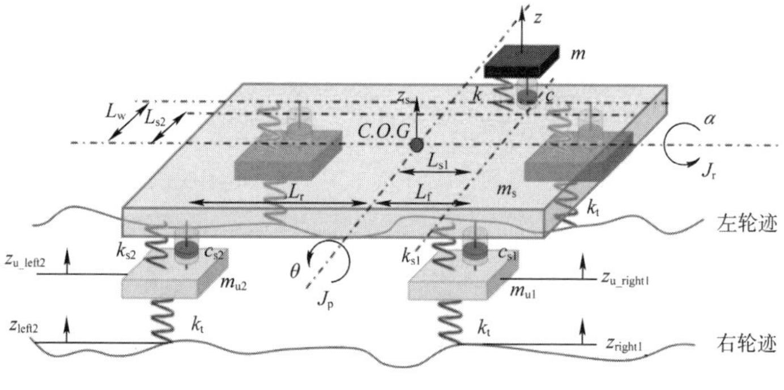

图 3-18　八自由度车辆振动模型

m_{u1}-前轮簧下质量;m_{u2}-后轮簧下质量;m_s-车身质量;m-座椅质量;J_r-侧倾转动惯量;J_p-俯仰转动惯量;z_{left}-左轮路面高程;z_{right}-右轮路面高程;z_s-车身竖向位移;z-座椅竖向位移;α-车身侧倾角;θ-车身俯仰角;C. O. G-车身质心;L_f-质心至前轮纵向距离;L_r-质心至后轮纵向距离;L_w-质心至车轮横向距离;L_{s1}-质心至座椅纵向距离;L_{s2}-质心至座椅横向距离;k_t-轮胎刚度;k_{s1}-前轮悬架刚度;k_{s2}-后轮悬架刚度;k-座椅刚度;c_{s1}-前轮悬架阻尼;c_{s2}-后轮悬架阻尼;c-座椅阻尼

与四分之一车模型同理,整车模型的动力学关系如式(3-63)所示:

$$[\boldsymbol{M}]\{\ddot{\boldsymbol{Z}}\}+[\boldsymbol{C}]\{\dot{\boldsymbol{Z}}\}+[\boldsymbol{K}]\{\boldsymbol{Z}\}=\{\boldsymbol{F}(t)\} \tag{3-63}$$

式中,$\boldsymbol{Z}$、$\dot{\boldsymbol{Z}}$、$\ddot{\boldsymbol{Z}}$ 分别代表垂向的位移、速度和加速度;$\boldsymbol{M}$、$\boldsymbol{C}$、$\boldsymbol{K}$ 分别是车辆的质量矩阵;阻尼矩阵和悬架矩阵;$\boldsymbol{F}(t)$ 代表着路面的外部激励,将左右轮分别经过的路径设置为 $z_1(t)$ 和 $z_2(t)$,则路面的激励可以表示为:

$$F(t)=\begin{bmatrix}-k_t z_1(t)\\-k_t z_2(t)\\-k_t z_1\left(t-\dfrac{l}{v}\right)\\-k_t z_2\left(t-\dfrac{l}{v}\right)\\0_{4\times1}\end{bmatrix} \tag{3-64}$$

式中，l 为车辆轴距；v 为行驶速度。根据式(3-63)、式(3-64)，整车模型的状态空间可表达为式(3-65)、式(3-66)。

$$\begin{Bmatrix}\ddot{Z}\\\dot{Z}\end{Bmatrix}=\begin{bmatrix}-M^{-1}C & -M^{-1}K\\0 & 1\end{bmatrix}\begin{Bmatrix}\dot{Z}\\Z\end{Bmatrix}+\begin{Bmatrix}M^{-1}\\0\end{Bmatrix}F(t) \tag{3-65}$$

$$\ddot{Z}=[-M^{-1}C \quad -M^{-1}K]\begin{Bmatrix}\dot{Z}\\Z\end{Bmatrix}+[M^{-1}]F(t) \tag{3-66}$$

根据状态空间的定义，可以基于上式对车辆在不平整路面上的行驶过程中的振动进行仿真，图 3-19 是利用测试路面高程数据进行车辆振动仿真的结果图像。

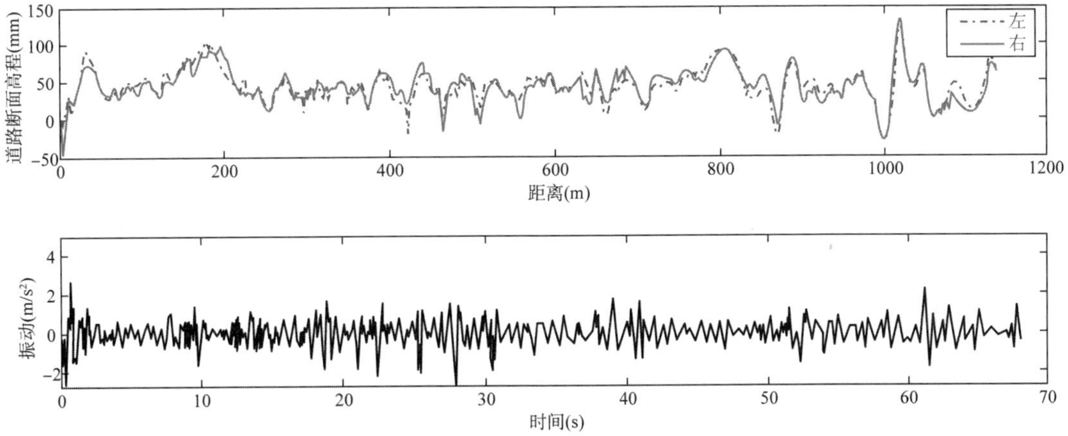

图 3-19　八自由度车辆动力学仿真模型的输出结果

3.5.2　多车仿真模拟场景设置

为了验证多车数据融合进行路网平整度预估模型的可靠性，本节搭建了仿真模拟场景。在场景中仅考虑路面预估算法的准确性，并不对路网分配、车辆路径选择进行深入探讨，因此，路网结构设计中未加入物理拓扑结构。在测试网络中共设置 50 条路段，其中已知与未知标签的路段比例为 1∶4，路段的高程分布均是通过激光检测车在上海市宝山区、嘉定区实际采集的路面高程数据。所选 50 条路段的 IRI 分布基本服从均值为 4.5m/km 的正态分布，其中用作已知标签的道路 IRI 分布基本服从均匀分布，用来提高参数拟合的泛化性，车辆振动的检测位置为悬架上方，测量频率为 200Hz。表 3-1 显示了所选择的 50 条道路的 IRI 数值分布情况。

仿真路网的平整度情况　　表 3-1

序号	1	2	3	4	5	6	7	8	9	10
IRI(m/km)	3.898	3.673	3.787	3.987	3.498	4.447	3.538	4.016	4.911	4.690
序号	11	12	13	14	15	16	17	18	19	20
IRI(m/km)	3.346	3.289	4.221	3.685	3.322	4.152	5.652	4.482	4.389	4.439
序号	21	22	23	24	25	26	27	28	29	30
IRI(m/km)	2.982	4.982	5.608	5.864	5.304	6.354	6.353	2.917	5.264	5.913
序号	31	32	33	34	35	36	37	38	39	40
IRI(m/km)	5.914	6.147	5.896	5.144	6.539	5.394	7.409	7.200	9.860	2.477
序号	41	42	43	44	45	46	47	48	49	50
IRI(m/km)	2.048	3.071	3.130	2.762	2.859	3.084	6.103	3.398	3.342	2.422

表 3-1 中 4、9、16、28~30、35、39、44、48 是通过均匀分布选取的 10 个已知平整度路段，其余 40 个路段为测试路段。测试车辆均采用小汽车，具体车型借鉴 Carsim 软件中提供的 CS-A/B/C/D/E/F 共 10 个子型号的汽车参数，数量均匀分布在车流中，网联测试车辆共 500 辆。10 个子类型号汽车的基本参数见表 3-2，为模拟实际测试过程中车辆的随机性，对所有车辆的悬架质量(考虑驾驶员)、轮胎弹簧刚性、动态悬架阻尼三个参数添加随机性尾项，同类车辆的参数浮动不超过其本身的 10%。

仿真车型的基本参数信息　　表 3-2

车辆型号	轴距(m)	m_s(kg)	m_{u1}(kg)	m_{u2}(kg)	c_{s1}(Ns/m)	k_{s1}(N/m)	k_{s2}(N/m)	k_t(N/m)
P1	2.59	1300	40	35	3100	38889	35000	200000
C-Class, Hatchback	2.59	1274	71	71	3551	27000	30000	228000
F-Class, Sedan	3.17	1823	100	100	3551	83000	44000	230000
D-Class, SUV	2.62	1429	80	100	5189	130000	40000	230000
B-Class, Sports	2.33	1020	60	60	3551	130500	91000	230000
B-Class, Hatchback	2.6	1111	60	60	3551	28000	35000	230000
A-Class, Hatchback	2.35	747	41.5	41.5	1876	14000	18000	200000
CS Stock car	2.68	1820	70	140	5189	40000	40000	230000
Europearn Van	2.58	1100	100	100	2301	31000	31000	200000
D-Class, Sedan	2.78	1370	80	80	3551	153000	82000	230000

注：表内数据取自 Carsim 软件数据库。

座椅的阻尼均采用 2200N·s/m，弹性为 64140N/m，座椅距离重心的距离为 0.4m、0.2m，簧载质量节距惯性矩为 2700N·m·s^2，簧载质量转动惯量为 400N·m·s^2。在进行车辆的路段分配时，为简化计算问题，作出如下假设：①在不考虑路段拓扑的情况下，同样不考虑路段的可达性，也就是假设每一条道路之间都是可互通的；②车辆从起点到达讫点所经过的路段数是符合正态分布的；③车辆选择每条路段行驶的概率是相等的；④在同一路段上各车辆的行驶速度基本一致。在上述假设的基础上，采用符合威布尔分布的模拟随机数生成每辆车所经过的路段编号，数据生成过程如图 3-20 所示。

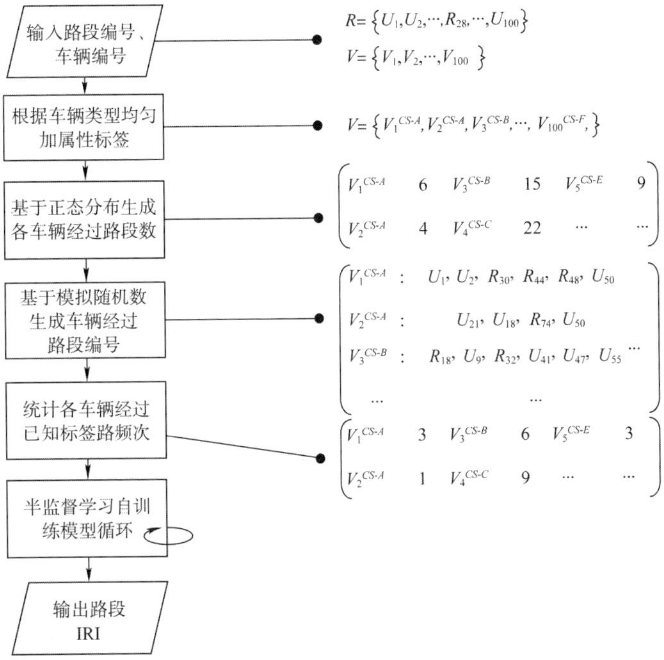

图 3-20 车辆行驶路段生成算法流程

图 3-21 显示了经过仿真随机生成算法获得的路段被驶过次数的分布，以及车辆驶过路段数的分布(按从小至大次序)。

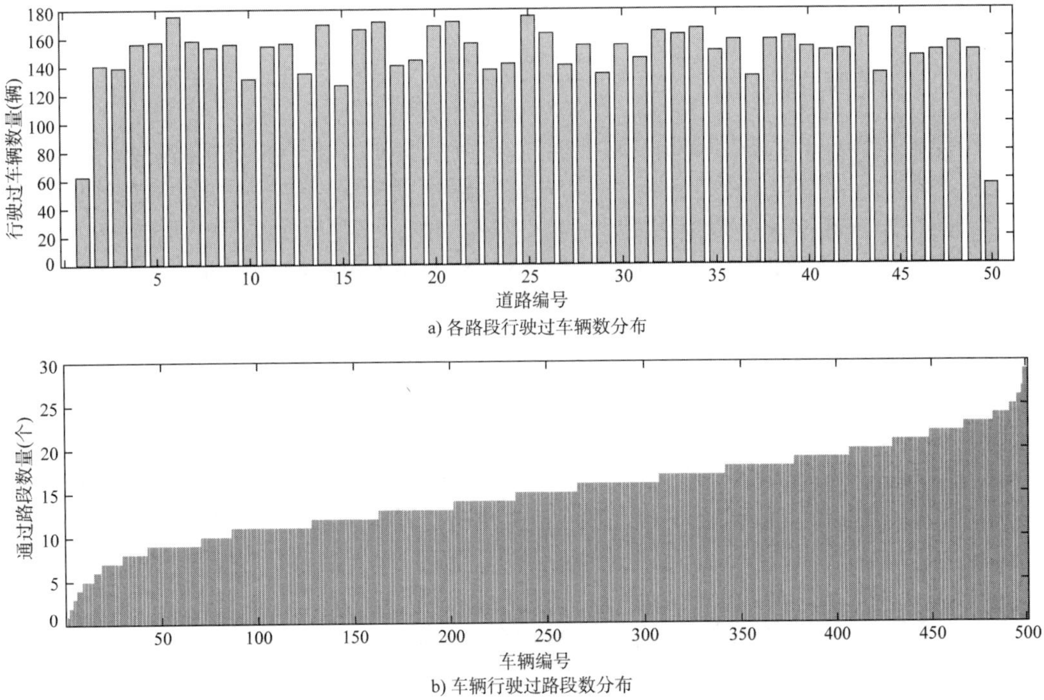

a) 各路段行驶过车辆数分布

b) 车辆行驶过路段数分布

图 3-21 仿真随机生成算法的路段及车辆分布情况

3.5.3 多车协同振动分布解析

利用半监督自训练学习的方法,基于图 3-17 计算流程计算各路段的 IRI 值,随着模型迭代,每次循环会输出预估置信程度最高的路段并将其加入已知集中。图 3-22 显示了全部迭代后,各路段经过半监督学习计算获得的平整度分布情况。在 40 条测试道路中,模型的平均 IRI 预测相对误差为 9.71%,最高路段相对误差出现在编号 40 上,为 46.5%,其绝对误差为 1.15m/km,考虑该位置的 IRI 本身较低,而训练的路段大多数 IRI 分布在 4.5m/km 左右,因此在 IRI 较低的位置表现力较差。从图中可以看出,半监督学习模型整体表现优秀,基本符合路面实际的 IRI 分布状况,绝大多数的相对误差均可保持在 10%以内,在 IRI 较高位置及较低位置出现了误差的跌宕状态,考虑原因在于训练样本的 IRI 分布模拟了实际的道路正态分布形态,因此过高和过低 IRI 的样本容量较少,在训练过程中难以充分地表达,但整体趋势仍符合路段分布真实情况。

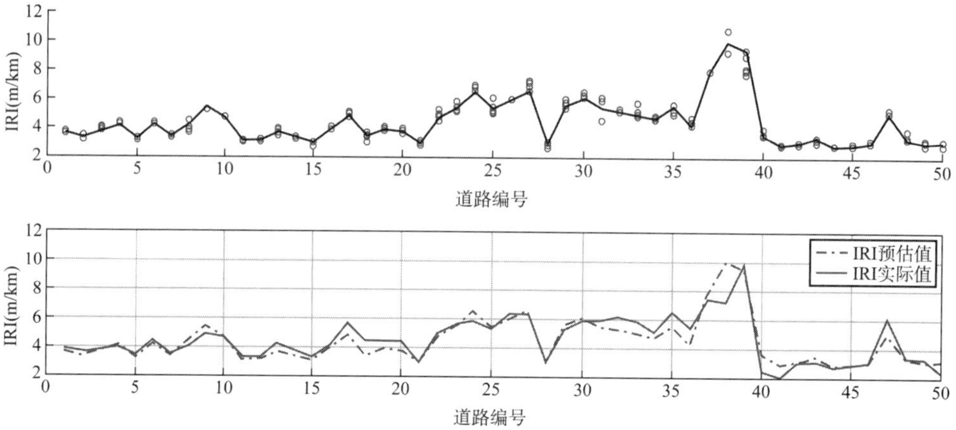

图 3-22 半监督自训练模型的预估结果

为验证半监督自训练模型(SML)的准确性,同样测试了多车平均预估(MAE)的方法,也就是不考虑车辆标定路段数量的影响,平均考虑每辆检测车辆预估的 IRI 对于整体检测结果的影响。图 3-23 显示多车平均预估模型的预估结果,MAE 模型预估结果基本符合路面 IRI 分布的整体态势,平均相对误差为 18.01%,最高路段相对误差出现在路段 20 上,为 35.13%,其绝对误差为-1.56m/km。相较于 SML 模型,基于 MAE 模型的道路 IRI 预估值分布更为离散,也表现了不同车辆由于标定的置信程度不同所产生的估测误差不同。在平均值计算过程中去除了零值点,同时剔除了 IRI>10m/km 的异常值。模型预估结果整体低于真实的 IRI 情况,仅在路段 40 等 IRI 较小的路段略高于真实 IRI 结果。两种计算方法的误差来源最大的区别在于:半监督自训练方法的训练误差主要在于每次将未知标签道路加入已知集时,都增加了已知样本集的不确定性,导致其训练的车辆参数会产生相应的累积误差;而多车平均预估法则是由于各类车辆的标定过程中,样本量不足产生的标定误差,从而平均累积在了其预测的未知道路上。

图 3-24 显示了两种路网级平整度预估模型的整体相对误差。整体来看:半监督学习方法的预估准确率更高,较平均预估法相对误差降低了 8.70%,绝对误差降低了 0.44m/km。大部分 SML 模型误差均为负误差,即低估了实际的 IRI 值,考虑原因是模型拟合中所选的路段 IRI 平均值大于路网的平均水平。而在个别道路中 MAE 模型的预测结果更优,如 38、40、41 路段。

造成误差差距的两个原因是:①误差异常位置 IRI 值偏小,而 MAE 的预测结果整体偏低;②在实际计算过程中,这些路段主要分布在迭代次序靠后的位置,图 3-25 显示了迭代次数对预估精度的影响,越是迭代次数靠后的道路,其预估的 IRI 误差则越大,这也与上文提到的 SML 模型的误差来源有关。

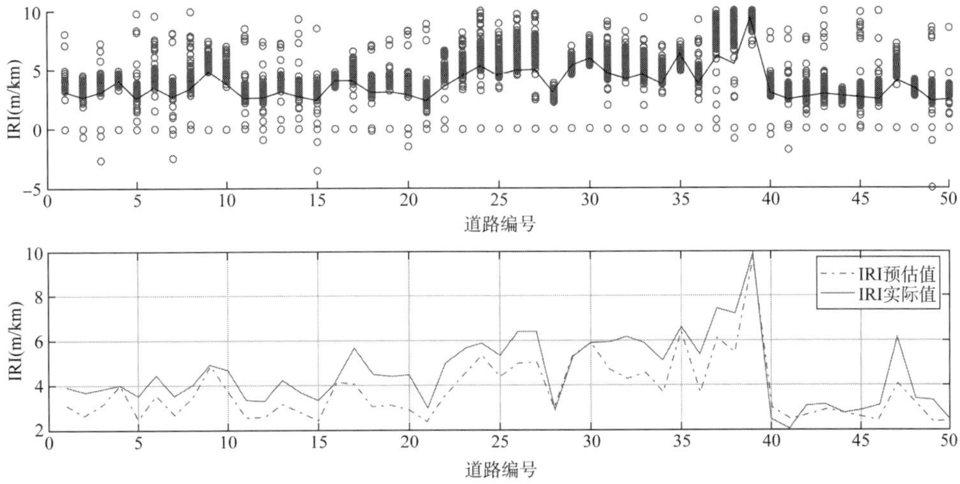

图 3-23 多车平均预估模型的预估结果

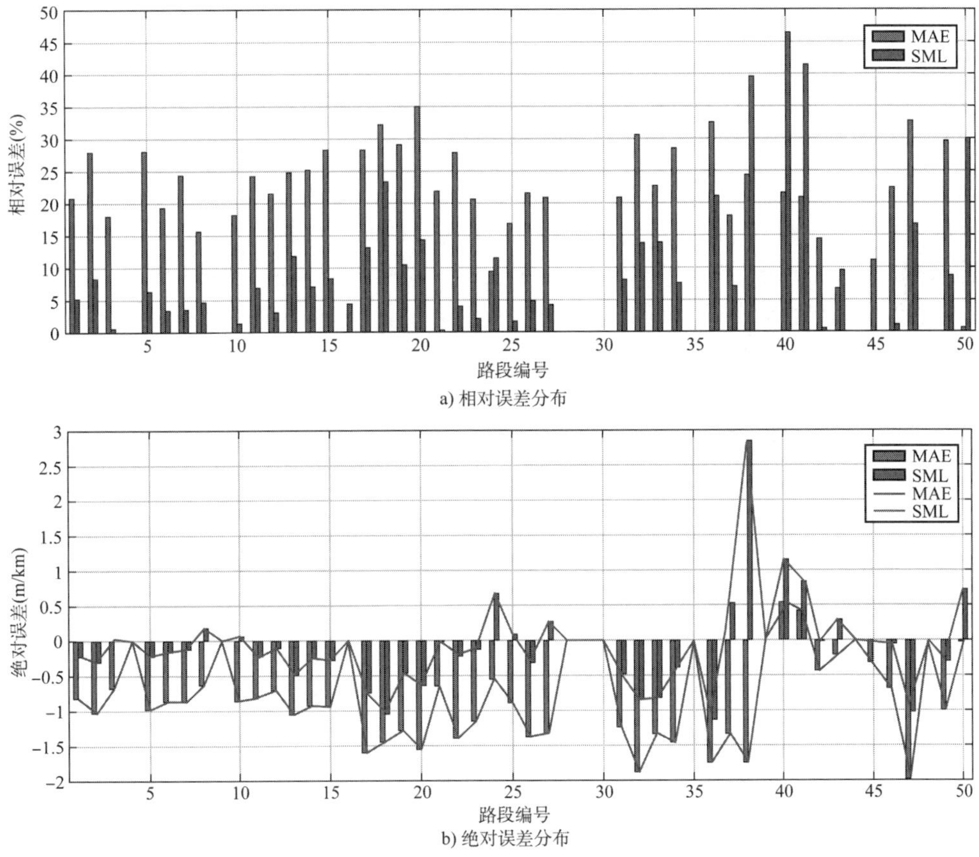

图 3-24 两种网级 IRI 预估模型的精度比较

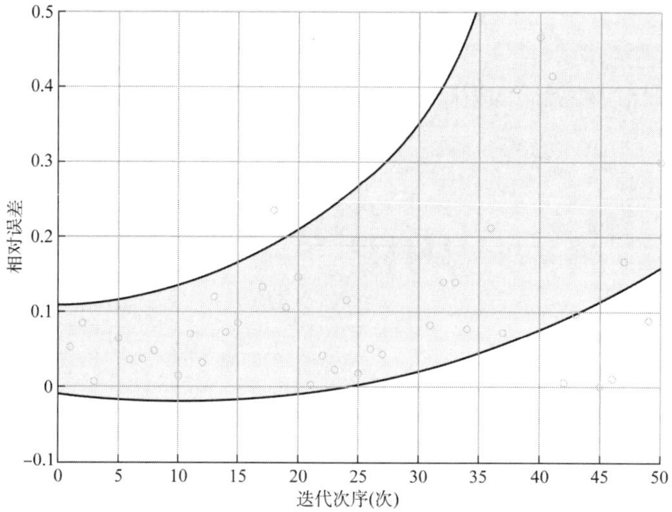

图 3-25 半监督自训练模型迭代次序对相对误差的影响

3.5.4 采样频率与测试车辆总数的耦合作用

当测试车辆数量总数足够大时,同一段道路将会被更多的数据采集车辆覆盖,可以进一步降低数据的采样频率,从而通过多车大量粗集振动信息的叠加来弥补检测频率降低带来的信息损失。本节分别测试了 50Hz、100Hz、200Hz、400Hz、500Hz、1000Hz 六种采样频率测试环境。图 3-26 显示了在 500 辆测试车辆的条件下,不同采样频率下对于预测结果误差的影响,从图中可以看出:整体预估误差随着频率增加而降低,在 5~50Hz 之间,这种下降的效果十分明显。一方面是由于频率过低导致离散傅立叶变换 FFT 过程分辨率降低,从而使得 Pwelch 法求解功率谱密度误差提高;另一方面是频率降低后,路面的采样间距提高,也会损失一部分的质量信息,故而导致误差的升高,但当频率超过 50Hz 之后,这种降低的效果逐渐平缓,说明 50Hz 以上时,通过多车粗集的数据叠加基本可以解决数据的覆盖问题。图 3-27 显示了在 100Hz 下车辆总数对于预估误差的影响,测量误差随着检测车辆总数的提高明显下降,尤其在 200 辆车辆以下时。然而这种效果也会产生波动性变动,如在 400 辆车时模型的相对误差低于 500 辆车,但都处于较低水平,这说明采集量达到一定程度时,可能会由于受到部分车辆的拟合优度结果扰动,而导致整体效果略微下降,但这种效果非常微弱。

图 3-28 揭示了采样频率与测试车辆总数对检测结果的耦合作用,三维图像采用了 griddata 进行线性插值绘制,插值率为 80,结果显示:路网 IRI 的平均预估误差均随着两项参数的提高而下降,频率的敏感区间为 0~50Hz,车辆总数的敏感区间为 0~200 辆。当采样频率超过 50Hz 后,预估结果变化差异不再显著,从误差降低趋势来看,50Hz 以下时明显误差增大,同时衰变特征与其他组具有显著性差异,是由于低频条件下车辆采集的振动信息计算的 PSD 本身误差较大,随着车辆数的增加可能放大了半监督自训练学习累积误差的效果,从而导致误差波动明显。因此,在实际的测试环境中,建议车辆的采样频率在 50Hz 以上,且在 15% 路段覆盖率条件下,进行网联测试的车辆总数超过 200 辆。

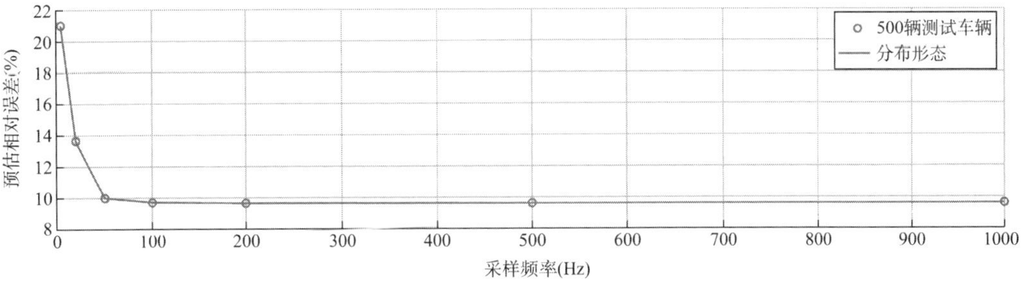

图 3-26　采样频率对于路网 IRI 平均相对误差的影响

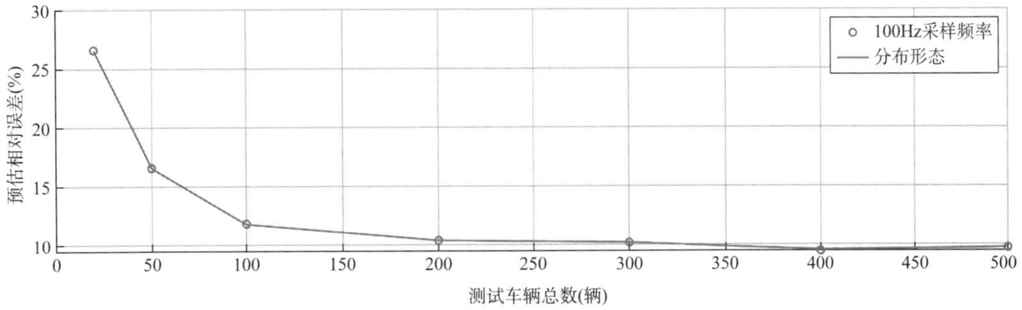

图 3-27　车辆总数对于路网 IRI 平均相对误差的影响

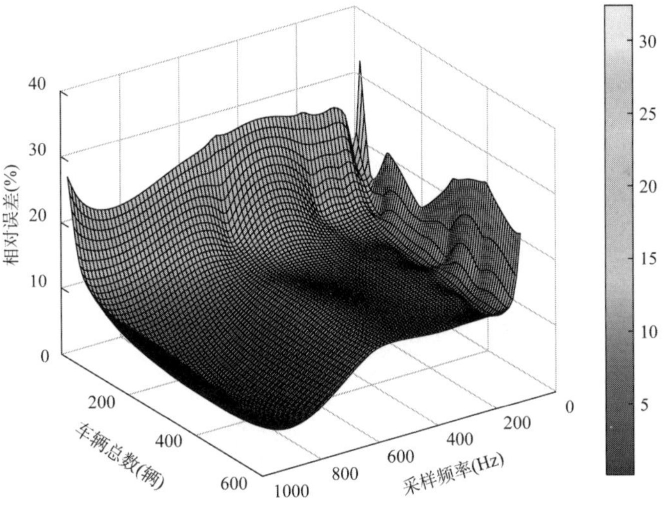

图 3-28　采样频率与测试车辆总数的耦合作用

3.6 振动反应式路面平整度检测车辆快速标定方法

本章 3.1~3.5 节主要阐述了振动反应式平整度检测的原理、方法和多车协同检测技术。得益于这类方法检测设备具备的轻量化、低成本、快速检测等优势，它也逐步成为现有路面平整度检测的主流方法之一。但由于不同车辆之间悬架参数各异，M-PSD 标定方法需要车辆在多条已知路面平整度的标准路段上以不同速度往复行驶积累标定样本，导致标定工作量巨大，且双参数的线性标定模型仅反映了振动统计指标与IRI之间的关联，未揭示车辆悬架参数与平整度预估模型的内在关联和影响规律。针对上述问题，本节以3.5节中的整车动力学仿真模型为基础，提出了一种基于“仿真-实测”融合求解的快速标定方法，其核心在于利用模型更新方法对整车仿真模型的各悬架参数进行迭代优化，使其可仿真多速度、多场景下待标定车辆的真实振动响应，进而可将大量原本需通过现场测试的标定工作采用数值仿真进行替代。基于该方法，仅需少量简易、可控的标准测试，即可对检车车辆进行可靠标定。

3.6.1 “仿真-实测”融合求解的快速标定框架

图3-29所示为本节提出的快速标定框架，相对于传统标定流程，提出了“两步骤”的“仿真-实测”标定方法以替代传统标定流程，具体包括：

1）车辆仿真模型参数标定

构建车辆仿真模型，通过进行简单的车辆悬架冲击测试，并以实测与仿真试验采集的车辆竖向加速度功率谱密度曲线残差最小化为目标函数，建立模型参数求解优化模型，对车辆仿真模型各项参数进行标定。

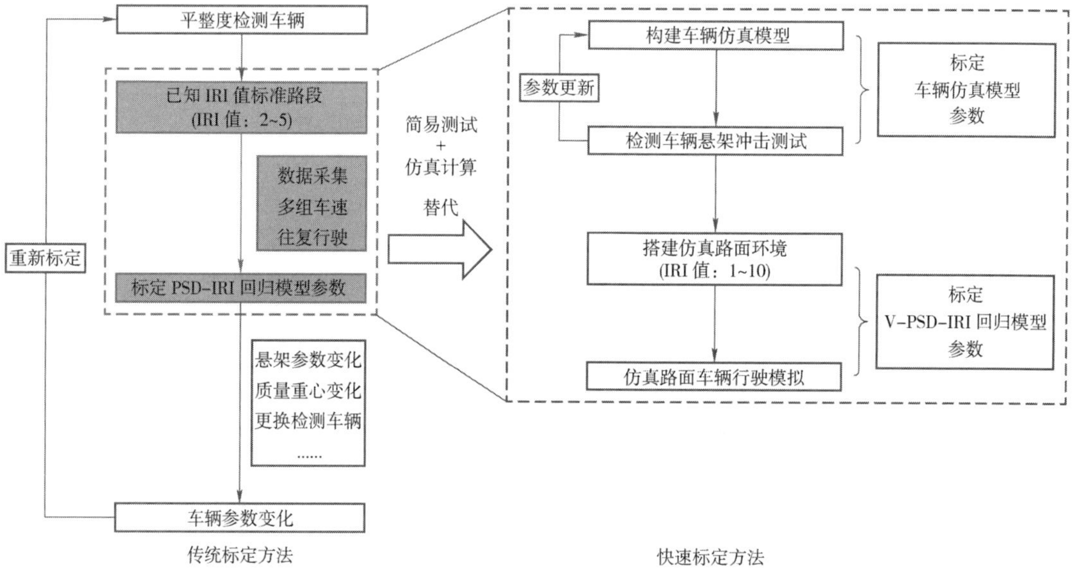

图3-29 路面平整度检测车辆传统标定方法与快速标定方法对比

2）V-PSD-IRI回归模型参数标定

搭建不同IRI值仿真路面环境，将车辆仿真模型部署在仿真路面环境中，进行行驶模拟，采集车速、车身竖向加速度数据，建立V-PSD-IRI回归模型并标定其参数，进而实现路面平整度检测车辆快速标定。

快速标定方法可大大缩短平整度检测车辆标定时间，降低标定工作量与标定成本，对提高基于车载振动传感器数据的路面平整度检测结果准确性与推动平整度检测车辆标定方法参数精细化、流程便捷化、开销低成本化具有重要意义。

3.6.2 车辆仿真模型与待标定参数

路面平整度检测快速标定方法的车辆仿真模型沿用了 3.5 节的整车仿真模型,并在其基础上减去了车辆座椅自由度,建立了 7 自由度整车模型,求解方法也同样采用状态空间法,车辆仿真模型如图 3-30 所示。

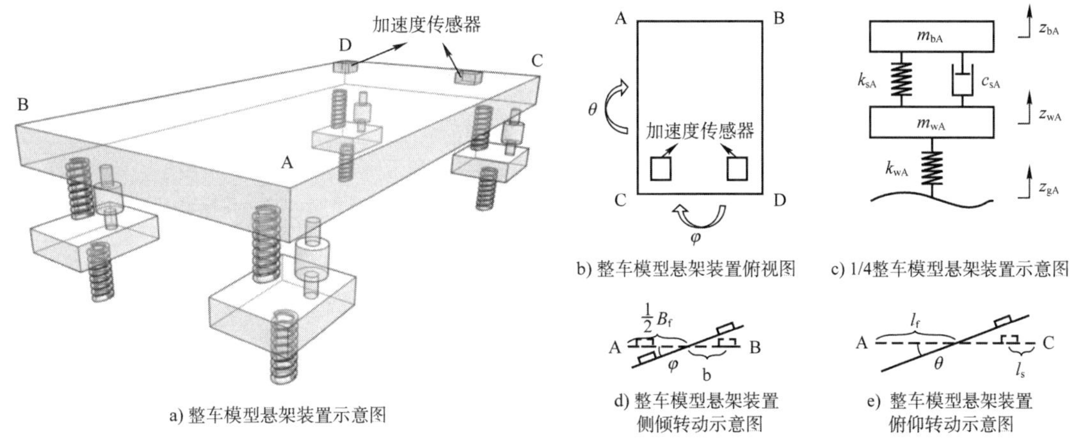

a) 整车模型悬架装置示意图　b) 整车模型悬架装置俯视图　c) 1/4整车模型悬架装置示意图　d) 整车模型悬架装置侧倾转动示意图　e) 整车模型悬架装置俯仰转动示意图

图 3-30　7 自由度整车车辆模型

该模型中,两个加速度传感器安装于车辆后轴上方,车辆四轮处分别标记为 A、B、C 和 D。如图 3-30b)所示,以 A 轮处为例,式中,m_{bA} 表示 A 轮处簧载质量,z_{bA} 表示 A 轮处车身竖向位移,k_{sA} 表示 A 轮处悬架弹簧刚度系数,c_{sA} 表示 A 轮处悬架阻尼系数,m_{wA} 表示 A 轮处簧下质量,z_{wA} 表示 A 轮处车轮竖向位移,k_{wA} 表示 A 轮处弹性轮胎等效刚度系数,z_{gA} 表示 A 轮处路面激励,B、C、D 处与 A 轮处表示方法相同。m_b 表示整车簧载质量,z_b 表示整车车身竖向位移,z_{bsL} 和 z_{bsR} 分别表示左右两侧加速度传感器处车身竖向位移,I_p 表示车身俯仰转动惯量,I_r 表示车身侧倾转动惯量,θ 表示车身俯仰角,φ 表示车身侧倾角,b_f 表示车辆前轴轴距,b_r 表示车辆后轴轴距,l 表示车辆轴距,l_f 表示车身重心至前轴距离,l_s 表示加速度传感器至车辆后轴上方处纵向距离,b 表示加速度传感器至车身重心处横向距离。

7 个自由度整车仿真模型包含了 25 个车辆参数。本小节结合实际情况对整车车辆模型参数进行简化,认为车辆悬架参数左右侧保持一致,后侧悬架参数通过前侧悬架参数乘以比例系数得到,四轮轮胎参数保持一致,前后轮距保持一致,简化逻辑如式(3-67)~式(3-74)所示。表 3-3 为简化后的整车车辆模型参数,共计 18 个。其中,可通过查阅车辆车型官方网站获取的已知参数 6 个,可现场测量参数 2 个,待标定参数 10 个。

$$k_{sA}=k_{sB} \tag{3-67}$$

$$k_{sC}=k_{sD} \tag{3-68}$$

$$k_{sC}=k_{sA}k_{k\_sC\_k\_sA} \tag{3-69}$$

$$c_{sA}=c_{sB} \tag{3-70}$$

$$c_{sC}=c_{sD} \tag{3-71}$$

$$c_{sC}=c_{sA}k_{c\_sC\_c\_sA} \tag{3-72}$$

$$m_{wA}=m_{wB}=m_{wC}=m_{wD} \tag{3-73}$$

$$b_r=b_f \tag{3-74}$$

简化后整车车辆模型参数 表 3-3

模型参数	单位	参数注解	已知/测量/待标定
m_b	kg	整车车身质量	已知
k_{sA}	N/m	A 轮处悬架弹簧刚度系数	待标定
$k_{k\_sC\_k\_sA}$	—	k_{sC}/k_{sA}	待标定
c_{sA}	N · s/m	A 轮处悬架阻尼系数	待标定
$k_{c\_sC\_c\_sA}$	—	c_{sC}/c_{sA}	待标定
m_{mA}	kg	A 轮处簧下质量	待标定
k_{mA}	N/m	A 轮轮胎等效刚度系数	待标定
L	m	车身长度	已知
W	m	车身宽度	已知
H	m	车身高度	已知
k_{I_p}	—	车辆俯仰转动惯量系数 $I_p=k_{I\_p}\frac{1}{12}m_b(L^2+H^2)$	待标定
k_{I_r}	—	车辆侧倾转动惯量系数 $I_p=k_{I\_r}\frac{1}{12}m_b(L^2+H^2)$	待标定
b_f	m	前轴轴距	已知
b	m	加速度传感器至车身重心处横向距离	测量
l	m	车辆轴距	已知
l_f/l	—	车辆重心至前轴处距离与车辆轴距之比	待标定
l_s	m	加速度传感器至车辆后轴上方处纵向距离	测量
k_v	—	车速修正系数	待标定

3.6.3 基于模型更新的车辆参数标定方法

在上一节构建的 7 自由度整车仿真模型基础上，本节重点探讨如何利用少量、可控测试对车辆参数进行标定。图 3-31 所示为车辆参数的标定流程，其采用了模型更新的参数标定思想，即通过最优化求解方法，以计算实测响应和仿真数据的差异作为目标函数，通过求解最优化问题对仿真模型的各参数进行迭代计算。具体可包括冲击测试、加速度数据处理、悬架冲击测试仿真计算、参数优化求解四步骤。

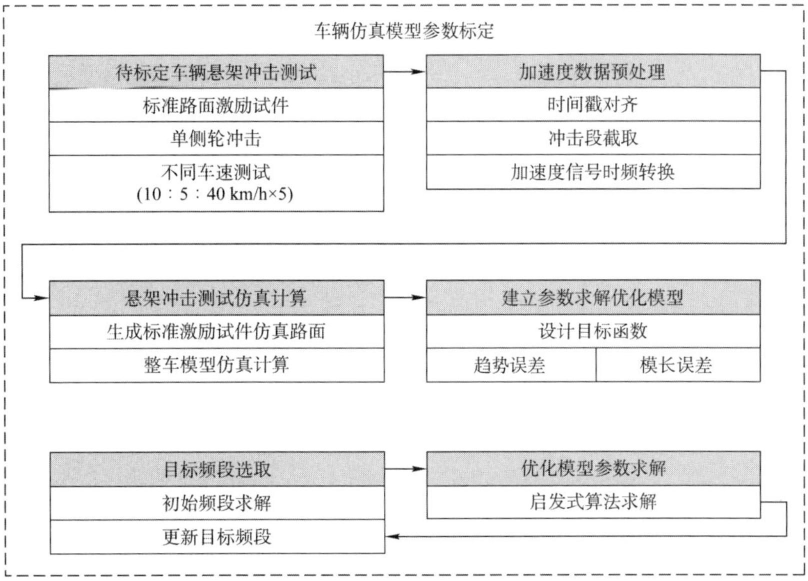

图 3-31　车辆仿真参数标定流程

1) 冲击测试

模型更新方法旨在获取最接近真实响应的仿真参数，因此需要少量的实测数据能够充分反映车辆的振动特征。冲击荷载作为多自由度振动系统常用的激励形式，由于其能够激发出全频段的振动特征，故选用为本次模型更新的加载形式。实车测试中，选用标准化的路面激励构造对行驶车辆施加冲击荷载。测试过程中，将加速度计安装于左右后轮上方，使用测量工具测量并记录参数。如图 3-32 所示，将标准路面激励试件安装于一相对平坦路面上，驾驶待标定车辆多次以不同的车速，以单侧前后轮胎依次驶过标准路面激励试件，对车辆悬架装置进行冲击，记录车速并采集加速度传感器竖向加速度响应数据。其中，标准路面激励试件为一已知轮廓参数的驼峰试件（实际选用为梯形或弧形减速带）。

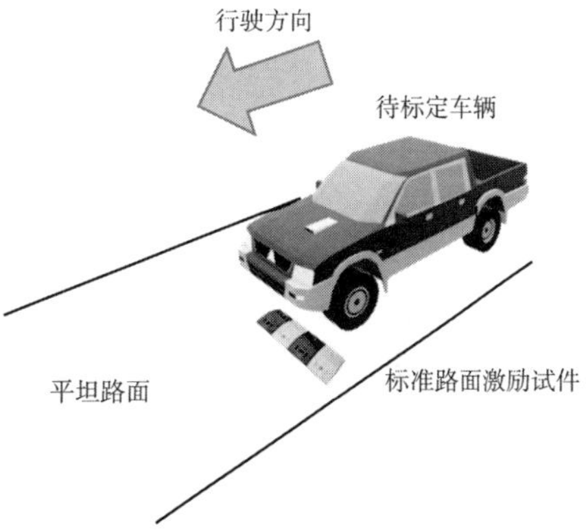

图 3-32　冲击测试示意图

2) 加速度数据处理

加速度数据采集后，需对其进行时钟同步、去均值、冲击段截取、功率谱计算等处理。图 3-33 所示为截取前后的加速度信号。

3) 悬架冲击测试仿真计算

如图 3-34 所示，根据待标定车辆行驶速度与标准路面激励轮廓参数，生成标准激励试件仿真路面。查阅待标定车辆基础参数，为整车模型待标定参数赋予初始值，对悬架冲击测试过程进行仿真计算。

4) 参数优化求解

以实测车辆后轴左右加速度传感器竖向加速度信号功率谱密度曲线与悬架冲击测试仿真，

计算加速度传感器处竖向加速度信号功率谱密度曲线设计目标函数,建立最小目标优化模型。

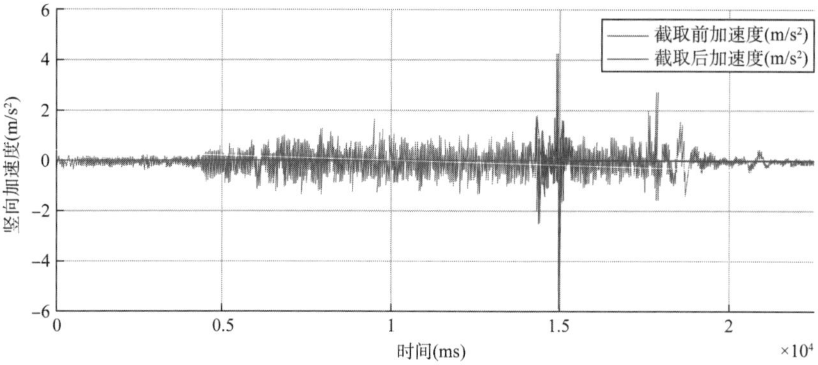

图 3-33 加速度冲击段截取示意图

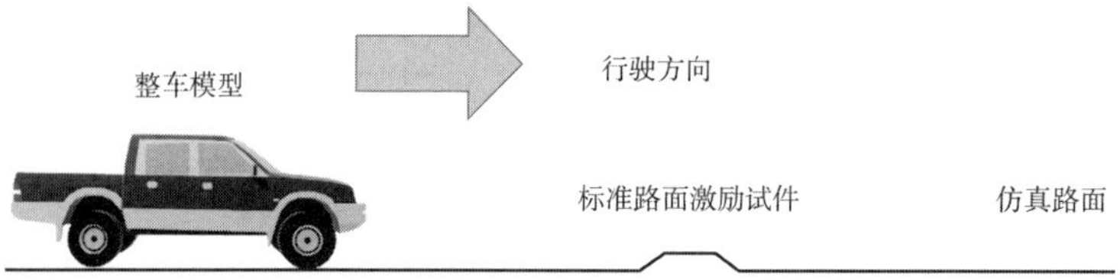

图 3-34 悬架冲击测试仿真计算示意图

$$f(x)=-[\mathrm{err}_{1\_1}(x),\mathrm{err}_{2\_1}(x),\mathrm{err}_{1\_r}(x),\mathrm{err}_{2\_r}(x)] \tag{3-75}$$

$$\begin{cases}\mathrm{err}_1(x)=\mathrm{mean}\left[\dfrac{1}{n}\sum_{i=1}^{n}\left(\dfrac{x_{\mathrm{p\_s\_}i}\cdot x_{\mathrm{p\_t\_}i}}{|x_{\mathrm{p\_s\_}i}|\cdot|x_{\mathrm{p\_t\_}i}|}\right),\dfrac{1}{n}\sum_{i=1}^{n}\left(\dfrac{x_{\mathrm{p\_v\_}i}\cdot x_{\mathrm{p\_v\_}i}}{|x_{\mathrm{p\_v\_}i}|\cdot|x_{\mathrm{p\_v\_}i}|}\right)\right]\\ \mathrm{err}_2(x)=\mathrm{mean}\left\{\dfrac{1}{n}\sum_{i=1}^{n}\left[\dfrac{\min(|x_{\mathrm{p\_s\_}i}|,|x_{\mathrm{p\_t\_}i}|)}{\max(|x_{\mathrm{p\_s\_}i}|,|x_{\mathrm{p\_t\_}i}|)}\right],\dfrac{1}{n}\sum_{i=1}^{n}\left[\dfrac{\min(|x_{\mathrm{v\_s\_}i}|,|x_{\mathrm{v\_t\_}i}|)}{\max(|x_{\mathrm{v\_s\_}i}|,|x_{\mathrm{v\_t\_}i}|)}\right]\right\}\end{cases} \tag{3-76}$$

式(3-76)为优化模型多目标函数。目标函数的优化目标为通过调整车辆整车模型参数取值,使仿真计算的车辆竖向加速度数据功率谱密度曲线与实测数据功率谱密度曲线尽可能重合。本部分对目标损失进行设计,包括左右轮加速度传感器处竖向加速度信号功率谱密度曲线的趋势损失(或形状损失)与模长损失。其中,趋势损失(或形状损失)衡量仿真与实测数据在截取频段内,功率谱密度曲线对应的频率波峰与波谷的位置与功率谱密度幅值变化趋势一致性程度,模长损失衡量两者功率谱密度曲线整体幅值的一致性程度。式(3-76)展示了趋势损失与模长损失的公式,两损失取值范围均为[0,1]。如图 3-35 所示,对实测加速度信号功率谱密度曲线分别划分峰值区间 p_i 与谷值区间 v_i。其中,峰值区间指相邻峰值点之间的曲线值(包括峰值点),谷值区间同理。

对实测数据与仿真数据的峰值区间与谷值区间根据式(3-75)计算趋势损失与模长损失。式中,err_{1_1} 表示左轮趋势损失,err_{2_1} 表示左轮模长损失,err_{1_r} 表示右轮趋势损失,err_{2_r} 表示右轮模长损失。式(3-76)中,err_1 表示趋势损失,err_2 表示模长损失,$x_{\mathrm{p\_s\_}i}$ 为第 i 段峰值区间仿真数据值,$x_{\mathrm{p\_t\_}i}$ 为第 i 段峰值区间实测数据值,$x_{\mathrm{v\_s\_}i}$ 为第 i 段谷值区间仿真数据值,$x_{\mathrm{v\_t\_}i}$ 为第 i 段谷值区间实测数据值。

表 3-4 展示了本节选用的整车车辆模型待标定参数及其上下界约束。

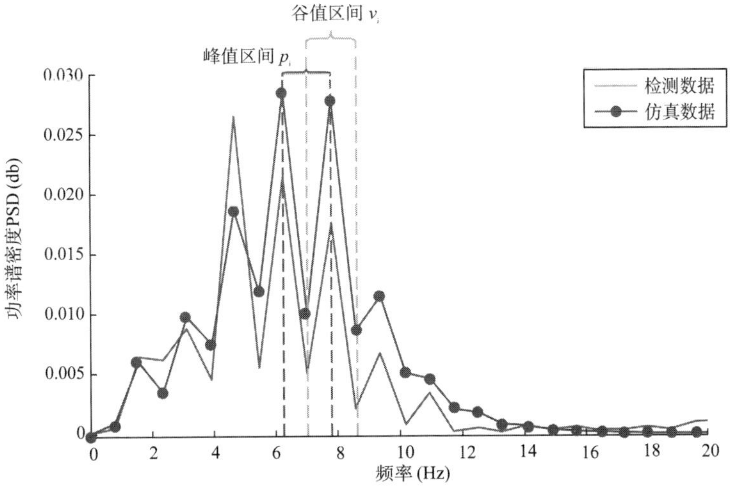

图 3-35　加速度冲击段截取示意图

整车车辆模型待标定参数上下界　　表 3-4

待标定参数	单位	参数注解	上界	下界
k_{sA}	N/m	A 轮处悬架弹簧刚度系数	18000	25000
$k_{k\_sC\_k\_sA}$	—	k_{sC}/k_{sA}	0.2	5.0
c_{sA}	N·s/m	A 轮处悬架阻尼系数	700	1500
$k_{c\_sC\_c\_sA}$	—	c_{sC}/c_{sA}	0.2	5.0
m_{wA}	kg	A 轮处簧下质量	10	200
k_{wA}	—	A 轮轮胎等效刚度系数	150000	210000
k_{I_p}	—	车辆俯仰转动惯量系数 $I_p=k_{I\_p}\dfrac{1}{12}m_b(L^2+H^2)$	0.5	1.5
k_{I_r}	—	车辆侧倾转动惯量系数 $I_r=k_{I\_r}\dfrac{1}{12}m_b(L^2+H^2)$	0.5	1.5
l_f/l	—	车辆重心至前轴处距离与车辆轴距之比	0.2	0.8
k_v	—	车速修正系数	0.8	1.2

上述优化模型采用多目标遗传算法(MOGA)进行求解,该方法在遗传算法基础上,基于 Patreo 排序进行多目标优化。基于 Pareto 排序的多目标遗传算法首先要解决的是适应度函数设计问题。MOGA 采用的适应度函数见式(3-77)。

$$\text{fitness}(I)=1+nq(I) \tag{3-77}$$

式中,$nq(I)$表示被个体 I 支配的个体数量。

基于 Pareto 排序的多目标遗传算法另一个关键点为寻找 Pareto 解的集合,而不是一个 Pareto 解。MOGA 和 NSGA 采用的多样性方法被称为 fitness sharing。fitness sharing 方法根据式(3-78)计算不同个体之间的距离。

$$d(I_1,I_2)=\sqrt{\sum_{k=1}^{K}\left[\frac{f_k(I_1)-f_k(I_2)}{f_k^{\max}-f_k^{\min}}\right]^2} \tag{3-78}$$

式中，f_k^{max} 与 f_k^{min} 分别表示目前找到的最大与最小 k 目标值。

对于个体 I，根据式(3-79)、式(3-80)调整其适应度。

$$nc(I)=\sum_{X,fitness(X)=fitness(I)}\max\left[\frac{\sigma_{sharing}-d(I,X)}{\sigma_{sharing}},0\right] \tag{3-79}$$

$$fitness(I)'=\frac{fitness(I)}{nc(I)} \tag{3-80}$$

3.6.4 速度-振动-IRI 回归模型标定

本章 3.3 节揭示了 IRI 与 PSD 的线性关系，同时也探究了速度大小对于 IRI 预估的影响，本节在此基础上，基于标定完成的车辆参数，以车辆振动的 RMS(均方根)指标为基础，通过仿真测试计算标定车辆以不同车速经过不同平整度路面的振动响应，以此分析速度-振动-IRI 回归模型，实现不同检测工况下 IRI 预估。具体流程包括：①随机路面仿真模型构建；②车路耦合仿真测试；③回归标定。

1)随机路面仿真模型构建

在随机路面建模与不平整度仿真研究方法中，相关学者在分析路面空间频率功率谱密度、时间频率功率谱密度与方差关系的基础上，建立了路面随机信号生成模型，如式(3-81)所示。

$$\dot{z}_g(t)=-2\pi n_{00}vz_g(t)+2\pi n_0\sqrt{G_z(n_0)v}W(t) \tag{3-81}$$

式中，$z_g(t)$表示路面随机高程(m)；n_{00} 表示下截止空间频率($0.011m^{-1}$)；v 表示车辆车速(m/s)；n_0 表示参考空间频率($0.1m^{-1}$)；G_z 表示路面不平整度系数(m^3)；$W(t)$表示均值为 0 的高斯白噪声。1984 年国际标准化组织在文件 ISO/TC108/SC2N67 中提出了“描述不平度表示方法草案”与我国《车辆振动输入-路面平度表示方法标准》(GB/T 7031—1986)中给出路面不平整度 8 级分类标准，如表 3-5 所示。

路面不平整度 8 级分类标准 表 3-5

路面等级	$G_z(m^3, n_0=0.1)$几何平均值	路面等级	$G_z(m^3, n_0=0.1)$几何平均值
A	16×10^{-6}	E	4096×10^{-6}
B	64×10^{-6}	F	16384×10^{-6}
C	256×10^{-6}	G	65536×10^{-6}
D	1024×10^{-6}	H	262144×10^{-6}

根据式(3-81)，在 MATLAB Simulink 仿真平台搭建随机路面高程信号生成模型，模型仿真时间间隔模拟采样频率为 200Hz 的传感器数据采样时间间隔，设置为 5ms，如图 3-36 所示。

图 3-37 展示了其中生成的一条长度为 1000m 的随机路面高程信号，其中，取 $G_z=16\times10^{-6}m^3$，将该随机路面高程作为标准四分之一车辆模型路面激励输入，根据公式计算 IRI 为 4.88m/km。取 $G_z=(0-50)\times10^{-6}m^3$，每个 G_z 取值生成 100 组白噪声随机种子用于生成随机路面高程信号，并使用标准四分之一车辆模型计算其 IRI，得到 IRI-G_z 与随机种子的映射关系，图 3-38 展示了不同 G_z 取值下生成的随机路面高程信号计算的 IRI 值。设置单侧阈值窗口宽度为 0.1m/km，当需要生成 IRI 值为 5m/km 的随机路面高程信号时，在 IRI-G_z 与随机种子的映射关系中，选取 IRI 值在 4.9~5.1m/km 范围内的 G_z 与随机种子，并输入随机仿真路面生成

模型内,得到随机路面高程信号。使用同样的步骤,可生成 IRI 值在 1~10m/km 范围内的不同随机路面仿真模型。

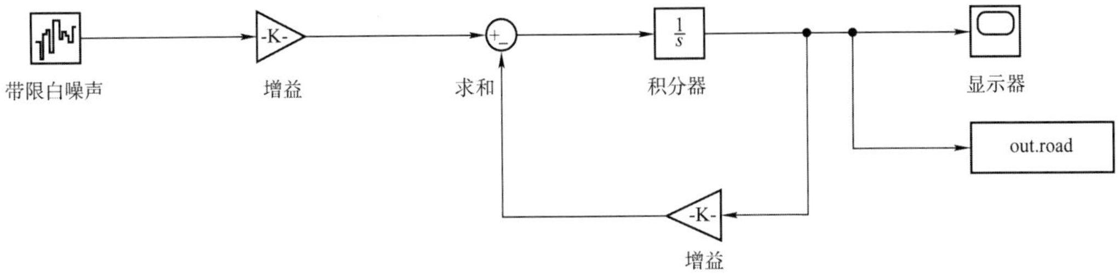

图 3-36　随机仿真路面生成模型

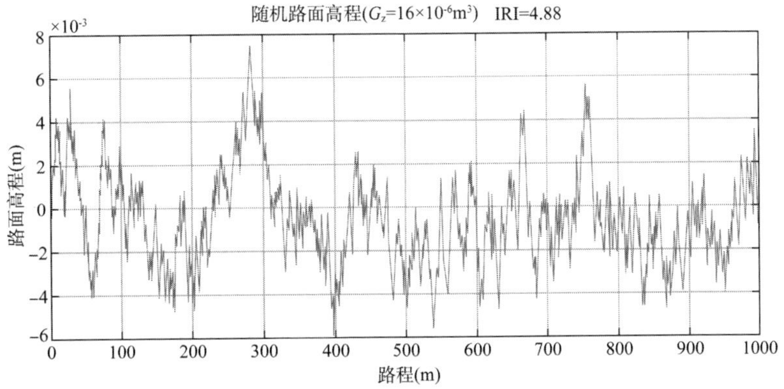

图 3-37　随机路面高程信号示例

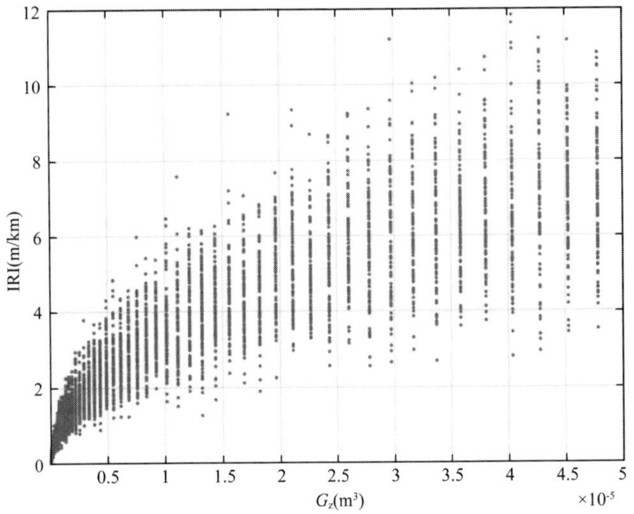

图 3-38　IRI-G_z 映射关系

2)车路耦合仿真测试

分别构建 IRI 值在 1~10m/km 区间内的仿真路面环境,将标定参数后的整车车辆仿真模型以不同车速在仿真环境中模拟计算,记录车速、加速度传感器处竖向加速度信号与路面 IRI

值数据。如表 3-6 所示，为避免不同车速下车辆悬架参数存在的差异性，整车车辆仿真模型仿真路面环境中行驶的车速与悬架冲击测试的车速保持一致。其中 v_{t_n} 表示第 n 次悬架冲击测试实际车速，若悬架冲击测试车速取 10~45km/h，以 5km/h 速度为间隔，$n=40$。

整车车辆模型在不同 IRI 值仿真路面环境测试速度-IRI 表 表 3-6

悬架冲击测试车速（km/h）	整车车辆模型仿真车速（km/h）	随机仿真路面模型 IRI	悬架冲击测试车速（km/h）	整车车辆模型仿真车速（km/h）	随机仿真路面模型 IRI
v_{t_1}	v_{t_1}	1	v_{t_n}	v_{t_n}	2
v_{t_2}	v_{t_2}	1	…	…	…
…	…	…	v_{t_1}	v_{t_1}	10
v_{t_n}	v_{t_n}	1	v_{t_2}	v_{t_2}	10
v_{t_1}	v_{t_1}	2	…	…	…
v_{t_2}	v_{t_2}	2	v_{t_n}	v_{t_n}	10
…	…	…	…	…	…

3）V-PSD-IRI 回归模型参数标定

考虑不同速度是同一车辆在相同 IRI 水平路面以不同速度行驶时振动响应的重要影响因素，为探讨在同一 IRI 路面环境中车辆行驶速度与车辆振动响应关系，以仿真路面环境测试中整车车辆仿真模型加速度传感器处竖向加速度信号功率谱密度作为统计指标，建立 V-PSD 回归模型并标定其中参数，如式（3-82）所示。其中，整车车辆仿真模型竖向加速度可加入随机噪声信号模拟车辆自振情况。

$$PSD_{IRI}=f(v_{IRI}) \tag{3-82}$$

如图 3-39 所示，Boyu Zhao 等人在基于智能手机的动态响应智能监测系统（iDRIMS）研究的仿真计算中发现，路面平整度指标（IRI）与车辆竖向加速度功率谱密度相关系数在 0.98 以上，具有非常强的线性相关性。本节根据仿真测试结果，建立不同车辆速度下，PSD 与 IRI 的线性回归模型，如式（3-83）所示，采用最小二乘线性拟合方法求解其一次项系数参数 $p_{1\text{-}v}$。

$$IRI_v=(PSD_v-noise)p_{1\_v} \tag{3-83}$$

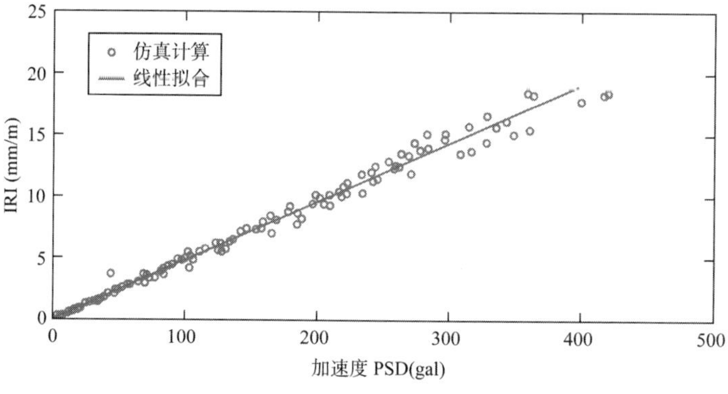

图 3-39 PSD 与 IRI 线性关系

基于上述研究，可构建 V-PSD-IRI 回归模型，该模型可以车辆行驶车速与车辆竖向加速度功率谱密度作为输入,计算路面平整度指标(IRI)。

3.6.5 多车辆路面平整度检测验证试验与结果分析

为验证本节提出的快速标定方法,设计多车辆路面平整度检测验证试验,包括准确性验证试验与车辆悬架适用性验证试验。验证试验以激光检测车路面平整度检测结果作为参考真值。其中,准确性验证试验中将车载加速度传感器安装于激光检测车辆后轴上方,采用快速标定方法对激光检测车辆进行标定,采集激光检测与竖向加速度振动信号,检测两类检测方法对于多条相同路段平整度检测数据,并进行结果对比分析。车辆悬架适用性验证试验用于对比车辆悬架参数的差异对平整度检测结果的影响程度。

1)试验设计与数据准备

(1)准确性验证试验。

以激光检测车作为准确性验证测试车辆,同时采集激光检测车的路面断面高程数据和加速度振动反应数据,分别计算 IRI 指标并进行比对,以验证标定方法的准确性。为使得不同传感器对于同一路段路面平整度检测轮迹带保持一致,将车载加速度传感器安装于激光检测车辆后轴上方(图 3-40)。

a) 激光检测车辆

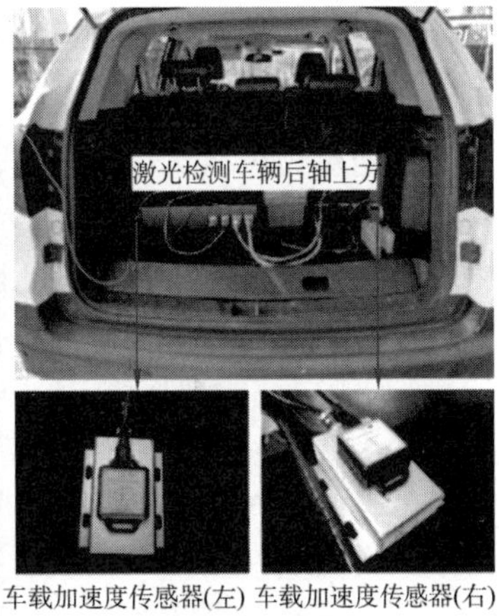

b) 加速度计安装

图 3-40 激光检测车

激光检测车辆车型为 2018 年款比亚迪宋级 SUV,车身长宽高尺寸为 4565mm×1830mm×1720mm,轴距为 2660mm,前轴轮距为 1560mm。表 3-7 展示了该仪器路面平整度指标(IRI)检测性能参数。加速度计安装于后轴左右轮上方,采样频率为 200Hz。

MLS-13PTR 多功能激光路面测试仪路面平整度指标 IRI 检测性能参数表 表 3-7

参数名称	参数值	参数名称	参数值
检测间隔	≤10mm	纵断面剖面波长可检测范围	1mm~200m
纵向断面高程检测精度	<0.5mm	可检测国际平整度指数(IRI)范围	0~15m/km
连续检测距离	>1000km	平整度报告间隔	5~1000m
检测速度	20~120km/h	平整度重复性及速度变异性指数	<5%

首先进行冲击测试进行车辆参数标定，以某梯形轮廓断面减速带作为激励构件，如图 3-41 所示。截面上底长度 5cm，下底长度为 40cm，高为 5cm。驾驶待标定车辆多次以不同的车速（10～45km/h，以 5km/h 速度为间隔），单侧前后轮胎依次驶过标准路面激励试件，对车辆悬架系统进行冲击，每组车速行驶 5 次，记录车速并采集加速度传感器竖向加速度响应数据用于车辆标定。

图 3-41 冲击测试激励构造

在上海市约 40km 的公路或城市道路上进行验证测试，激光检测车标定完成后，驾驶车辆前往实测路段，以 40～60km/h 的车速进行路面平整度检测，计算相应 IRI 结果，进行准确性比对。

（2）不同车辆悬架适用性验证试验。

不同厂商与型号车辆的悬架系统参数存在明显差异。不同车辆的测量结果是否具有一致性，也是需要重点关注的问题。因此，设计不同车辆悬架适用性验证试验，对比不同悬架参数的平整度检测车辆对于多条相同路段平整度检测结果，反映所提出标定方法的不同车辆悬架适用性。

在激光检测车测试基础上，选取 2019 年款马自达 CX-5 SUV（图 3-42）作为对比车辆，该车辆车身长宽高尺寸为 4555mm×1842mm×1685mm，轴距为 2700mm，前轴轮距为 1596mm。标定路段与测试路段与准确性验证试验保持一致。

2）模型参数标定结果分析

（1）车辆仿真模型参数。

图 3-43 展示了车辆仿真模型参数求解流程图，采用多目标遗传算法（MOGA）在不同标定速度下对表 3-3 中待标定参数进行参数求解。表 3-3 中各项待标定参数可看作是车身质量 m_b 的 n 倍，因此，统一取 m_b 为 2000kg 后对各项待标定参数进行求解。

图 3-42 试验车辆：2019 年款马自达 CX-5 SUV

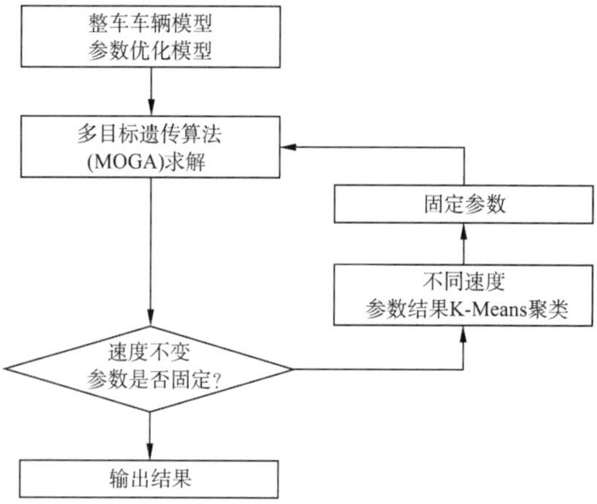

图 3-43 车辆模型参数求解流程

各项待标定参数中,A 轮处簧下质量 m_{wA}、车辆俯仰转动惯量系数 k_{I_p} 与车辆侧倾转动惯量系数 k_{I_r} 不会随车辆行驶速度变换而改变,将这三项参数记为速度不变参数集。初次对待标定车辆参数进行求解时,对速度不变参数不固定参数取值。对不同速度下参数求解结果进行 K-Means 聚类,其中 K 值取 4。计算各聚类中心损失 e_1 和 e_2,并根据式(3-84)计算损失 L_2 范数 $||e||_2$。将 $||e||_2$ 降序排列,取 $||e||_2$ 最高值聚类中心的速度不变参数,作为下一次参数优化求解固定参数,重新进行参数求解。

$$||e||_2=\sqrt{e_1^2+e_2^2} \tag{3-84}$$

表 3-8~表 3-11 展示了两辆车辆构建的整车车辆模型待标定参数固定参数前后部分求解结果。其中,2018 年款比亚迪宋 SUV 速度不变参数固定为:m_{wA} 为 94.18 kg,k_{I_r} 为 1.00,k_{I_p} 为 1.04,2019 年款马自达 CX-5 SUV 速度不变参数固定为:m_{wA} 为 85.03 kg,k_{I_r} 为 0.98,k_{I_p} 为 1.03。

2018 年款比亚迪宋 SUV 整车车辆模型不同车速下待标定参数求解结果(部分) 表 3-8

v (km/h)	m_{wA}	l_f/l	k_{I_r}	k_{I_p}	k_{sA}	$k_{k\_sC\_k\_sA}$	c_{sA}	$k_{c\_sC\_c\_sA}$	k_{wA}	k_v
10	100.32	0.55	0.95	1.07	21170.92	2.07	1055.24	2.81	168448.39	0.95
15	81.51	0.57	0.87	0.97	21454.89	2.51	1133.42	3.26	160122.41	1.00
20	143.78	0.53	0.95	1.17	22422.13	1.79	1047.69	3.73	159182.30	1.00
25	124.05	0.47	0.94	1.02	21048.29	2.06	1022.36	3.19	174001.61	1.01
30	83.94	0.44	1.01	1.03	21121.14	2.30	1089.77	2.82	196437.98	1.02
35	36.35	0.24	0.84	0.61	20709.34	1.86	944.03	1.75	163854.37	0.96
40	51.53	0.27	0.86	0.63	20891.82	2.41	900.50	2.54	157318.63	0.91
45	52.07	0.30	1.24	0.86	20357.84	3.15	1119.76	3.04	200155.45	0.97

注:速度不变固定参数前。

2018 年款比亚迪宋 SUV 整车车辆模型不同车速下待标定参数求解结果(部分) 表 3-9

v (km/h)	m_{wA}	l_f/l	k_{I_r}	k_{I_p}	k_{sA}	$k_{k\_sC\_k\_sA}$	c_{sA}	$k_{c\_sC\_c\_sA}$	k_{wA}	k_v
10	94.18	0.49	1.00	1.04	20512.57	2.08	1026.89	3.17	155475.65	0.92
15	94.18	0.67	1.00	1.04	22142.11	2.11	1233.71	3.79	167158.20	1.00
20	94.18	0.50	1.00	1.04	19928.23	2.28	1224.88	3.57	172716.40	1.05
25	94.18	0.45	1.00	1.04	19955.59	1.76	1274.78	2.96	159909.01	0.95
30	94.18	0.47	1.00	1.04	21414.88	2.45	1183.71	3.11	194301.59	1.04
35	94.18	0.33	1.00	1.04	21514.57	3.08	1093.90	2.94	202457.56	0.99
40	94.18	0.28	1.00	1.04	21763.00	3.54	1064.33	3.77	206011.26	0.97
45	94.18	0.37	1.00	1.04	21024.94	3.09	1134.92	3.74	200754.50	0.95

注:速度不变固定参数后。

2019 年款马自达 CX-5 SUV 整车车辆模型不同车速下待标定参数求解结果(部分)

表 3-10

v (km/h)	m_{wA}	l_f/l	k_{I_r}	k_{I_p}	k_{sA}	$k_{k\_sC\_k\_sA}$	c_{sA}	$k_{c\_sC\_c\_sA}$	k_{wA}	k_v
10	108.24	0.50	1.01	0.84	20436.10	2.64	1196.99	2.17	165031.22	0.93
15	80.65	0.49	1.00	0.96	21183.44	2.40	1077.95	3.60	186856.98	0.96
20	77.53	0.49	0.94	0.99	21136.74	2.41	1195.26	3.16	186588.51	1.01
25	55.59	0.34	1.10	1.09	20015.19	2.82	1170.36	3.51	198256.18	0.91
30	64.41	0.41	1.16	0.87	20843.39	2.04	1136.10	3.07	176509.09	0.98
35	54.03	0.37	0.90	0.82	21545.38	1.88	1138.59	3.17	169539.90	0.98
40	85.03	0.40	0.97	1.21	20850.16	3.07	1186.17	3.46	198566.58	1.00
45	106.01	0.50	0.93	1.13	21920.20	3.38	1118.44	3.25	197222.85	0.93

注:速度不变固定参数前。

2019 年款马自达 CX-5 SUV 整车车辆模型不同车速下待标定参数求解结果(部分)

表 3-11

v (km/h)	m_{wA}	l_f/l	k_{I_r}	k_{I_p}	k_{sA}	$k_{k\_sC\_k\_sA}$	c_{sA}	$k_{c\_sC\_c\_sA}$	k_{wA}	k_v
10	85.03	0.54	0.98	1.03	19554.02	2.49	1109.85	3.23	154672.60	0.87
15	85.03	0.50	0.98	1.03	20537.66	2.62	1263.07	4.04	202481.17	0.96
20	85.03	0.42	0.98	1.03	20672.07	1.59	1267.43	3.20	163278.88	1.05
25	85.03	0.34	0.98	1.03	21601.06	2.54	1143.66	3.60	200082.45	1.05
30	85.03	0.39	0.98	1.03	20997.40	2.10	1031.75	3.11	172567.55	0.96
35	85.03	0.38	0.98	1.03	21235.09	2.51	1171.62	2.72	204894.03	0.99
40	85.03	0.45	0.98	1.03	23275.65	3.00	1199.33	3.28	202662.30	1.00
45	85.03	0.38	0.98	1.03	21636.82	3.18	1113.59	3.07	197242.51	0.96

注:速度不变固定参数后。

固定速度不变参数,重新进行参数求解,图 3-44 与图 3-45 分别展示了两车参数求解优化结果示例,包括左右两轮处竖向加速度信号功率谱密度曲线与时域信号曲线实测值与仿真值比对情况。表 3-12 展示了两车分别在各自标定速度下的参数优化求解结果。从示例结果中可以看出,本节中介绍的整车车辆模型可有效反映车辆后轴处振动的实际情况,结合实测数据,可利用提出的整车车辆模型参数求解优化模型,进而对测试车辆待标定参数进行求解。另一方面,由于标定道路并非完美平坦路面,传感器安装、测量存在噪声与整车车辆模型对于实际车辆悬架系统表达性等因素影响,仍存在部分功率谱密度频段实测数据与仿真计算有偏差,因此,在参数求解过程也需动态修改目标频段,提出噪声频段进行参数求解。此外,表 3-12 也反映出两车车辆悬架参数存在的差异性。

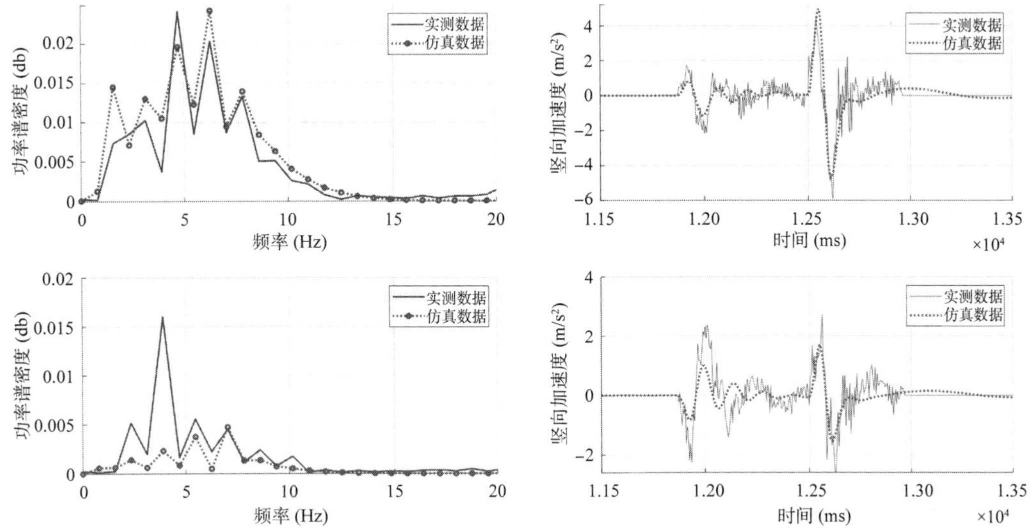

图 3-44　2018 年款比亚迪宋 SUV 参数求解优化结果示例(车速：15km/h)

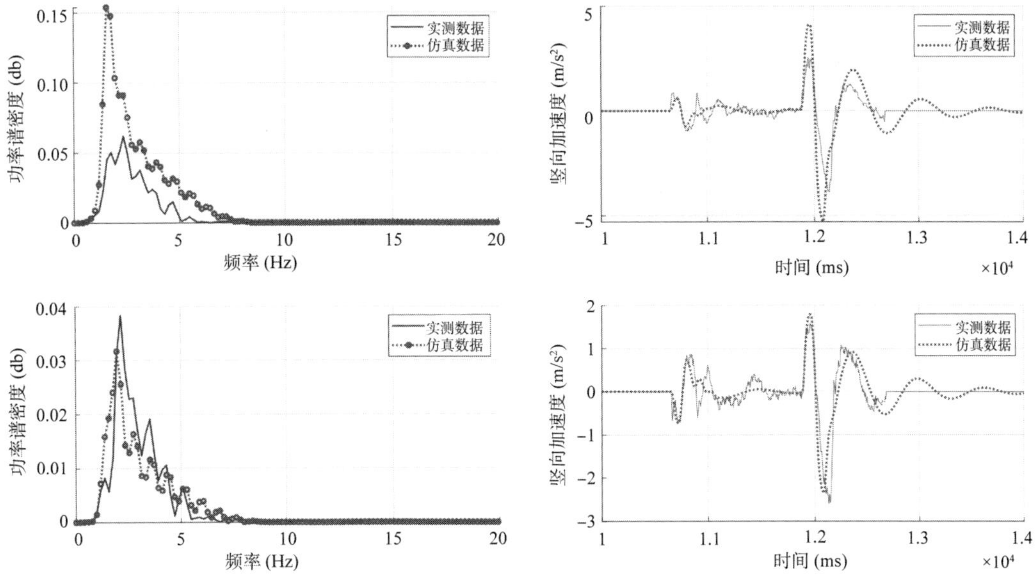

图 3-45　2019 年款马自达 CX-5SUV 参数求解优化结果示例(车速：10km/h)

2018 年款比亚迪宋 SUV 与 2019 年款马自达 CX-5 SUV 整车车辆模型参数求解优化结果示例　　表 3-12

参数	2018 年款比亚迪宋 SUV	2019 年款马自达 CX-5 SUV	参数	2018 年款比亚迪宋 SUV	2019 年款马自达 CX-5 SUV
v	15	10	$k_{\mathrm{k\_sC\_k\_sA}}$	2.11	2.74
m_{wA}	94.18	85.03	c_{sA}	1233.71	1133.66
l_{f}/l	0.67	0.46	$k_{\mathrm{c\_sC\_c\_sA}}$	3.79	2.66
$k_{\mathrm{I\_r}}$	1.00	0.98	k_{wA}	167158.20	204719.45
$k_{\mathrm{I\_p}}$	1.04	1.03	k_{v}	1.00	0.82
k_{sA}	22142.11	22552.40			

图 3-46 与 3-47 分别展示了 2018 年款比亚迪宋 SUV 与 2019 年款马自达 CX-5 SUV 参数结果与标定车速关系，从图中可以看出，车辆重心至前轴处距离与车辆轴距之比 l_{f}/l、A 轮处悬架弹簧刚度系数 k_{sA}、C 轮处悬架弹簧刚度系数与 A 轮处悬架弹簧刚度系数之比 $k_{\mathrm{k\_sC\_k\_sA}}$、A 轮轮胎等效刚度系数 k_{wA} 等参数与标定车速存在强相关，相关系数绝对值均高于 0.3。其中，l_{f}/l 与标定车速呈负相关关系，k_{sA}、$k_{\mathrm{k\_sC\_k\_sA}}$、k_{wA} 与标定车速呈正相关关系。c_{sA}、$k_{\mathrm{k\_sC\_k\_sA}}$ 与标定车速相关关系较弱，相关系数绝对值均低于 0.3。

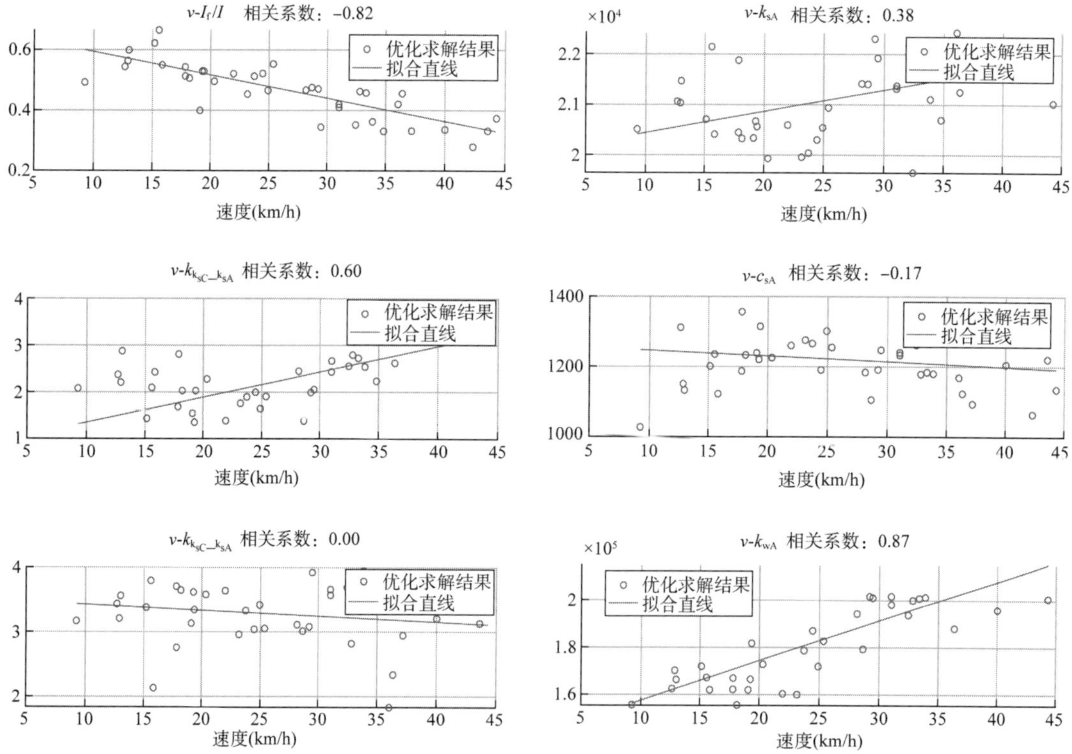

图 3-46　2018 年款比亚迪宋 SUV 参数标定结果与标定车速关系

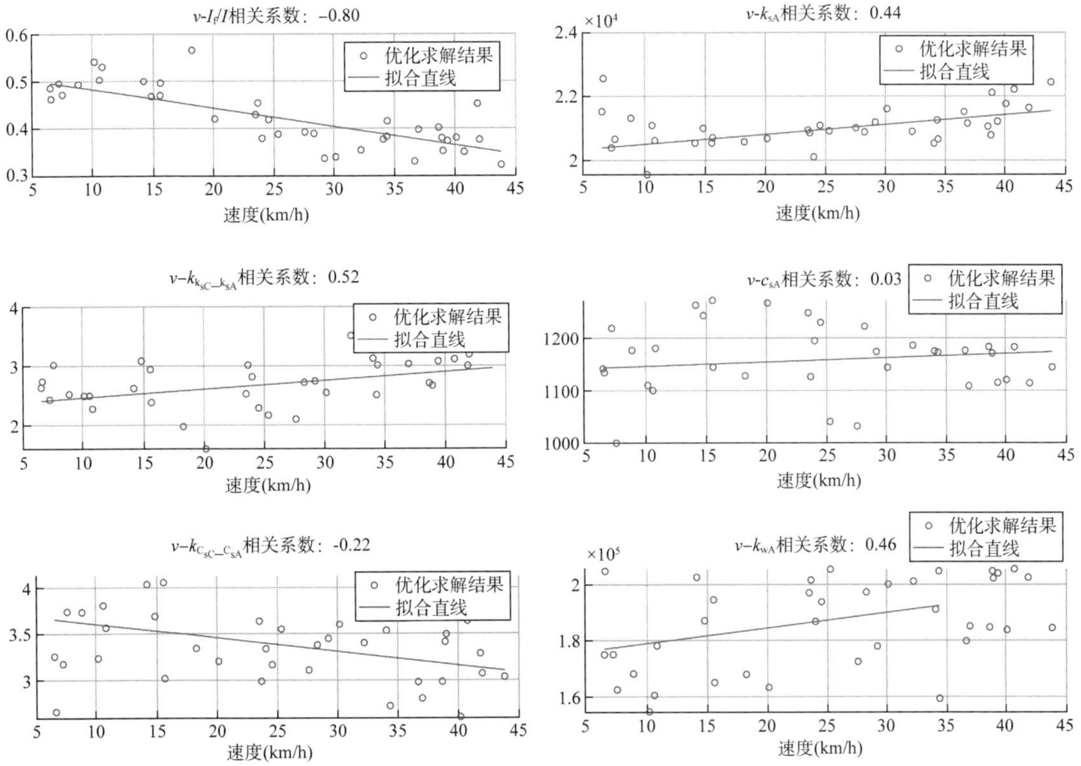

图 3-47 2019 年款马自达 CX-5 SUV 参数标定结果与标定车速关系

(2) V-PSD-IRI 回归模型参数。

参考 3.6.4 节中的回归计算流程，将标定参数后的整车车辆仿真模型以不同车速在仿真路面环境中行驶，求解车速、加速度传感器处竖向加速度信号与路面平整度(IRI)值，并建立 V-PSD 回归模型。

以 IRI 值为 5m/km 的随机仿真路面为例，图 3-48 展示了 2018 年款比亚迪宋 SUV 与 2019 年款马自达 CX-5 SUV 两款车型标定后的整车模型以不同的车速在随机仿真路面环境行驶，车辆竖向加速度功率谱密度的仿真结果，其中车辆振动噪声幅值取 0.02m/s^2。从图中可以看出，两车型仿真速度与 PSD 仿真结果具有较强的正相关关系。如式(3-85)所示，建立 V-PSD 线性回归模型，其中 noise 表示车辆振动噪声幅值，v 表示车速，p_{1_IRI} 为待标定一次项系数。

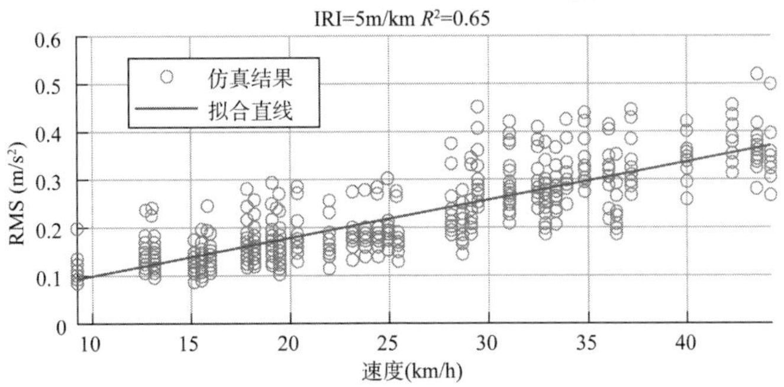

2018年款比亚迪宋 SUV

图 3-48

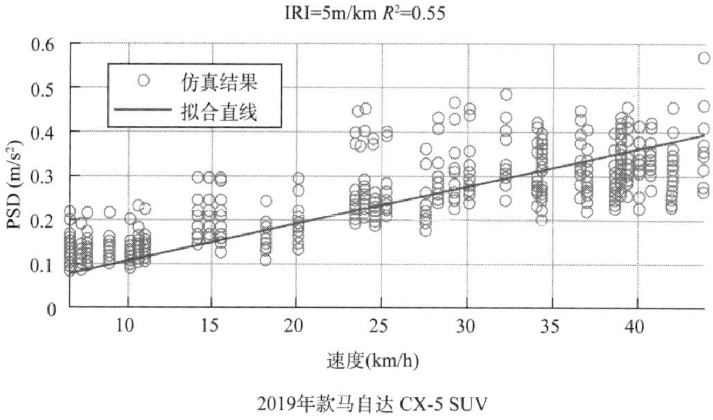

图 3-48　车辆速度与竖向加速度 PSD 线性回归效果(IRI=5m/km)

$$PSD_{IRI}=noise+p_{1\_IRI}v \tag{3-85}$$

使用最小二乘法对 V-PSD 线性回归模型求解参数 p_1，表 3-13 展示了两款车型在路面平整度水平 IRI=5m/km 时，车辆速度与竖向加速度 PSD 线性回归模型示例结果。

车辆速度与竖向加速度 PSD 线性回归模型结果(IRI=5m/km)　　表 3-13

车辆型号	回归模型(IRI=5m/km)	模型参数	
		noise	p_{1_IRI}
2018 年款比亚迪宋 SUV	$PSD_{IRI}=noise+p_{1\_IRI}v$	0.0200	0.0080
2019 年款马自达 CX-5SUV		0.0200	0.0085

进一步建立同一车辆速度下 PSD 与 IRI 的线性回归模型(图 3-49)，采用最小二乘线性拟合方法求解其一次项系数参数 p_{1_v}。表 3-14 展示了两款车型在行驶车速 v=40km/h 时，车辆竖向加速度 PSD 与 IRI 的线性回归模型示例结果。

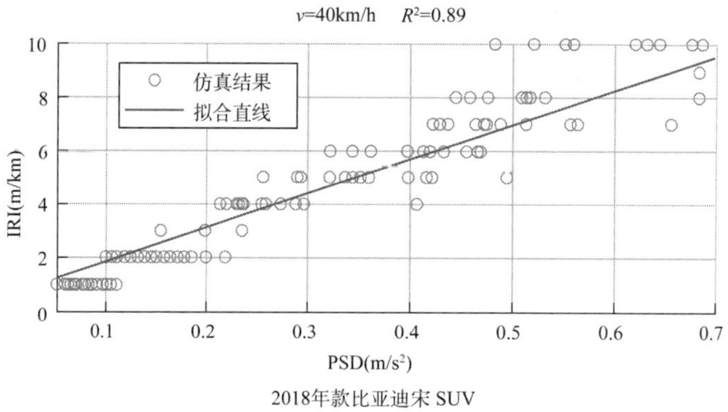

图　3-49

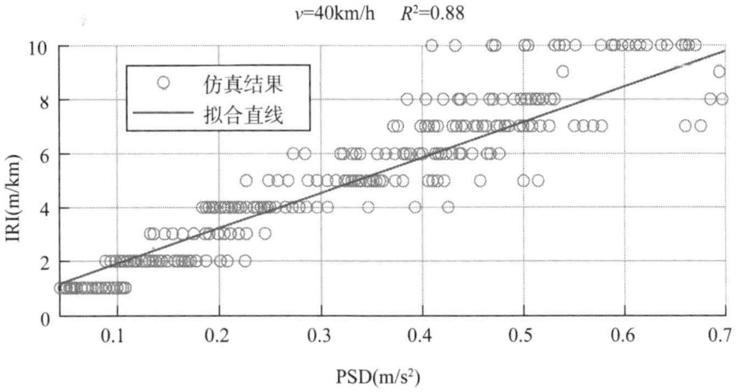

2019年款马自达 CX-5 SUV

图 3-49 车辆竖向加速度 PSD 与路面平整度指标 IRI 线性回归模型结果示例（v=40km/h）

车辆竖向加速度 PSD 与路面平整度指标 IRI 线性回归模型结果示例（v＝40km/h）

表 3-14

车辆型号	回归模型 （IRI＝5m/km）	模型参数	
		noise	p_{1_v}
2018 年款比亚迪宋 SUV	$IRI_v=(RMS_v-noise)p_{1\_v}$	0.0200	12.7700
2019 年款马自达 CX-5SUV		0.0200	13.0500

以标定车速与该车速下的整车车辆模型参数结果作为整车车辆模型在不同 IRI 值仿真路面上行驶的配置参数，记录车速、加速度传感器处竖向加速度信号 PSD 与路面 IRI 值数据，并进行 V-PSD 与 PSD-IRI 线性回归模型参数求解。图 3-50 与图 3-51 分别展示了两辆测试车的 V-PSD-IRI 回归效果。从图中可以看出，V-PSD 拟合直线的斜率随路面平整度指标 IRI 值的增加而上升。

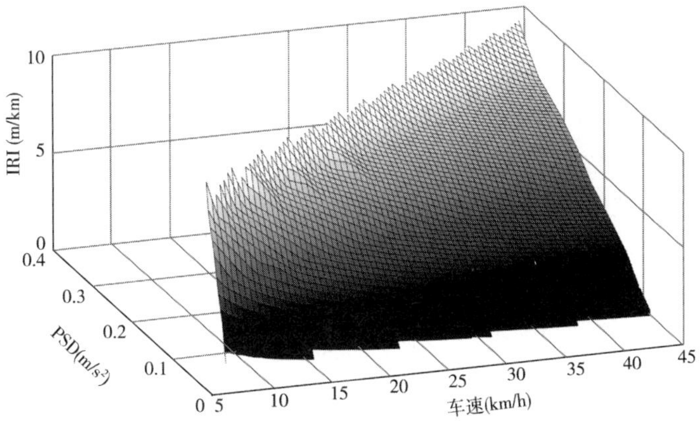

图 3-50 比亚迪宋的 V-PSD-IRI 回归模型结果

V-PSD 回归模型与 PSD-IRI 回归模型共同组成 V-PSD-IRI 回归模型，该模型可以车辆行驶车速 v 与车辆竖向加速度功率谱密度作为输入，计算路面平整度指标 IRI。记输入车速与 RMS 分别为 v_i 与 RMS_i，具体计算流程为：

①对不同 IRI 值路面 V-PSD 拟合直线通过线性插值法计算车速 v_i 下 PSD-IRI 对应关系，

记为 PSD_{v_i}-IRI_{v_i}。

②对 PSD_{v_i}-IRI_{v_i} 对应关系进行线性拟合并求解其参数,对拟合直线计算 PSD_i 下 IRI 值。

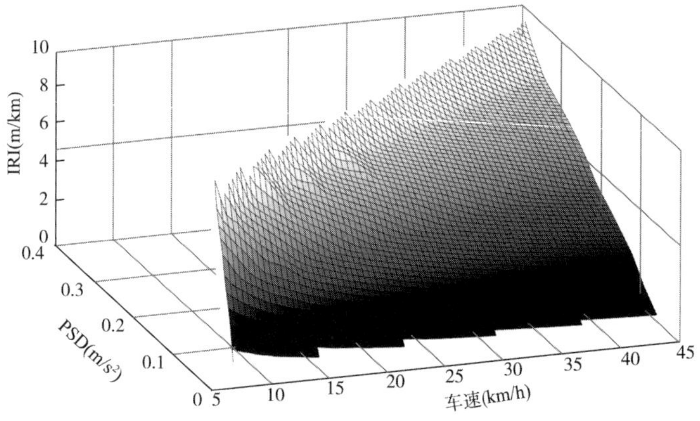

图 3-51　马自达 CX-5 的 V-PSD-IRI 回归模型结果

3)路面平整度检测结果对比分析

(1)基于竖向加速度-基于激光平整度检测结果对比分析。

图 3-52～图 3-59 分别展示了不同路段长度与不同速度区间下,激光检测车与振动反应式检测的 IRI 结果。其中,路面平整度路段计算考虑 10m、50m、100m、500m、1000m 五种路段长度,并对比不同路段长度下标定后基于竖向加速度振动信号检测的平整度检测车辆,与激光检测车辆对于同一路段的平整度检测结果。计算两种检测方法在同一路段检测结果的均方根误差 RMSE,采用正态分布对残差分布进行拟合,计算其 IRI 残差绝对值累计概率密度曲线并标注 50%、70%与 90%概率节点。

从图中可以看出,随着路段长度的增加,基于竖向加速度振动信号检测的平整度检测车辆与激光检测车辆对于同一路段 IRI 检测结果残差 RMSE 逐渐减小,其中路段长度取值为 500m 与 1000m 的结果接近,但统计样本数量相对较少。

表 3-15 统计了 100m 路段长度下,各路段 IRI 检测的误差比对结果:平均残差 RMSE 为 0.48m/km,两传感器 IRI 检测残差 50%分位数为 0.33m/km,70%分位数为 0.51m/km,90%分位数为 0.79m/km。上述结果表明,以本节介绍的振动反应式路面平整度检测车辆快速标定方法对检测车辆进行标定后,对路面平整度检测的结果具有较高的准确性。

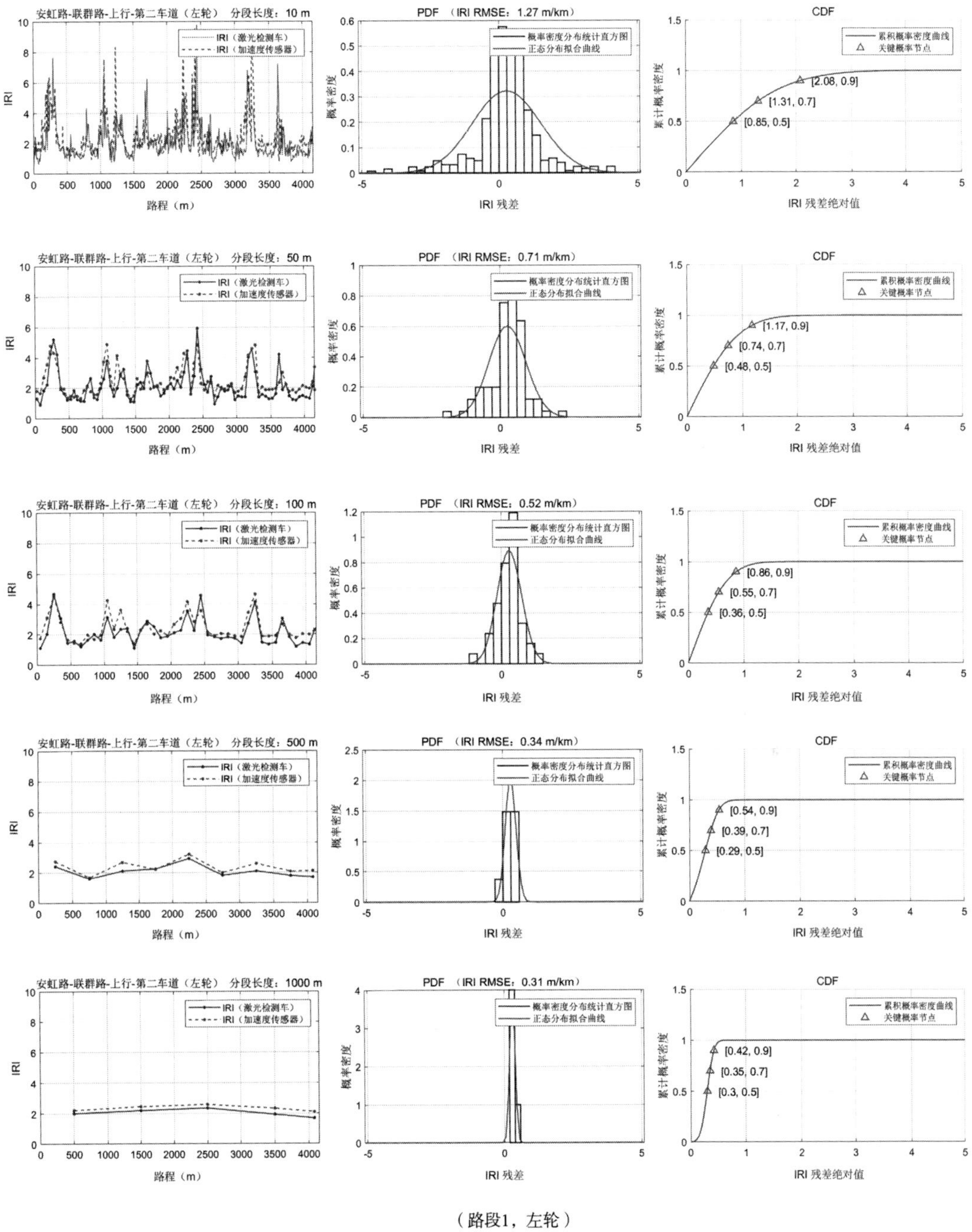
安虹路-联群路-上行-第二车道（左轮） 分段长度：10 m
IRI（激光检测车）
IRI（加速度传感器）
IRI
路程（m）
PDF （IRI RMSE：1.27 m/km）
概率密度分布统计直方图
正态分布拟合曲线
概率密度
IRI 残差
CDF
累积概率密度曲线
关键概率节点
累计概率密度
IRI 残差绝对值
[0.85, 0.5]
[1.31, 0.7]
[2.08, 0.9]
安虹路-联群路-上行-第二车道（左轮） 分段长度：50 m
PDF （IRI RMSE：0.71 m/km）
[0.48, 0.5]
[0.74, 0.7]
[1.17, 0.9]
安虹路-联群路-上行-第二车道（左轮） 分段长度：100 m
PDF （IRI RMSE：0.52 m/km）
[0.36, 0.5]
[0.55, 0.7]
[0.86, 0.9]
安虹路-联群路-上行-第二车道（左轮） 分段长度：500 m
PDF （IRI RMSE：0.34 m/km）
[0.29, 0.5]
[0.39, 0.7]
[0.54, 0.9]
安虹路-联群路-上行-第二车道（左轮） 分段长度：1000 m
PDF （IRI RMSE：0.31 m/km）
[0.3, 0.5]
[0.35, 0.7]
[0.42, 0.9]

（路段1，左轮）

图 3-52

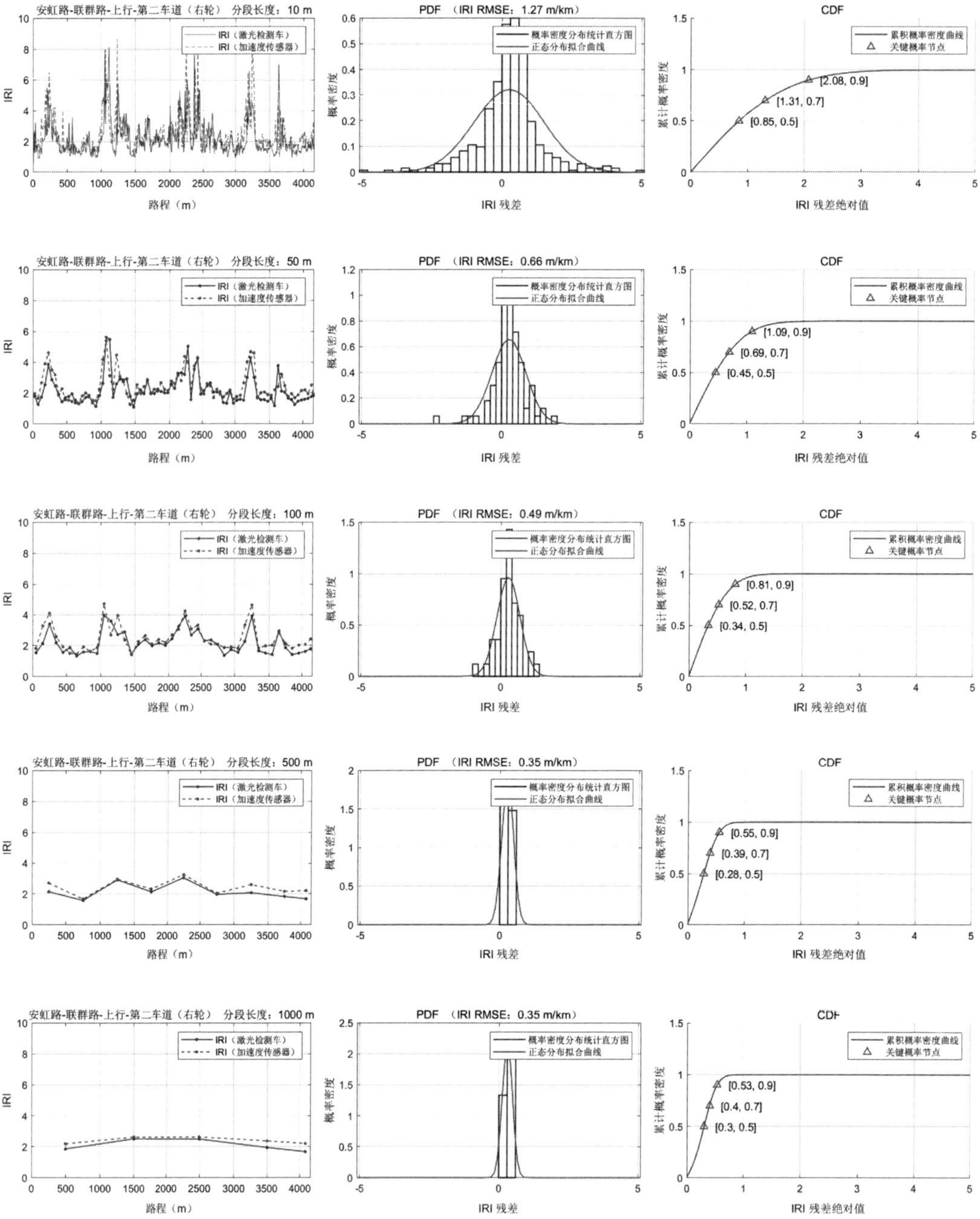

（路段1，右轮）

图 3-52 基于竖向加速度-基于激光平整度检测结果分路段长度对比分析

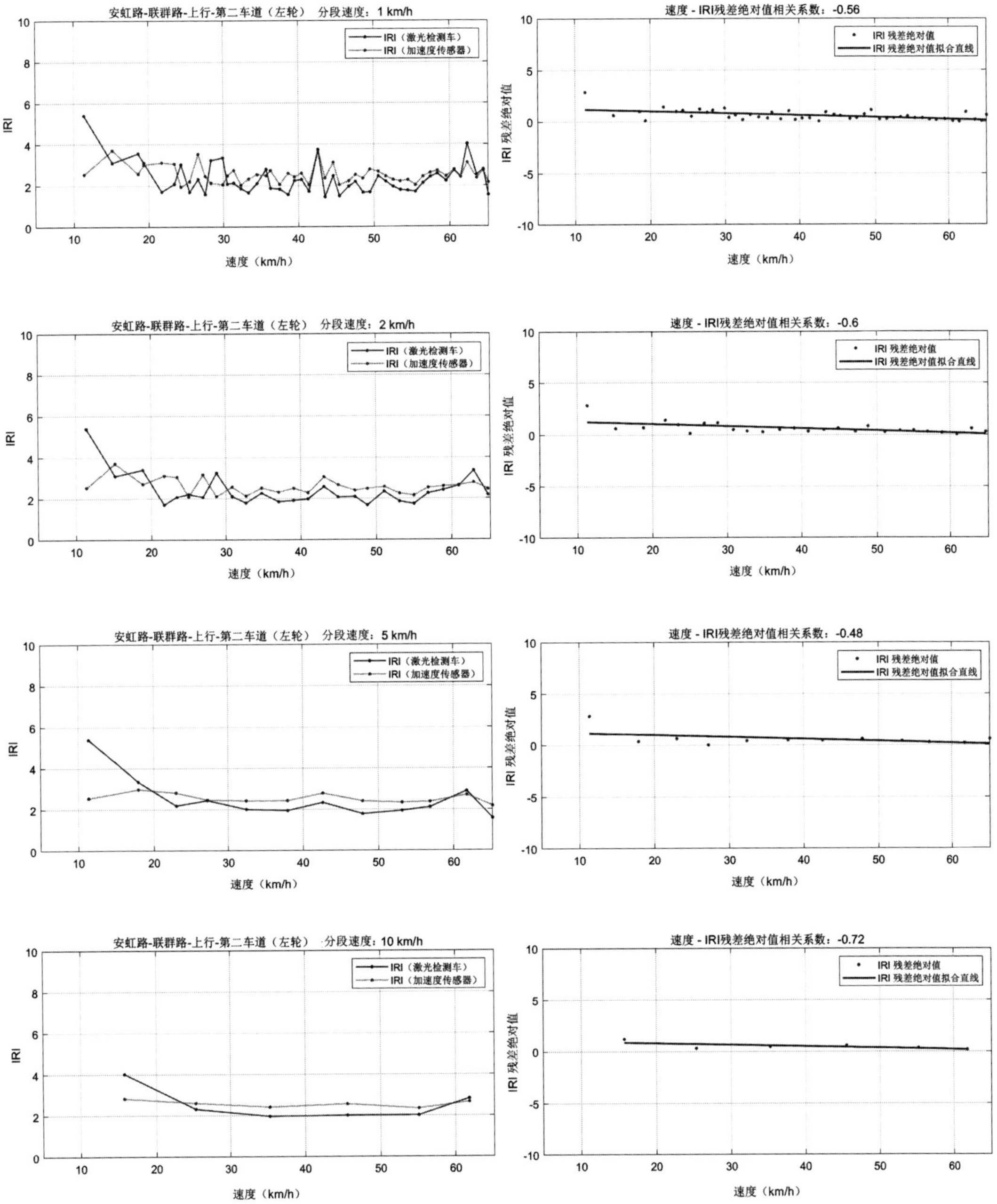
安虹路-联群路-上行-第二车道（左轮） 分段速度：1 km/h
IRI（激光检测车）
IRI（加速度传感器）
IRI
速度（km/h）
速度 - IRI残差绝对值相关系数：-0.56
IRI 残差绝对值
IRI 残差绝对值拟合直线
IRI 残差绝对值
速度（km/h）
安虹路-联群路-上行-第二车道（左轮） 分段速度：2 km/h
IRI（激光检测车）
IRI（加速度传感器）
IRI
速度（km/h）
速度 - IRI残差绝对值相关系数：-0.6
IRI 残差绝对值
IRI 残差绝对值拟合直线
IRI 残差绝对值
速度（km/h）
安虹路-联群路-上行-第二车道（左轮） 分段速度：5 km/h
IRI（激光检测车）
IRI（加速度传感器）
IRI
速度（km/h）
速度 - IRI残差绝对值相关系数：-0.48
IRI 残差绝对值
IRI 残差绝对值拟合直线
IRI 残差绝对值
速度（km/h）
安虹路-联群路-上行-第二车道（左轮） 分段速度：10 km/h
IRI（激光检测车）
IRI（加速度传感器）
IRI
速度（km/h）
速度 - IRI残差绝对值相关系数：-0.72
IRI 残差绝对值
IRI 残差绝对值拟合直线
IRI 残差绝对值
速度（km/h）

（路段1，左轮）

图 3-53

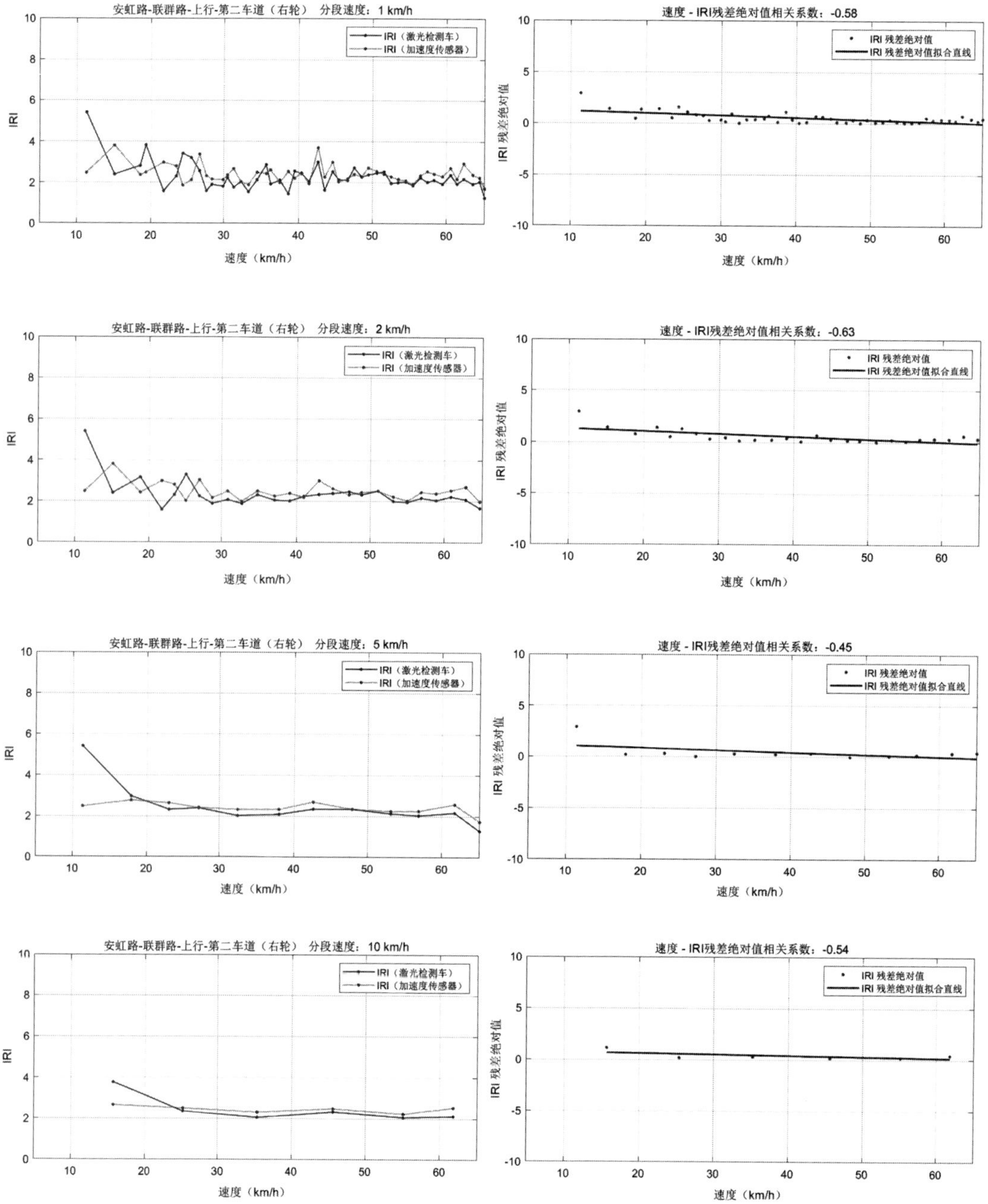

（路段1，右轮）

图 3-53 基于竖向加速度-基于激光平整度检测结果分速度区间对比分析

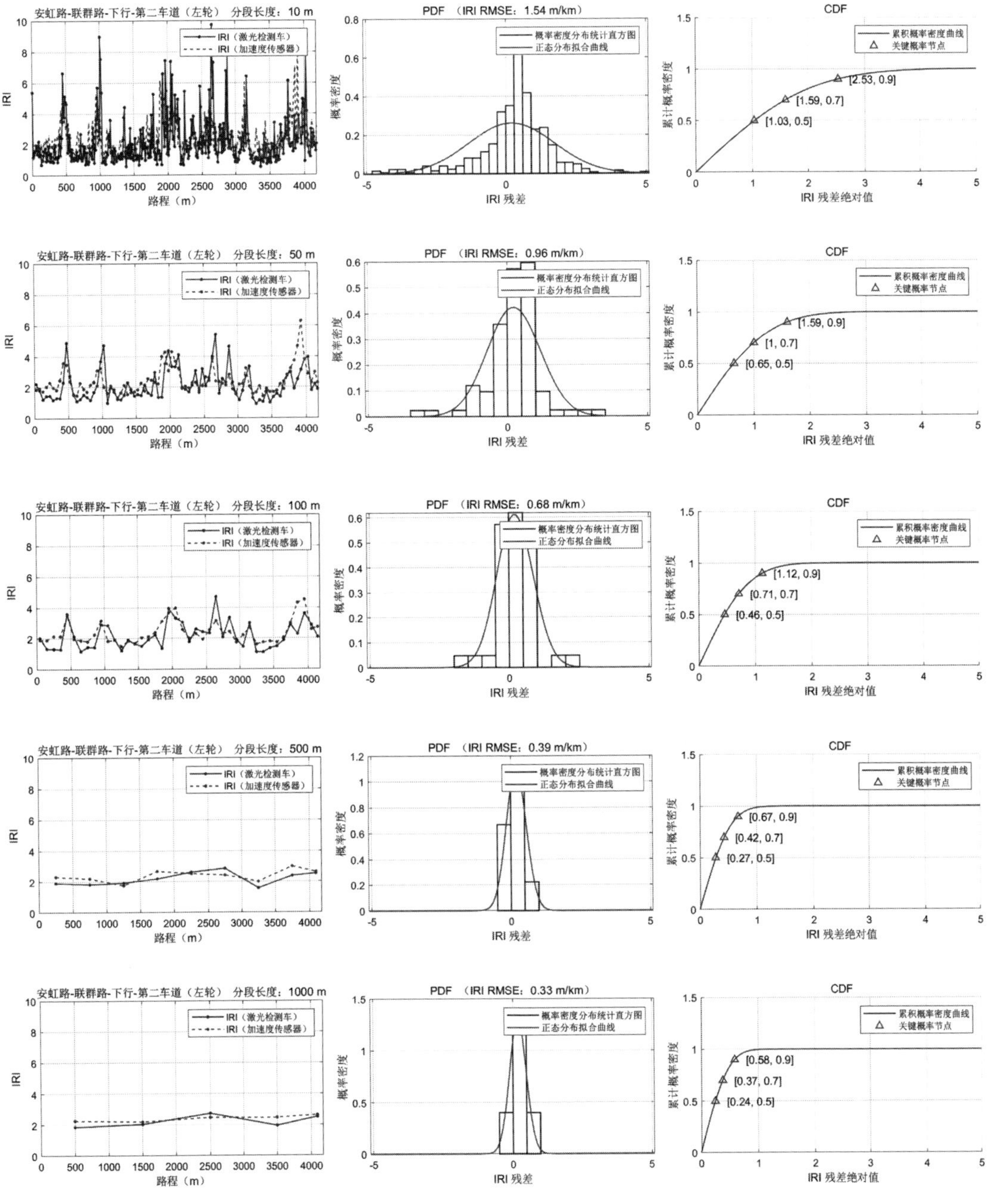
安虹路-联群路-下行-第二车道（左轮） 分段长度：10 m
IRI（激光检测车）
IRI（加速度传感器）
IRI
路程（m）
PDF （IRI RMSE：1.54 m/km）
概率密度分布统计直方图
正态分布拟合曲线
概率密度
IRI 残差
CDF
累积概率密度曲线
关键概率节点
累计概率密度
IRI 残差绝对值
[1.03, 0.5]
[1.59, 0.7]
[2.53, 0.9]
安虹路-联群路-下行-第二车道（左轮） 分段长度：50 m
PDF （IRI RMSE：0.96 m/km）
[0.65, 0.5]
[1, 0.7]
[1.59, 0.9]
安虹路-联群路-下行-第二车道（左轮） 分段长度：100 m
PDF （IRI RMSE：0.68 m/km）
[0.46, 0.5]
[0.71, 0.7]
[1.12, 0.9]
安虹路-联群路-下行-第二车道（左轮） 分段长度：500 m
PDF （IRI RMSE：0.39 m/km）
[0.27, 0.5]
[0.42, 0.7]
[0.67, 0.9]
安虹路-联群路-下行-第二车道（左轮） 分段长度：1000 m
PDF （IRI RMSE：0.33 m/km）
[0.24, 0.5]
[0.37, 0.7]
[0.58, 0.9]

（路段2，左轮）

图 3-54

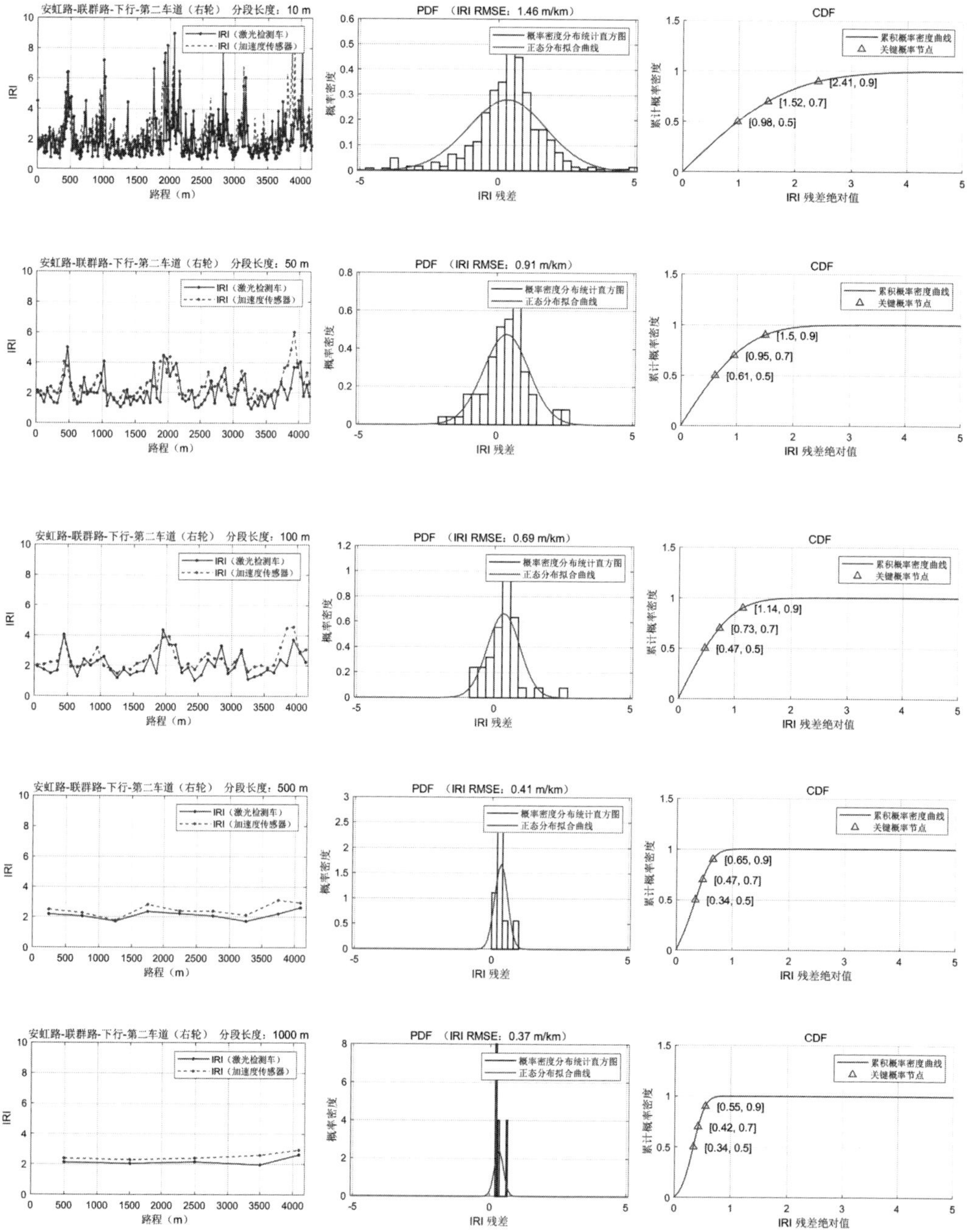

（路段2，右轮）

图 3-54 基于竖向加速度-基于激光平整度检测结果分路段长度对比分析

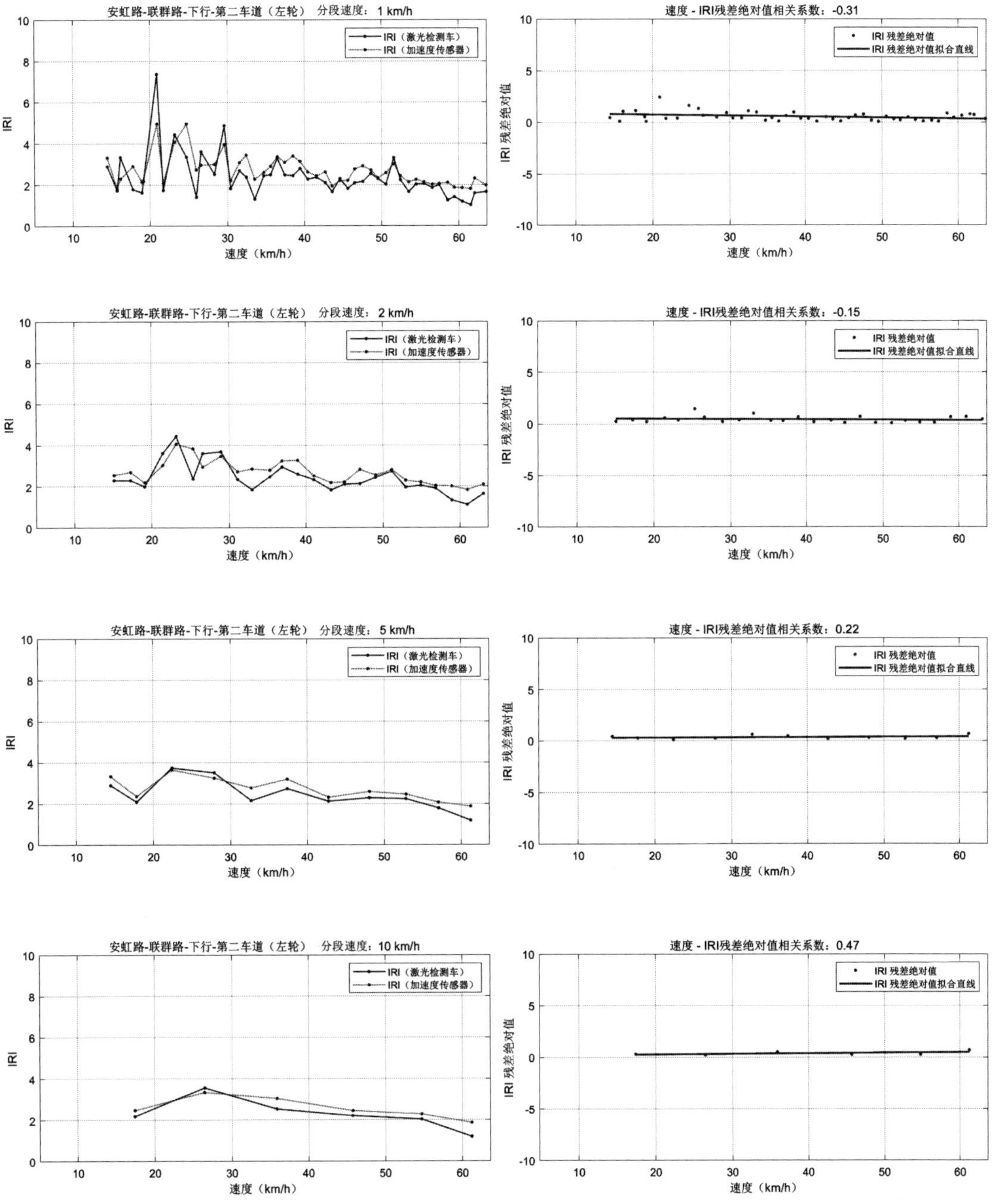
安虹路-联群路-下行-第二车道（左轮） 分段速度：1 km/h
IRI（激光检测车）
IRI（加速度传感器）
IRI
速度（km/h）
速度 - IRI残差绝对值相关系数：-0.31
IRI 残差绝对值
IRI 残差绝对值拟合直线
IRI 残差绝对值
速度（km/h）
安虹路-联群路-下行-第二车道（左轮） 分段速度：2 km/h
速度 - IRI残差绝对值相关系数：-0.15
安虹路-联群路-下行-第二车道（左轮） 分段速度：5 km/h
速度 - IRI残差绝对值相关系数：0.22
安虹路-联群路-下行-第二车道（左轮） 分段速度：10 km/h
速度 - IRI残差绝对值相关系数：0.47

（路段2，左轮）

图 3-55

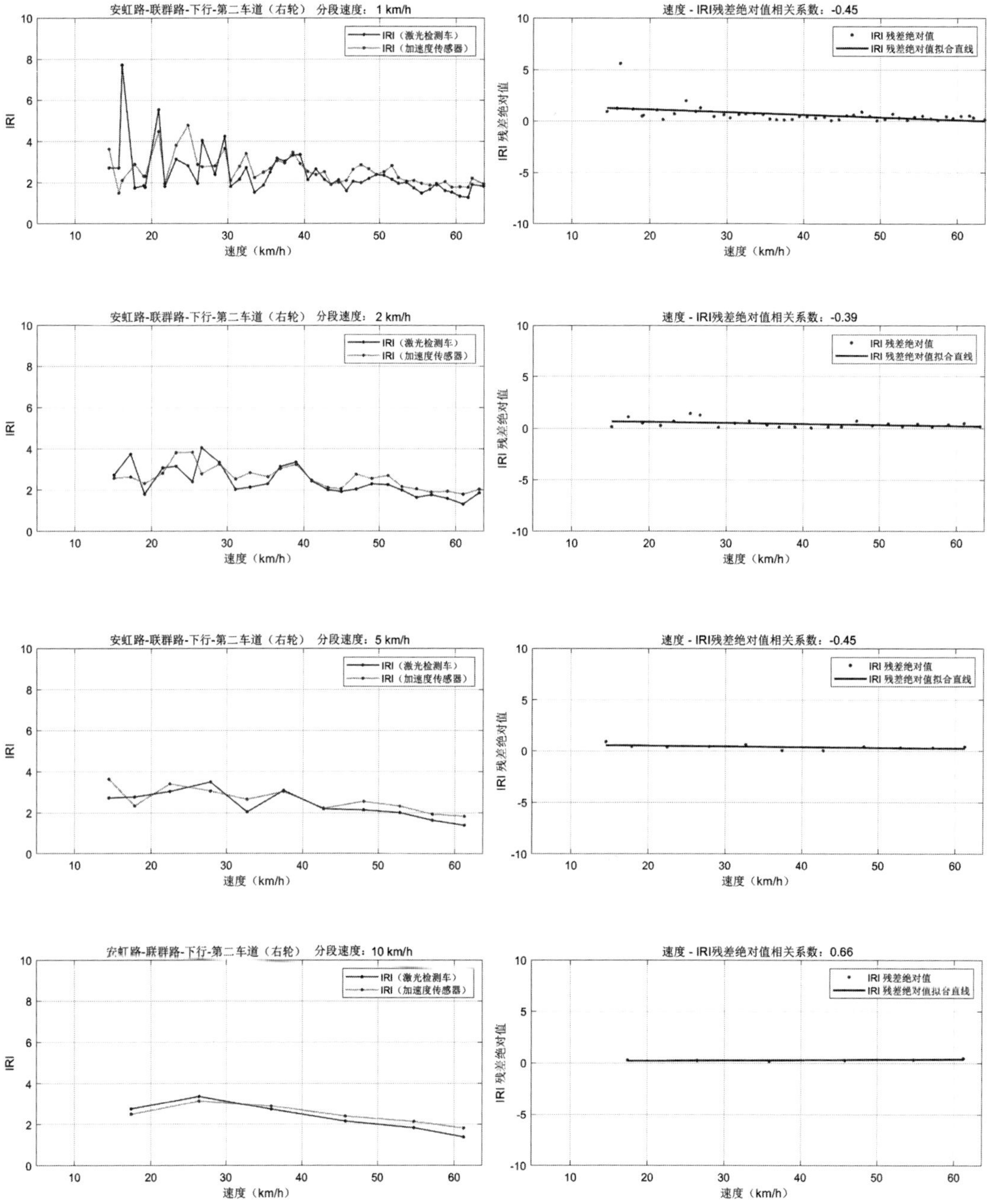

（路段2，右轮）

图 3-55 基于竖向加速度-基于激光平整度检测结果分速度区间对比分析

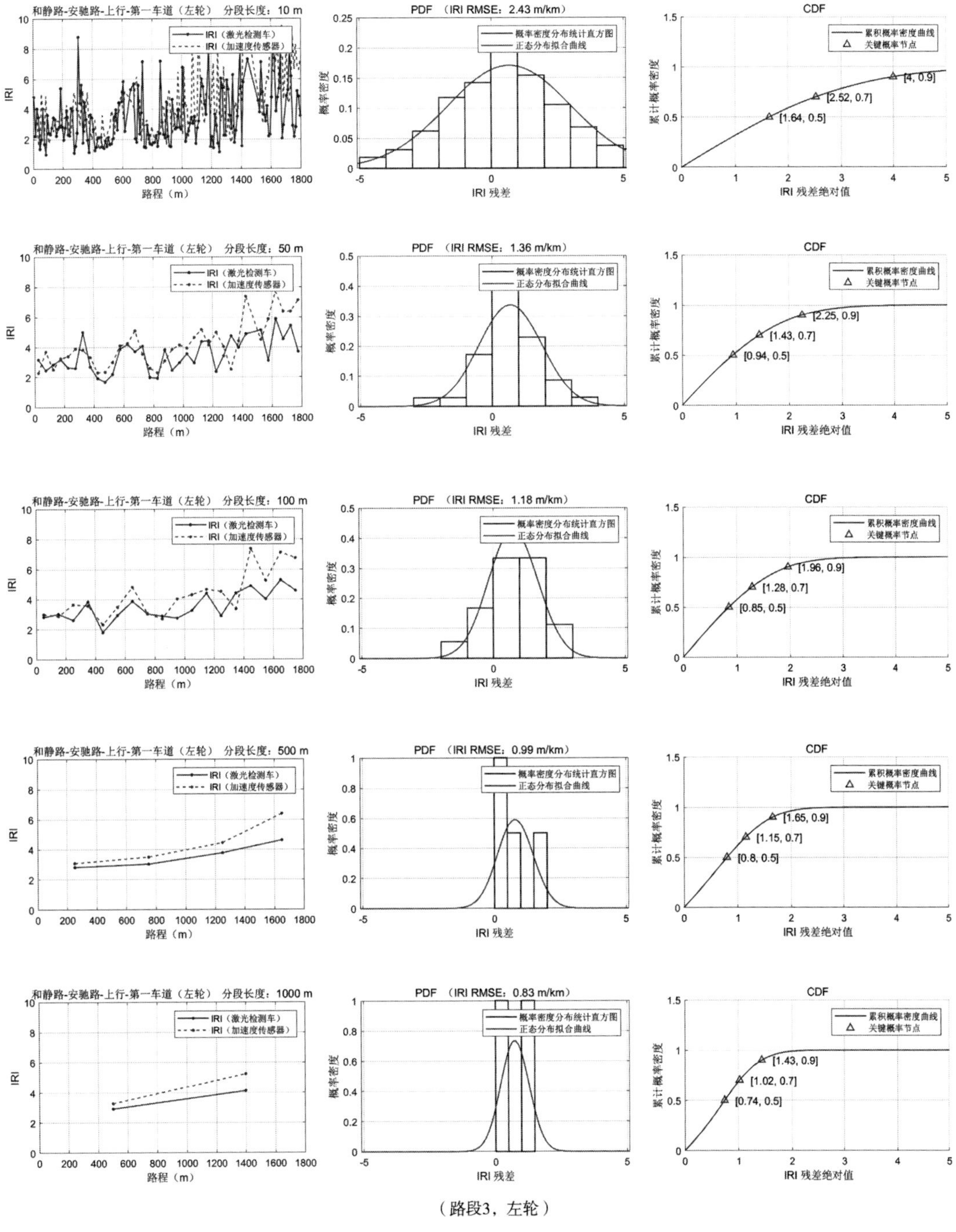
和静路-安驰路-上行-第一车道（左轮） 分段长度：10 m
IRI（激光检测车）
IRI（加速度传感器）
IRI
路程（m）
PDF （IRI RMSE：2.43 m/km）
概率密度分布统计直方图
正态分布拟合曲线
概率密度
IRI 残差
CDF
累积概率密度曲线
关键概率节点
累计概率密度
IRI 残差绝对值
[1.64, 0.5]
[2.52, 0.7]
[4, 0.9]
和静路-安驰路-上行-第一车道（左轮） 分段长度：50 m
PDF （IRI RMSE：1.36 m/km）
[0.94, 0.5]
[1.43, 0.7]
[2.25, 0.9]
和静路-安驰路-上行-第一车道（左轮） 分段长度：100 m
PDF （IRI RMSE：1.18 m/km）
[0.85, 0.5]
[1.28, 0.7]
[1.96, 0.9]
和静路-安驰路-上行-第一车道（左轮） 分段长度：500 m
PDF （IRI RMSE：0.99 m/km）
[0.8, 0.5]
[1.15, 0.7]
[1.65, 0.9]
和静路-安驰路-上行-第一车道（左轮） 分段长度：1000 m
PDF （IRI RMSE：0.83 m/km）
[0.74, 0.5]
[1.02, 0.7]
[1.43, 0.9]

（路段3，左轮）

图 3-56

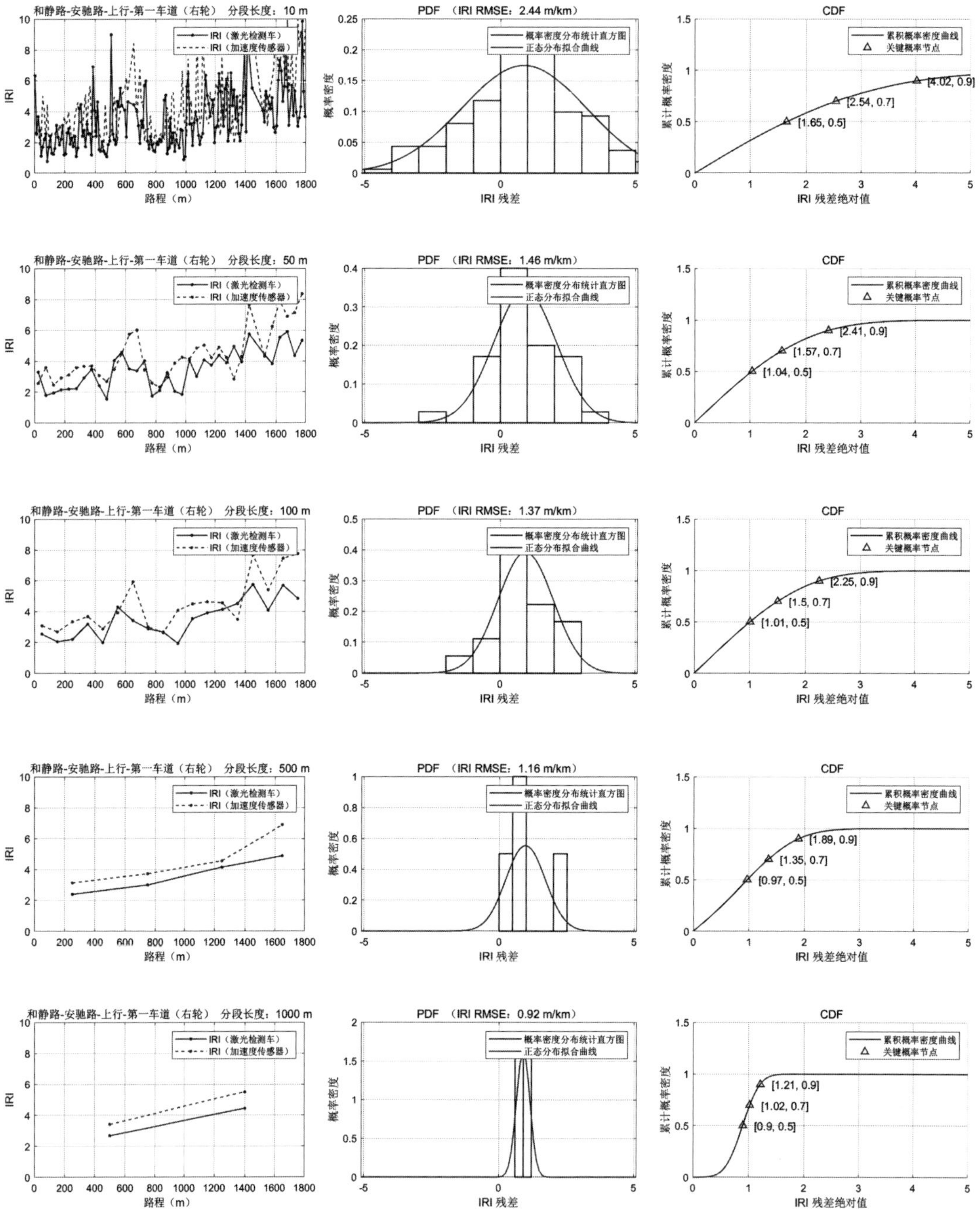

（路段3，右轮）

图 3-56 基于竖向加速度-基于激光平整度检测结果分路段长度对比分析

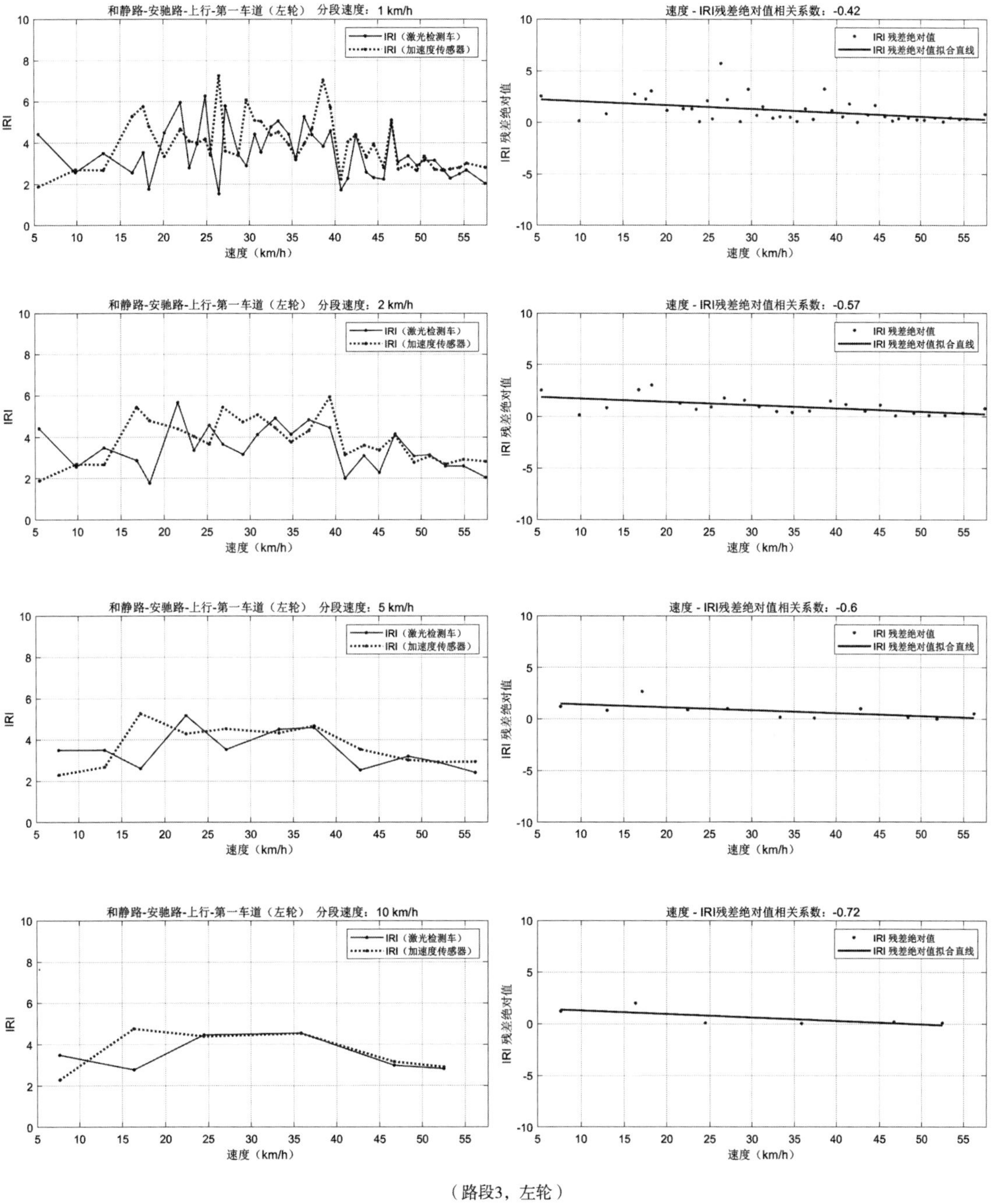
和静路-安驰路-上行-第一车道（左轮） 分段速度：1 km/h
IRI（激光检测车）
IRI（加速度传感器）
IRI
速度（km/h）
速度 - IRI残差绝对值相关系数：-0.42
IRI 残差绝对值
IRI 残差绝对值拟合直线
IRI 残差绝对值
速度（km/h）
和静路-安驰路-上行-第一车道（左轮） 分段速度：2 km/h
IRI（激光检测车）
IRI（加速度传感器）
IRI
速度（km/h）
速度 - IRI残差绝对值相关系数：-0.57
IRI 残差绝对值
IRI 残差绝对值拟合直线
IRI 残差绝对值
速度（km/h）
和静路-安驰路-上行-第一车道（左轮） 分段速度：5 km/h
IRI（激光检测车）
IRI（加速度传感器）
IRI
速度（km/h）
速度 - IRI残差绝对值相关系数：-0.6
IRI 残差绝对值
IRI 残差绝对值拟合直线
IRI 残差绝对值
速度（km/h）
和静路-安驰路-上行-第一车道（左轮） 分段速度：10 km/h
IRI（激光检测车）
IRI（加速度传感器）
IRI
速度（km/h）
速度 - IRI残差绝对值相关系数：-0.72
IRI 残差绝对值
IRI 残差绝对值拟合直线
IRI 残差绝对值
速度（km/h）

（路段3，左轮）

图 3-57

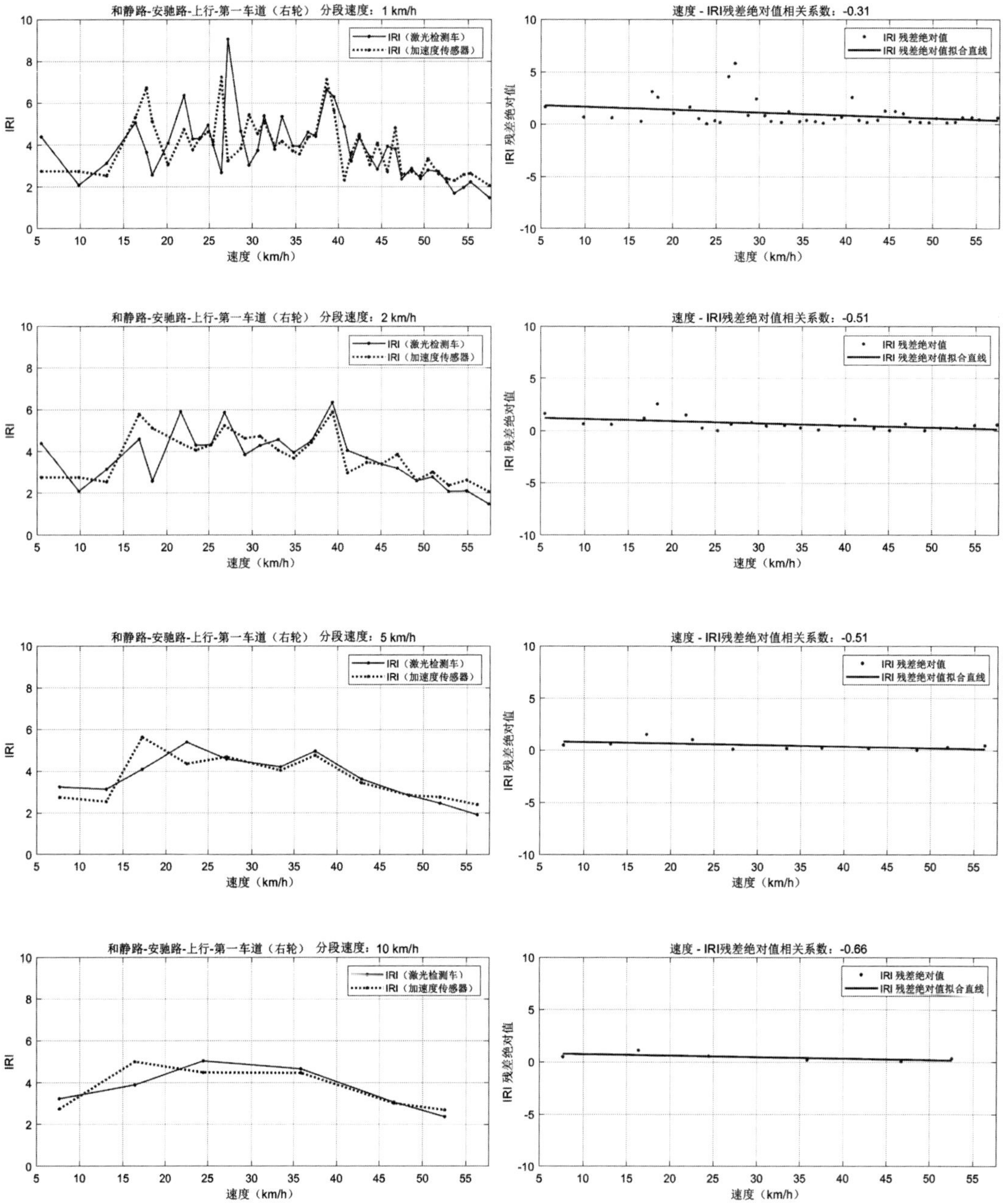

（路段3，右轮）

图 3-57 基于竖向加速度-基于激光平整度检测结果分速度区间对比分析

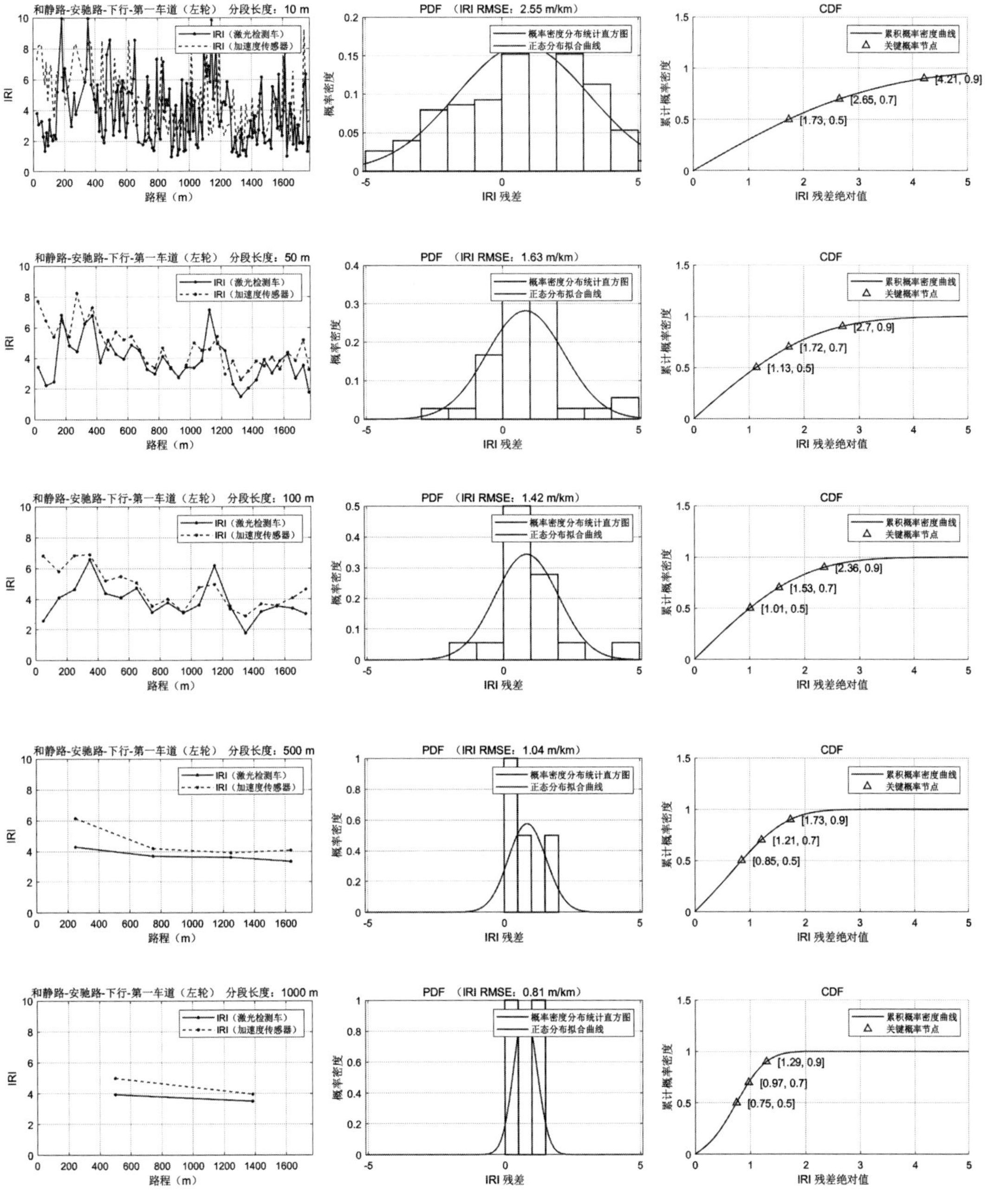
和静路-安驰路-下行-第一车道（左轮） 分段长度：10 m
IRI（激光检测车）
IRI（加速度传感器）
IRI
路程（m）
PDF （IRI RMSE：2.55 m/km）
概率密度分布统计直方图
正态分布拟合曲线
概率密度
IRI 残差
CDF
累积概率密度曲线
关键概率节点
累计概率密度
IRI 残差绝对值
[1.73, 0.5]
[2.65, 0.7]
[4.21, 0.9]
和静路-安驰路-下行-第一车道（左轮） 分段长度：50 m
PDF （IRI RMSE：1.63 m/km）
[1.13, 0.5]
[1.72, 0.7]
[2.7, 0.9]
和静路-安驰路-下行-第一车道（左轮） 分段长度：100 m
PDF （IRI RMSE：1.42 m/km）
[1.01, 0.5]
[1.53, 0.7]
[2.36, 0.9]
和静路-安驰路-下行-第一车道（左轮） 分段长度：500 m
PDF （IRI RMSE：1.04 m/km）
[0.85, 0.5]
[1.21, 0.7]
[1.73, 0.9]
和静路-安驰路-下行-第一车道（左轮） 分段长度：1000 m
PDF （IRI RMSE：0.81 m/km）
[0.75, 0.5]
[0.97, 0.7]
[1.29, 0.9]

（路段4，左轮）

图 3-58

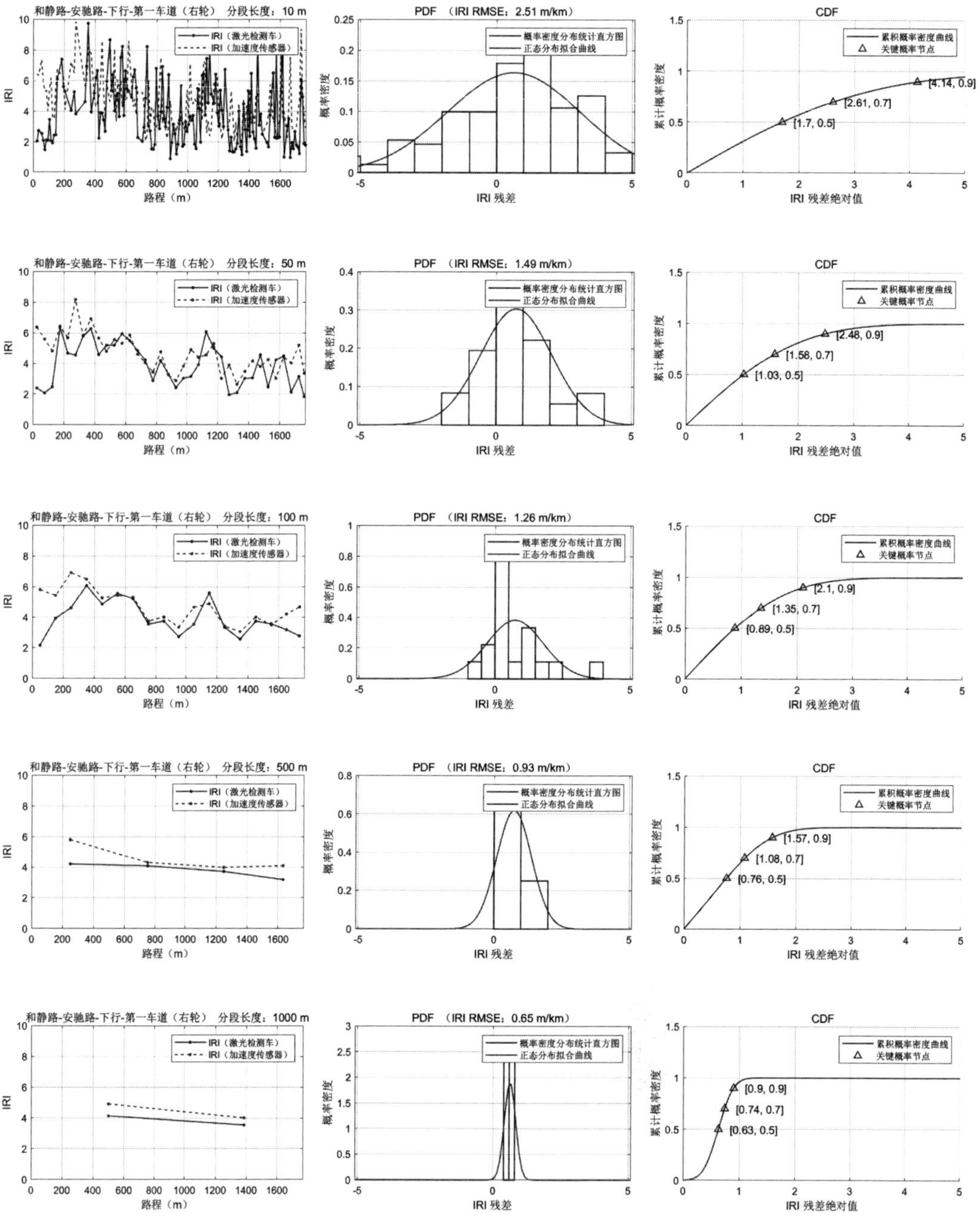

（路段4，右轮）

图 3-58 基于竖向加速度-基于激光平整度检测结果分路段长度对比分析

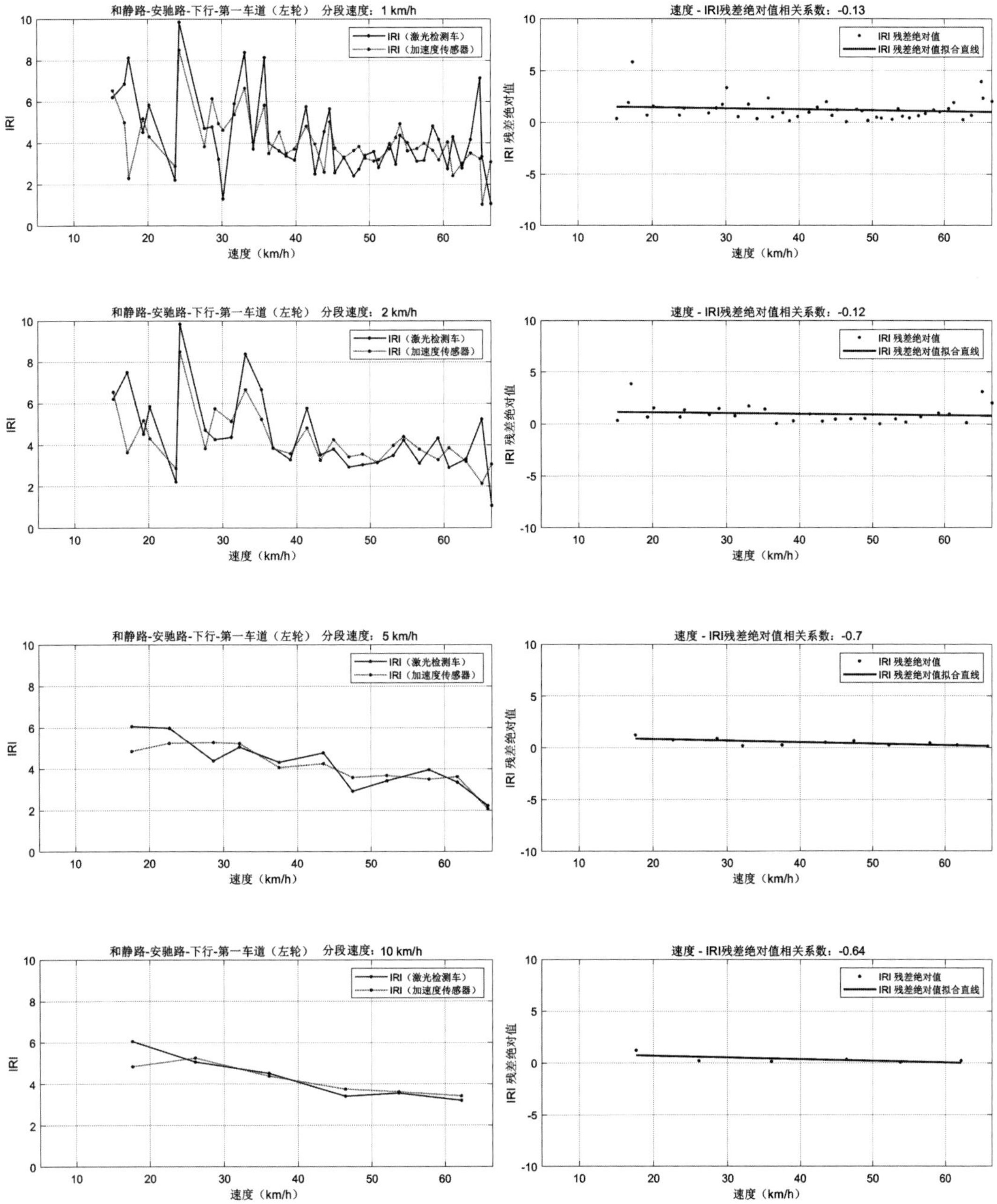
和静路-安驰路-下行-第一车道（左轮） 分段速度：1 km/h
速度 - IRI残差绝对值相关系数：-0.13
和静路-安驰路-下行-第一车道（左轮） 分段速度：2 km/h
速度 - IRI残差绝对值相关系数：-0.12
和静路-安驰路-下行-第一车道（左轮） 分段速度：5 km/h
速度 - IRI残差绝对值相关系数：-0.7
和静路-安驰路-下行-第一车道（左轮） 分段速度：10 km/h
速度 - IRI残差绝对值相关系数：-0.64
IRI（激光检测车）
IRI（加速度传感器）
IRI 残差绝对值
IRI 残差绝对值拟合直线
IRI
IRI 残差绝对值
速度（km/h）

（路段4，左轮）

图 3-59

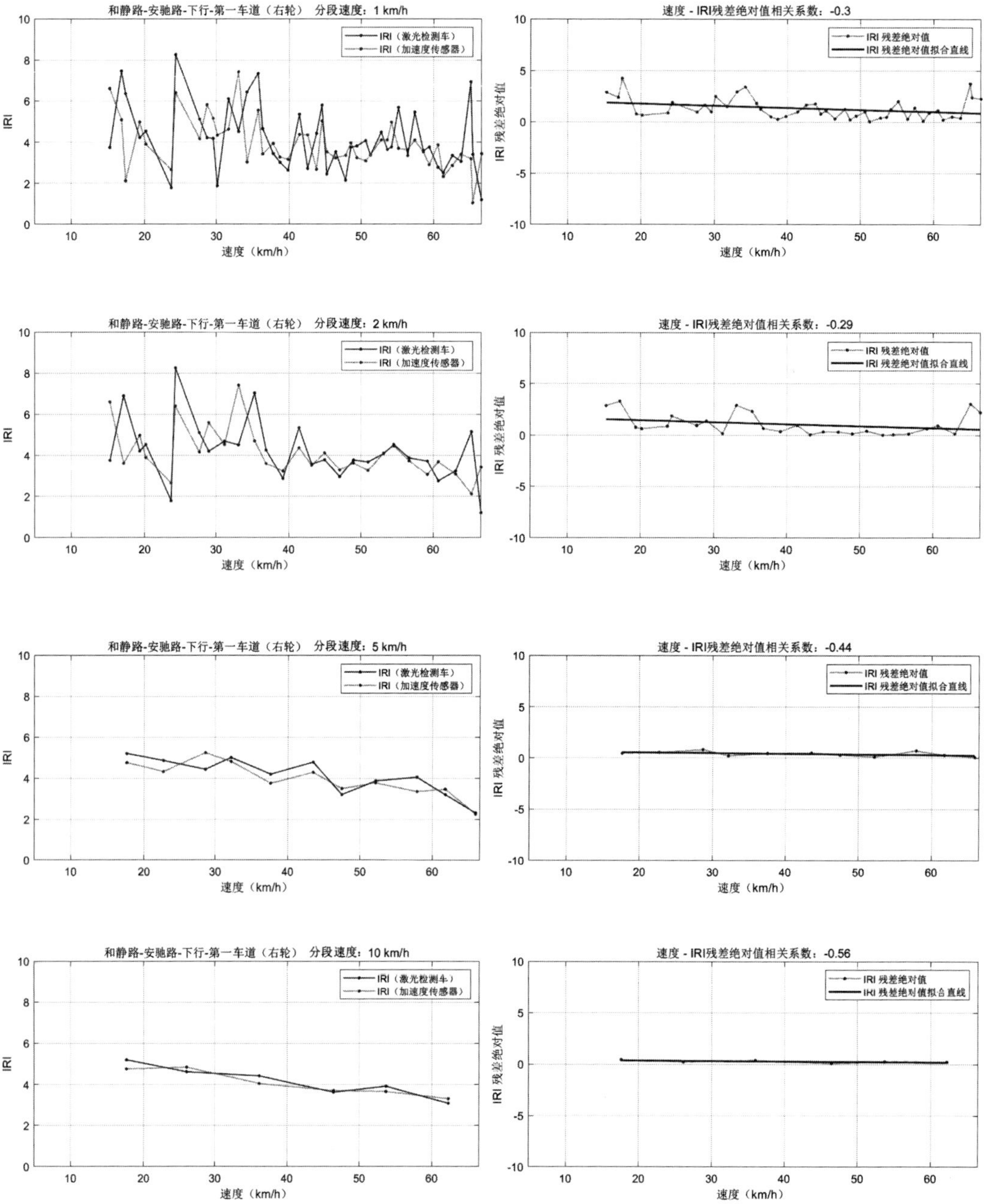

（路段4，右轮）

图 3-59 基于竖向加速度-基于激光平整度检测结果分速度区间对比分析

基于竖向加速度振动信号检测方法与激光检测方法对于同一路段 **IRI** 检测结果　表 3-15

路段名称	IRI 残差 RMSE（m/km）	50%累计概率密度 IRI 残差绝对值（m/km）	70%累计概率密度 IRI 残差绝对值（m/km）	90%累计概率密度 IRI 残差绝对值（m/km）
路段 1	0. 44	0. 31	0. 47	0. 72
路段 2	0. 43	0. 30	0. 45	0. 69
路段 3	0. 53	0. 37	0. 56	0. 89
路段 4	0. 51	0. 35	0. 54	0. 86
平均值	0. 48	0. 33	0. 51	0. 79

注:100m 路段长度,左右轮处 IRI 平均值。

由于在检测过程中,不可避免会因交叉口停车、前车挡路等因素降低行驶车速甚至停车,这都将对车辆竖向加速度信号造成影响。为探究在不同速度区间对基于竖向加速度振动信号检测的平整度检测方法与激光检测方法结果差异性,将速度按照 1km/h、2km/h、5km/h 与 10km/h 的速度区间间隔。图 3-53、图 3-55、图 3-57 与图 3-59 分别展示了分不同速度区间下,基于竖向加速度振动信号检测的平整度检测车辆与激光检测车辆对于同一路段平整度的检测结果。对 IRI 残差绝对值与车辆行驶速度进行相关性计算,发现 IRI 残差绝对值与车辆行驶速度均呈现负相关关系,即车辆行驶速度越高,IRI 残差绝对值越小。从图中可以看出,当车辆行驶车速在 30~60km/h 区间内时,两传感器 IRI 残差绝对值趋于稳定,因此,可将该速度区间作为实际工程检测时的参考目标速度区间。

(2)不同悬架参数车辆平整度检测结果对比分析。

设计不同车辆悬架适用性验证试验,对比不同悬架参数的平整度检测车辆对于多条相同路段平整度检测结果,反映所提出标定方法的不同车辆悬架适用性。

图 3-60 至图 3-67 展示了采用本书介绍的振动反应式路面平整度检测车辆快速标定方法进行标定后的 2018 年款比亚迪宋 SUV 与 2019 年款马自达 CX-5 SUV 两款不同悬架参数的车辆,对于同一路段进行路面平整度检测的结果对比情况。其对比结果如表 3-16 所示。不同悬架参数车辆对于同一路段 IRI 检测结果平均值:IRI 残差 RMSE 为 0. 82m/km,两传感器 IRI 检测残差绝对值的 50%分位数为 0. 52m/km,70%分位数为 0. 88m/km,90%分位数为 1. 36m/km。结果显示,不同悬架参数车辆采用所提出的振动反应式路面平整度检测车辆快速标定方法对检测车辆进行标定后,对路面平整度检测的结果具有较高的一致性,同时,也可间接反映本章节介绍的标定方法对于不同悬架参数的检测车辆具有较好的适用性。

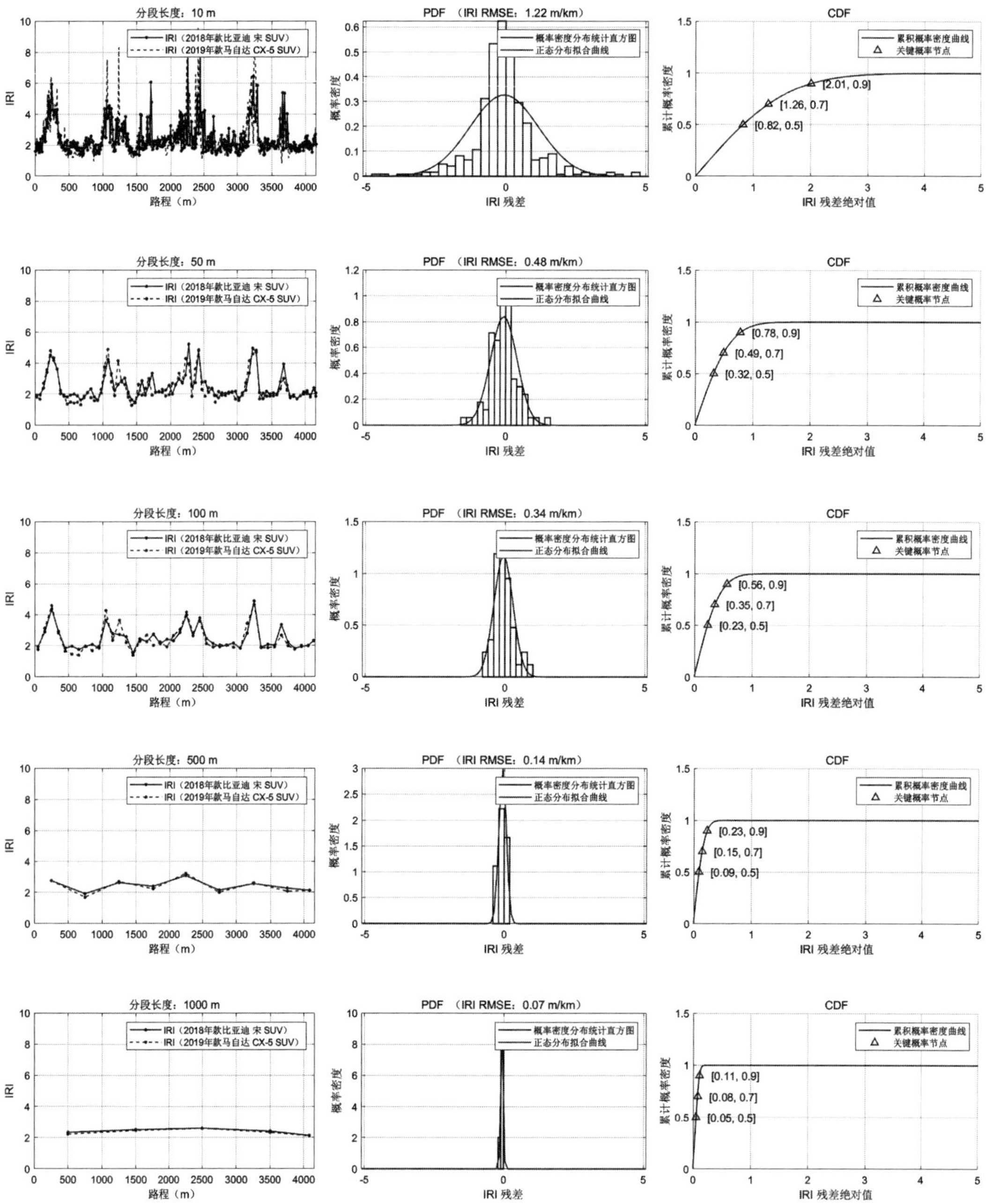

图 3-60 不同悬架参数车辆平整度检测结果对比分析(路段 1,左轮)

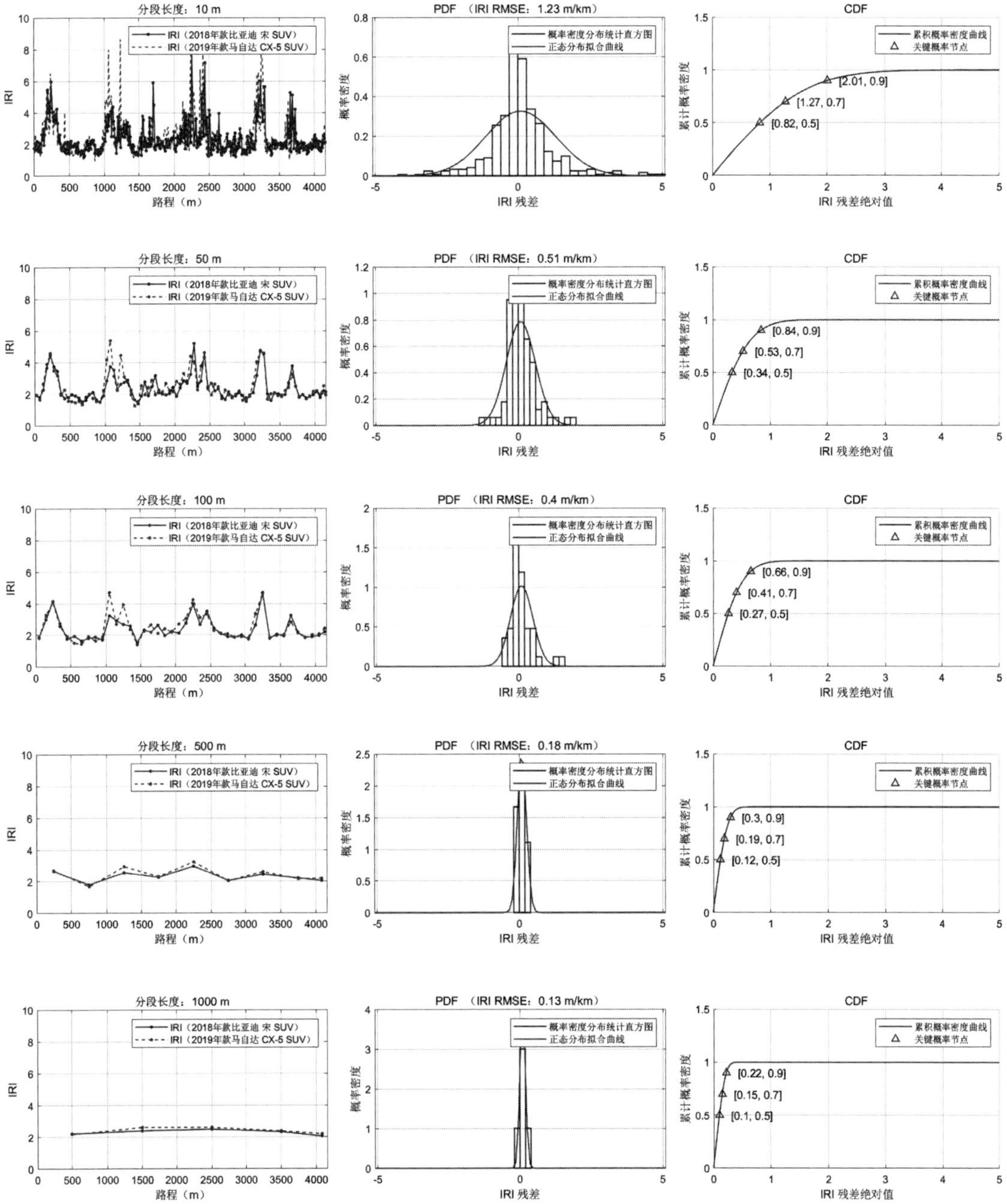

图 3-61 不同悬架参数车辆平整度检测结果对比分析(路段 1，右轮)

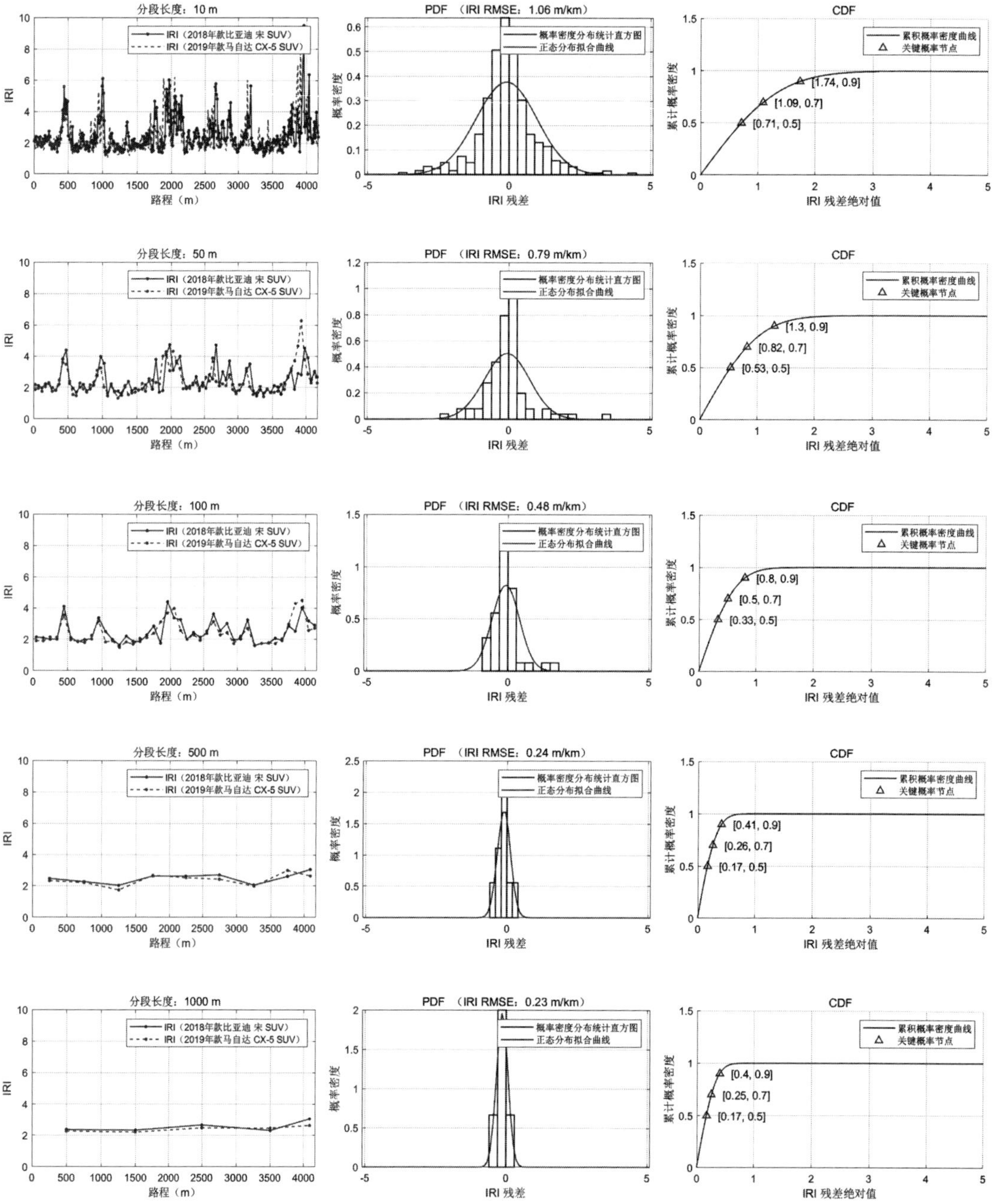

图 3-62　不同悬架参数车辆平整度检测结果对比分析(路段 2，左轮)

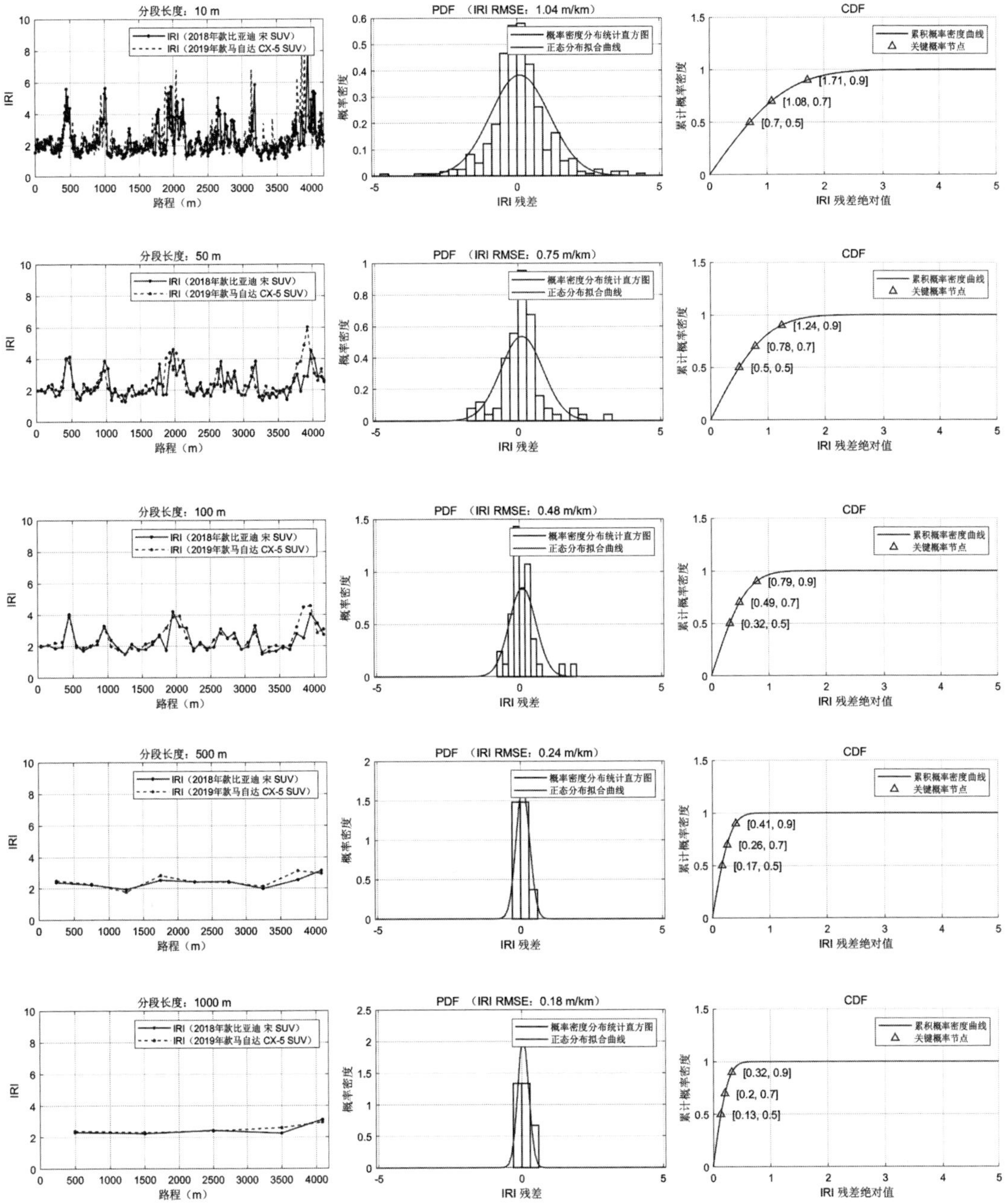

图 3-63 不同悬架参数车辆平整度检测结果对比分析(路段 2，右轮)

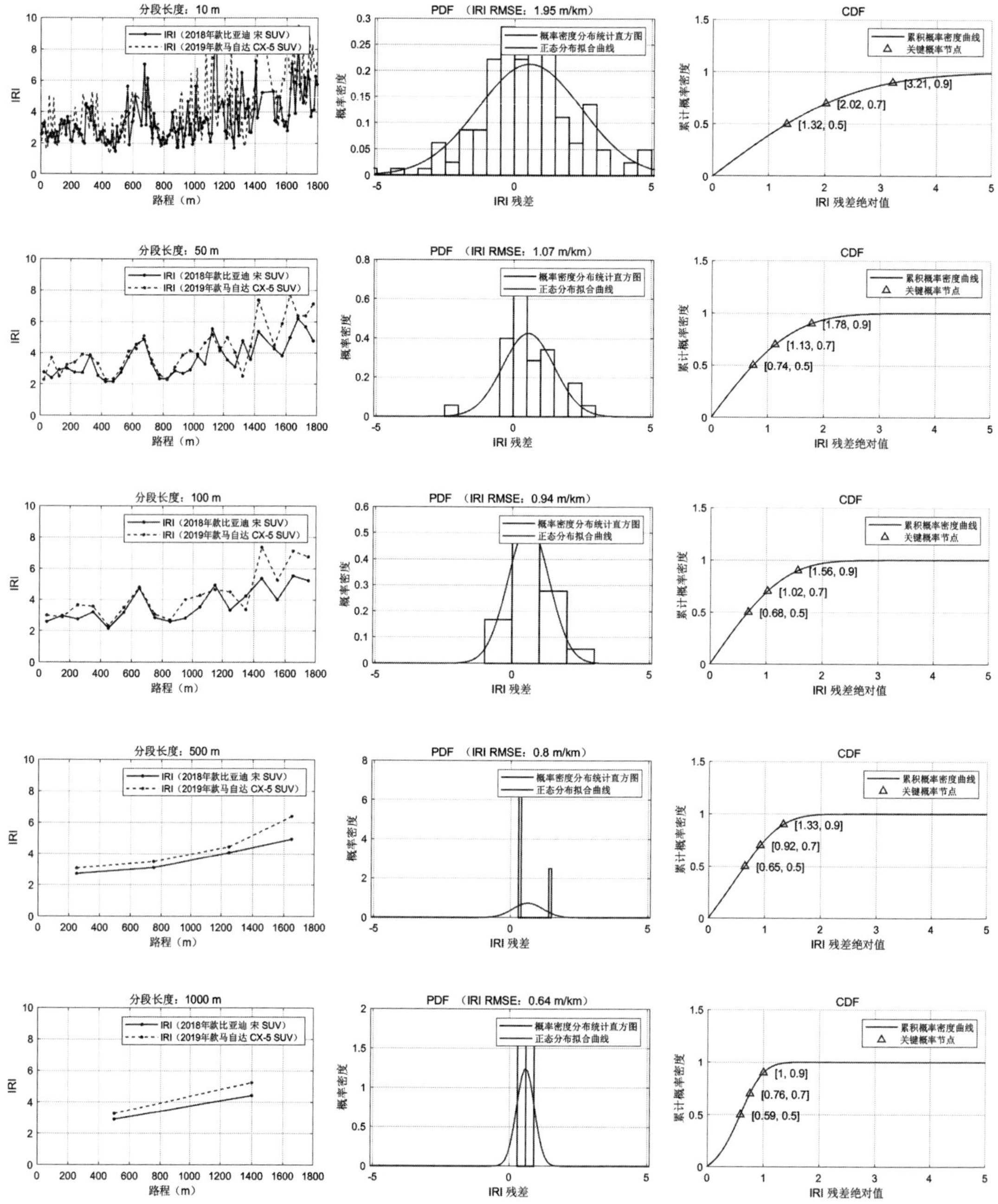

图 3-64　不同悬架参数车辆平整度检测结果对比分析(路段 3，左轮)

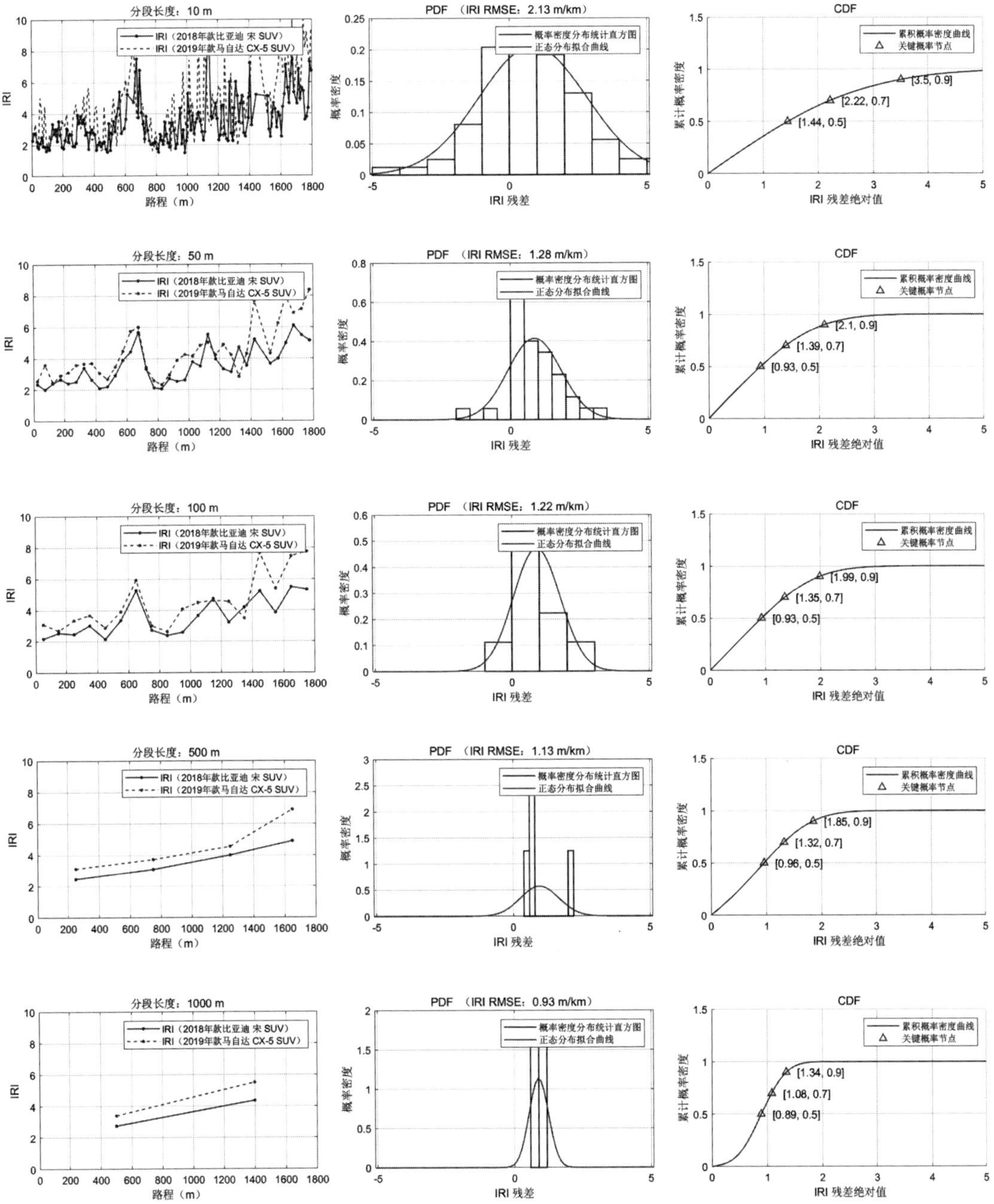

图 3-65　不同悬架参数车辆平整度检测结果对比分析(路段 3，右轮)

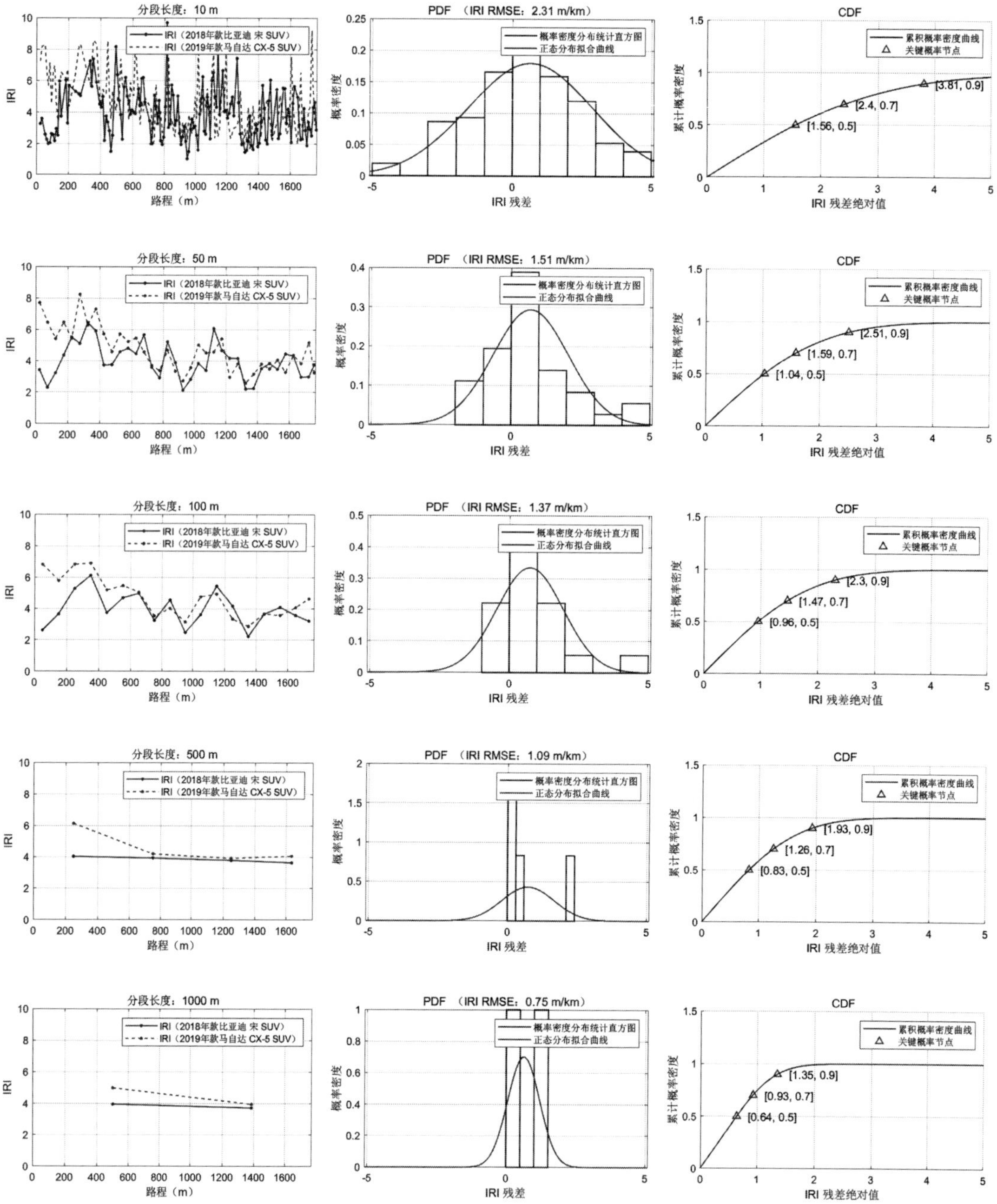

图 3-66 不同悬架参数车辆平整度检测结果对比分析(路段 3，左轮)

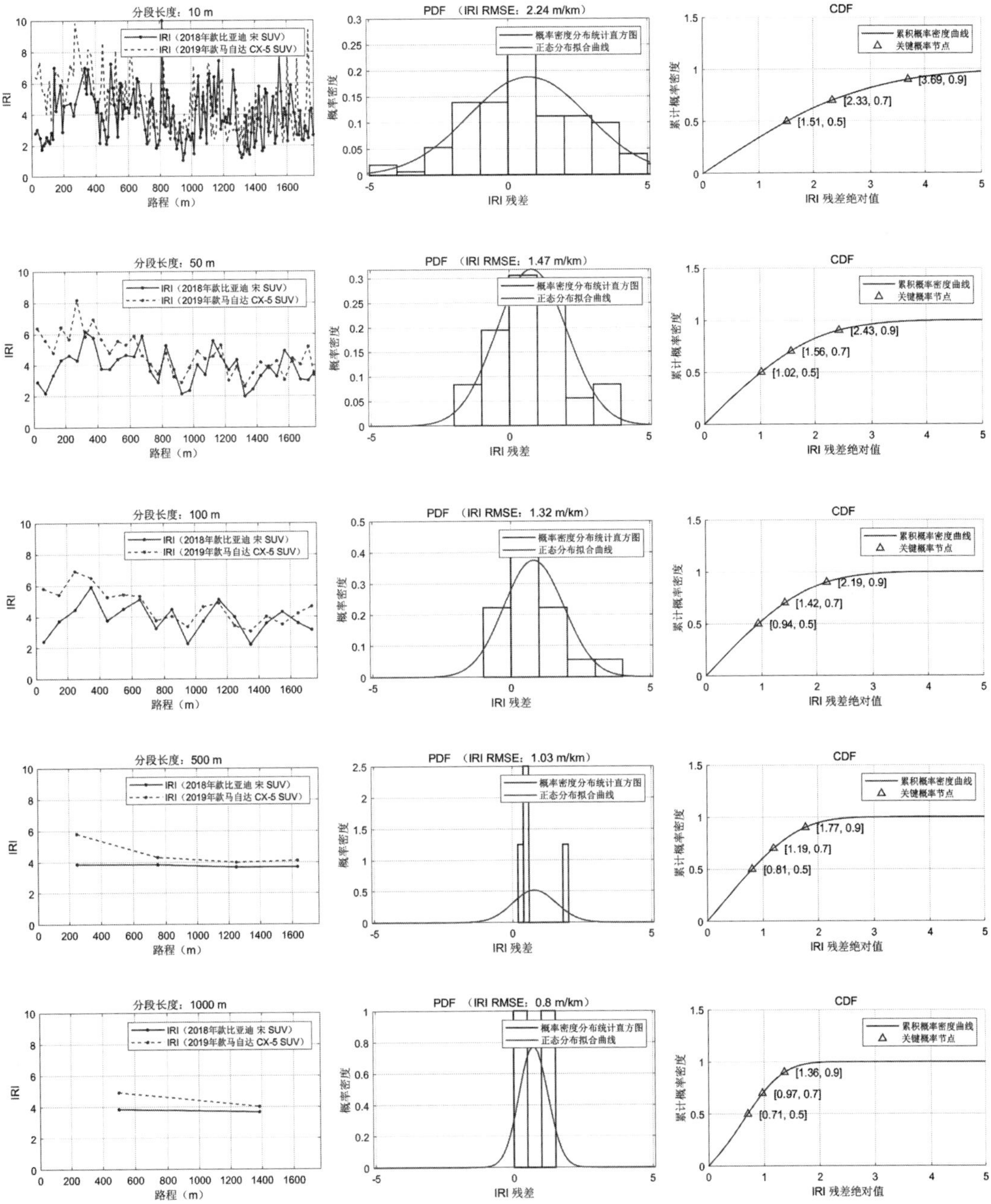

图 3-67 不同悬架参数车辆平整度检测结果对比分析（路段 3，右轮）

不同悬架参数车辆对于同一路段 **IRI** 检测结果　表 3-16

路段名称	IRI 残差 RMSE (m/km)	50%累计概率密度 IRI 残差绝对值 (m/km)	70%累计概率密度 IRI 残差绝对值 (m/km)	90%累计概率密度 IRI 残差绝对值 (m/km)
路段 1	0.37	0.25	0.38	0.61
路段 2	0.48	0.33	0.50	0.80
路段 3	1.08	0.81	1.19	1.78
路段 4	1.35	0.59	1.45	2.25
均值	0.82	0.52	0.88	1.36

注:100m 路段长度,左右轮处 IRI 平均值。

本章参考文献

[1] HAAS R,HUDSON W R,ZANIEWSKI J P. Modern pavement management:Vol 1[M]. Krieger Publishing Company Malabar,FL,1994.

[2] SMITH K,SMITH K,HOERNER T,et al. Effect of initial pavement smoothness on future smoothness and pavement life[J]. Transportation Research Record:Journal of the Transportation Research Board,1997(1570):60-69.

[3] JANOFF M S,NICK J B,DAVIT P S,et al. Pavement roughness and rideability. NCHRP Report 275. National Cooperative Highway Research Program[J]. Transportation Research Board,National Research Council,Washington,DC,1985.

[4] MCLEAN J,FOLEY G. Road surface characteristics and condition:effects on road users[M]. ARRB,Melbourne,Victoria Australia,1998.

[5] WATANATADA T,DHARESHWAR A M,LIMA P R S R. Vehicle speeds and operating costs [M]. World Bank,1987.

[6] HUANG C,HUANG X. Effects of pavement texture on pavement friction:a review[J/OL]. International Journal of Vehicle Design,2014,65(2/3):256.

[7] HUDSON W R. Road roughness:its elements and measurement[M]. Center for Transportation Research,1981.

[8] 交通部. 公路工程名词术语[M]. 北京:人民交通出版社,1997.

[9] SAYERS M W. Guidelines for the conduct and calibration of road roughness measurements [R]. The University of Michigan Ann Arbor,Michigan,US.,1984.

[10] SAYERS M W. ON THE CALCULATION OF INTERNATIONAL ROUGHNESS INDEX FROM LONGITUDINAL ROAD PROFILE[J/OL]. Transportation Research Record,1995(1501) [2018-05-29]. https://trid.trb.org/view/452992.

[11] CANTISANI G,LOPRENCIPE G. Road roughness and whole body vibration:Evaluation tools and comfort limits[J]. Journal of Transportation Engineering,2010,136(9):818-826.

[12] Boyu,Zhao,Tomonori,et al. IRI Estimation by the Frequency Domain Analysis of Vehicle Dynamic Responses[J]. Procedia Engineering,2017.

第 4 章 Chapter 04

路面异常颠簸精准感知与定位技术

第三章详细阐述了路面平整度的轻量化反应式检测技术，在路面平整度范畴内，IRI 作为一个统计性指标，可表征一段距离路面的平整情况，但难以反映由局部高差剧烈变化所导致的路面异常颠簸。路面异常颠簸如桥头跳车、伸缩缝错台、窨井盖沉降等严重影响驾驶安全和舒适性，会导致驾驶员瞬间的视觉对焦困难与乘客的车内碰撞(图 4-1)。路面异常颠簸最直接表现为路面高程的不平滑剧烈变化，一般由路桥引渡段的差异沉降、井盖刚性沉降、严重车辙、坑槽等引起。由于受到结构物刚性、土基压实与车辆轴载等多因素影响，道路异常颠簸的产生与恶化具有明显的空间随机性与时间突发性，使其难以及时检测。另一方面，异常颠簸过程中车辆会产生显著的动荷载，在动量冲击下，异常颠簸的动态影响被显著放大，重载车辆会极大程度地加剧损伤的发育，导致颠簸类损伤衰变迅速，若不及时发现可能引发严重的交通事故与设施损坏，造成巨大的经济损失与恶劣的社会影响。

a) 桥头跳车

b) 路面坑槽

图 4-1　路面异常颠簸

路面异常颠簸根据检测原理的差异主要分为四类：①直接断面测量法：通过激光、三米尺、水准仪等设备直接测量断面的纵向高程差异，评估异常颠簸情况。②间接反应类测量法：通过加速度计、智能手机、颠簸累积仪等设备测量车辆在异常颠簸下的反馈。③预埋传感器监测法：主要通过预埋柔性光纤、振动、应力应变等传感器全面监控路面的设施状态，对异常位置进行精准捕捉和评价。④专家评价法：主要由训练有素的专家团队，通过主观感受与梯度分级法等方法对异常颠簸进行分级评估。除此之外，近些年也出现许多基于颠簸时图像对焦模糊程度判断路面异常程度的方法，本质上也属于反应类检测法。③类方法由于价格昂贵，主要在机场与试验道路上使用，无法大规模在路网布设使用。④类方法受到专家主观偏差影响明显，导致检测结果的一致性较差，仅用作项目验收使用。①类方法是目前工程应用最广泛的技术，其中包括两个子类：第一种是以三米尺、水准仪等为代表的定点检测法，主要面向路桥引渡段、伸缩缝位置进行专项检测，这种方法虽然结果准确，但是需要封闭交通来作业，耗时费力，难以高频率使用；第二种是以激光检测车、LiDAR 检测车为代表的移动式精密检测手段，这种方法具有连续测量、结果准确的优点，且不需要封闭交通作业，安全性较高，但是由于精密装备价格昂贵，保有率有限，从而只能作为定期抽查使用，难以用作大规模、高频率的异常颠簸排查。

间接反应类检测法具有成本低、操作简单且无须对车辆进行专业化改造的优势，是进行路网级异常颠簸高频筛查的可靠途径，其技术原理已在第三章详述。同样，在异常颠簸的判别与评价方面,振动反应式检测方法亦受到悬架系统、行驶车速的影响,导致检测结果存在离散性强、准确性不足的问题。为了满足大规模路面异常颠簸检测需求,提高反应类检测方式的检测精度与可靠性,本书建立了车载连续式路面异常颠簸精准与评价方法,在车辆动力学仿真和试验分析的基础上,提出了基于多级小波分解的异常颠簸精准定位方法,并从用户舒适性体验与路面当量冲击两个角度综合评价异常颠簸影响,可以有效提高路网级路面异常颠簸的检测效率与数据更新频率,为桥头跳车等病害的及时诊断与迅捷养护提供可靠的数据支撑。

4.1 异常颠簸的精准识别与定位技术

受到路面平整度与车辆悬架振动传递的影响,车辆簧载质量上采集的振动信息是多源输入耦合作用的结果。考虑振动波叠加的复杂性,仅通过垂向振动加速度数据的极大值判断异常颠簸位置,其结果准确性低,尤其在路面自身平整度较大的情况下。异常颠簸过程虽然耗时较短,但仍是一个连续的振动过程。因此本节利用小波分析的思想,将复杂的振动加速度时域信息转化为频域状态,并根据振动频率的不同组分分解为高频波与低频波,进而识别定位颠簸发生位置。小波变换通过 $\psi(t)$ 在振幅尺度上的伸缩和时域上的平移来分析信号的组成。

$$\psi_{(m,k)}(t)=2^{-\frac{m}{2}}\psi(2^{-m}t-k) \tag{4-1}$$

式中,m,k 为尺度因子;m 表征小波的伸缩尺度;k 表征小波的时间位置;t 为时间变量;ψ 为小波基函数。

在小波分析中,近似值是大的缩放因子计算的系数,表示信号的低频分量,代表了信号的主要特征;相对地,细节值表示信号的高频分量,在信号中往往起到修饰作用。因此,利用多级小波分解方法在低频波中寻找波动突变从而确定异常颠簸产生的实际位点,如图 4-2 所示。

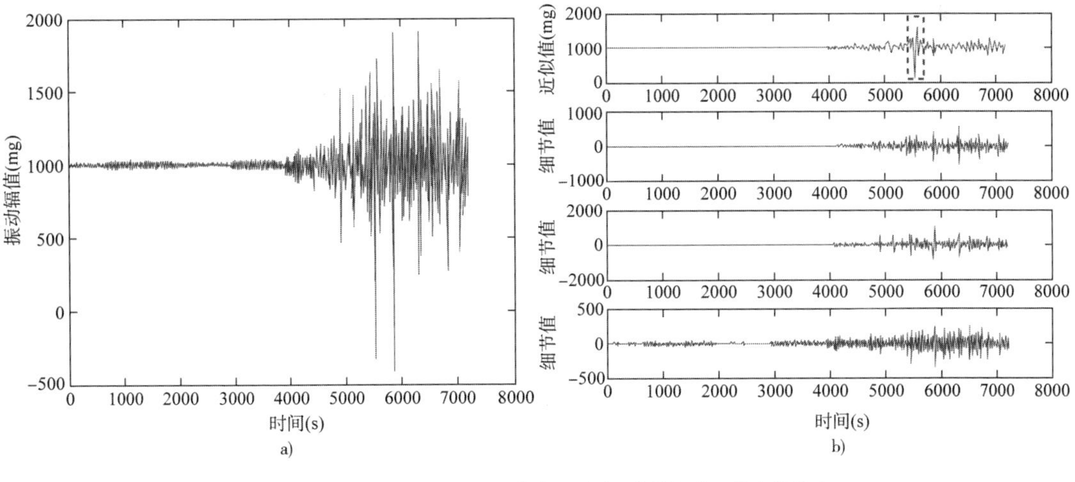

图 4-2 基于小波分解的异常颠簸位点确定(虚线框为异常颠簸位点)

图 4-2 左侧为异常颠簸处的车内的垂向振动数据原图,右侧由上至下分别为利用多级小波分解,获得的振动低频近似值和高频细节值,由于低频值反映了信号的主要特征,因此可以

清楚地选取桥头跳车产生的具体位点和剧烈程度。在计算过程中,首先通过小波分解,提取振动波型中低频带部分,如图 4-2 右图最上方所示。读取最大振动幅值 a_{mx}(正)与最小振动幅值 a_{mn}(负),与它们产生的时间 $t(a_{mx})$ 和 $t(a_{mn})$,设突变间隔 l 为:

$$l=t(a_{mx})-t(a_{mn}) \tag{4-2}$$

一般车辆正常行驶速度不低于 10km/h,而路桥差异沉降、窨井盖、坑槽的尺寸一般不超过 1m,因此,异常颠簸振动突变发生峰值时间间隔应为 360ms 以内,若突变 $l\leqslant 360$ms,则异常颠簸产生点位定义为正负峰值产生的中点时间:

$$t(l)=\frac{t(a_{mx})+t(a_{mn})}{2} \tag{4-3}$$

若 $l>360$ms,则在区间$[t(a_{mx})-360,\ t(a_{mx})+360]$搜索最小值 $\overline{a_{mn}}$,在区间$[t(a_{mn})-360,\ t(a_{mn})+360]$搜索最大值 $\overline{a_{mx}}$ 并定义:

$$k_1=a_{mx}-\overline{a_{mn}} \tag{4-4}$$

$$k_2=\overline{a_{mx}}-a_{mn} \tag{4-5}$$

$$k=\max(k_1,k_2) \tag{4-6}$$

式中,k_1,k_2 分别代表在最大、最小振动幅值在 360ms 内的最大振动强度,则桥头跳车产生的位点为 $t(k)$。

4.2 基于加速度响应的异常颠簸高差解析方法

4.2.1 二分之一车动力学模型

路面异常颠簸多以桥头跳车为主,左右轮激励形式类似,故本节在第三章基础上,选用二分之一车模型进行求解分析,考虑了前后两轮两次经过错台区域的耦合,对左右轮之间产生的倾斜状态则不做过多考虑。

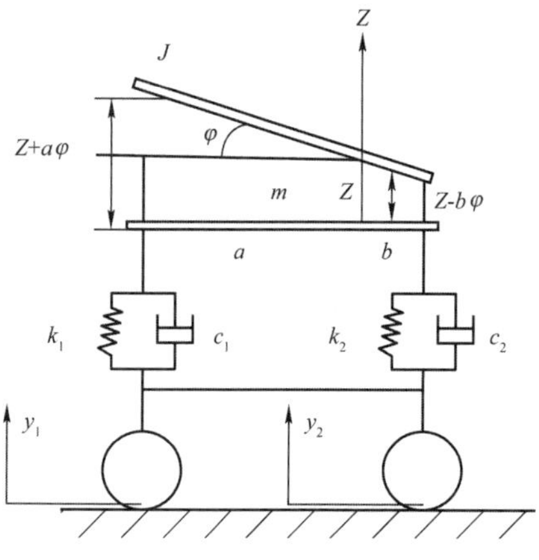

图 4-3　二分之一车模型示意图

由于轮胎质量(非簧载质量)远小于悬架质量(簧载质量),并且轮胎刚度系数一般远大于悬架刚度,对悬架动挠度的贡献较小。因此,为简化方程参数,本部分忽略轮胎变形的影响,将轮胎视为刚体。此外,本部分主要关注桥头跳车发生时的垂直加速度与位移响应,故只考虑悬架质心沿垂直于路面方向的平动自由度以及系统绕质心的刚体转动自由度。从而在标准二分之一车基础上,对模型进行简化处理。简化后的两自由度二分之一车悬架模型如图 4-3 所示。

该悬架装置每个车轴的缓冲元件由具有阻尼器特性的弹簧构成，其中 m 为悬架质量，即簧载质量(kg)；k_1、k_2 分别为前、后悬架刚度系数(N/m)；c_1、c_2 分别为前、后悬架阻尼系数(N・s/m)；a、b 分别为前轴到悬架质心距离、后轴到悬架质心距离(m)；J 为簧载质量绕其质心所在轴的转动惯量(kg・m^2)；φ 为车身绕悬架质心的旋转角(rad)，Z 表示悬架质心垂直于路面方向位移响应(m)；y_1、y_2 表示前、后轴路面高程输入值(m)。

根据质点系质心运动定律及动量矩定理，且忽略轮胎重力的影响，可得到：

$$m\ddot{Z}+(c_1+c_2)\dot{Z}+(k_1+k_2)Z+(c_1a-c_2b)\dot{\varphi}+(k_1a-k_2b)\varphi=c_1\dot{y}_1+c_2\dot{y}_2+k_1y_1+k_2y_2 \tag{4-7}$$

$$\begin{aligned}&J\ddot{\varphi}+(c_2b+c_1a)\dot{\varphi}+(c_1-c_2)\dot{Z}+(k_2b^2+k_1a^2)\varphi+(k_1a-k_2b)Z\\&=c_1a\dot{y}_1-c_2b\dot{y}_2+k_1ay_1-k_2by_2\end{aligned} \tag{4-8}$$

为简化表示，将该系统动力学方程(4-7)、(4-8)写成矩阵形式：

$$M\begin{pmatrix}\ddot{Z}\\ \ddot{\varphi}\end{pmatrix}+C\begin{pmatrix}\dot{Z}\\ \dot{\varphi}\end{pmatrix}+K\begin{pmatrix}Z\\ \varphi\end{pmatrix}=D\begin{pmatrix}\dot{y}_1\\ \dot{y}_2\end{pmatrix}+G\begin{pmatrix}y_1\\ y_2\end{pmatrix} \tag{4-9}$$

式中，$\boldsymbol{M}=\begin{pmatrix}m & 0\\ 0 & J\end{pmatrix}$为系统的质量矩阵；

$\boldsymbol{C}=\begin{pmatrix}c_1+c_2 & c_1a-c_2b\\ c_1a-c_2b & c_1a+c_2b\end{pmatrix}$为系统的阻尼矩阵；

$\boldsymbol{K}=\begin{pmatrix}k_1+k_2 & k_1a-k_2b\\ k_1a-k_2b & k_1a+k_2b\end{pmatrix}$为系统的刚度矩阵；

$\boldsymbol{D}=\begin{pmatrix}c_1 & c_2\\ c_1a & -c_2b\end{pmatrix}$，$\boldsymbol{G}=\begin{pmatrix}k_1 & k_2\\ k_1a & -k_2b\end{pmatrix}$。

式(4-9)在时域描述了前后轮路面激励下二分之一车模型的动力学响应，通过给定悬架的特征参数即可求解不同路面输入下车辆的垂直加速度、位移与转角等信息。路面平顺性与车辆振动构成了明显的系统激励与响应模型，在不同的高程值输入下，车辆会产生不同的振动反馈。微分方程是在时域描述系统动态性能的典型数学模型，在给定的外作用及初始条件下，通过求解式(4-9)即可得到二分之一车模型输出响应的全部时域信息。但该式为自变量耦合的常系数微分方程组，常规的代数方法较难处理，因此本节使用拉普拉斯变换对该微分方程组进行求解。拉普拉斯变换是求解线性非齐次微分方程的简洁方法，函数 $\mathrm{f}(t)$ 的拉普拉斯变换定义为：

$$\mathrm{F}(s)=\int_0^{+\infty}\mathrm{f}(t)e^{-st}\mathrm{d}t=L[\mathrm{f}(t)] \tag{4-10}$$

对式(4-9)两端进行拉普拉斯变换，得到

$$\begin{aligned}&\begin{pmatrix}ms^2+s(c_1+c_2)+k_1+k_2 & s(c_1a-c_2b)+k_1a-k_2b\\ s(c_1a-c_2b)+k_1a-k_2b & Js^2+s(c_1a+c_2b)+k_1a+k_2b\end{pmatrix}\begin{pmatrix}Z_\mathrm{s}\\ \varphi_\mathrm{s}\end{pmatrix}\\&=\begin{pmatrix}sc_1+k_1 & sc_2+k_2\\ sc_1a+k_1a & -sc_2b-k_2b\end{pmatrix}\begin{pmatrix}y_{1\mathrm{s}}\\ y_{2\mathrm{s}}\end{pmatrix}\end{aligned} \tag{4-11}$$

式中，$Z_s = L[z(t)]$，$\varphi_s = L[\varphi(t)]$，$y_{1s} = L[y_1(t)]$，$y_{2s} = L[y_2(t)]$，$L[^*]$为拉氏变换。

对式(4-11)两端做恒等变换，可以得到：

$$\begin{pmatrix} Z_s \\ \varphi_s \end{pmatrix} = \begin{pmatrix} H_{11} & H_{12} \\ H_{21} & H_{22} \end{pmatrix} \begin{pmatrix} y_{1s} \\ y_{2s} \end{pmatrix} \tag{4-12}$$

式中，H_{ij} 即表示该系统第 i 处激励引发第 j 处响应的传递函数。

考察异常颠簸发生时的车身垂直加速度响应，只考虑系统响应中的悬架质心垂直于路面方向位移 Z_s。根据式(4-12)，Z_s 可以表示为：

$$Z_s = H_{11} \cdot y_{1s} + H_{12} \cdot y_{2s} \tag{4-13}$$

式中，

$$\begin{aligned}
&H_{11} = \frac{n_{11}s^3 + n_{12}s^2 + n_{13}s - a(a-1)k_1^2 + (a+1)bk_1k_2}{d_{11}s^4 + d_{12}s^3 + d_{13}s^2 + d_{14}s - a(a-1)k_1^2 + (a+b+2ab)k_1k_2 - b(b-1)k_2^2} \\
&n_{11} = c_1 \cdot J, n_{12} = -a(a-1)c_1^2 + b(a+1)c_1c_2 + Jk_1 \\
&n_{13} = 2a(1-a)c_1k_1 + b(1+a)(c_1k_2 + c_2k_1) \\
&d_{11} = J \cdot m, d_{12} = J(c_1 + c_2) + (ac_1 + bc_2)m \\
&d_{13} = -a(a-1)c_1^2 + (a+2ab+b)c_1c_2 - b(b-1)c_2^2 + (k_1a + k_2b)m + J(k_1 + k_2) \\
&d_{14} = 2a(1-a)c_1k_1 + (a+b+2ab)(c_1k_2 + c_2k_1) + 2b(1-b)c_2k_2
\end{aligned} \tag{4-14}$$

$$\begin{aligned}
&H_{12} = \frac{n_{21}s^3 + n_{22}s^2 + n_{23}s - b(b-1)k_2^2 + (b+1)ak_1k_2}{d_{21}s^4 + d_{22}s^3 + d_{23}s^2 + d_{24}s - a(a-1)k_1^2 + (a+b+2ab)k_1k_2 - b(b-1)k_2^2} \\
&n_{21} = c_2 \cdot J, n_{22} = -b(b-1)c_2^2 + a(b+1)c_1c_2 + Jk_2 \\
&n_{23} = 2b(1-b)c_2k_2 + a(1+b)(c_1k_2 + c_2k_1) \\
&d_{21} = d_{11}, d_{22} = d_{12}, d_{23} = d_{13}, d_{24} = d_{14}
\end{aligned} \tag{4-15}$$

考虑到二分之一车模型中，前后轮路面输入在时域上具有延迟特性，即满足：

$$y_2(t) = y_1(t - \frac{L}{v}) \tag{4-16}$$

式中，L 为悬架前后轴间距离；v 为行驶车速。

根据拉普拉斯变换的延迟性质，对非负实数 L/v：

$$L[y_2(t)] = L[y_1(t - \frac{L}{v})] = e^{-s\frac{L}{v}} L[y_1(t)] \tag{4-17}$$

将式(4-17)代入式(4-13)可以得到：

$$Z_s = H_{11} \cdot y_{1s} + H_{12} \cdot e^{-s\frac{L}{v}} \cdot y_{1s} = (H_{11} + H_{12}e^{-s\frac{L}{v}})y_{1s} \tag{4-18}$$

上式表明若将后轮路面高程输入值视作前轮的延迟输入值，则可用式(4-18)描述的"单输入-单输出"系统传递函数，对二分之一车模型在复数域进行刻画。式中，$H_{11} + H_{12}\ e{-}SL/v = H(s)$，即为系统的传递函数。

4.2.2 基于功率谱密度分析的高差估计模型

路面不平整度服从零均值高斯分布随机过程，直接求解微分方程十分复杂，可通过功率谱密度(PSD)分析的方法对其进行定量描述。功率谱密度函数用以表示信号或序列的功率在空间或时间频域上的分布,通常用于随机振动的分析。路面随机不平度功率谱密度曲线下的面积就是路面不平整度的方差,亦即路面输入的平均功率。功率谱密度定义如下。

设 $X = \{X_t : t \in T\}$ 为平稳过程,记:

$$S_X(\omega) = \lim_{T\to\infty} \frac{1}{2T} E \left| \int_{-T}^{T} X_t e^{-i\omega} \mathrm{d}t \right|^2 = \int_{-\infty}^{+\infty} R_X(\tau) e^{-i\omega\tau} \mathrm{d}\tau \tag{4-19}$$

称 $S_X(\omega)$ 为平稳过程 X 的功率谱密度函数,简称谱密度。其中 $R_X(\tau)$ 为平稳过程 X 的相关函数。由于在时域不便于定量描述路面激励-车辆响应的相关关系,将路面不平度视为平稳过程,由线性时不变系统的原理可知,系统的响应也服从随机平稳过程,故可由式(4-19)表达的传递函数将两者加以联系。

设路面随机不平整的功率谱密度函数为 $S_Y(\omega)$,悬架位移响应的功率谱密度函数 $S_Z(\omega)$,则线性时不变系统输出与输入的功率谱密度函数存在关系:

$$S_Z(\omega) = |H(\omega)|^2 S_Y(\omega) \tag{4-20}$$

式中,$H(\omega)$ 为系统频率响应函数。

传递函数是在复数域中描述动力系统的特征,而频率响应函数是在频域中考察系统特性。在已知传递函数 $H(s)$ 前提下,令 $H(s)$ 中拉氏变量 s 的实部取为 0,根据拉普拉斯变换转化为傅立叶变换的关系,即将拉氏变换转化为傅氏变换 $s = \omega j$,进一步得到系统的频率响应函数 $H(\omega)$。

由线性系统的叠加原理可知,异常高差导致颠簸发生时的路面高程输入 $Y(t)$ 可视为路面随机不平顺幅值与局部错台幅值的叠加,具体表现为时域上的路面高程函数在错台处发生突变。桥头跳车示意图及该过程振动图像如图 4-4 所示。

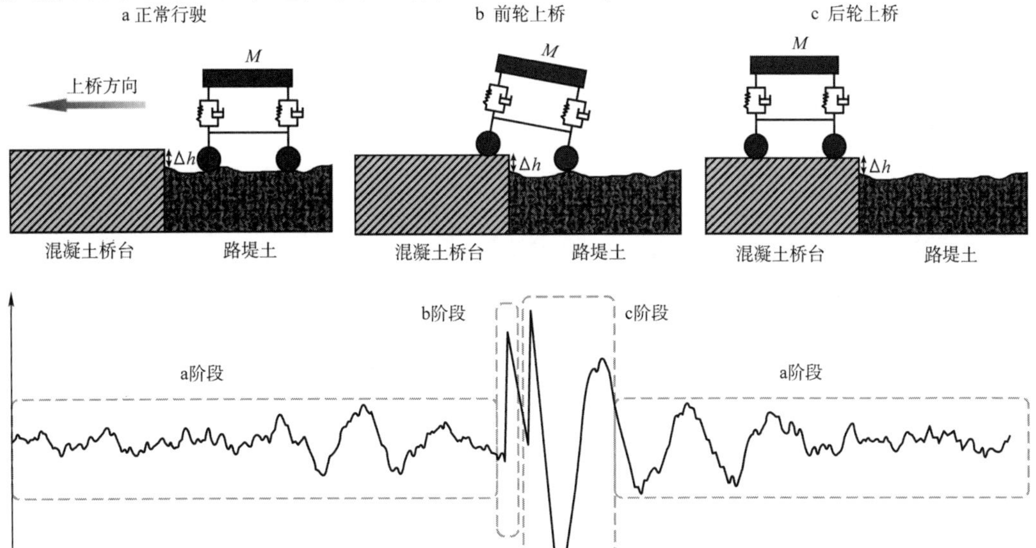

图 4-4　桥头跳车示意图

图 4-4 显示桥头跳车三个阶段车辆的运动状态及对应的振动曲线。正常行驶时(a 阶段)由路面自身的不平整度引起幅值较小的加速度;当前轮与错台接触时(b 阶段),加速度瞬时增大,并在重力作用下衰减;尚未恢复到上桥前水平时,后轮随之上桥(c 阶段),加速度在原有基

础上再次瞬时增大;之后,大幅度振动经较短时间恢复,车辆继续行驶回到初始状态。

若使用单位阶跃函数 $\varepsilon(t)$ 来表征此错台高差突变,则跳车发生时的路面时域谱可视为随机不平整激励函数与阶跃函数的叠加,即:

$$Y(t)=q(t)+\varepsilon(t) \tag{4-21}$$

式中,$q(t)$ 为随机不平整函数;$\varepsilon(t)$ 为阶跃函数;$\varepsilon(t)=\begin{cases}0, t<t_0\\ \Delta h, t\geqslant t_0\end{cases}$;$t_0$ 为阶跃发生时刻。

进一步,对式(4-21)两端同时作卷积积分,并由自相关、互相关函数的定义可以得到:

$$R_Y(\tau)=R_q(\tau)+R_\varepsilon(\tau) \tag{4-22}$$

根据维纳-辛钦定理,功率信号的功率谱密度与其相关函数为一对傅立叶变换对。对上式两端作傅立叶变换可得:

$$S_Y(\omega)=S_q(\omega)+S_\varepsilon(\omega) \tag{4-23}$$

式中,$S_q(\omega)$ 为路面随机不平整激励 $q(t)$ 的自功率谱密度;$S_\varepsilon(\omega)$ 为阶跃函数 $\varepsilon(t)$ 的自功率谱密度。《车辆振动输入—路面平度表示方法标准》(GB/T 7031—1986)中对建议路面功率谱密度的拟合表达式为:

$$G_q(n)=G_q(n_0)\left(\frac{n}{n_0}\right)^{-I} \tag{4-24}$$

式中,n 为空间频率(m^{-1});n_0 为参考空间频率($n_0=0.1m^{-1}$);$G_q(n_0)$ 为路面不平度系数(m^2/m^{-1});I 为频率指数,通常取 2。

在计算中 $S_q(\omega)$ 可由上式转换为角频率下的功率谱密度表达式予以表征:

$$S_q(\omega)=(2\pi)^2G_q(n_0)n_0^2\frac{v}{\omega^2} \tag{4-25}$$

式中,v 为行驶车速(m/s)。

对于式(4-25),当 $\omega\to0$ 时,$S_q(\omega)\to\infty$,为符合实际情况,考虑下截止频率 ω_0 后的实用功率谱密度表达式为:

$$S_q(\omega)=(2\pi)^2G_q(n_0)n_0^2\frac{v}{\omega^2+\omega_0^2} \tag{4-26}$$

$S_\varepsilon(\omega)$ 可由阶跃函数自相关 $R_\varepsilon(\tau)$ 的傅立叶变换求得:

$$S_\varepsilon(\omega)=\int_{-\infty}^{+\infty}R_\varepsilon(\tau)e^{-i\omega\tau}d\tau=\frac{(\Delta h)^2}{2}\int_{-\infty}^{+\infty}1\cdot e^{-i\omega\tau}d\tau=\frac{(\Delta h)^2}{2}2\pi\delta(\omega)=\pi(\Delta h)^2\delta(\omega) \tag{4-27}$$

式中,$\delta(\omega)$ 为 Dirac 函数,即单位脉冲函数。

将 $S_q(\omega)$ 与 $S_\varepsilon(\omega)$ 表达式代入式(4-20)及式(4-23)可得:

$$S_Z(\omega)=|H(\omega)|^2\left[(2\pi)^2G_q(n_0)n_0^2\frac{v}{\omega^2+\omega_0^2}+\pi(\Delta h)^2\delta(\omega)\right] \tag{4-28}$$

对式(4-28)两端积分,并利用 δ 函数的筛选性质:

$$\int_{-\infty}^{+\infty}S_Z(\omega)d\omega=\int_{-\infty}^{+\infty}|H(\omega)|^2(2\pi)^2G_q(n_0)n_0^2\frac{v}{\omega^2+\omega_0^2}d\omega+\pi(\Delta h)^2|H(0)|^2 \tag{4-29}$$

为简化上式，记 $A_Z=\int_{-\infty}^{+\infty}S_Z(\omega)d\omega$ 为位移响应自功率谱密度面积，即功率；

$\int_{-\infty}^{+\infty}|H(\omega)|^2S_q(\omega)d\omega=(2\pi)^2n_0^2vG_q(n_0)\int_{-\infty}^{+\infty}|H(\omega)|^2\frac{1}{\omega^2+\omega_0^2}d\omega=(2\pi)^2n_0^2vG_q(n_0)A_q$，为随机路面不平度单独作用下的系统响应功率谱密度面积。

相较于悬架位移响应，加速度能够更好地体现瞬时颠簸反应，因此将位移功率谱转换为加速度功率谱。根据傅立叶变换对于原函数的微分性质，加速度的频率响应函数为：

$$H_a(\omega)=-\omega^2H(\omega) \tag{4-30}$$

将式(4-30)代入式(4-20)，得到加速度功率谱密度函数：

$$S_a(\omega)=|H_a(\omega)|^2S_Y(\omega)=\omega^4|H(\omega)|^2S_Y(\omega)=\omega^4S_Z(\omega) \tag{4-31}$$

因此，$\int_{-\infty}^{+\infty}S_Z(\omega)d\omega=\int_{-\infty}^{+\infty}\frac{1}{\omega^4}S_a(\omega)d\omega$。

同样，为符合实际情况，引入下截止频率 ω_0，并规定：

$$A_{acc}=\int_{-\infty}^{+\infty}\frac{1}{\omega^4+\omega_0^4}S_a(\omega)d\omega \tag{4-32}$$

由此，式(4-29)简化为：

$$A_{acc}=4\pi^2n_0^2vG_q(n_0)A_q+\pi(\Delta h)^2|H(0)|^2 \tag{4-33}$$

因此，可以得到异常颠簸处高差的解析表达式为：

$$\Delta h=\sqrt{\frac{\int_{-\infty}^{+\infty}\frac{1}{\omega^4+\omega_0^4}S_a(\omega)d\omega-4\pi^2n_0^2vG_q(n_0)\int_{-\infty}^{+\infty}|H(\omega)|^2\frac{1}{\omega^2+\omega_0^2}d\omega}{\pi|H(0)|^2}}$$

$$=\sqrt{\frac{A_{acc}-4\pi^2n_0^2vG_q(n_0)A_q}{\pi|H(0)|^2}} \tag{4-34}$$

通过式(4-34)，给定车速 v、悬架参数、路面参数等，得到加速度响应 $a_Z(t)$ 后计算 A_{acc}、A_q 及系统频率响应函数在 $\omega=0$ 处的取值，即可求得 Δh 的理论值。

由于直接用式(4-19)给出的定义式求解功率谱密度较烦琐，通常采用周期图法、Welch 法、多窗谱法(MTM)等非参数化方法进行 PSD 估计，且以上方法通常采用分贝作为功率的量纲，因此求解得到的 A_{acc} 及 A_q 均与式(4-34)采用国际单位制求解的结果存在比例关系。因此，考虑 PSD 估计算法的数值偏差以及量纲的比例关系，引入比例系数与偏置项，将式(4-34)写为：

$$\Delta h_m=w\times\Delta h+b=w\times\sqrt{\frac{A_{acc}-4\pi^2n_0^2vG_q(n_0)A_q}{\pi|H(0)|^2}}+b \tag{4-35}$$

式中，Δh_m 为异常颠簸高差实际值；w 为比例系数；b 为偏置项，可由 Δh_m 与 Δh 经最小二乘回归计算。

4.2.3 模型仿真与算法验证

为了对上述异常颠簸高差预估方法进行数值验证，在 SIMULINK 环境下，搭建了二分之一车发生桥头跳车的仿真模型，并使用 ode3、ode45 求解器进行仿真运算与求解。

随机白噪声产生的路面功率谱密度可视作高斯白噪声输入时一阶线性系统的频域响应，因此满足与式(4-20)类似的关系：

$$S_q = |H_q(\omega)|^2 S_W = \left|\frac{2\pi n_0\sqrt{G_q(n_0)v}}{\omega_0+i\omega}\right|^2 S_W \tag{4-36}$$

式中，S_W 为白噪声的自功率谱密度函数，此处取为 1。

将式(4-36)表示的频响函数转换为时域等价形式，即得到路面随机高程位移的时域微分方程表达式：

$$q(t) = -2\pi n_{00} v q(t) + 2\pi n_0\sqrt{G_q(n_0)v}\,W(t) \tag{4-37}$$

式中，$n_{00}=0.0111\text{m}^{-1}$，为下截止空间频率；$n_0=0.1\text{m}^{-1}$ 为参考空间频率；$W(t)$ 为高斯白噪声时域函数。

在 SIMULINK 环境下进行时域仿真求解，采用带限白噪声发生器、增益器、积分器、示波器等模块，输出 4 种不同平整度等级的路面。仿真架构如图 4-5 所示，路面参数见表 4-1，仿真参数见表 4-2。

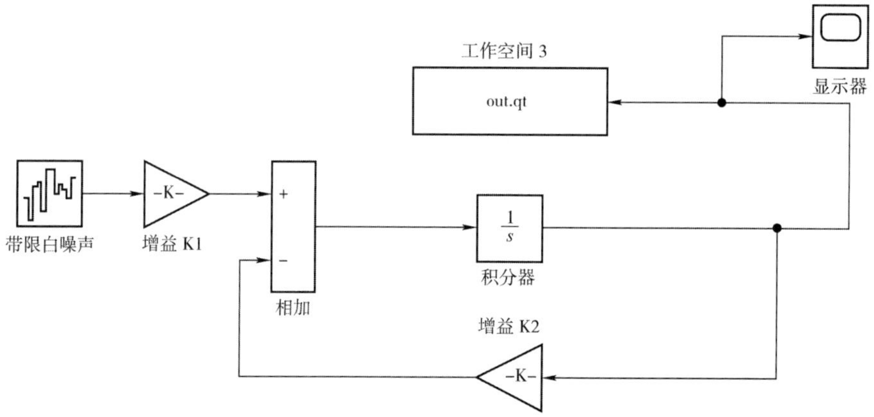

图 4-5　SIMULINK 随机路面仿真架构

路面不平整度仿真参数　　表 4-1

路面等级	路面不平度系数(m^3)	国际平整度指数 IRI ($m\cdot km^{-1}$)
A	16×10^{-6}	2.7957
B	64×10^{-6}	6.1587
C	256×10^{-6}	11.5105
D	1024×10^{-6}	19.1732

SIMULINK 随机路面仿真参数　　表 4-2

参数	取值	参数	取值
仿真步长(s)	0.01	仿真时程(s)	10
白噪声功率(dB)	1	车速(m/s)	12
白噪声采样时间(s)	0.01		

4 种不同平整度等级路面的时域仿真结果如图 4-6 所示。《公路技术状况评定标准》(JTG

5210—2018）规定路面纵断面错台高差小于 2cm 认为不发生跳车，大于 8cm 认为跳车程度为“重度”。图 4-6 表明：A 等级路面自身不平顺的绝对值基本在 2cm 以内，可以认为该路面自身不平整不引发路面跳车；C、D 级路面由于平整度较大，幅值大于 2cm 部分较为显著，路面本身起伏可引发明显的路面跳车，较难与桥头错台引发的跳车加以区分。因此，本书将基于 A、B 两级路面进行异常颠簸的仿真与计算。

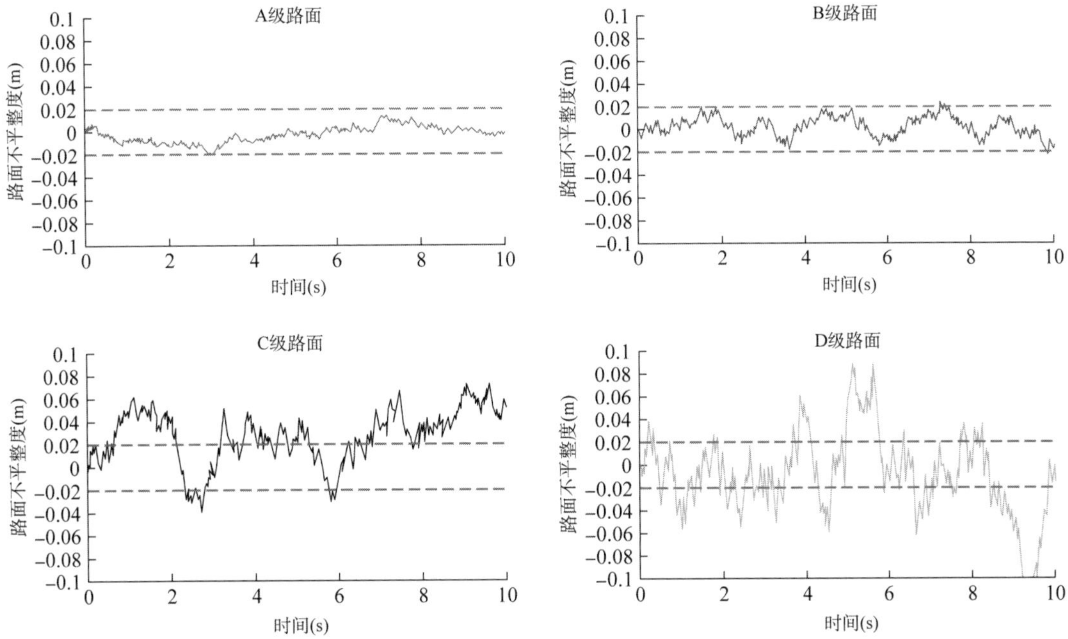

图 4-6　四种等级路面时域仿真结果

在路面平整度模型基础上，利用 Step 模块设置参数 FinalValue $=\Delta h$，以表示路面高程在时域上的突变，即异常颠簸在时域函数上的反映；Delay 模块设置参数 DelayLength $=L/v$，以表示前后轮路面激励 $y_1(t)$、$y_2(t)$ 的时间滞后性。仿真模型输出包含桥头错台在内的前后轮路面随机高程时域函数 y_1、y_2。SIMULINK 模型架构如图 4-7 所示。仿真参数见表 4-3。

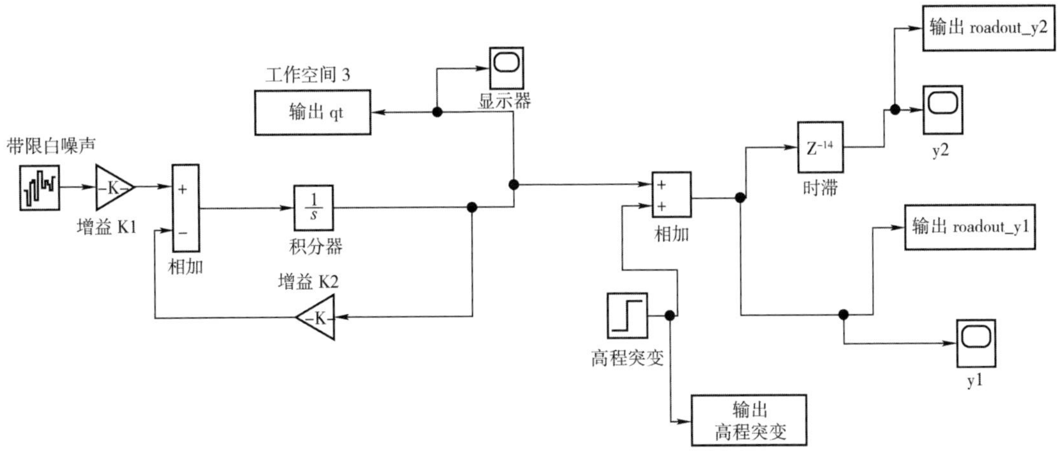

图 4-7　SIMULINK 桥头跳车过程时域仿真

SIMULINK 桥头跳车过程仿真参数　　表 4-3

参数	取值	参数	取值
路面等级	A/B 级	仿真时程(s)	10
路面不平度系数(m^3)	$16\times10^{-6}/64\times10^{-6}$	错台高差(cm)	5
仿真步长(s)	0.01	参考空间频率(m^{-1})	0.1
白噪声功率(dB)	1	下截止空间频率(m^{-1})	0.011
白噪声采样时间(s)	0.01		

仿真输出前后轮路面激励 $y_1(t)$、$y_2(t)$ 后，使用微分方程数值求解器 ode45 对二分之一车在异常颠簸发生下的加速度、位移响应进行求解。所使用的二分之一车物理参数如表 4-4 所示：

二分之一车计算参数　　表 4-4

参数	取值	参数	取值
簧载质量 m(kg)	690	前悬架刚度系数 k_1($N\cdot m^{-1}$)	17000
簧载质量转动惯量 J($kg\cdot m^2$)	1222	后悬架刚度系数 k_2($N\cdot m^{-1}$)	22000
前轴到悬架质心距离 a(m)	1.3	前悬架阻尼系数 c_1($N\cdot s\cdot m^{-1}$)	1000
后轴到悬架质心距离 b(m)	1.5	后悬架阻尼系数 c_2($N\cdot s\cdot m^{-1}$)	1100

为进一步比较四分之一车与二分之一车桥头跳车时振动的差异性，在车速 $v=15m/s$，A 级路面下分别做出两者的加速度时域曲线，如图 4-8 所示。其中二分之一车模型的曲线，颠簸发生处加速度先后明显存在两处极大值，这符合二分之一车模型前后轮输入滞后性，即式(4-10)的假定。对比四分之一车模型与二分之一车模型颠簸加速度曲线，在相同工况下，二分之一车模型两次颠簸之间约有 0.2s 的间隔，而四分之一车模型只有一个加速度峰值，且幅值为二分之一车模型的 2 倍左右，其正常行驶中悬架振动幅值也较大。同时，由于四分之一车模型只考虑了单个阻尼器，跳车发生后加速度以更高的振动频率恢复到初始状态，即约为 7Hz 的震颤；而二分之一车模型则更接近实际驾驶情况，以低于 2Hz 的单调、连续振动减缓跳车加速度。因此，在异常颠簸此类局部激励问题上，二分之一车模型更具灵敏性与精确性。

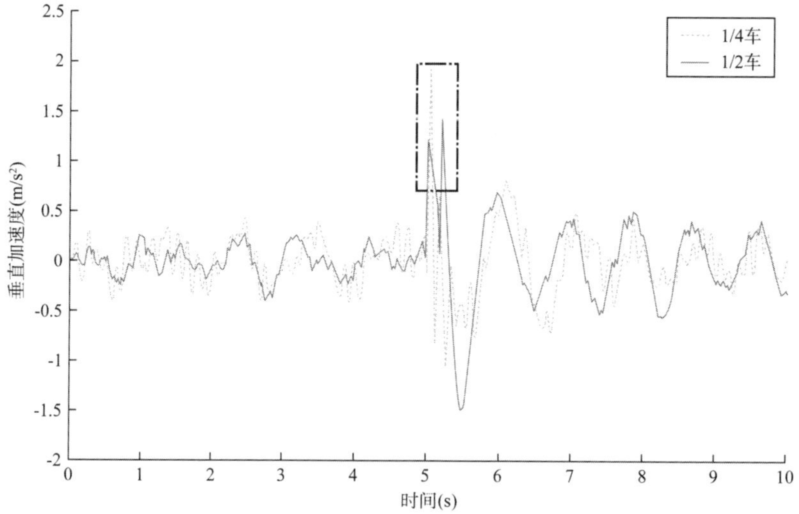

图 4-8　1/4 与 1/2 车跳车加速度曲线

基于上述仿真流程，在 A 等级路面上以固定车速 $v=15\text{m/s}$ 多次重复仿真。每次仿真均为一次独立的测算，预先设置一组 SIMULINK 中 Step 模块的参数 FinalValue 作为 Δh_m 值，通过式(4-34)计算对应工况下的一组 Δh 值，再利用最小二乘拟合便得到式(4-35)。积分区间选择异常颠簸发生前后 10m 内，仿真其他参数均与表 4-3、表 4-4 相同。随机设置 Δh_m 区间为 [2,10] cm，仿真运行 200 次，共得到 200 组 Δh_m-Δh 值，具有 95%预测区间的拟合结果图像如图 4-9 所示。

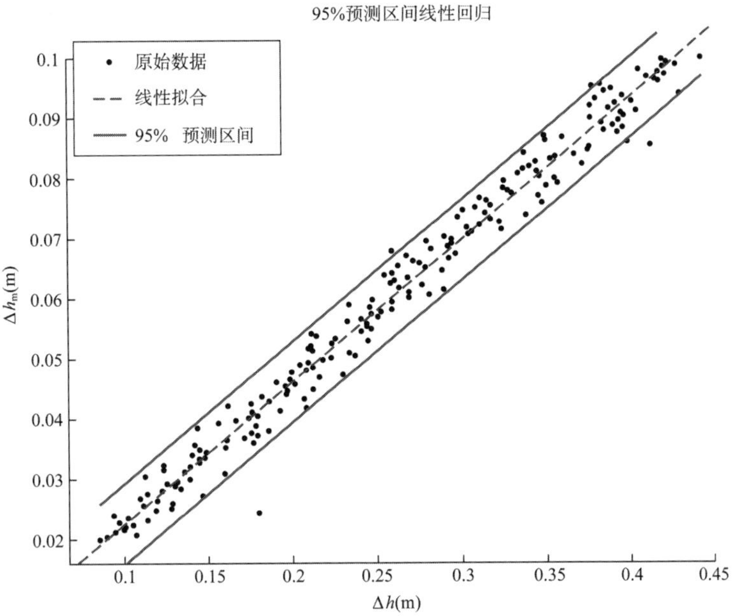

图 4-9 Δh_m-Δh 线性回归结果

线性回归结果显示：回归系数 $w=0.2363(0.2315, 0.2410)$，$b=-1.083\times10^{-3}(-2.394\times10^{-3}, 2.285\times10^{-4})$。相关系数 $R^2=0.96$，均方根误差 RMSE=0.33cm，且只有极少数点落在 95%预测区间之外。得到预测模型后，在相同工况下再次仿真运行 100 次生成测试集，对回归方程的稳定性进行检验，测试集预测结果如图 4-10 所示。

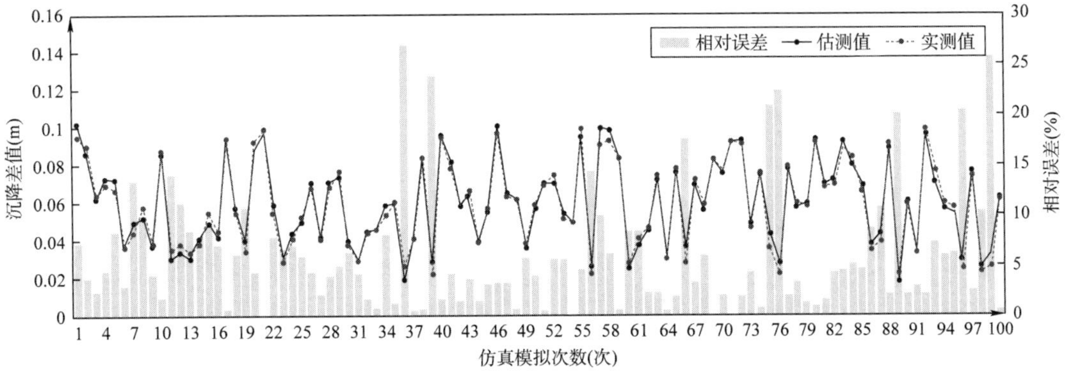

图 4-10 测试集错台高差预测结果

测试集验证结果：均方根误差 RMSE=0.34cm，平均绝对误差 MAE=0.28cm，单点最大误

差 $err_{max}=0.90$cm，最小误差 $err_{min}=0.0042$cm。表明在车速不变时经线性回归得到的方程具有较好的预测精度与稳定性。

为了讨论速度对检测结果的影响，使用 SIMULINK 随机产生 200 组区间为[5,30]m/s 的车速，对于其中每个固定车速 v_i，在 A 等级路面下随机生成 50 组区间为[2,10]cm 的异常颠簸高差，执行 50 次循环仿真得到该车速 v_i 下对应的回归系数 w_i，b_i；对每个车速执行上述流程，最终共得到 200 组 w_i-v_i 及 b_i-v_i 关系。结果发现，w_i 与 v_i 呈现较强的相关性，如图 4-11 所示。

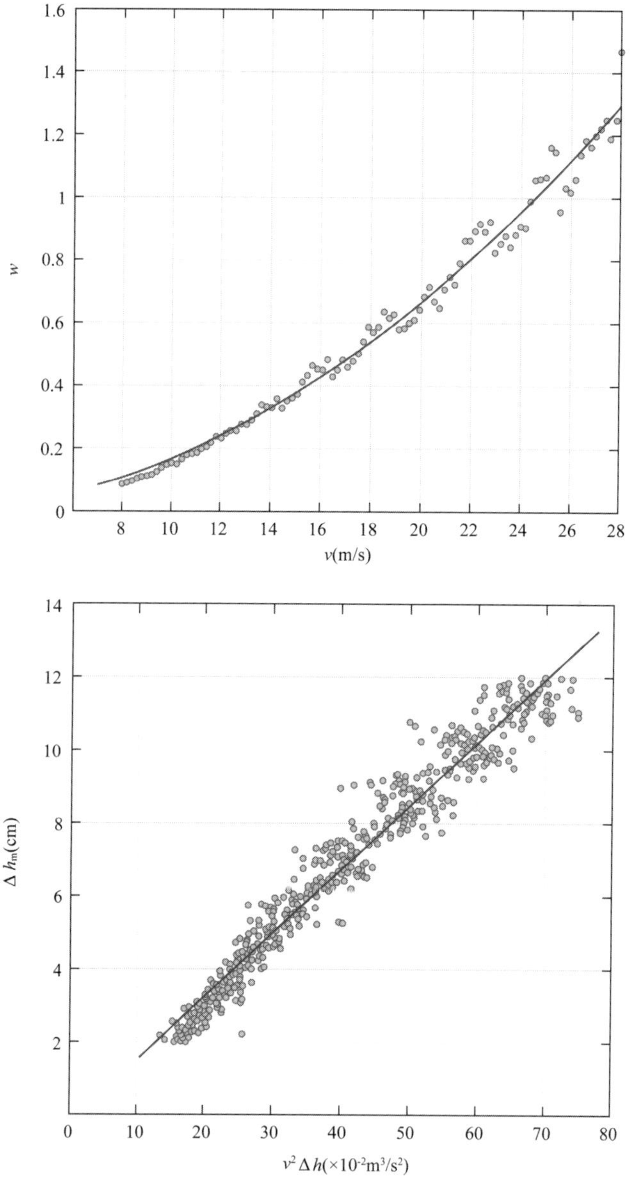

图 4-11　模型拟合系数 w_i 与行驶速度 v_i 关系

对两者进行回归拟合，发现满足 $w=kv^2$ 的关系。其中 $k=1.766\times10^{-3}$，均方根误差 RMSE=

0.0042。即随着行驶速度 v 的增大,式(4-35)中的回归系数 w 以平方阶数增大。图 4-11 显示了经速度修正后的表达式(4-38)可对行驶速度改变时的异常颠簸高差反算预估有较为良好的效果,但预测结果离散性呈现出显著的"甩尾效应",即在低速条件下模型预估的稳定性较高,随着速度提高模型预估结果的离散性不断增强。原因可能是速度越大,瞬时异常颠簸越明显,这将导致功率谱密度的估计误差更大。在大多数情况下,车辆在通过道路异常时会降低速度,因此所提出的模型可以应用于大多数场景。

$$\Delta h_{mv}=k\cdot v^2\cdot\Delta h+\beta=kv^2\sqrt{\frac{A_{acc}-4\pi^2 n_0^2 v G_q(n_0)A_q}{\pi|H(0)|^2}}+\beta \tag{4-38}$$

4.3 主客观结合的异常颠簸定量评价方法

4.3.1 异常颠簸对舒适性的影响

路面异常颠簸现象会产生两面性作用:既对驾驶员产生舒适性影响,降低了行车舒适感受;同时也对颠簸处路面产生额外冲击作用,加速了道路结构的损坏。因此,本书结合国际标准 ISO 2631 中提出的额定车辆平顺性评价指标,引入了实验心理学中烦恼率的概念用以量化个体感受差异,综合评价异常颠簸发生时乘客的舒适性感受。

人们对振动频率的感知是有一定范围的,即 0.5~80Hz 之间,而不同频率的振动影响程度不尽相同,简单地对功率谱密度进行积分很难准确反映实际人体的感受情况。因此,通过三分之一倍频程的方法带通滤波,将功率谱密度根据频率分为 23 个不同频段,对每一个频段分别积分,加权求和获得最终的均方根值,对车辆振动进行客观表达如下式:

$$\bar{a}_j=\left[\int_{f_{uj}}^{f_{ij}}S_a(f)\,df\right]^{\frac{1}{2}} \tag{4-39}$$

$$\bar{a}_w=\left[\sum_{j=1}(\xi_j\cdot a_j)^2\right]^{\frac{1}{2}} \tag{4-40}$$

式中,$\bar{a}_j$ 为中心频率为 f_j 的第 j 个三分之一倍频带加速度均方根值;f_{ij},f_{uj} 分别是三分之一倍频带的中心频率 f_j 的上、下限;$S_a(f)$ 是加速度自功率谱密度函数;ξ_j 是不同频段的加权系数;$\bar{a}_w$ 为单轴向加权加速度均方根值。

在计算加权加速度均方根值时,还应考虑位置修正权重修正,如下式:

$$a_v=(k_x^2a_{wx}^2+k_y^2a_{wy}^2+k_z^2a_{wz}^2)^{\frac{1}{2}} \tag{4-41}$$

式中,a_v 表示总加权加速度均方根值;a_{wx}、a_{wy}、a_{wz} 为 x,y,z 向(行驶方向、横向、垂向)的单轴加权加速度均方根值 k_x、k_y、k_z 分别为不同位置三个方向的加权系数,可依照标准 ISO 2631 中相关要求选取。

通过小波分解确定了异常颠簸点后,分别选取前后 2s 作为乘客反应时间,并计算其总加权加速度均方根值(Weighted root-mean-square acceleration,WRMSA),依照表4-5,即可进行该位置的舒适性评价等级。

加权加速度均方根值与乘客主观感受的关系　　表4-5

加速度均方根值(m/s^2)	人的主观舒适性感觉	加速度均方根值(m/s^2)	人的主观舒适性感觉
<0.315	没有不舒适(A)	0.8~1.6	相当不舒适(D)
0.315~0.63	有些不舒适(B)	1.25~2.5	很不舒适(E)
0.5~1.0	不舒适(C)	>2.0	极不舒适(F)

人体主观感受的差异是造成检测模型不准确的主要原因,例如当WRMSA=0.9m/s^2,既属于C级又属于D级。为了避免这个问题,引入了烦恼率的概念。烦恼率是指产生烦恼反应或认为外界刺激"不可接受"人的比例,是确定烦恼阈限的依据,其主要来自两个方面:一是客观振动对舒适性的影响,二是个体的感受差异。首先利用概念隶属度函数量化客观振动对舒适性的影响。确定隶属度的最常见方法是模糊统计法,即把各种反应下的人数除以统计总人数得到各个概念的隶属频率,然后用隶属频率作为这种反应的隶属度。根据国际上认可度比较高的调研数据,可以看出对于每一组加速度数据本身来说,主观反应的概念隶属度值与振动加速度的对数值成正比,即:

$$\mathrm{v}(u)=a\ln(u)+b \tag{4-42}$$

式中,$\mathrm{v}(u)$为概念隶属度,$\in[0,1]$,其中0代表完全舒适,1代表完全不舒适;u代表振动强度,用加速度均方根值计算;a和b是模型拟合参数。

同时,Griffin等人通过控制变量法分析发现:人对振动感受性差异的分布规律,基本服从对数正态分布,变异系数稳定范围在0.19~0.31,其表达式如下:

$$\mathrm{f}(u)=\frac{1}{\sqrt{2\pi}u\sigma}\exp\left\{\frac{-[\ln(u)-\mu_{\ln(u)}]^2}{2\sigma^2}\right\} \tag{4-43}$$

式中,$\mathrm{f}(u)$为振动感受性差异函数;$\sigma^2=\ln(1+\delta^2)$;$\mu\ln(u)=\ln(x)-0.5\sigma^2$,$x$为$u$的期望。根据振动的实际效果,可视为$u$的加权加速度均方根值,$\delta$为$u$的变异系数,一般取0.3。

根据表4-5对照关系,参数a和b可以通过联立方程求解,"0"代表"没有不舒适",对应加速度均方根值为0.315m/s^2;1代表"极不舒适",对应加速度均方根值为2.5m/s^2,可得$a=0.4827$和$b=0.5577$。根据上述定义,连续分布下的振动为x的烦恼率表达式为:

$$\mathrm{P}(x)=\int_{u_{\min}}^{\infty}\frac{1}{\sqrt{2\pi}\sigma u}\exp\left\{\frac{-[\ln(u/x)+0.5\sigma^2]^2}{2\sigma^2}\right\}\cdot\mathrm{v}(u)\mathrm{d}u \tag{4-44}$$

该式的物理意义是:在受到一个加速度均方根值为x的振动作用下,不同的驾驶员会感受到相当于u大小的加速度振动,而对于每个加速度u,同时会客观产生$\mathrm{v}(u)$的烦恼率。因此,上式积分内即表示不同均方根值x下的烦恼率概率密度函数,如图4-12所示。图中从左至右分别为$x=0.315m/s^2$、$0.5m/s^2$、$0.63m/s^2$、$0.8m/s^2$、$1.0m/s^2$、$1.25m/s^2$、$1.6m/s^2$、$2.0m/s^2$、$2.5m/s^2$的概率密度函数。它所围成的面积即为振动程度为x的烦恼率。

除了加权加速度均方根值(WRMSA)外,最大加速度(Maximal acceleration,MA)与加加速度(Jerk)也是影响乘客舒适性的重要因素,当加加速度超过2.94m/s^3时,乘客会感受到明显的不舒适体验。为讨论各项舒适度参数与行驶速度的相关关系，利用整车动力学仿真模型模拟了不同工况下的异常颠簸振动情况，如图 4-13 与图 4-14 所示。其中，图 4-13 描述的是单侧轮异常颠簸产生的影响，可参考图 4-1 中坑槽的情况。图 4-14 描述的是双侧轮异常颠簸产生的影响，可参考图 4-1 中桥头跳车的情况。

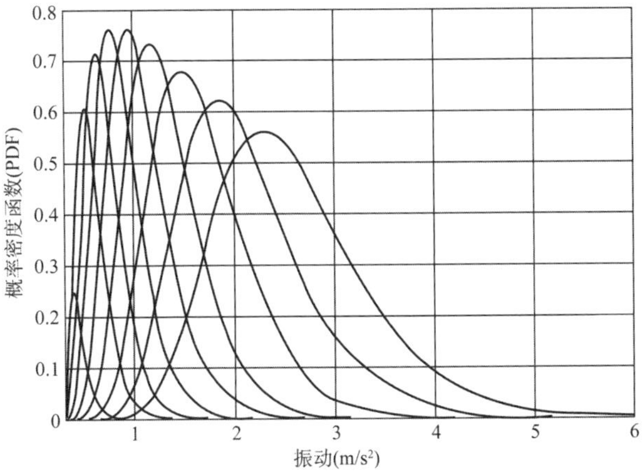

图 4-12　不同均方根值下的烦恼率概率密度函数

如图 4-13 所示，最大加速度、加权加速度均方根值和加加速度都随着速度和颠簸高差的增加而增加。但是，三项特征指标均不是单调递增的趋势，尤其是在低速行驶的情况下。如图 4-13a）所示，当行驶速度较低（5～20km/h）时，随着单侧异常颠簸高差的增加，最大加速度的增加并不显著。在更高的速度下，异常颠簸高差对舒适性的影响会显著放大。相较于高差，行驶速度对最大加速度的影响是基本一致的。在不同的异常颠簸高差下，行驶速度和最大加速度呈线性正相关关系。行驶速度、异常颠簸高差和加权加速度均方根值之间的相互作用如图 4-14b）所示。当速度超过 80km/h，随着行驶速度的增加，加权加速度均方根值并没有增加而是略有下降。这可能是因为当行驶速度较高时，轮胎与异常高差点接触的时间较短。在计算加权加速度均方根值时，选取最大振动值前后 2s 的数据。因此，异常的振动幅值在结果中的贡献度会被减弱。加加速度与行驶速度与异常颠簸高差均呈正相关趋势。由于加加速度计算的是颠簸后和颠簸前的加速度梯度值，它受振动瞬时值和车辆悬架系统中振动传递过程的影响，因此，加加速度会有"局部紊乱"特征。

图 4-14 描述了双侧轮异常颠簸的情况。与单侧场景不同，最大加速度随着行驶速度和异常颠簸高差的增加而显著增加。即使在异常颠簸高差较低的情况下，最大加速度与行驶速度间也存在显著的正相关。图 4-13a）和图 4-14a）产生趋势差异的原因可能在于：当异常颠簸高差较低时，车辆一侧的振动会被另一侧抵消，从而导致车辆整体振动相对稳定，而如果双侧的振动同时增加，整体的振动就会明显提高。总体而言，双侧异常颠簸场景的最大加速度高于单侧场景的数值，尤其是当速度在 0～60km/h 之间时。对于加权加速度均方根值，两种工况显示出相似的特征。由于没有抵消作用，单侧的加权加速度均方根值基本低于双侧的结果。反之，由于双侧振动的一致性，导致加加速度曲线的"局部紊乱"特征显著低于单侧的结果。图 4-13 与图 4-14 的关系可以帮助我们更好地理解异常颠簸对于用户舒适性的影响，同时也可以为舒适驱动的辅助驾驶策略提供可靠的理论支撑。

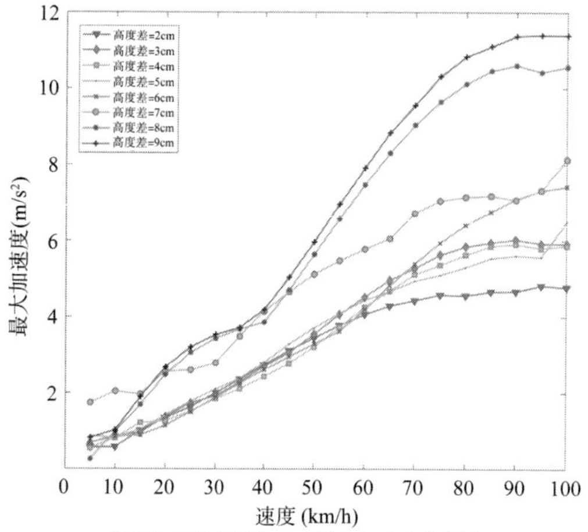

a) 速度与异常颠簸高差对最大加速度的影响

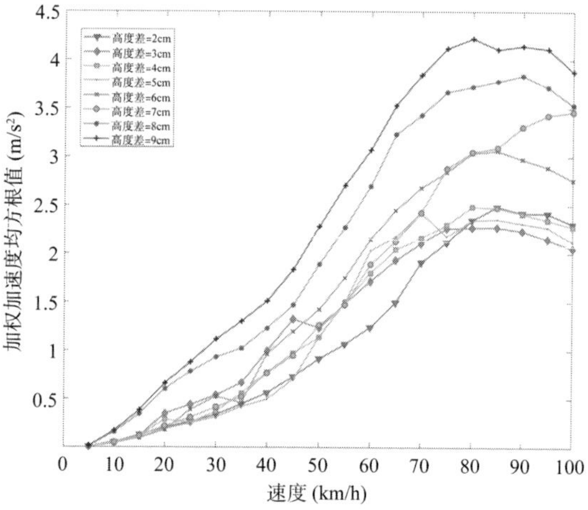

b) 速度与异常颠簸高差对加权加速度均方根值的影响

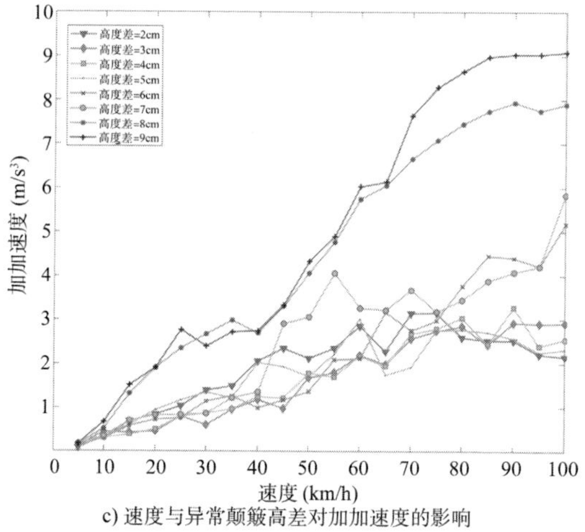

c) 速度与异常颠簸高差对加加速度的影响

图 4-13　单侧轮异常颠簸条件下车速与异常颠簸高差对最大加速度、加权加速度均方根值、加加速度的关系

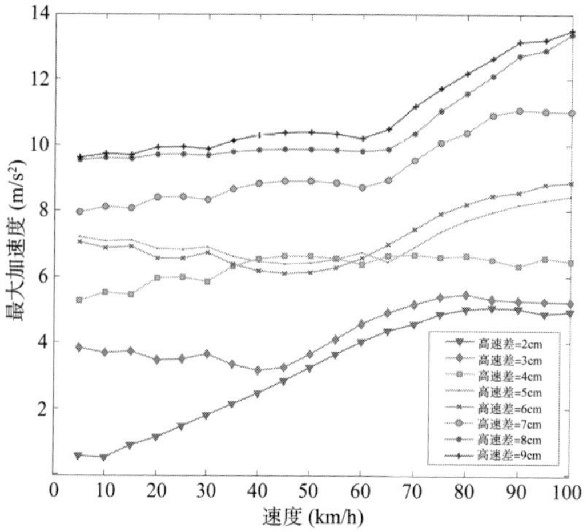

a) 速度与异常颠簸高差对最大加速度的影响

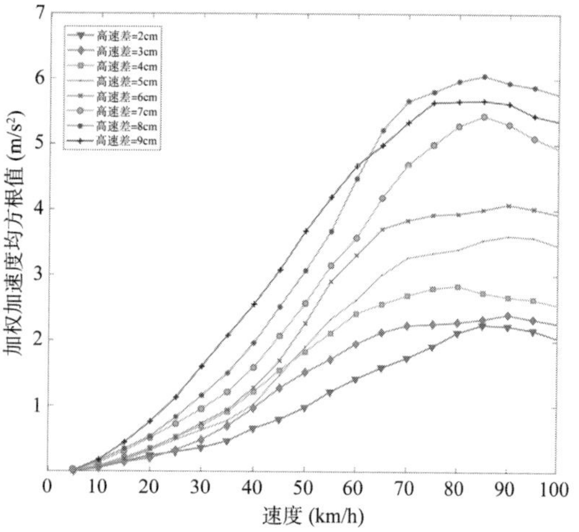

b) 速度与异常颠簸高差对加权加速度均方根值的影响

图　4-14

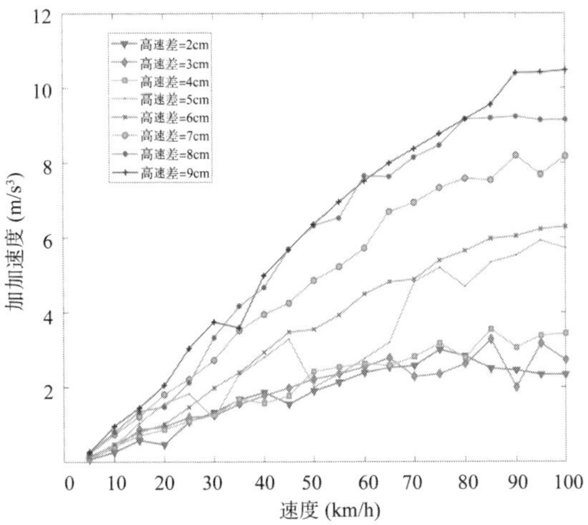

c) 速度与异常颠簸高差对加加速度的影响

图 4-14　双侧轮异常颠簸条件下车速与异常颠簸高差对最大加速度、加权加速度均方根值、加加速度的关系

4.3.2　异常颠簸对耐久性的影响

为了描述车辆在异常颠簸时产生的动荷载作用,采用当量冲击系数表征瞬时的车辆冲击程度。当量冲击技术即为动荷载对于原始载重的扩大系数。

由于车辆轮胎运动的特性,很难实时测量车轮下的压力或加速度大小。因此结合本书第三章采用的四分之一车模型的传递特性进行当量冲击系数的估计。根据四分之一车模型的线性时不变特性,路面与车内位移谱的关系满足:

$$S_Z(\omega) = |H_{Z_sY}(\omega)|^2 S_Y(\omega) \tag{4-45}$$

式中,$S_Y(\omega)$为路面的位移功率谱密度;$S_Z(\omega)$为车内的位移功率谱密度。

由于竖向加速度为垂直位移的二阶导数,因此对于路面谱产生的加速度而言,其功率谱密度满足:

$$S_a(f) = (2\pi f)^4 S_\xi(f) \tag{4-46}$$

式中,$S_\xi(f)$为位移的功率谱密度函数;$S_a(f)$为加速度的功率谱密度函数;f为时间频率,$\omega = 2\pi f$。

将上式联立即可获得路面加速度功率谱与车内加速度功率谱密度函数的相关关系。同时,功率谱密度的积分代表信号的均方根值,表征了信号均值的幅值大小,表达式如下:

$$\phi_{ay} = \sqrt{\int_{-\infty}^{+\infty} |H_{Z_sY}(\omega)|^{-2} S_{az}(\omega)\,d\omega} \tag{4-47}$$

式中,$S_{az}(\omega)$为车内的加速度功率谱密度函数;ϕ_{ay}为路面(轮底)振动的加速度均方根值,近似表征了其均值的幅值。

理论上,如果车辆颠簸影响的时间区间足够短,就可以将ϕ_{ay}视作瞬时振动产生的最大轮底加速度a_{vmax}。根据冲击系数的概念,可表示为:

$$\mu = \frac{F_{\mathrm{vmax}} - F_{\mathrm{s}}}{F_{\mathrm{s}}} = \frac{ma_{\mathrm{vmax}} - mg}{mg} = \frac{\sqrt{\int_{-\infty}^{+\infty} \left| \mathrm{H}_{\mathrm{Z_sY}}(\omega) \right|^2 \mathrm{S}_{\mathrm{az}}(\omega)\,\mathrm{d}\omega}}{g} - 1 \tag{4-48}$$

式中,μ 为当量冲击系数;F_{vmax} 为最大竖向力;a_{vmax} 为其对应的最大轮底加速度;F_{s} 为车辆静止时竖向压力,g 为重力加速度。

需要注意的是,式(4-48)所计算当量冲击系数仅能近似地反映车辆的动荷载影响,作为冲击系数的估计值,可以定量评价异常颠簸的发育程度。但由于响应时间的选取、功率谱密度计算,以及均方根值与均值的相关关系等因素影响,当量冲击系数并不能直接看作车辆荷载的放大系数。

本章参考文献

[1] GRIFFIN M J,ERDREICH J. Handbook of human vibration[M]. Acoustical Society of America,1991.

[2] PADDAN G S,GRIFFIN M J. Evaluation of whole-body vibration in vehicles[J]. Journal of sound and vibration,2002,253(1):195-213.

[3] EAGER D,PENDRILL A M,REISTAD N. Beyond velocity and acceleration:jerk,snap and higher derivatives[J]. European Journal of Physics,2016,37(6):065008.

第 5 章
Chapter 05

路面病害自动识别与评价技术

路面病害是道路表层损坏最直观的表现之一。在公路行车荷载的重复作用下，由于受到压力、剪切力、拉力等应力的影响，路面会出现局部损坏、变形等问题，被称作路面病害。2013年，美国得克萨斯交通部出版的交通词汇定义中将路面病害（Pavement Distress）定义为：裂缝、车辙、变形或其他类型的表面损坏，表明了路面的表面状况或结构承载能力下降。图5-1展示了常见的路面病害类型。产生路面损坏的原因十分复杂，一方面可能由于路面与路基材料与结构设计不合理，导致其无法提供足够的抗拉、抗剪能力；另一方面也可能源于外界环境的作用影响，如疲劳损坏（裂缝、龟裂等）、水损坏（唧泥、坑槽等）、超强负荷（表面破损、坑洞、车辙等）等。因此，为了避免外界环境的不良影响，应根据道路所处的位置环境、日均交通量、交通轴载等因素对道路结构进行计算与设计，从而保证结构设计与交通环境相匹配，降低病害发生的风险。

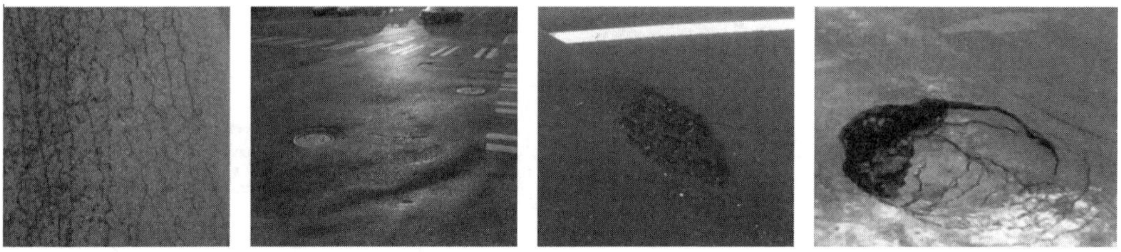

a) 网裂　b) 车辙　c) 松散　d) 沉陷

图5-1　常见路面病害

路面病害几乎是不可避免的，随着道路使用寿命的增长，在重复荷载和风吹日晒的影响下，路面必然会产生疲劳损坏，最常见的就是路面裂缝。常见的路面病害中，有些比较容易检测，如坑槽、松散等，这些病害表观特征明显，往往很快容易被发现。而另一部分则很难检测，如裂缝、龟裂等，因为这些病害在物理外观上没有明显的规律性特征，且发生随机性强，难以预测。近些年来，全寿命养护、预养护等理念逐渐被施工管理单位认可，这种方法可以降低病害进一步发生的概率，并延长路面使用寿命，减少经济投入，但这种养护方法非常依赖于对于路面质量数据的获取，因此，需要配合高效经济的路面病害自动检测，才能真正发挥全寿命养护技术的效益。

路面病害检测技术按检测自动化水平主要可以分为：人工检测、半自动检测和自动检测。传统的人工检测方式主要采用人眼来识别不同的路面病害，并采用三米尺等测量仪器来测量病害的物理特征。这种方法虽然目前仍在使用，但仅用作检测抽查。由于其存在明显检测效率低，主观性强、人力消耗大等问题，很难进行大范围的道路病害检测使用。半自动检测方法往往是通过视频和图像采集装置获取连续的路面病害图像，然后通过软件处理获得单帧、无重叠的路面图片，利用计算机视觉和人眼辅助的方式勾画病害位置和发育情况。这种方法虽然在采集方面克服了效率低下等问题，但在后期数据分析处理过程中仍需要耗费大量的人力。近些年来，基于三维激光雷达、图像识别、振动检测等的自动化检测手段正不断成为路面检测市场的主流。

自动化路面病害检测技术从原理角度可以分为两大类：①基于激光雷达等技术的三维场景扫描；②基于二维图像的计算机视觉分析。基于激光设备的检测方法，主要是用多线激光传感器采集精准的路面三维画面数据，如 GIE 的 LaserVISION 系统，采用 4 个激光传感器提供三维测量结果，虽然激光探头的三维信息十分准确，但由于激光束数量有限，其覆盖的分辨率较低，仅为 3mm×110mm，因此仅能测量横向开裂、坑槽、窨井等分布范围较大的病害。美国 2011 年开发 PaveVision3D 技术以及 Tsai 等人研发的高精度路面病害检测车，基本实现了面域的路面三维扫描，发掘可靠的三维路面高程分布模型，但价格十分昂贵。三维激光雷达(Lidar)是多线激光技术的一种延伸，它不是进行点对点的位置测量，而是实现了整个场景的快速成像与三维建模，适用于快速行驶状态的三维环境信息采集，且对于振动干扰有较强的鲁棒性。不过目前激光雷达的投射像素与垂向精度较为有限，很难得到十分精细的路面信息。虽然利用激光传感器进行路面质量检测仍然是高精度信息采集的代表，但由于其价格昂贵，导致其很难在日常的公路质量巡检中使用。

近些年来，许多基于二维图像识别的路面病害自动检测技术涌现出来，并开发了大量投入实际生产应用的检测系统，如澳大利亚的 CSIRO 系统、美国的 ARAN 自动道路质量分析仪、荷兰的 PAVUE 多功能检测车等。这些路面病害检测系统大多采用图像识别的方法，基于不同病害的外观特征进行对比分析，聚类其模态特征，建立分析归类模型。这种方法虽然效果明显，但是由于路面病害种类繁多，且同一种病害的形态各异，很难找到完美的特征进行区分。即使采用小波分解、局部二值法等图像处理方法也很难将不明晰的病害(如微小裂缝)边缘区分开来。

近两年来，随着神经网络和人工智能的兴起，基于深度神经网络的病害识别算法成为一大研究热点。许多预训练神经网络，如 VGGNet、AlexNet、GoogLeNet 等被用于进行病害复杂特征的自动提取，另外一些 end-to-end 的目标识别神经网络，如 Yolo、Faster RCNN、Transformer 等也被广泛应用在路面病害的自动化检测中。基于深度卷积神经网络的病害识别方法具有泛化性强、识别速度快等优势，但其结果的准确性受限于训练样本的容量与代表性，且受到病害自然分布的影响，不同类别的病害比例差异显著，导致模型训练结果显示出较强的有偏性。因此，如何提高训练样本容量、保证样本的有效性与代表性、降低偏态比例数据的影响是进行病害识别深度学习算法研发的核心问题。

5.1 路面病害自然数据集构建

大量有代表性的数据集是保证深度学习模型获得良好效果的前提，本书利用采集的大量路面图片建立了路面病害数据集，数据集中标注类型包括裂缝、网裂、坑槽、修补裂缝、修补网裂、修补坑槽六类常见病害，同时针对城市场景中常见对行车影响较大、也属于市政巡查范围的桥头接缝和窨井盖也进行了标注。利用轻量化巡检装备对路面情况进行大范围采样。采样后的图像利用 Labelme 软件对路面病害进行专业人员的人工标定，剔除过程中无病害的图片，并对含有病害的图片依照裂缝、网裂、坑槽、修补裂缝、修补网裂、修补坑槽、窨井和桥头接缝八类进行分类，同时利用标定框(Bounding Box)对病害的位置进行框选，用于后续的识别模型训练，共采集有效病害图像 301284 张，病害分布如图 5-2 所示。由于病害发生概率本身存在差异,自然环境下采集的不同类别病害数量差别较大,本书采用数据增强的方法减少类别间偏差,这不仅可以防止参数的过拟合问题,还可以缓解数据偏斜以防止预测偏差。本书主要采用粗盐和胡椒(CSP)、运动模糊(MB)、频率噪声(FN)和多维旋转(RA)的方法进行数据增强,如图 5-3 所示。

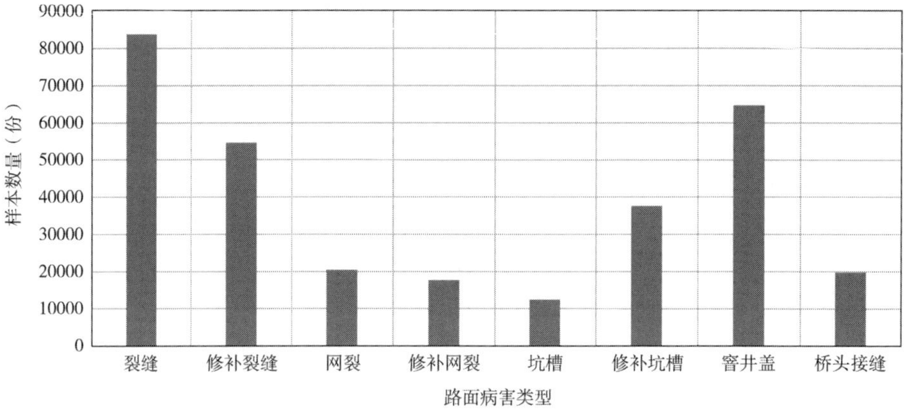

图 5-2　各类病害训练样本数量

图 5-3　数据增强示例

5.2 预训练深度卷积神经网络

5.2.1　加速区域卷积神经网络(Faster R-CNN)

Faster R-CNN 是在 R-CNN 和 Fast R-CNN 基础上的一种改进算法。最初的 R-CNN 方法进行目标检测时,主要是通过启发式算法选择候选区域,并进行卷积神经网络特征的提取,最后进行分类与边界的回归。然而,该方法需要提前提取候选区域的图像,再进行每个区域的 CNN 特征计算,导致了大量重复特征提取,大大增加了计算时间。因此,为解决 R-CNN 所面临的诸多问题,2015 年 Girshick 提出了 Fast R-CNN 算法,这种算法最大的优势在于它将目标的识别和位置的确定整合到了一个网络中,不需要对网络进行分布的训练,有效提高了运算效率,其网络架构如图 5-4 所示。

2015 年 Ren 等人在此基础上提出了 Faster R-CNN,有效提高了选定区域的速度和质量。在实际训练病害样本库过程中,主要采用 VGG-16 (Visual Geometry Group)作为特征提取的网络。VGGNet 是目前应用最广,并通过多种测试集效果均较好的预训练特征提取网络。本章使用的 VGG-16 网络共包含 16 个卷积层和全连接层,其中包括 5 组卷积层(2+2+3+3+3)和 3 个全连接层。VGGNet 的一个重要特点就是其特征图的分辨率在计算过程中不断降低,而其通道数却不断升高,使得特征图在维度上不断转化为分类向量。在 VGG-16 后接入 RPN(Region Proposal Network)网络生成候选区域,每张图片生成 300 个候选框。最后接入 Fast R-CNN 网络,把候选框映射到 CNN 的最后一层卷积特征图上,通过备选区域(RoI)层生成固定尺寸的特征图,最终对分类概率和边框回归进行联合训练,获得病害的类型和位置。由于 VGG-16 对于输入图像尺寸有要求,在进行网络训练前首先要将图像缩放为 224×224 像素。具体采用的模型结构如图 5-5 所示。

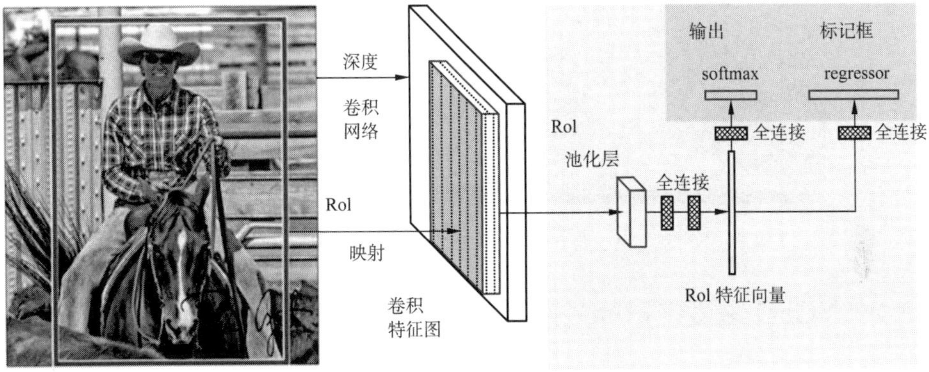

图 5-4 Fast R-CNN 的计算框架

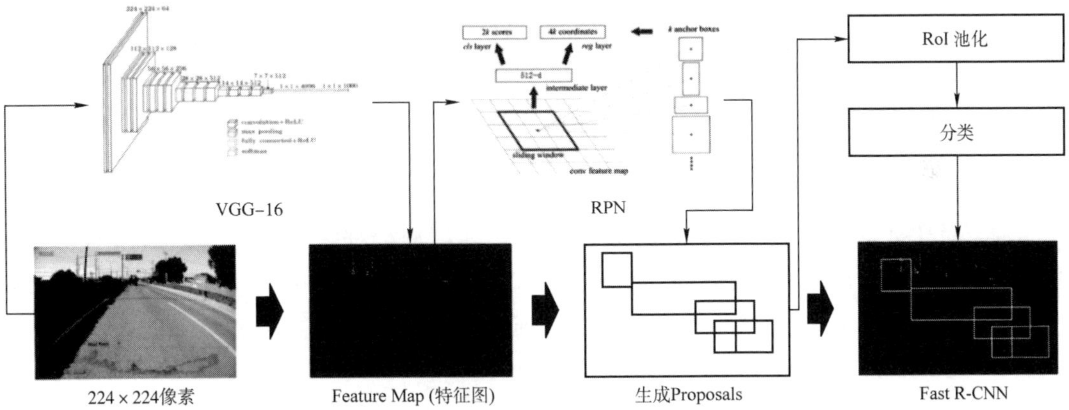

图 5-5 路面病害图像训练 Faster R-CNN 网络结构

目标图像和多个备选区域(RoI)被输入深度卷积网络中。每个 RoI 汇集到固定大小的特征映射中,然后通过完全连接层(FC)映射到特征向量上。网络每个 RoI 有两个输出向量:Softmax 的概率和每类边界框回归偏移。

根据混合网络 Multi-task Loss 的定义,Faster R-CNN 中 RPN 过程的损失函数定义为:

$$L(\{p_i\},\{t_i\})=\frac{1}{N_{cls}}\sum_i L_{cls}(p_i,p_i^*)+\frac{\lambda}{N_{reg}}\sum_i p_i^* L_{cls}(t_i,t_i^*) \tag{5-1}$$

式中,p_i 为 anchor 窗口预测为目标的概率,当第 i 个标签对应的 anchor 为正时;p_i^* 为 1,反之为 0；t_i 为 bounding box(检测目标框)的 4 个参数坐标；t_i^* 为 anchor 为正对应的真值 bounding box 的 4 个参数坐标；$L_{cls}(p_i, p_i^*)$ 是检测目标与非检测目标的分类损失函数，采用对数形式；$L_{cls}(t_i, t_i^*)$ 是回归损失函数。$L(\{p_i\}, \{u_i\})$ 为模型的总损失函数，分别由 RPN 中的 cls 层与 reg 层误差加权构成，如图 5-5 中 RPN 结构所示。

在计算过程中，将交并比(IoU)阈值设置为 0.7，也就是当 anchor 与真值的 IoU≥0.7 时，anchor 才认为是正值。图 5-6 介绍了 IoU 的概念和计算方式。

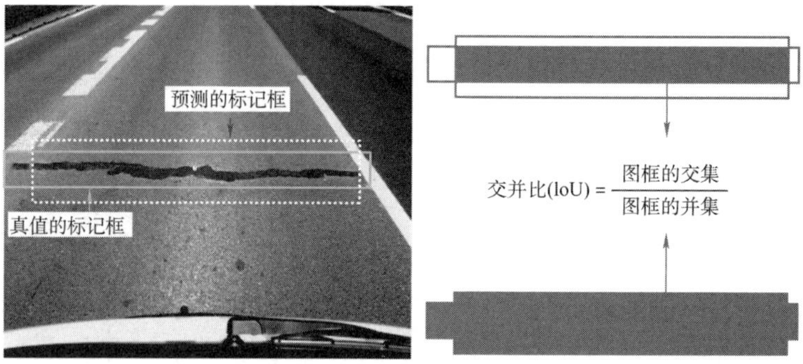

图 5-6　交并比 IoU 的概念与定义

5.2.2　YOLO 深度卷积神经网络(You only look once，YOLO)

继 Faster R-CNN 之后，美国华盛顿大学的 Redmon 提出了 YOLO 卷积神经网络框架，2018 年推出的 YOLO v3 是 YOLO 网络系列之一，图形处理速度可以高出 Faster R-CNN100 倍，且在许多场景下结果准确，广泛用于实时的目标检测。YOLO 网络的核心思想就是把整张图像作为输入，直接回归物体的 bounding box 坐标和类别，而不是采用 RPN+分类器的方法，因此该网络命名为：你只需看一次(You only look once)，强调了一步即实现物体的识别和位置判别。

在操作过程中，YOLO 主要是将图像分成 $N \times N$ 个网格，如果检测物体的真值 bounding box 的中心落在这个网格中，则这个网格就负责对物体识别。同时，每个网格允许预测多个 bounding box 和其对应的置信度(Confidence)，为了保证模型的计算速率，一般每个网格对应的 bounding box 不会太多。其对应的置信度表征了预测 bounding box 中包括待检测物体和 box 坐标准确度的综合信息。本质上，YOLO v1 是通过每个网格生成 2 个 bounding box 的方式来代替 RPN 生成备选区域，这就导致了定位不准确。在 YOLO v2 中每一层添加了批归一化(Batch-Normalization)来提高平均准确度，并利用 K-means 来确定 anchor，采用整个 anchor 来预测物体类别，而不是某个网格。在 YOLO v3 中重新调整了网络结构，采用多尺度特征对对象检测，将 53 个卷积层与 Darknet 一起使用以提取特征。至于分类，YOLO v3 使用独立的逻辑分类器而不是 softmax 层，其网络架构如图 5-7 所示。

如图 5-7 所示，在病害检测问题上之所以提出使用 YOLO v3 网络，是因为其相较于 YOLO v2 只做一次检测，变为了在三个尺度下分别提取特征图，解决了 YOLO 算法本身颗粒度粗、难以检测细节的问题(如裂缝、网裂等)。在损失函数上，YOLO v3 采用了交叉熵损失与平方和损失结合的方式，分别求解坐标误差(x, y)、复选框尺度误差(w, h)、类别误差以及置信误差四个部分，并求和获得总的损失函数，如式(5-2)所示。

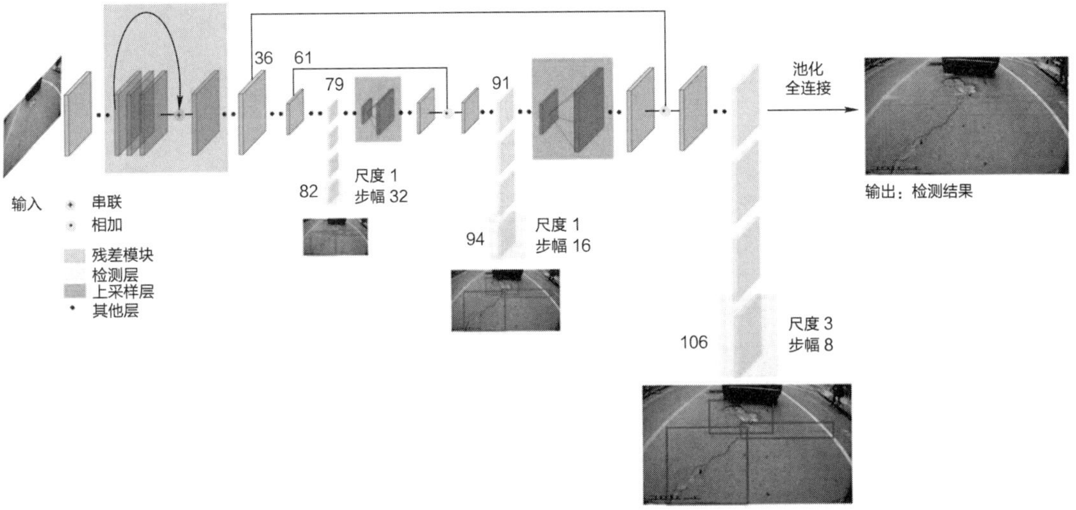

图 5-7　YOLO v3 网络结构

$$
\begin{aligned}
\text{Loss} = & \hat{\theta}\sum_{i=0}^{N^2}\sum_{j=0}^{B} {}_{i,j}^{\text{obj}}\left[-y_i\log y_i+(1-y_i)\log(1-y_i)-x_i\log x_i+(1-x_i)\log(1-x_i)\right]+\\
& \hat{\theta}\sum_{i=0}^{N^2}\sum_{j=0}^{B} {}_{i,j}^{\text{obj}}\left[\left(\sqrt{w_i}-\sqrt{w_i}\right)^2+\left(\sqrt{h_i}-\sqrt{h_i}\right)^2\right]+\\
& \sum_{i=0}^{N^2}\sum_{j=0}^{B} {}_{i}^{\text{obj}}\left[-C_i\log C_i+(1-C_i)\log(1-C_i)\right]+\\
& \hat{\theta}\sum_{i=0}^{s^2}\sum_{j=0}^{B} {}_{i,j}^{\text{nobj}}\left[-C_i\log C_i+(1-C_i)\log(1-C_i)\right]+\\
& \hat{\theta}\sum_{i=0}^{N^2} {}_{i,j}^{\text{obj}}\sum_{c\in\text{classes}}\left\{-p_i(c)\log p_i(c)+\left[1-p_i(c)\right]\log\left[1-p_i(c)\right]\right\}
\end{aligned}
\tag{5-2}
$$

式中，$\hat{\theta}$ 为修正系数；${}_{i}^{\text{obj}}$ 表示是否检测物体出现在第 i 个网格中；${}_{i,j}^{\text{obj}}$ 表示检测物体出现在第 i 个网格的第 j 个候选框中；N^2 代表总网格数；B 代表生成的 bounding box 数量；x、y、w、h 分别代表 bounding box 左上角的坐标和框的宽与高；C_i 为第 i 个网格中含有目标物体的置信度；$p_i(c)$ 在第 i 个网格中包含检测物体，其对应分类为 c 的概率。

因此，可以看出式(5-2)中第一行表示了模型的坐标交叉熵误差，第二行表示了 bounding box 的尺寸平方和误差，第三、第四行表示了模型的置信误差，最后一行则是分类误差。

5.2.3　模型训练及结果分析

本节利用 5.1 节建立的数据集训练了上述预训练深度卷积神经网络，并对比其应用效果。随机将上述数据集按照 7∶3 的比例划分为训练集与测试集，分别设定 10000 张，20000 张，30000 张三个量级的训练样本库，用以分析数据量对模型表现的影响。

由于 Faster R-CNN 与 YOLO v3 模型包含网络参数较多，随机初始化参数条件下的训练难度大、模型难以较快收敛。因此，本节采用迁移学习的方法来提高模型收敛速度。考虑到病害类别不均匀分布特征，选取了 VOC 数据集训练的公开权重作为初始权重进行训练。选取 $F1$

值和平均精度(AP)来表征神经网络的预测性能,其计算如式(5-3)所示。

$$AP = \int_0^1 p(r)\,dr \tag{5-3}$$

$$F1 = \frac{2 \times P \times R}{P + R} \tag{5-4}$$

$$Precision = \frac{TP}{TP + FP} \tag{5-5}$$

$$recall = \frac{TP}{TP + FN} \tag{5-6}$$

AP 计算如式(5-3)所示,p(r)代表召回率 recall 为 r 时的精准率;TP、FP、FN 分别代表真阳例、假阳例和假阴例。

YOLO v3 训练结果如表 5-1 所示。从表中可以看出修补病害的识别准确率明显较高。这是因为修补后路面病害在原有的基础上增加了一层新的修复材料,使得路面的表面特性和纹理特征都发生了较大变化,易与周围路面区分开,此外,由于窨井盖的纹理和粗糙度不同,识别效果也较好。

YOLO v3 网络上不同类别的路面损坏的测试结果比较 表 5-1

损坏类别	10000 训练样本			20000 训练样本			30000 训练样本		
	样本数量	AP	F1	样本数量	AP	F1	样本数量	AP	F1
裂缝	3016	48.0%	0.4381	4842	61.0%	0.6390	7330	74.0%	0.7684
修补的裂缝	2071	67.2%	0.5511	6870	79.2%	0.7870	7650	80.8%	0.8438
坑槽	426	31.8%	0.3631	721	60.1%	0.6108	1093	60.2%	0.6703
修补的坑槽	924	53.3%	0.4685	1849	64.3%	0.6855	3294	75.3%	0.8025
网裂	635	42.2%	0.4107	1205	59.2%	0.6273	2356	63.1%	0.7101
修补的网裂	343	43.5%	0.5123	622	41.2%	0.4882	686	69.4%	0.6905
窨井	2885	79.4%	0.8215	5203	82.7%	0.8494	9567	92.7%	0.9320

此外,本节比较了不同训练批次下 YOLO v3、Faster R-CNN 和 SSD 网络的预测效果与计算时间。结果如表 5-2 所示:Faster R-CNN 与 YOLO v3 的 AP 相对较高,但 YOLO v3 在计算速度上具有显著优势。

AP/F1 score 和运行时间上不同算法的比较 表 5-2

损坏类别	YOLO v3(Batch=64)		YOLO v3(Batch=96)		Faster R-CNN		SSD	
	AP	F1	AP	F1	AP	F1	AP	F1
裂缝	48.5%	0.4375	45.8%	0.4567	49.3%	0.5488	35.7%	0.3467
修补的裂缝	69.8%	0.6673	69.2%	0.7126	72.3%	0.7658	56.0%	0.5721
坑槽	38.6%	0.3631	38.3%	0.4088	34.9%	0.3356	33.8%	0.3278
修补的坑槽	63.3%	0.6855	61.6%	0.6579	62.7%	0.6753	55.1%	0.5689
网裂	50.6%	0.5134	48.6%	0.5076	53.5%	0.5690	46.6%	0.4875
修补的网裂	41.8%	0.4289	40.9%	0.4055	41.9%	0.4432	34.4%	0.3567
窨井	84.6%	0.8934	83.1%	0.8896	86.1%	0.9045	83.1%	0.8756
运行时间(s)	364.965		366.415		4359.300		496.696	

路面病害自动检测的最大挑战是在各种复杂环境下始终如一地保持高性能。其中照明是可能导致不同环境条件的关键因素。自动化检测算法可能会在某些特定光照下产生令人满意的检测结果,而在其他条件下则会导致完全不可接受的错误率。沥青表面在不同照明条件下会在纹理和粗糙度等方面出现明显差异,因此导致检测模型表现出不同的性能。本节将数据集进一步分为4组,包括在光线不足(0≤平均像素亮度≤85)、光线适当(85<平均像素亮度≤170)、光线充足(170<平均像素亮度≤255)和适当光线但有遮挡条件下拍摄的图像带有意外阴影的光。然后计算并比较不同类型路面病害在不同照明条件下的F1值,如表5-3所示。在适当的光线条件下,所有类型的路面病害都比其他条件下能更好地被识别出来。与光线不足相比,强光对物体检测过程的影响较小。当路面的主要信息被阴影遮挡时,检测变得更加困难。建议在光照适宜的情况下进行图像采集工作,既不要在中午光照强的情况下进行,也不要在夜间光照严重不足的情况下进行。

不同类型的路面损坏在不同光照条件下的F1值比较 表5-3

损坏类别	光照不足	适当光照	强烈光照	适当光照但有遮挡
裂缝	0.5603	0.8168	0.6125	0.6435
修补的裂缝	0.6043	0.8078	0.7019	0.6565
坑槽	0.5021	0.7161	0.6027	0.5449
修补的坑槽	0.5778	0.7838	0.7450	0.7432
网裂	0.5534	0.8235	0.6753	0.6944
修补的网裂	0.5028	0.7742	0.6924	0.6569
窨井	0.6630	0.8534	0.6867	0.7046

5.3 面向病害识别的 RoadID 深度卷积神经网络

Faster R-CNN 和 YOLO v3 等预训练网络虽然在大部分数据集中表现优异,但由于其主要面向大量目标识别,如车、人、动物等,识别种类具有几十到几百种,因此网络结构往往较为复杂,且卷积层数较多。针对路面病害识别问题,病害分类数量仅8种,过于复杂的网络结构可能导致预测结果不收敛且训练时间过长等问题。另一方面,过多的卷积层数可能会提取冗余的噪声特征,造成过拟合的问题,降低了模型的泛化性。因此,在此基础上,本书构建了专门面向路面病害检测的卷积神经网络结构 RoadID,并对模型参数和结构不断优化,提高模型的预测精度和计算速度。

5.3.1 RoadID 深卷积神经网络结构

RoadID 是一个端到端的深度学习模型,它可以通过预测的类别和坐标来检测图像中的病害。它首先通过 CNN 模块提取不同维度的特征,然后使用回归模块完成检测任务。每个模块的参数都利用损失函数的约束和丰富的训练数据进行训练,整体架构如图 5-8 所示。

为适应路面病害检测问题,模型架构和损失函数都进行了调整。在模型结构上,采用特征图共享和模块化预测网络的方法。对于路面病害检测任务,场景的特征信息是相似的,而各种病害之间大多存在差异。因此,采用 ResNet 作为共享特征图来保留道路场景的共同特征。每种病害类型都分配有一个单独的预测模块,以识别和定位病害类型。每个预测模块的输入是前面提到的共享特征图。一方面,这样的设计让模型能够更好地积累特征常识,每个预测模块更专注于各种病害的识别;另一方面,当需要添加新的病害类别时,由于共享特征图的设计,只需要重新训练新添加的预测模块,这有助于模型在新场景中的快速扩展和泛化。在预测模块方面,采用了优化的 RPN 网络并进行消融实验,以选择最佳的分类和回归网络进行分类和位置预测。在损失函数方面,Focal Loss 和 MSE 的结合可以有效缓解数据分布不均的问题,让模型更加专注于困难样本的训练。

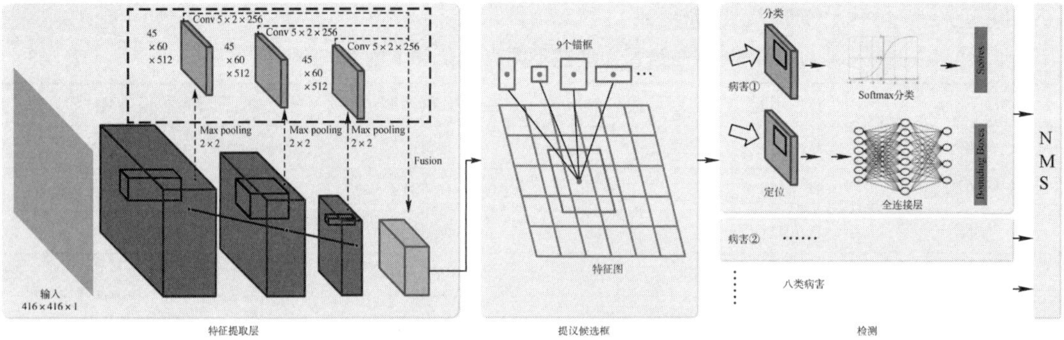

图 5-8 RoadID 模型总体架构

卷积层通过矩阵点积提取特征,每个过滤器都在本地连接到图像块,这使得它比其他神经网络能更好地捕捉局部特征并减少了计算量,如图 5-9 所示。每个卷积层从前一层提取更多抽象特征,并且在每一层都有几个过滤器从不同方面提取特征。在每个卷积层之后,通常会跟随一个非线性层。这一层的主要目的是在网络中引入非线性特征,可以增加特征的表现力。RoadID 选择了 ReLU 激活函数,它保留了许多使线性模型能够很好地泛化的属性。应用最大池化(下采样层之一)来降低特征图的分辨率,其主要作用于最小化图像的大小以及参数的数量,从而防止模型的过度拟合。此外,视角、图像中的位置和病害的延伸方向是随机多变的,池化层可以增加模型的空间方差。

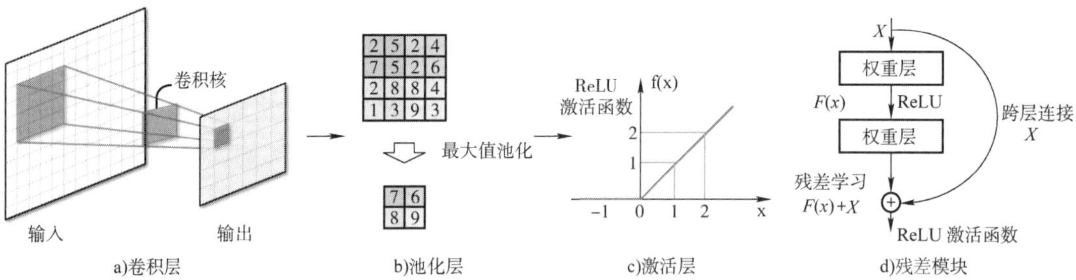

图 5-9 CNN 三个功能层的计算示例

在残差模块中,在主网络的基础上提出了一个侧分支,将原来的学习目标改为残差学习,解决了在反向传播优化过程中梯度消失的问题。这种特殊的设计可以解决深度网络的退化问题,即当网络深度增加时,网络的准确率会饱和甚至下降。它允许网络加深,而网络学习能力不下降。此外,基于 ResNet 152,本书设计了一个跨层特征融合,将低层但高分辨率的信息和高层语义信息融合在一起,显著提高了检测效果,尤其是对于裂缝等小目标。

在特征提取的前提下,RoadID 应用了修改的区域提议网络 (RPN) 进行后续的病害检测。与 Faster R-CNN 不同,本书不是训练 RPN 来返回区域框建议,而是训练它直接返回边界框和类别,将其命名为 RPN+。它是针对每种病害类型的单独检测和定位模块,其输入是特征图,输出是特定病害的概率和确切位置。

如图 5-8 所示,9 个称为锚点的矩形框被应用于沿着特征图滑动,作为候选边界框。然后,使用卷积核对对象是否在区域内进行分类,并且卷积核被应用于回归校正边界框的坐标。最后,使用非极大值抑制(NMS)对每个 RPN+的结果进行聚合和判断。在训练期间,如果候选边界框与真实框的交集重叠(IoU)超过 50%,则将被视为正,如果重叠小于 50%,则将被视为负值。如上所述,通过 RPN+ 得到的每一个结果都是一个有置信度的边界框。这些结果通常是多余的,从而导致较高的误报率。NMS 被用来施加某些限制来过滤这些结果。

在 NMS 过程中需要设定一个合理的 IoU 阈值。如果阈值设置过大,则起不到降低误报率的效果。相反,如果阈值设置过小,将过滤掉相互接近的不同病害。本节通过分析训练数据集同一图像中不同标注边界框的重叠情况,发现多个病害很少重叠。通过绘制数据集中标记边界框之间的 IoU 分布(图 5-10),可以看到在所有图像中,90%的病害与周围病害的 IoU 都小于 0.4, 这说明在真实场景中,两种病害的覆盖度相交度通常小于 0.4。因此,为保证 NMS 的有效性,将 IoU 阈值设置为 0.5。

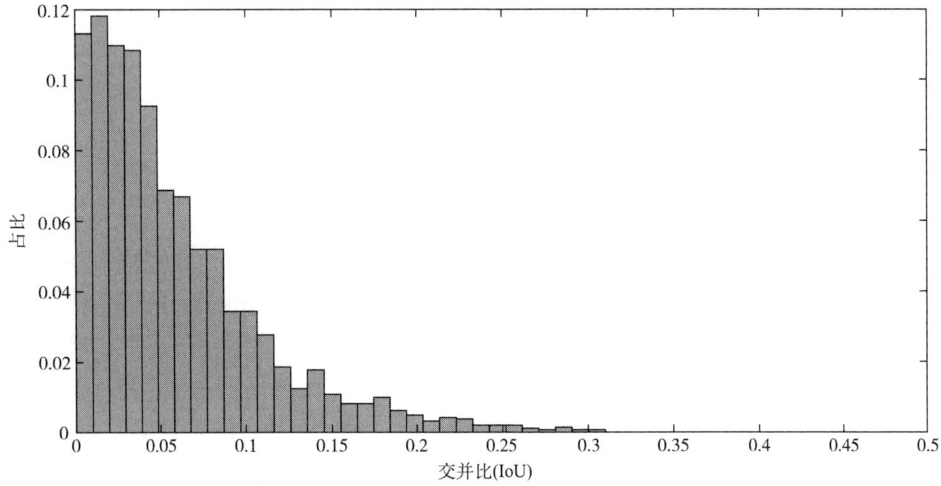

图 5-10　数据集中标记边界框之间的 IoU 分布

如上所述,RoadID 中有两个方面的预测:类别分类和坐标回归。相应地,本书分别选择 Focal Loss 和 Mean Squared Error (MSE) 作为损失函数。

负样本和正样本的不平衡会严重干扰模型优化方向,导致训练效率低下。Focal loss 可以用于缓解不平衡并测量分类过程中的预测损失,如式(5-7)所示。同时如上节中所述,模型为每个图像提出了数千个名为锚点的候选位置,但其中只有一小部分包含路面病害。不包含病害的候选位置称为负样本,易于分类,阳性样本则相反。锚点的引入会导致正负样本之间的不平衡。Focal loss 是添加基于交叉熵的调制项来衡量正样本和负样本对总损失的贡献,目的是减少易于分类的样本的权重,使模型在训练过程中可以更多地关注路面病害分类。

$$\mathrm{FL}(p_{\mathrm{t}})=\begin{cases}-\alpha(1-p_{\mathrm{t}})^{\gamma}\log(p_{\mathrm{t}}), y=1\\ -(1-\alpha)p_{\mathrm{t}}{}^{\gamma}\log(1-p_{\mathrm{t}}), y=0\end{cases} \tag{5-7}$$

与传统的交叉熵损失函数不同,Focal loss 增加了平衡因子 α 和聚焦参数 γ。作为焦点参数,γ 通过幂指数的方式调整损失函数的值。对于一个容易分类的样本,它的预测概率 p_{t} 会接近于 1。在幂指数的作用下,它的损失函数会成倍减小。相反,困难样本或容易误分类的样本会相对较大。通过改变不同难度样本的损失函数,模型更加关注难分类样本。平衡因子 α 通过赋予不同类别不同的权重来控制它们对总损失的贡献。在本节中,不同类别的权重是根据训练集中病害数量的比例来确定的。通过这两个参数的协调,训练中简单负样本的权重大大降低。从而缓解了数据不平衡的问题。加入 Focal loss 可以让模型在训练时更加关注难以分类的样本,从而有效缓解这个问题。

在边界框坐标回归方面,选择 MSE 作为损失函数。对于每一个 anchor,对应的 loss 可以表述为式(5-8)。在这个方程中,I_k^{obj} 是一个判断函数,当第 k 个锚框中包含病害时为 1,否则为 0。通过这个损失函数的约束,则可以对图像中的路面病害坐标进行回归,检测出病害的准确位置。

$$\mathrm{MSE}=\sum_{k=0}^{N}I_k^{\mathrm{obj}}[(x_k-\hat{x}_k)^2+(y_k-\hat{y}_k)^2]+\sum_{k=0}^{N}I_k^{\mathrm{obj}}[(w_k-\hat{w}_k)^2+(h_k-\hat{h}_k)^2] \tag{5-8}$$

式中,x_k、y_k、w_k 和 h_k 分别表示真值的中心点坐标以及宽度和长度;$\hat{x}_k$、$\hat{y}_k$、$\hat{w}_k$ 和 $\hat{h}_k$ 分别表示预测边界框的中心点坐标以及宽度和长度。

5.3.2 RoadID 模型结果分析

为了保证信号在经过多层网络后不会被过度放大或减弱,应该尽量保持每层输入和输出的方差一致。本书提出了两步训练策略:①具有更明显特征的窨井图像用于预训练;②所有其余图像对预训练参数进行微调。两步训练策略不仅可以加速模型训练,还可以增加获得更优化结果的可能性。此外,在训练数据方面,通过前期研究发现路面阴影、标线等干扰物会对路面病害的识别造成极大干扰,会导致误报率和漏报率上升。因此,在数据标注过程中,将路面阴影和标线同样标注出,但不纳入最后的模型预测,用于标注反例。为了最小化总损失,随机梯度下降(SGD)优化器被用于更新模型参数,模型训练过程如图 5-11 所示。可以看出,模型在训练集和测试集的损失都经历了最初的快速下降,然后稳定在一个很小的值附近。两条曲线具有相同的变化趋势,表明模型没有过拟合或欠拟合,并且验证损失图与训练损失只有很小的差距。不仅表明该模型具有良好的泛化能力,而且表明测试集中的图片选择具有代表性。

对于模型预测的准确性需要考虑两个方面:类型分类和位置回归,主要采用类型平均精度(AP)和多类别平均精度(mAP)来评估结果。图 5-12 显示了 RoadID 的预测性能。

阴影、标线、光照不均和运动模糊是造成复杂路面环境的主要因素。后两者已通过图像收集和训练数据增强中的灰度适应得到缓解。对于前两者,我们将其引入训练数据以减轻它们的影响。这样,模型可以更好地区分病害和干扰的特征。尤其是灯柱阴影被误判为修补裂缝,车辆阴影被误判为修补坑洞,标线漆皮脱落被误判为裂缝。如图 5-12 对比所示,裂缝、坑槽、修补裂缝、修补坑槽的准确率均显著提高,分别提高了 24.6%、17.05%、17.88% 和 9.88%。

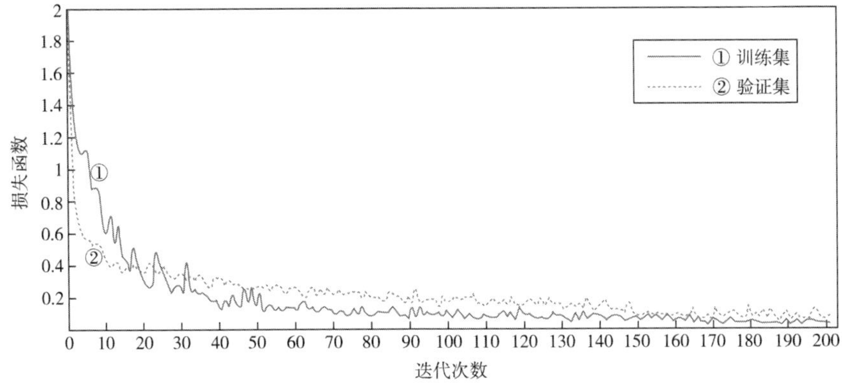

图 5-11　RoadID 模型训练过程

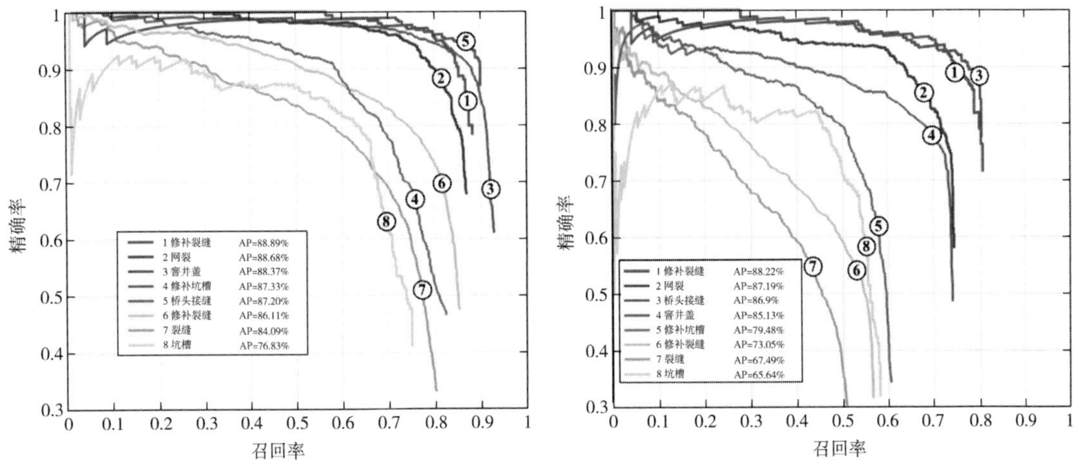

a) 模型的训练数据（包括干扰项的标注）　　b) 没有标注干扰项的模型训练数据

图 5-12　RoadID 的性能

在所有病害中,裂缝和坑槽的检测精度相对较低。裂缝多为细长,无明显特征。目标检测的标注方法,通过绘制边界框来标记样本,为模型学习引入了过多的冗余特征。这种针对性弱的学习方法是导致检测精度不理想的主要原因。而在像素级检测的语义分割方法可能更合适。在坑槽检测方面,在相同召回率下,预测值较低,即误报率较高。这主要是因为在训练数据中,路面上存在一些干扰项,混淆了模型的学习,比如散落的东西、泥土、油污等。

在实践中,为每个病害选择置信阈值很重要。阈值过小会产生高的查全率但同样会导致高的误报率。本书对比分析了模型结果在不同置信度阈值下的性能,如图 5-13 所示。根据下列展示的查全率和误报率之间的权衡,在实际使用中可以采用适当的阈值。

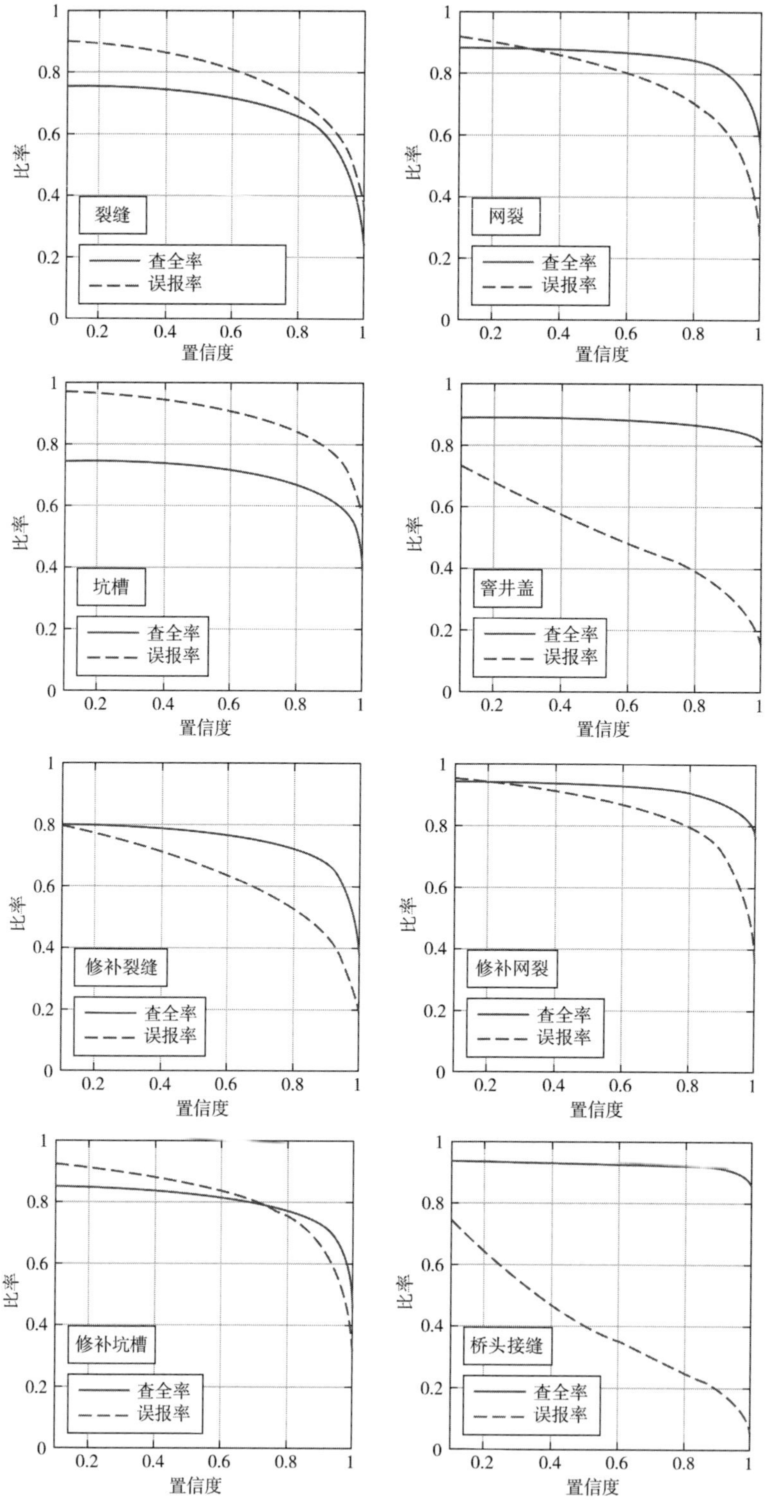

图 5-13　不同置信度下 8 种病害类型的误报率和查全率分布

为了进一步验证 RoadID 在复杂环境中多类别路面病害识别和定位的优越性,在同一测试集中对另外两个模型进行了测试和比较。选择了预训练模型中 Single Shot Multibox Detector (SSD),You Only Look Once (YOLO v3)、CenterNet、EfficientDet,YOLO v5 以及 Faster R-CNN6 个深度卷积神经网络架构,结果如图 5-14、表 5-4 所示。

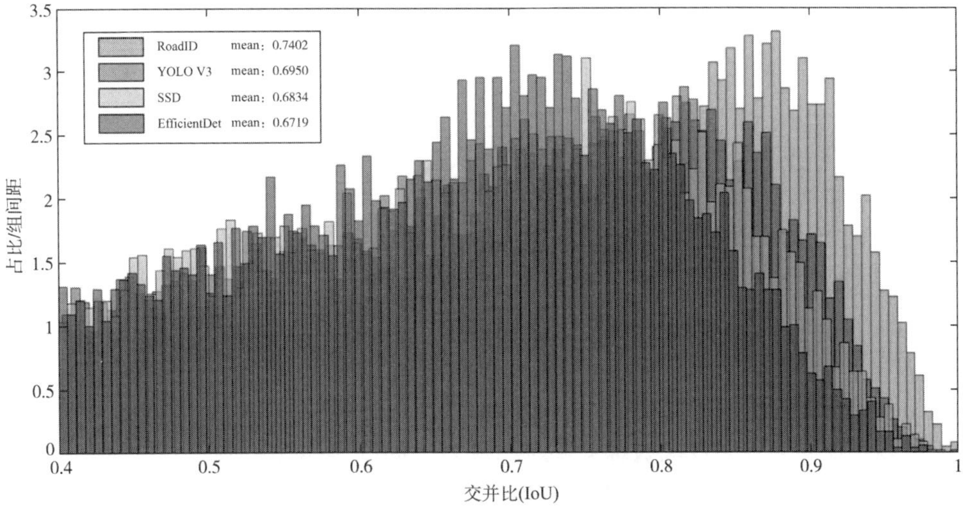

图 5-14　各模型预测真阳例的 IoU 分布

各模型的检测结果对比　　表 5-4

模型	SSD	YOLO v3	CenterNet	EfficientDet	YOLO v5	Faster RCNN	RoadID
裂缝	72.90%	71.59%	74.12%	76.28%	74.89%	75.23%	84.09%
网裂	78.00%	86.42%	85.12%	87.82%	87.00%	87.65%	88.68%
坑槽	55.02%	68.84%	74.38%	72.89%	71.23%	73.13%	76.83%
修补裂缝	83.36%	80.85%	82.94%	85.32%	82.14%	84.19%	86.11%
修补网裂	81.37%	88.89%	84.12%	89.13%	84.12%	89.25%	88.89%
修补坑槽	82.31%	85.96%	85.23%	87.29%	86.16%	86.93%	87.33%
窨井	87.01%	87.40%	87.28%	88.12%	88.29%	87.75%	88.37%
桥头接缝	86.86%	88.84%	87.12%	88.12%	88.32%	87.49%	87.20%
mAP	78.35%	82.35%	82.54%	84.37%	82.77%	83.95%	85.94%
速度 *	0.312	0.232	0.229	0.196	0.214	0.451	0.200

注:* 为每张图像的识别时间,单位为 s(图片大小约为 700kB)

整体来看,RoadID 的性能优于目前常见的预训练神经网络。特别是在裂缝和坑槽检测方面的改进是显著的。由于 RoadID 在其损失函数中融合了焦点损失,这使得模型更专注于训练前景目标而不是背景。因此,对受路面背景干扰影响较大的裂缝和坑槽的检测有了较大的改进。此外,RoadID 在特征提取过程中采用了残差学习块,这深化了特征提取网络,促进了高维信息的提取和融合。因此,在复杂道路环境下的病害检测方面,RoadID 凭借灵活的特征提取网络和损失函数的进步获得了更好的结果。在 CenterNet 中,相邻对象的中心点在下采样时会重叠。因此,当同一幅图像中出现多个病害时,漏识别现象会更加明显。EfficientDet 参数少,推理速度快,平均准确率超过 Faster R-CNN。

通过误差分析比较这些模型在位置回归中的准确性。所有与标注真值的IoU超过0.4的预测都被认为是真阳性。在所有预测准确的案例中,预测的IoU越高,位置回归就越准确。对于每个模型的所有真阳性,本书用真值分析了它们的IoU分布。结果如图5-14所示。它表明RoadID为病害定位提供了更准确的边界框。每种病害类型的9个不同锚点可以检测到更多不同长度和形状的遇险。因此,在病害定位方面,随着灵活边界框提议的进步,RoadID也提供了更好的结果。

5.4 基于迁移学习的跨场景路面病害检测

从上述章节可以看出,深度学习在路面病害检测方面发挥了重要作用。基于工业相机的图像采集方案也逐渐成为路面状况采集的主要手段。但是,由于摄像机类型、安装位置、角度的不同,所采集数据的场景和特征会有所不同。图5-15显示了不同场景下病害采集的图示,其中包括现有主流的路面状况采集方案:行车记录仪、车载摄像、无人机、路侧监控。深度学习训练模型的有效性会根据不同的数据和场景而有所不同。每次场景变化时,重新收集标记数据并重新训练新模型费时费力。应用场景的多样性使得图像的风格和元素非常鲜明。未学过的视角和场景元素都是深度学习模型在新场景下表现不佳的潜在原因,因此,本书提出了一种基于迁移学习的路面病害跨场景识别方法。

a) 行车记录仪　b) 车载摄像

c) 无人机　d) 路侧监控

图5-15　不同场景下的病害检测示例

图5-16为所述的基于卷积神经网络的跨场景迁移学习框架,其充分结合了模型迁移和数据迁移的优势。首先,利用领域自适应方法实现现有模型产生的领域知识的转移。模型之间

的通用知识共享可以减少对训练数据的需求，这有助于新模型在少量训练样本中取得优异的性能。考虑到一些新场景中没有训练数据的情况，采用生成对抗网络来迁移现有的训练数据。它通过对原始训练数据进行风格迁移来合成新场景中的训练数据。这种方法可以作为模型迁移的补充。

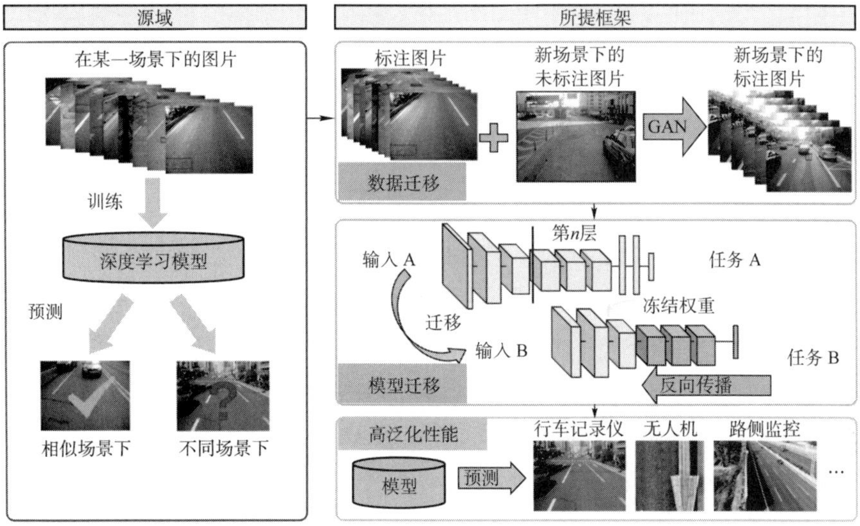

图 5-16　迁移学习框架

5.4.1　跨场景迁移学习算法框架

5.4.1.1　基于生成对抗网络(GAN)的数据迁移

在训练数据不足的情况下，本节提出了一种基于现有源域合成图像的数据迁移方法。该技术首先使用生成对抗网络（GAN）将原始数据集的图片转换为新的场景风格，然后应用 Attentive CutMix（ACM）在新生成的图像上混合病害标注。通过这两个阶段的操作，可以将原来大量的标注数据迁移到新的场景中进行训练。

数据迁移过程中选取了 CycleGAN 将一种类型的图像转换为另一种风格的图像，实现原始数据集图像到新场景的风格转换。CycleGAN 最显著的优势是在训练期间只需要未配对的数据。如果要训练将图像的风格从晴天转换为阴天的模型，则可以使用任何晴天和阴天的图片数据进行训练，而不是同一位置的晴天和阴天图像。这种出色的可扩展性十分适用于路面图像的转换。整个网络的优化目标函数可以描述为：

$$\min_G \max_D \{ f(D,G) = E_{x \sim p_{data}(x)} [\log D(x)] + E_{z \sim p_z(z)} [\log\{1 - D[G(z)]\}] \quad (5\text{-}9)$$

式中，x 采样于真实数据分布 $P_{data}(x)$；z 采样于先验分布 $P_z(z)$，如高斯噪声分布；$E(\cdot)$ 表示计算期望值。判别网络的训练数据集，来源于标签为 1 的真实数据集分布 $P_{data}(x)$ 和标签为 0 的生成器数据分布 $P_g(x)$ 两部分。训练迭代至 $P_{data}(x) = P_g(x)$ 时，停止训练并得到全局最优解。

通过 GAN 合成新场景风格的图像后,需要将标记的病害插入合成图像中。这里需要解决两个关键问题:一是应该选择原始标签中的哪一部分进行融合;二是如何将其融合到合成图像中。由于人工标注的主观性,原始标注的边界框可能有很多偏差,即边界框比病害目标大。将标注区域拼接融合到合成图像而不进行过滤的话会导致加入过多无效特征,干扰后续的模型学习。因此,本书采用 Attentive CutMix (ACM)的方法来截取边界框的区域。ACM 方法在选择融合区域时增加了对区域内语义信息的考虑,它将选择语义信息内容最多的部分叠加在一张新图片上进行混合。相比之下,CutMix 和 Mixup 等传统方法采用随机混合的方法,没有考虑重要性的语义差异,导致引入无效学习特征的可能性增加。与全局融合相比,这种局部替换在语义层面更加明显,迁移的效果更好。

选取病害区域并将其融入新的合成图像时,需要使其尽可能逼真地融入图片中,以免边缘突出。如果选择区域直接粘贴插入,不做边缘处理,边界框的边缘会变得明显。因此,深度学习的模型可能会被误导去学习这个边缘信息而不是病害本身的特征。一种新的图像融合的方法用于处理病害区域和合成图像之间的融合问题。

5.4.1.2 基于领域知识的自适应模型迁移

在模型迁移过程中,将初始训练数据分布称为源域 D_S,将要迁移的新环境的分布称为目标域 D_T。域自适应方法用于将源域的特征提取和模型表达能力转移到目标域。虽然 D_S 和 D_T 是不同的,但要解决的任务是相同的。例如,D_S 包含从俯视视角拍摄的路面灰度图像,而 D_T 包括从前视视角拍摄的彩色图像。它们的共同任务是对 6 种路面病害进行分类和定位。这两个域之间的差异体现在它们联合概率分布的差异上,即 $P_S(X,Y) \neq P_T(X,Y)$。由于目标域中只有少量的标注数据,难以从头进行模型的训练来估计 $P_T(X,Y)$。域自适应的主要任务是通过源域的预测 $P_S(X,Y)$ 来预测目标域中的 $P_T(X,Y)$。

在模型迁移中,本节选用微调(fine-tune)技术来继承原始模型生成的领域知识。它适用于源域有标注数据,而目标域只包含少量数据的情况。CNN 在较低层提取的是在场景中普遍存在的一般特征(例如边缘、直角和直线)。相反,高层提取的特征是针对任务的语义信息。上层特征是下层特征的抽象和集成,可以表达语义或意图。fine-tune 的方法是冻结底层参数,单独重新训练剩余的参数。它可以防止小样本在目标域的欠拟合,并充分利用源域中积累的知识。

5.4.2 跨场景迁移学习结果对比分析

本节选择最先进的目标检测模型作为基本模型,分别验证模型迁移和数据迁移的准确性。为了测试所提出迁移学习框架的性能,两个不同的路面病害数据集分别用作基本训练数据集和迁移学习测试数据集。一种数据集是由安装在车辆后顶部的便携式车载摄像头收集,这个顶视图数据集被命名为 TV。由于是俯视视角,图像中的大部分元素都是路面,包括一些树的阴影。作为对比,另一个数据集为路面病害的前视角数据集 FV。该数据集中的图像是用行车记录仪前视拍摄的,所涵盖的场景元素比较复杂。两个数据集中的图像所覆盖的拍摄角度、设备和场景元素不同,如表 5-5 所示。这些差异足以验证迁移学习框架的性能。此外,这两个数据集的图像也基本覆盖了大部分应用场景(道路养护决策、众筹地图采集、无人车自动控制)。为了更好地测试迁移学习框架的性能,本节使用具有简单场景元素的 TV 数据集作为基础数据集来训练基础模型。FV 数据集包含许多基本数据集中没有出现过的项目,被用作新的场景数据集进行迁移。

FV 和 TV 数据集对比 表 5-5

数据集	特征及场景元素	图像示例
TV	后视图和俯视图; 包含单车道路面和少量车辆	
FV	前视视角; 包含多车道路面、车辆、行人、护栏、建筑物等	

每个数据集都标注了 6 种类型的病害,包括裂缝、网状裂缝、坑槽、修补裂缝、修补网裂和修补坑槽。表 5-6 显示了每个数据集中标记的病害数量统计信息。由于各类病害发生的概率不同,数据集中 6 种病害的数量存在偏差。如果不处理这种偏差,结果的准确性将受到显著影响。数据增强和其他技巧已被用于在训练期间消除这些偏差。为了随后探索训练数据量对模型性能的影响,FV 数据集被随机划分。五个部分分为 FV2.5K、FV5K、FV7.5K、FV10K 和测试集,如图 5-17 所示。

FV 和 TV 数据集数据统计 表 5-6

类型	TV 数据集	FV 数据集
裂缝	10470	5128
网裂	3400	1421
坑槽	1561	524
修补裂缝	13664	6692
修补网裂	1980	2092
修补坑槽	4705	1982
总病害数	32380	17839
总图片数	31084	13859

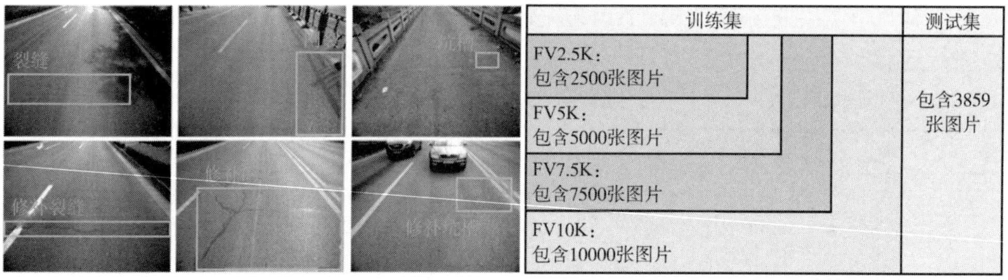

图 5-17 病害标注示例及数据集划分示意

YOLO v4 作为模型验证的基础模型，如图 5-18 所示。选择 CSPDarkent-53 作为主要的特征提取网络，并增加了 SPP 模块以增加接收域网络。使用改进的 PANet 代替 FPN 进行跨层融合。

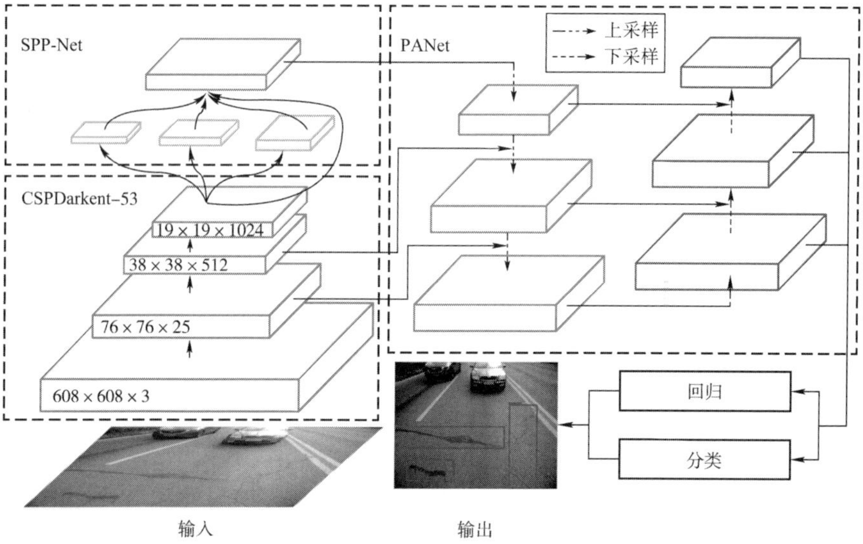

图 5-18 YOLO v4 网络结构示意图

为了设置更合适的初始锚框大小，应对数据集进行先验聚类分析。预设的先验锚框大小可以帮助模型参数在训练过程中更好更快地收敛。因此，采用无监督方法 K-mean 对数据集中标注的边界框进行聚类。6 个锚框被随机选择为 $\mu_k(h_k,w_k)\ k\in\{1,2,\cdots,6\}$，分别针对 6 类病害。然后将每个标记的边界框分配给具有最接近均值的集群。计算公式如式(5-10)所示。TV 数据集上的聚类结果如图 5-19a)所示。

$$\mathrm{dist}[x^{(i)},\mu_k]=1-\mathrm{IoU}[(h_k,w_k),(h^{(i)},w^{(i)})] \tag{5-10}$$

式中，w 和 h 分别是锚框和边界框的宽度和高度。在两个并行计算 GPU 上使用 TV 数据集中约 25000 张训练图像进行 100 个 epoch 训练后，模型的平均准确率达到 56.37%。每种病害类型的识别准确率如图 5-19b)所示。

在 TV 数据集中训练的基础模型(MTV)首先直接部署到新场景中。使用 FV 数据集中的测试图像测试其泛化性能，结果如表 5-7 所示。结果表明：在未对输入数据进行任何处理的情况下，MTV 模型的检测精度在新场景下显著降低。这可能是由于模型的训练数据和测试数据之间存在巨大偏差,也证明了跨场景的模型部署的困难性。通过对不同数据集的总结和比较,发现多场景的图像主要有两点不同:拍摄角度和背景元素。根据这些差异对新场景的图像进行透视校正,使测试图片与电视中的训练数据更加相似。同样,预处理后的图像也在 MTV 上进行测试,如表 5-7 所示。测试图片的预处理实际上降低了预测精度,这主要是因为图像在仿射变化过程中被扭曲和拉伸,导致图像特征信息丢失。在实际操作中,由于车辆在行驶过程中存在变道和转弯的行为,很难找到透视校正的基点。此外,改变视角并不会改变图像的特征,如光线、颜色和纹理。这些原因导致了这些简单的数据处理方法并不能从根本上解决数据集差异的问题。需要迁移学习来提高模型跨场景的泛化能力。

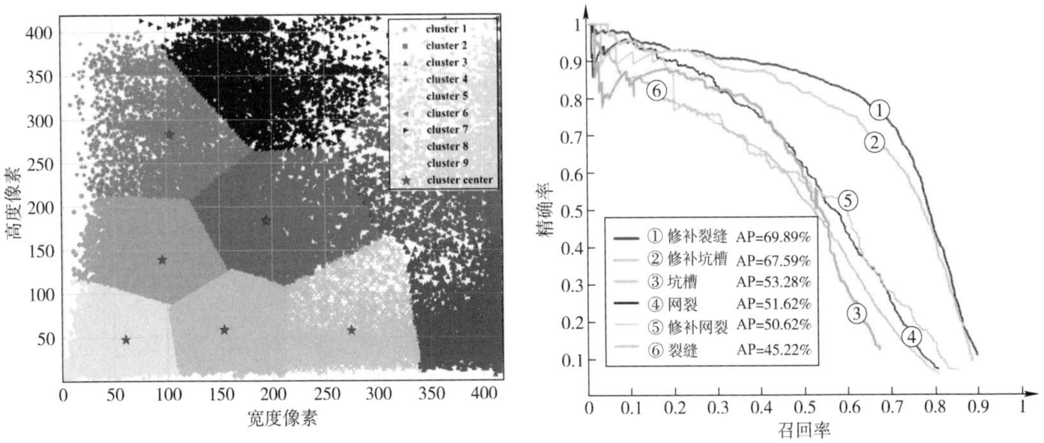

a) b)

图 5-19 TV 数据集中锚框大小聚类和模型预测结果

无迁移学习的 MTV 跨场景预测结果 表 5-7

测试数据	FV 测试集			视角校正后的 FV 测试集		
	TP	FP	AP	TP	FP	AP
裂缝	16	130	1.15%	43	914	0.85%
修补裂缝	53	136	5.00%	93	1676	1.21%
坑槽	1	1	2.26%	3	120	0.41%
修补坑槽	45	154	9.46%	60	608	4.01%
网裂	9	7	4.95%	40	400	5.82%
修补网裂	7	11	2.15%	56	822	2.75%
mAP	4.16%			2.51%		

图 5-20 显示了仅使用合成图像来训练模型的效果。随着合成数据的增加,模型的准确性也在不断提高。然而,这种增加的趋势正在逐渐减少。10000 多张图片后,模型的准确率基本不会随着图片的增长而增加。此外,由于风格转移的图像对于真实的复杂场景仍然不完全可比,完全从合成图像训练的模型表现不佳。因此,合成数据只能作为现有数据集的补充,且仅使用合成图像无法获得高性能模型。同时,混合真实图像和合成图像的实验表明,添加合成图像也可以提高模型性能,这证明了合成数据可以作为训练图像的补充来提升模型的效果。但

是提升是有限的，合成图像的比例建议不要超过真实数据的1.5倍。

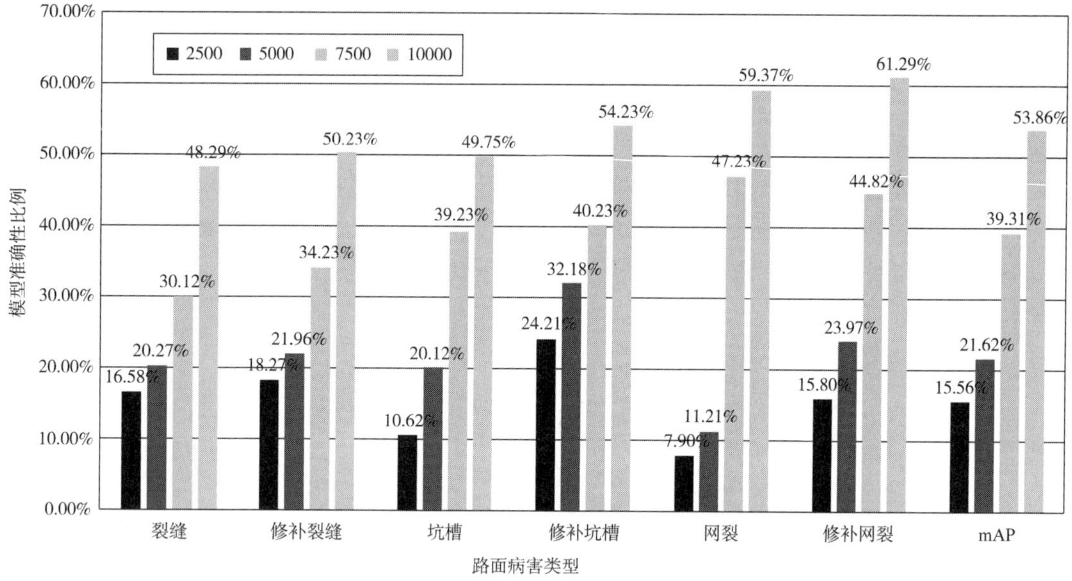

图5-20　使用不同数量合成图像的训练结果对比

注：直方图按图例顺序排列。

根据上述的数据集划分，本节探索了模型迁移在新场景数据集上的表现，如表5-7所示。其中，FV2.5KT、FV5KT、FV7.5KT和FV10KT代表基于MTV在2500、5000、7500和10000张训练图片进行模型迁移后的模型结果，其中合成数据也加入了训练中。而对应的FV-X（例如FV2.5K、FV5K等）表示不使用迁移学习框架，而是从头开始使用FV数据集的X张图像训练YOLO v4得到的结果，见图5-21。

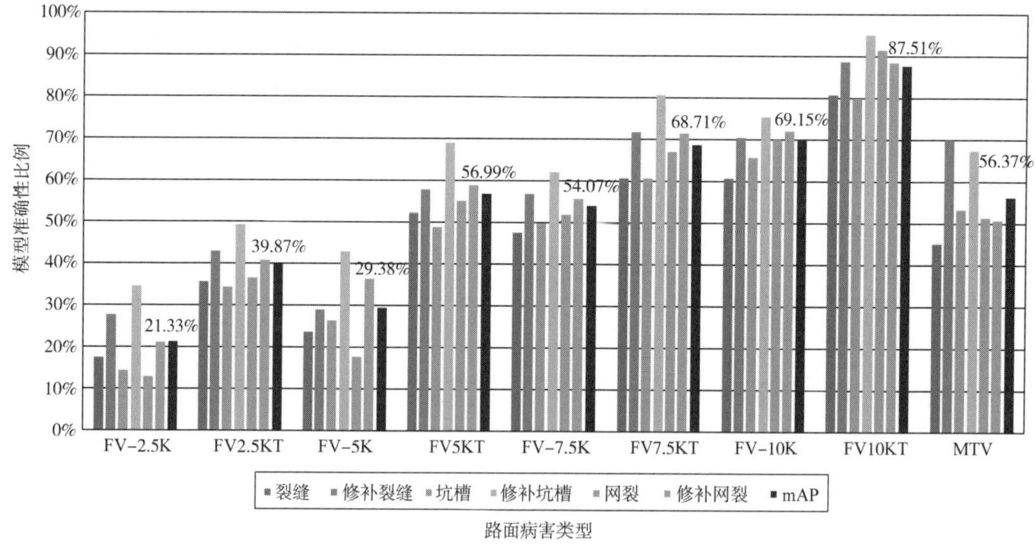

图5-21　不同训练集上的模型迁移结果对比

注：直方图按图例顺序排列。

从表 5-8 和图 5-21 中可以看出,基于原模型领域知识的迁移学习模型在学习新场景方面具有出色的表现,它可以使用少量的训练数据快速提高新场景中的预测精度。训练图像的增加使模型能够学习更多的图像特征。在特定范围内,迁移后的病害检测模型的检测精度随着训练图像的增加而增加。在新场景的 FV 数据集图像中,背景元素更复杂,路面占用更少,阳光直射影响更大,都增加了检测的难度。转移的模型仅使用 5000 张训练图像就可以达到使用源域中 25000 张训练图像数据获得的准确度。虽然场景更复杂,但使用模型迁移方法仅用 20% 的训练数据训练的模型就超过了利用 100%的训练数据在原始模型上的准确率。当训练数据量较小时,迁移学习的准确率提升效果更为突出。从表中可以看出,当训练样本为 2500、5000、7500 和 10000 时,与无迁移学习相比,带迁移的模型准确率分别提高了 18.54%、27.61%、14.64%和 18.36%。并且使用迁移学习的方法,可以使用 75%的训练数据达到使用 10000 个训练数据从头开始训练的准确性。综上所述,当模型需要部署在新的场景中时,迁移学习的方法可以使用更少的数据在新的场景中训练出更高的准确率。

不同训练集上的模型迁移结果对比 表 5-8

类型	FV2.5K	FV2.5KT	FV5K	FV5KT	FV7.5K	FV7.5KT	FV10K	FV10KT
裂缝	17.31%	35.57%	23.61%	52.14%	47.68%	60.64%	60.78%	80.82%
修补裂缝	27.74%	42.88%	28.95%	57.90%	56.89%	71.82%	70.40%	88.83%
坑槽	14.34%	34.23%	26.44%	48.84%	49.97%	60.76%	65.87%	80.27%
修补坑槽	34.58%	49.30%	43.01%	68.88%	62.08%	80.60%	75.44%	95.18%
网裂	12.90%	36.60%	17.84%	55.17%	51.98%	67.13%	70.14%	91.38%
修补网裂	21.07%	40.62%	36.42%	59.00%	55.85%	71.33%	72.26%	88.57%
mAP	21.33%	39.87%	29.38%	56.99%	54.07%	68.71%	69.15%	87.51%

5.4.3 跨场景迁移学习模型参数的讨论

在深度卷积神经网络中,每个网络层的参数代表从图像中提取的特征。模型转换过程中冻结参数的数量直接影响转换的效果。当冻结层太多时,原始模型的迁移知识是巨大的。剩下的需要微调的内容减少了,但是新任务的学习可能还不够。相比之下,当冻结层数太少时,微调所需的训练数据量很大。因此,在模型迁移中,冻结层的数量需要权衡模型性能和训练难度。本节比较了模型转移过程中冻结不同层的效果。YOLO v4 中的 4 个主要特征提取层(37、87、137 和 160)分别被冻结,然后使用 FV 数据集图像通过反向传播训练剩余的网络层。采用动量法更新模型权重。不同微调策略的训练过程如图 5-22 所示。

图 5-22 表明经过微调训练后,模型的检测精度有了显著提高。当只有几层被冻结时(例如只保留之前的 37 层参数),训练损失曲线和 mAP 曲线波动很大。这种波动可能会加剧训练的难度,导致损失函数难以收敛,影响模型的性能。随着越来越多的层被冻结,这种波动将显著减少。此外,随着冻结层数的增加,训练收敛的速度也逐渐提高。案例 1(37 层)和案例 2(87 层)迭代到 40000 个循环并接近收敛。案例 3(137 层)和案例 4(160 层)迭代到 30000 个

循环并接近收敛。考虑到收敛速度、模型精度和训练曲线的波动幅度，为了给模型更多的特征学习空间，建议使用卷积层 137 作为冻结层数的边界。

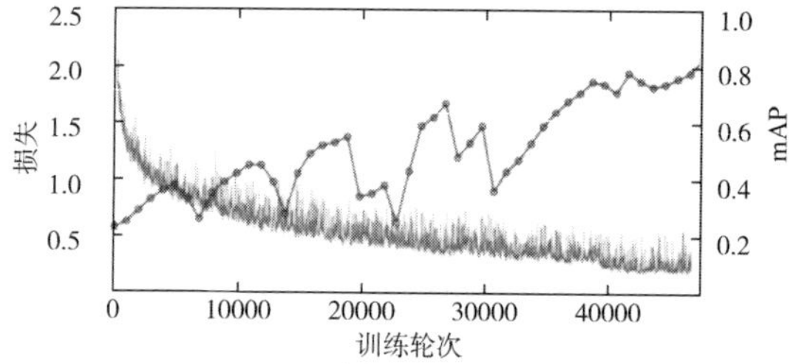

a) 案例1：第37层

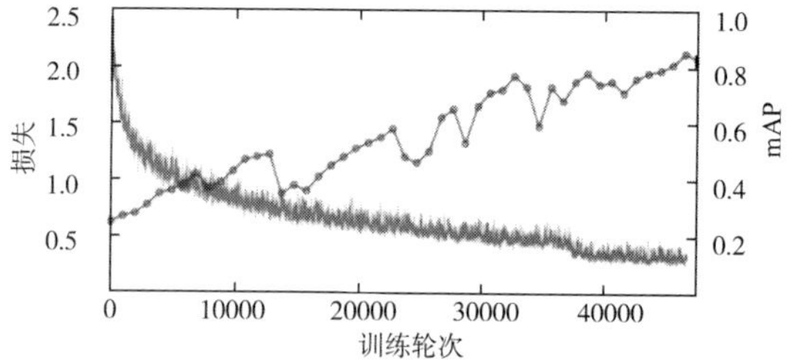

b) 案例2：第87层

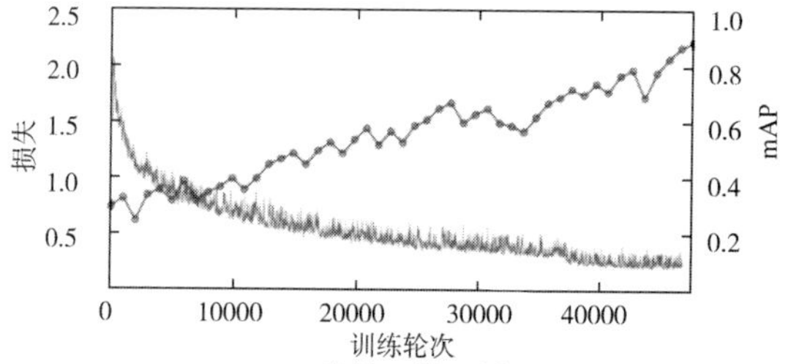

c) 案例3：第137层

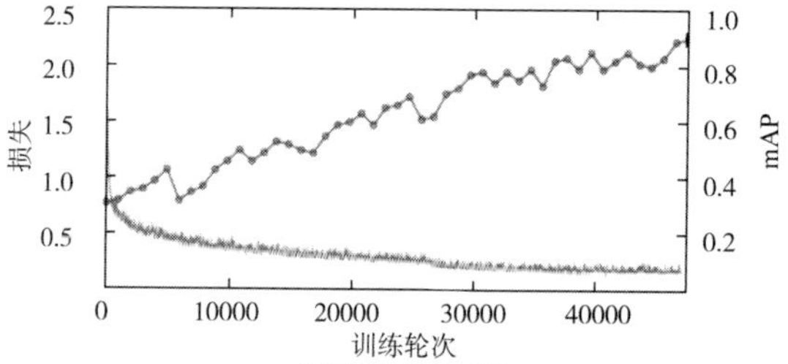

d) 案例4：第160层

图 5-22　不同微调策略的训练过程对比

从特征提取的角度来看，为了更详细地观察每一层的特征提取，本书将卷积层可视化，如图 5-23 所示。在第 2 层中，模型主要提取了场景的边缘和角点特征。在第 37 层和第 87 层，图像的高亮区域很复杂，表明网络还没有很好地理解图像。随着卷积的进行，在第 137 层和第 160 层中，病害区域的参数权重被强调，相应的字段也被突出显示。这个可视化的结果也支持了上述结论。因此，在迁移学习中，适当数量的冻结层可以转移尽可能多的通用知识，同时减少原始场景中专有知识的转移，从而充分利用源域的知识，而不影响新场景的学习。

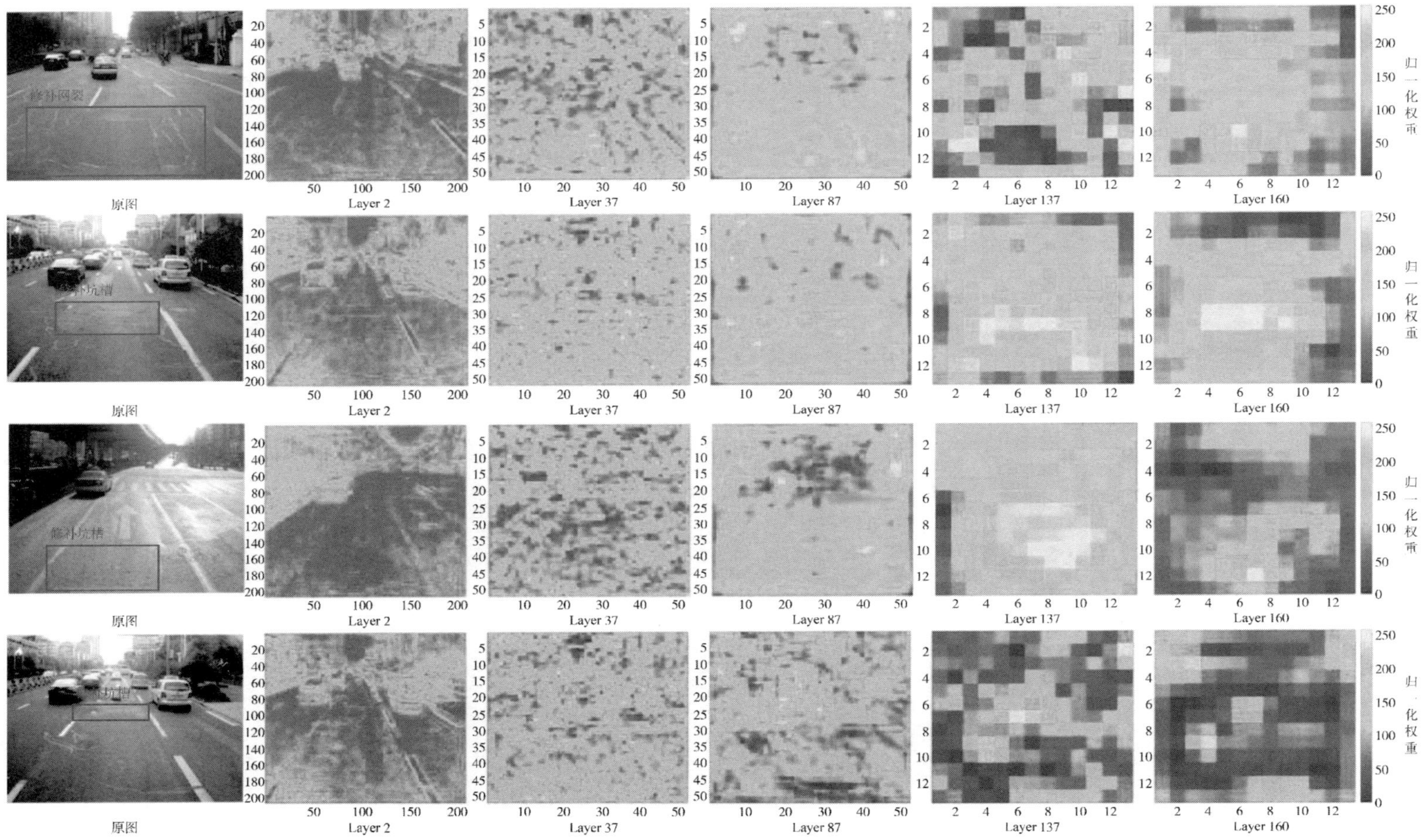

图 5-23 不同卷积层特征的可视化

本章参考文献

[1] BURSANESCU L,BURSANESCU M,HAMDI M,et al. Three-Dimensional Infrared Laser Vision System for Road Surface Features Analysis[C]//Romopto 2000:Sixth conference on optics:International Society for Optics and Photonics,2001:801-808.

[2] WANG K C. Automated survey of pavement distress based on 2D and 3D laser images[R]. US: Mack-Blackwell National Rural Transportation Study Center,2011.

[3] TSAI Y C,KAUL V,MERSEREAU R M. Critical assessment of pavement distress segmentation methods[J]. Journal of transportation engineering,2010,136(1):11-19.

[4] MATHAVAN S,KAMAL K,RAHMAN M. A Review of Three-Dimensional Imaging Technologies for Pavement Distress Detection and Measurements[J/OL]. IEEE Transactions on Intelligent Transportation Systems,2015,16(5):2353-2362.

[5] SY N T,AVILA M,BEGOT S,et al. Detection of Defects in Road Surface by A Vision System [C]//MELECON 2008-The 14th IEEE Mediterranean Electrotechnical Conference. IEEE, 2008:847-851.

[6] BURKE M W,ARNBERG P W,RAEHS K. PAVUE:A Real-Time Pavement Distress Analyzer [C]//Strategic Highway Research Program and Traffic Safety on Two Continents,International Symposium,1991,Gothenburg,Sweden. 1992.

[7] REN S,HE K,GIRSHICK R,et al. Faster R-CNN:Towards Real-Time Object Detection with Region Proposal Networks[J]. IEEE Transactions on Pattern Analysis and Machine Intelligence,2017,39(6):1137-1149.

第 6 章
Chapter 06

道路隐伏病害无损检测与自动化分析技术

目前,公路养护维修中重点关注路面表面病害的检测,忽视了道路结构内部的隐伏病害,而很多道路表面病害是由道路隐伏病害引起的,如果仅对表面病害进行处治,忽视深层病害,易导致路面频繁养护维修,严重影响道路行驶通畅和使用耐久性。因此,在养护设计前有必要对道路结构内部隐伏病害进行检测,确定其病害类型、几何尺寸和严重等级,以便采取针对性的养护处治措施对其进行根治。目前针对道路结构内部隐伏病害的检测,多位专家和学者做了不同技术手段的尝试,如瑞雷波法、地震映像法、落锤弯沉仪法、超声波法、红外热成像法和探地雷达法等,相比其他道路无损检测手段,探地雷达法具有连续无损、速度快、精度高、成本低等优点,已成为最有效的道路长距离检测方法。

探地雷达(GPR)是一种利用高频电磁波探测和定位地下目标和介质异常的浅层地球物理方法,所以探地雷达的使用可追溯至20世纪初无线电磁波的发明和对地下探测的尝试。1956年,EL Said尝试利用电磁波的干涉条纹探测沙漠中地下水的深度,这是首次利用电磁波信号探测地下特征的报告。20世纪60年代,一些极地研究组织开始利用电磁波探测极地地区冰层厚度,之后其他学者逐步在电磁波低损耗介质材料中应用,例如煤矿、地下盐层等。20世纪70年代,随着美国探月计划阿波罗17号利用电磁波实现月球表面电学特性的检测,带来了电磁波探测技术的众多进步,开始对无线频率下材料的电学特性有了更好的了解,同时在这时期Morey、GSSI等众多商业公司开始制造和销售探地雷达装备。20世纪70年代后期,随着探地雷达技术可用性的提升以及地质学的发展,市场上出现了低频雷达和钻孔雷达,也开始在管道探测、考古以及岩石质量判定等进行应用。20世纪80年代,探地雷达技术开始应用到路基路面的探测,先后在公路空洞、塌陷以及结构层厚度等领域进行了探索,我国也是在这个时期引进了探地雷达技术。20世纪90年代,探地雷达技术真正迎来了大爆发,多重数据采集、数字信号处理以及2D数字模拟等技术的出现带动了探地雷达的更多应用,包括民用领域的农业、环境、地质以及建筑工程等,军事领域的探测地雷和地下未爆炸武器等。全球众多团体组织包括电气工程协会都开始对这项技术都产生了浓厚的兴趣。进入21世纪后,计算机的发展推动了探地雷达技术的巨大进步,探地雷达技术开始从定性到定量发展,包括管道和钢筋尺寸、路面空隙率、土壤含水量等,另外随着人工智能的出现,探地雷达目标特征智能识别技术也迎来了新一轮的爆发。

混凝土是最主要的人工合成建筑材料,是由胶凝材料、颗粒状集料和空气等多种组分按照一定比例关系配制而成的多相非均质混合物。以沥青混凝土为例,它是由沥青胶浆、集料及空气按照一定比例关系混合而成的多相混合物,其集料、沥青胶浆和空气的体积含量不等、几何形状各异、介电特性不同,集料粒径多尺度,位置在空间上随机分布,致使其电磁参数在介质空间上具有明显的多相、离散、随机介质特点,属于典型的多相离散随机介质。另外,广泛存在于岩土工程(如土壤)与环境工程(如含有流体的多孔介质)中的复杂非均匀混合物,通常也是由两相或多相具有不同物理性质、位置在空间上随机分布的多种物质组成,具有与人工构筑物材料类似的多相离散随机介质特征。道路结构层隐性病害的探地雷达波场响应特征,不仅与病害的形状、尺寸、埋深相关,还受病害周边道路结构层材料非均匀离散特性的影响,致使雷达剖面图波形杂乱、特征复杂、不易辨别,需要采用多种处理方法,从多个角度和属性参数进行分析。随着多通道和三维探地雷达系统的广泛应用,探测数据量剧增,依靠传统的人工解译费时费力,基于深度学习的探地雷达数据自动解译是未来的发展方向。

6.1 混合料离散随机介质电磁波传输特性研究

常规的确定性建模方法无法准确、完整地描述实际介质的随机非均匀性。姚姚和奚先等将介质的物性参数作为空间随机变量,基于统计学方法描述其空间随机非均匀分布特征,其基本特性可由统计量参数表征,包括均值、标准差和椭圆自相关函数,其中均值表征随机介质的平均特性,标准差表征随机介质的离散程度,高斯型、指数型和混合型椭圆自相关函数被广泛用于构造随机介质模型,通过选择不同的椭圆自相关函数及其特征参数(如自相关长度、自相关角度等),可以构建适用于不同地质特征的随机介质模型。由于随机介质模型所描述的物性参数在介质空间上连续地随机分布,故又称为连续型随机介质模型。连续型随机介质模型具有良好的自组织性和自相似性,能较好地反映大尺度背景场上附加的小尺度非均匀性和统计学特征,而多相离散随机介质的电磁参数不仅在空间上具有随机分布统计特征,而且其各组成物质的体积含量百分比还需要符合一定的比例关系,因此,传统的连续型随机介质模型无法对其进行准确、有效描述。郭士礼等人将沥青混凝土视作随机介质,基于随机介质模型理论,统计了介电常数的空间随机分布特征(均值和标准差),估算了其自相关函数及其特征参数,建立了更符合实际情况的双相离散随机混凝土模型。冯德山和王珣借助工程材料中的"数值混凝土概念",构建了以集料和砂浆为组成材料的二维双相离散随机集料结构混凝土模型,使其在物质组成材料参数、集料形态及分布上与真实的混凝土更具一致性。

6.1.1 多相离散随机介质模型

1)随机介质模型的数字描述

在探地雷达工程质量无损检测领域,介电常数、电导率是影响电磁波传播速度和损耗衰减的主要参数,对于非均匀、随机变化的地下介质,其介电常数在二维空间上可以表示为(电导率与之类似):

$$\varepsilon(x,z)=\varepsilon_{a}+\delta_{\varepsilon}(x,z) \tag{6-1}$$

式中,ε 表示介质的介电常数;ε_a 表示介电常数在介质空间上的均值,假设为常量;δ_ε 为加在均值背景上的非均匀随机扰动,假设其为具有零均值、固定方差及某一自相关函数的空间随机过程。假定空间随机扰动为二阶平稳随机过程,且均值为零。

$$\langle \delta_{\varepsilon}(x,z)\rangle=0 \tag{6-2}$$

方差为:

$$\langle \delta_{\varepsilon}^{2}(x,z)\rangle=\nu^{2} \tag{6-3}$$

空间自相关函数是体现随机介质空间分布特征的重要参数。高斯型、指数型椭圆自相关函数被广泛用于构造随机介质模型,高斯型、指数型和混合型椭圆自相关函数的表达式如下。

高斯型椭圆自相关函数：

$$\varphi_G(x,z)=\exp\left[-\left(\frac{(\cos\theta\cdot x+\sin\theta\cdot z)^2}{a^2}+\frac{(\sin\theta\cdot x-\cos\theta\cdot z)^2}{b^2}\right)\right] \tag{6-4}$$

指数型椭圆自相关函数：

$$\varphi_E(x,z)=\exp\left[-\sqrt{\frac{(\cos\theta\cdot x+\sin\theta\cdot z)^2}{a^2}+\frac{(\sin\theta\cdot x-\cos\theta\cdot z)^2}{b^2}}\right] \tag{6-5}$$

混合型椭圆自相关函数：

$$\varphi_M(x,z)=\exp\left[-\left(\frac{(\cos\theta\cdot x+\sin\theta\cdot z)^2}{a^2}+\frac{(\sin\theta\cdot x-\cos\theta\cdot z)^2}{b^2}\right)^{\frac{1}{1+r}}\right] \tag{6-6}$$

式(6-4)~式(6-6)中，$a=x/\delta_x$ 和 $b=z/\delta_z$ 为 x、z 方向自相关长度，描述非均匀异常在不同方向上的平均尺度；δ_x 和 δ_z 为空间步长，其值越小，模型越精细；θ 为自相关角度，描述非均匀异常的走向；r 为混合型椭圆自相关函数的粗糙度因子，其值越大，非均匀异常的平均尺度越大。

对比式(6-4)~式(6-6)可以看出，混合型椭圆自相关函数不仅综合了高斯型($r=0$)和指数型($r=1$)自相关函数的特点，并通过粗糙度因子 r 进一步拓展了其模拟实际随机介质的类型和范围，能进一步描述随机介质在微观尺度上的粗糙程度，具有更强的适应性。固定模型网格数为 500×500，横、纵向自相关长度分别为 $a=40$，$b=20$，自相关角度 $\theta=30°$，依次改变粗糙度因子 r，使其分别为 $r=0$、$r=1$ 和 $r=2$，则其对应的混合型椭圆自相关函数图像如图 6-1 所示。

a) 粗糙度因子r=0　　b) 粗糙度因子r=1　　c) 粗糙度因子r=2

图 6-1　混合型椭圆自相关函数图像

2)量化约束多相离散随机介质建模

目前，基于椭圆自相关函数构建连续型随机介质模型的算法已经非常成熟。本节依据电磁参数在混凝土空间上多相、离散及其随机分布统计特征，在连续型随机介质模型建模算法的基础上，增加了调节多相混合物各组成物质体积含量百分比的模型参数，提出了量化约束多相离散随机介质模型建模算法，建立既能准确描述混凝土电磁参数空间随机分布统计特征，又与其各组成物质含量百分比相一致的多相离散随机介质模型。设表 6-1 为沥青混凝土对应的多相离散随机介质模型参数，其量化约束多相离散随机介质模型建模方法如下。

多相离散随机介质模型参数　　表 6-1

统计特征量		混合型椭圆自相关函数特征参数				体积百分比	
均值	标准差	自相关长度 a(cm)	自相关长度 b(cm)	自相关角度 θ	粗糙度因子 r	集料率(%)	空隙率(%)
7.5694	1.2175	0.045	0.045	0	2.5	77.86	0.43

(1)建立连续型随机介质模型。限定模型大小为 7cm×7cm,空间网格步长 $\delta_x=\delta_z=0.01$cm,基于混合型椭圆自相关函数及其特征参数(见表 6-1 中的自相关长度 a、b,自相关角度 θ 和粗糙度因子 r),应用随机过程的谱分解理论,建立介电常数均值为 7.5694、标准差为 1.2175 的连续型随机介质模型[图 6-2a)]。在连续型随机介质模型参数中,混合型椭圆自相关函数及其特征参数表示介质的空间变化特征,反映随机介质中非均质异常的形状、尺度与走向;均值和标准差表示背景介质的统计特征,反映随机介质的非均质程度。

(2)在连续型随机介质模型[图 6-2a)]的基础上,以表 6-1 中各组成物质的体积含量百分比作为量化约束条件,建立多相离散随机介质模型,其具体方法为:①检索整个连续型随机介质模型空间,按照介电常数值从大到小的顺序,依次将其赋值为骨料的介电常数值($\varepsilon_r=8.2$),直至模型中骨料的体积含量百分比满足量化约束条件(骨料率=77.86%);②检索剩余的连续型随机介质模型空间,按照介电常数值从小到大的顺序,依次将其赋值为空气的介电常数值($\varepsilon_r=1$),直至模型中空气的体积含量百分比满足量化约束条件(空隙率=0.43%);③将模型中其余网格节点赋值为沥青胶浆的介电常数值($\varepsilon_r=5.44$),建立如图 6-2b)所示的多相离散随机介质模型。

通过对比分析图 6-2a)、b)可以看出,连续型随机介质模型具有良好的自组织性和自相似性,能较好地反映实际介质的统计特征和空间变化特征,但其介电常数在空间上连续地随机变化,与沥青混凝土介质电磁参数在空间上的多相、离散分布特征明显不相符,因此连续型随机介质模型无法描述混凝土各组成物质的体积含量百分比,与其真实情况存在较大偏差。多相离散随机介质模型不但继承了连续型随机介质模型的空间变化特征和统计特征(即多相离散随机介质模型与连续型随机介质模型具有相同的介电常数均值和标准差),还描述了电性参数在空间上的多相、离散分布特征,而且其各组成物质体积含量百分比与实际沥青混凝土保持一致。

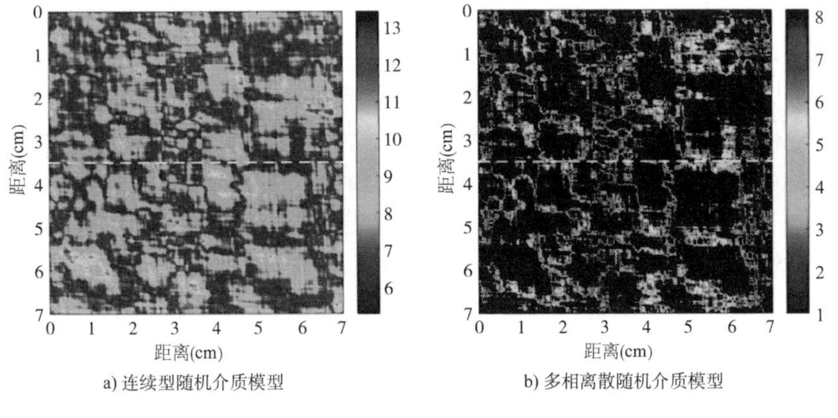

图 6-2　连续型随机介质模型及其对应的多相离散随机介质模型

图 6-3a)、b)分别为图 6-2a)、b)模型中的介电常数分布直方图。图 6-4 为连续型随机介质模型[图 6-2a)]和多相离散随机介质模型[图 6-2b)]中线(白色虚线)位置处介电常数变化曲线。从图 6-3 与图 6-4 可以看出:①在连续型随机介质模型中,其相对介电常数值在 5.25~13.47 范围内连续地随机变化,而在多相离散随机介质模型中,仅有 8.2、5.44 和 1 三个相对介电常数值,且其空间分布具有明显的多尺度、非连续、离散变化特征,更符合介电常数在实际

多相混合物空间上的多相、离散和随机分布特征；②多相离散随机介质模型不仅描述了介电常数在沥青混凝土空间上的随机分布统计特征(均值和标准差)，而且刻画了其骨料粒径多尺度和各组成物质的体积含量百分比，从而体现出多相、离散的介质特征。因此，量化约束多相离散随机介质模型能更全面、更准确地刻画多相混合物的介质特点。

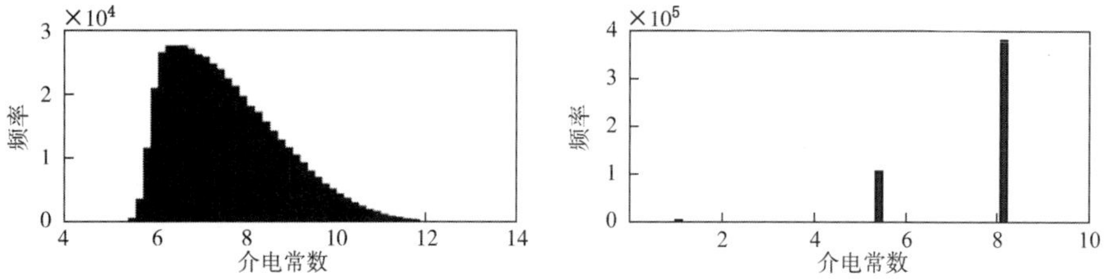

a) 连续型随机介质模型　　b) 多相离散随机介质模型

图 6-3　连续型随机介质模型和多相离散随机介质模型的介电常数分布直方图

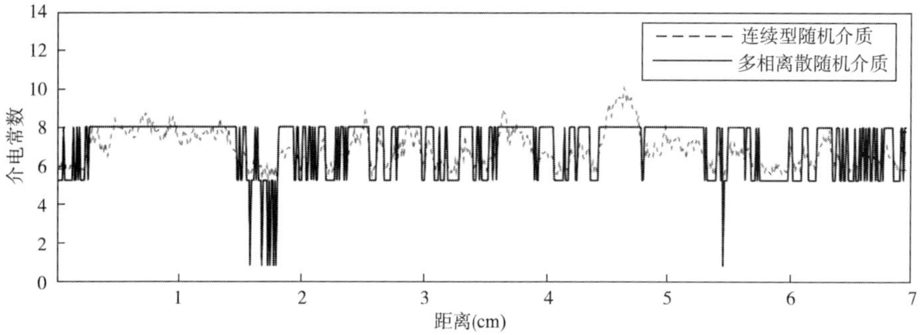

图 6-4　连续型随机介质模型和多相离散随机介质模型中线位置的介电常数分布曲线图

3)多相离散随机介质空隙率模型

基于量化约束多相离散随机介质模型算法，可以任意调节模型中各组成物质的体积含量百分比，建立不同空隙率或含水率等本征属性参数的多相离散随机介质模型。设当沥青混凝土的空隙率变化时，其沥青胶浆率与骨料率的比值保持不变(以表 6-1 为例，其沥青胶浆率/骨料率=0.2788)，据此建立空隙率为 1%~10%的多相离散随机介质模型，其各组成物质体积含量百分比如表 6-2 所示，空隙率为 3%和 6%的多相离散随机介质模型如图 6-5 所示。可见，利用多相离散随机介质模型可以精确控制多相混合物各组成物质的体积含量百分比，从而能直接表征混凝土的空隙率或含水率等本征属性参数，为直接数值模拟多相离散随机介质的空隙率、含水率等本征属性参数与其探地雷达波场特征之间的函数关系提供了更理想的模型基础。

多相离散随机介质空隙率模型　　表 6-2

序号	骨料率(%)	沥青胶浆率(%)	空隙率(%)	序号	骨料率(%)	沥青胶浆率(%)	空隙率(%)
1	77.42	21.58	1	6	73.51	20.49	6
2	76.63	21.37	2	7	72.72	20.28	7
3	75.85	21.15	3	8	71.94	20.06	8
4	75.07	20.93	4	9	71.16	19.84	9
5	74.29	20.71	5	10	70.38	19.62	10

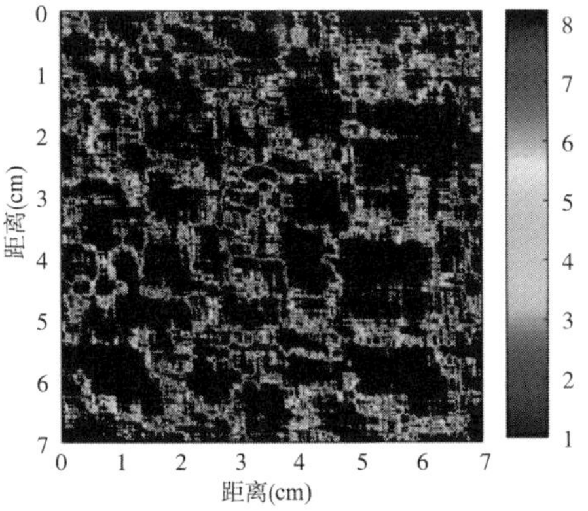

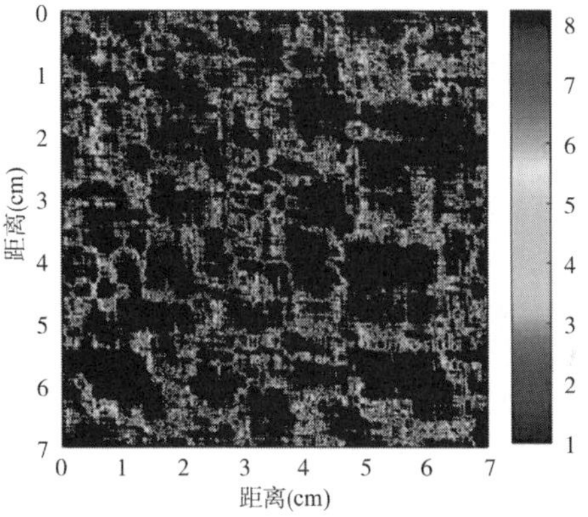

图 6-5　多相离散随机介质空隙率模型

6.1.2　探地雷达数值模拟及结果分析

固定其他建模参数不变，仅改变模型的空间网格步长，使其由 $\delta_x=\delta_z=0.01\text{cm}$ 增大到 $\delta_x=\delta_z=0.2\text{cm}$，基于量化约束多相离散随机介质模型建模算法，建立模型尺寸为 2m×2m、空隙率为 1%～10%的多相离散随机介质模型(各组成物质体积含量百分比见表 6-2)。为了对比研究探地雷达波在多相离散随机介质与均匀介质中传播特性之间的差异，选取空隙率为 4%的多相离散随机介质模型及其对应的均匀介质模型，基于时域有限差分方法和 CPML(Convolutional Perfectly Matched Layer)吸收边界条件，进行探地雷达二维数值模拟。脉冲激励源位于模型的中心位置，其中心频率为 1500MHz。探地雷达波在多相离散随机介质模型及其对应均匀介质模型中 8ns 时刻的波场快照如图 6-6 所示。在多相离散随机介质模型中，正交于激励源的水平和垂直方向上，距离激励源分别为 10cm 和 90cm 处 8 个点的接收波形如图 6-7 所示。

从图 6-6 和图 6-7 中可以看出，在均匀介质中，探地雷达波波前振幅均匀、形状圆滑，呈规则的圆形，波前经过的区域无能量残留和扰动；但在多相离散随机介质中，探地雷达波波前到达距离相同各点的时间略有差异、振幅大小不等，且波前经过的区域残存能量较强，存在明显的散射现象和大量不规则扰动。

为了对比分析探地雷达波在均匀介质与多相离散随机介质中波前扩散的差异，分别在多相离散随机介质及其对应的均匀介质模型中，距离激励源 10cm、30cm、50cm、70cm、90cm 位置处设置虚拟探针，其接收到的波形如图 6-8 所示。

通过对比分析图 6-8 中多相离散随机介质及其对应均匀介质相同位置处的接收波形，可以看出，由于受骨料多尺度和介质随机非均匀性的影响，电磁波在多相离散随机介质中发生了明显的电磁散射，造成了电磁波能量损失，形成了大量不相干、无规则扰动，致使相同位置处接收波形的振幅小于均匀介质，且随机、无序传播的散射波相互干涉叠加，致使波前经过的区域波形产生了明显畸变和扰动，明显降低了探地雷达的分辨率。

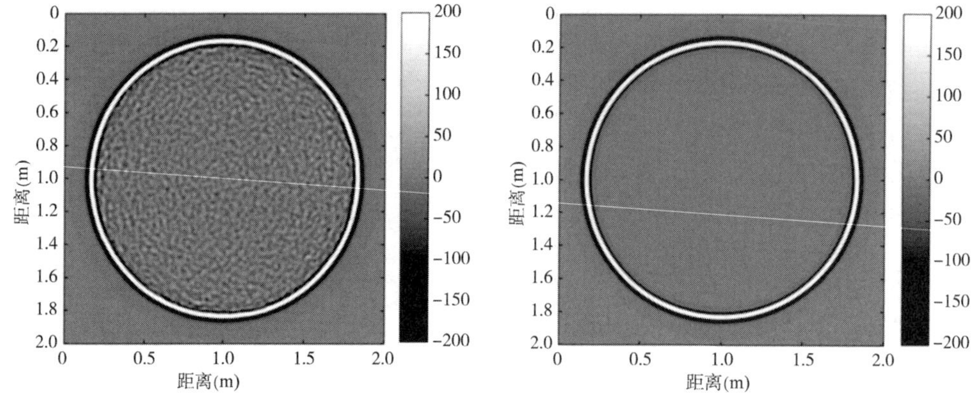

a) 多相离散随机介质模型(空隙率=4%)

b) 均匀介质

图 6-6　多相离散随机介质与其对应的均匀介质的波场快照

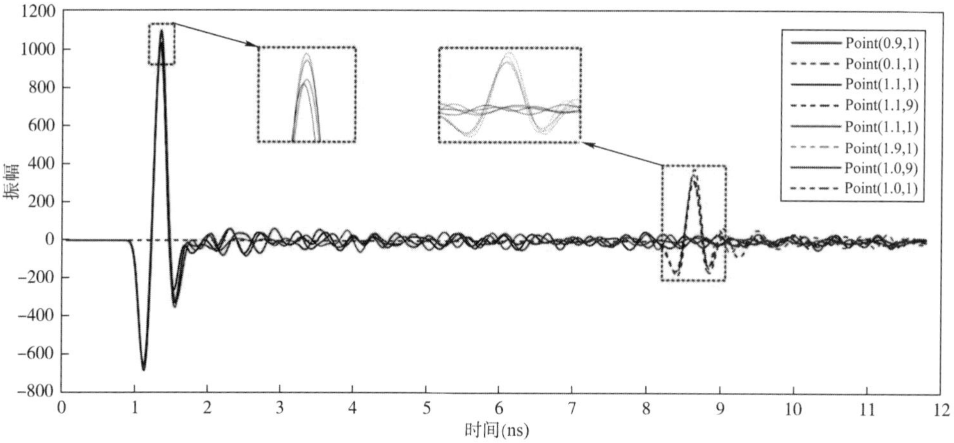

图 6-7　多相离散随机介质等距离各点的接收波形

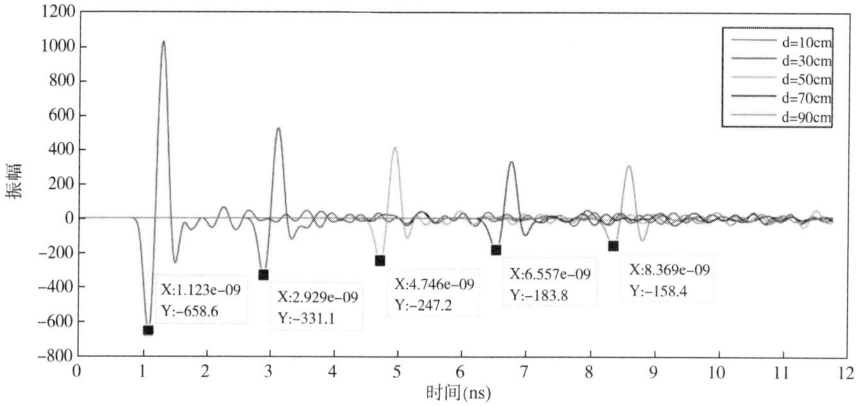

a) 多相离散随机介质模型(空隙率=4%)

图　6-8

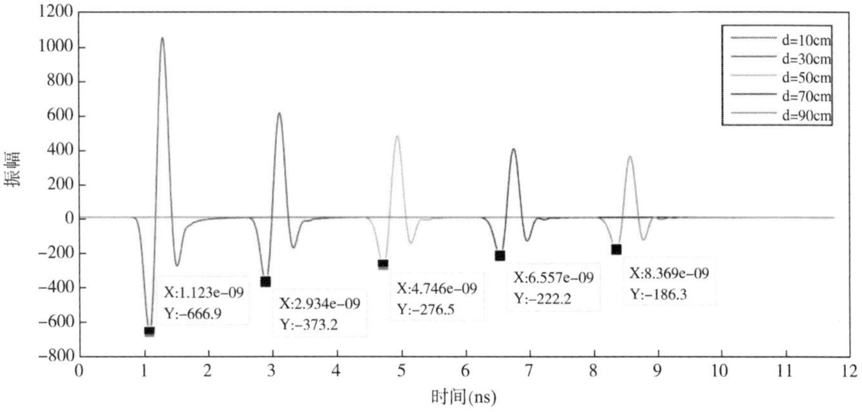

b) 均匀介质

图 6-8 多相离散随机介质模型与其对应均匀介质的接收波形

6.1.3 探地雷达波传输特性分析

对上述模型尺寸为 2m×2m,空间网格步长 $\delta_x=\delta_z=0.2$cm,空隙率为 1%~10%的多相离散随机介质模型进行探地雷达正演数值模拟,其空隙率为 1%、4%、7%、10%的多相离散随机介质模型在 9ns 时刻的波场快照如图 6-9 所示,从图中可以看出,在相同的时间内,多相离散随机介质模型的空隙率越大,其探地雷达波传播距离越远,即多相离散随机介质模型的空隙率越高,其等效介电常数越小,探地雷达波传播速度越快。

在多相离散随机介质中,探地雷达波波前振幅强度大小不等,到达与激励源等距离各点的时间略有差异,为了从宏观角度对比分析空隙率对探地雷达波传输特性的影响,在正交激励源的两条直线上距离激励源分别为 10cm 和 90cm 的 8 个点上接收波形,并对距离相等各点的接收波形求均值,其中空隙率为 1%、4%、7%、10%的多相离散随机介质接收波形如图 6-10 所示。结果表明:对于多相离散随机介质,其空隙率越大,则混合物等效介电常数越小,介质非均匀性越强,致使电磁波传播速度越快,电磁散射越强烈,电磁能量损失衰减越大,波前振幅越小。

在图 6-10 中,通过提取波前到达 10cm、90cm 两点处的时间,根据两点之间的旅行时差和距离,计算出探地雷达波传播速度。探地雷达波传播速度与介质介电常数之间的关系式为:

$$v=\frac{c}{\sqrt{\varepsilon_r}} \tag{6-7}$$

式中,c 为电磁波在真空中的传播速度;ε_r 为多相离散随机介质等效相对介电常数。据此可以反算出不同空隙率多相离散随机介质对应的等效相对介电常数值,如图 6-11 所示。图中还给出了不同空隙率多相离散随机介质对应的混合物复折射率模型(Complex Refractive Index Model,CRIM)介电常数值。两者吻合度较好,空隙率 = 1%时,两者差值为 0.13,空隙率 = 10%,两者差值为 0.37。

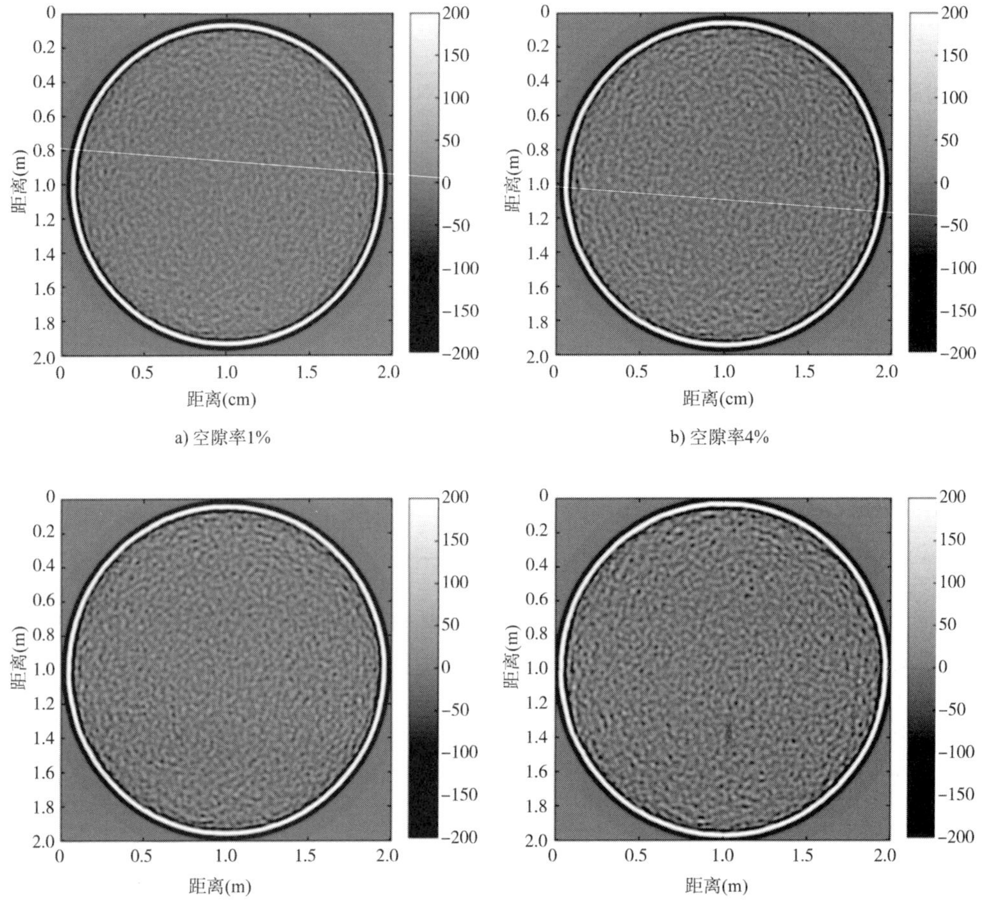

a) 空隙率1%　b) 空隙率4%

c) 空隙率7%　d) 空隙率10%

图 6-9　不同空隙率多相离散随机介质模型的波场快照

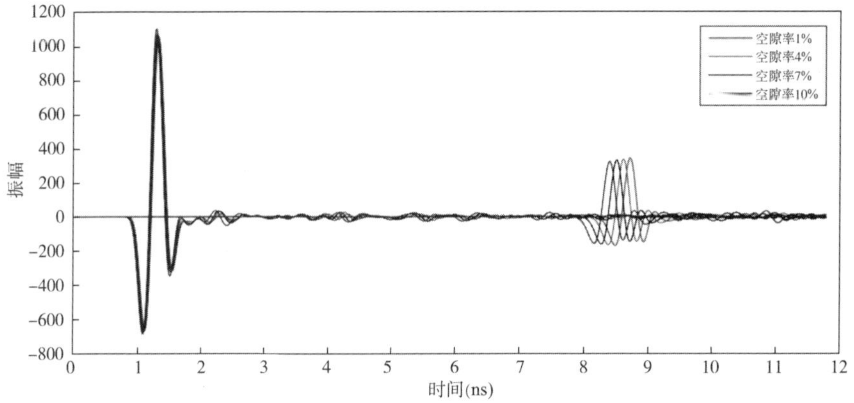

图 6-10　不同空隙率多相离散随机介质模型的接收波形

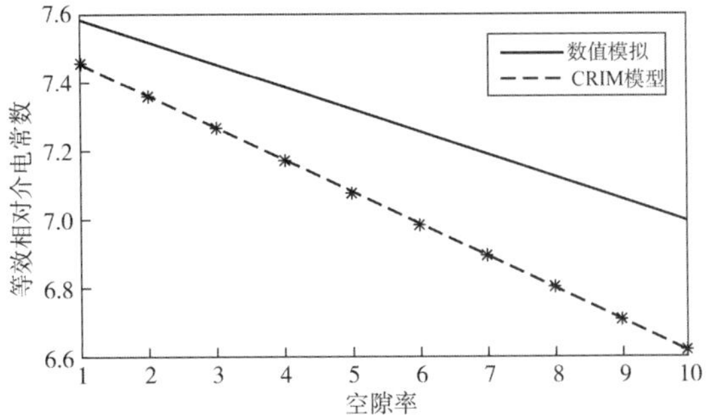

图 6-11　多相离散随机介质空隙率模型等效相对介电常数

6.2 探地雷达多属性特征融合的道路隐伏病害识别方法研究

探地雷达属性特征是从信号记录中提取电磁波的几何学、运动学、动力学及统计学特征，进而依赖这些可描述和定量化的特征，刻画地下目标体的结构和物性信息。多属性分析技术最初被应用于地震波数据解释工作，由于电磁波与地震波有诸多相似性，“探地雷达属性技术”被逐渐应用到探地雷达技术领域。探地雷达属性特征主要包括三瞬属性、振幅属性、一致性属性、结构属性、曲率属性和极化属性等，其中电磁波的三瞬属性是目前应用最广泛的探地雷达属性特征。三瞬属性指的是瞬时振幅、瞬时相位、瞬时频率，其中瞬时振幅反映了特定时刻反射信号能量大小和衰减状况，在结构层存在明显分层时，瞬时振幅发生强烈变化；瞬时相位反映相邻信号的连续性，电磁波在介质异常处传播时，相位在异常位置发生显著变化；瞬时频率是相位随时间变化的度量，可以用来分析结构层对电磁波的吸收衰减，描述地下裂缝和地下水的分布及变化特征等。因此开展多属性特征融合研究，可以从多个角度、多个维度更全面地描述和刻画目标体的空间位置、几何尺寸和物性参数，显著提高数据解释的正确率和准确度。

6.2.1　属性特征提取

探地雷达的瞬时属性提取是将信号的时域转换为时频域，在时频域中定量提取振幅、相位、频率等可以表征反射波波形的波形特征。目前常用的时频分析方法有短时傅立叶转换、小波变换和希尔伯特变换等。短时傅立叶变换概念简单直接，是分析非平稳信号的有力工具，但需要预先确定合适的窗函数类型和长度；小波变换虽然具备多分辨率的特性，但也存在预选小波基函数、软硬阈值参数设置、尺度系数参数选取等制约因素。而 Hilbert 变换应用解析表达式中实部和虚部的正余弦关系，可以提取出探地雷达复杂信号任意时刻的瞬时振幅、瞬时相位和瞬时频率等瞬时参数，本节使用 Hilbert 变换提取信号的三瞬属性参数，其公式如下：

$$\mathrm{v}(t)=\frac{\mathrm{x}(t)}{\pi t}=\frac{1}{\pi}\int_{-\infty}^{+\infty}\frac{\mathrm{x}(\tau)}{t-\tau}\mathrm{d}\tau \tag{6-8}$$

式中，$\mathrm{x}(t)$ 为原始信号，t 为时间变量，$\mathrm{v}(t)$ 为 $\mathrm{x}(t)$ 的 Hilbert 变换结果，其瞬时特征参数可以表示如下。

瞬时振幅：

$$\alpha(t)=\sqrt{\mathrm{v}^2(t)+\mathrm{x}^2(t)} \tag{6-9}$$

瞬时相位：

$$\theta(t)=\arctan\left\{\frac{\mathrm{v}(t)}{\mathrm{x}(t)}\right\} \tag{6-10}$$

瞬时频率：

$$\omega(t)=\frac{\mathrm{d}\theta(t)}{\mathrm{d}t} \tag{6-11}$$

瞬时特征参数从不同角度反映了信号的特性，瞬时振幅反映了信号的强度，瞬时相位反映了相邻信号的连续性，瞬时频率是相位随时间变化的度量。

6.2.2 特征融合

1）基本原理

在图像融合时，小波变换将原始图像作为二维信号，将图像多尺度分解为不同频率域，然后提取不同频率域人眼敏感的轮廓特征进行融合，最后通过逆变换获得融合后的图像。Mallat 在 20 世纪 80 年代提出了信号小波变换的快速算法，借助于 Mallat 算法我们可以将图像多尺度分解，并且获得每个像素的近似系数和细节系数。假设 H 和 G 分别代表尺度函数和小波函数对应的滤波系数矩阵，在尺度 $n-1$ 上 Mallat 分解公式如下：

$$C_n=H_\mathrm{c}H_\mathrm{r}C_{n-1} \tag{6-12}$$

$$D_n^\mathrm{h}=H_\mathrm{c}G_\mathrm{r}C_{n-1} \tag{6-13}$$

$$D_n^\mathrm{v}=H_\mathrm{r}G_\mathrm{c}C_{n-1} \tag{6-14}$$

$$D_n^\mathrm{d}=G_\mathrm{r}G_\mathrm{c}C_{n-1} \tag{6-15}$$

式中，C_n、D_n^h、D_n^v、D_n^d 分别代表图像 C_{n-1} 的近似系数（低频）、水平方向的细节系数（高频）、垂直方向的细节系数（高频）、对角方向上的细节系数（高频），下标 r 和 c 分别代表行和列。与之相应的二维图像重构算法为：

$$C_{n-1}=H_\mathrm{c}^*H_\mathrm{r}^*C_n+H_\mathrm{c}^*G_\mathrm{r}^*C_n+H_\mathrm{r}^*G_\mathrm{c}^*C_n+G_\mathrm{r}^*G_\mathrm{c}^*C_n \tag{6-16}$$

式中，H^* 和 G^* 分别为 H 和 G 的共轭转置矩阵。

基于小波变换的 GPR 数据融合基本流程如图 6-12 所示。首先采用小波变换计算图像 A 和 B 的近似和细节系数，然后选择合适的融合策略和融合系数，最后通过小波逆变换得到融合后的图像。与传统变换相比，小波变换可以对图像进行多尺度的分解。输入图像的系数取决于小波变换中使用的基函数，常见小波基有 Haar 小波、Daubechies（dbN）小波、Mexican Hat 小波、Morlet 小波和 Meyer 小波等。参考相关文献，为了获得较好的融合结果，本节采用了 db4 小波基函数。

2）融合规则

采用小波变换对图像第 1 层分解，原始图像被分解为 4 个部分：3 个高频部分和 1 个低频部分。继续对第 2 层分解，低频部分被再次分解为 3 个高频部分和 1 个低频部分，以此类推。因此，如果原始图像被分解为 n 层，将获得 $3n+1$ 个组成部分。图像的低频部分代表图像的轮廓信息，高频部分代表图像的噪声和细节信息，因此需要使用不同的规则对其进行融合，以获得更好的融合效果。探地雷达剖面采用灰度图绘制时，其振幅强弱用灰度值表示，病害位置处的反射波振幅显著增强，灰度值变化剧烈，反差明显，由于高频部分代表病害图像的细节特征，低频部分代表图像的轮廓，故应采用最大值融合规则对高频部分进行融合，以突出病害异常，采用均值融合规则对低频部分进行融合。具体规则如下。

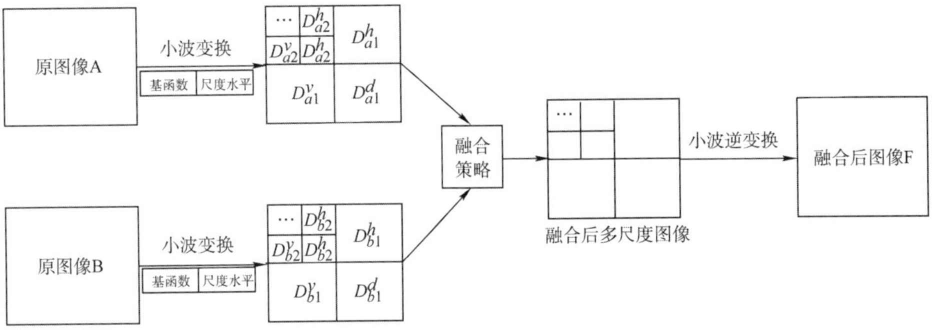

图 6-12 基于小波变换的 GPR 数据融合的流程图

(1)高频域融合规则。

采用最大值融合规则对高频部分进行融合，其表达式为：

$$\mathrm{D_m}(i,j)=\max\{\mathrm{D_a}(i,j),\mathrm{D_b}(i,j)\} \tag{6-17}$$

式中，$\mathrm{D_a}(i,j)$和$\mathrm{D_b}(i,j)$分别为原始图像 A 和图像 B 在空间位置(i,j)的高频部分；$\mathrm{D_m}(i,j)$为融合后的图像。

(2)低频域融合规则。

采用均值融合规则对低频部分进行融合，获取图像的边缘轮廓，其表达式为：

$$\mathrm{C_m}(i,j)=\max\{\mathrm{C_a}(i,j),\mathrm{C_b}(i,j)\} \tag{6-18}$$

式中，$\mathrm{C_a}(i,j)$和$\mathrm{C_b}(i,j)$分别为原始图像 A 和 B 在空间位置(i,j)的低频部分，$\mathrm{C_m}(i,j)$为融合后的图像。

3)融合效果评价

理想的融合结果需要包含更多的信息，相比融合前的数据总体上质量更好。本节采用信息熵和平均梯度指标定量的评价融合后图像效果。

(1)信息熵(information entropy，IE)。

信息熵反映了图像包含的平均信息的多少，用于反映融合图像信息的丰富程度。信息熵的大小与融合图像包含信息的丰富程度呈正相关。

$$\mathrm{IE}=-\sum_{i=0}^{L-1}\mathrm{p}(i)\log_2[\mathrm{p}(i)] \tag{6-19}$$

式中，IE 为图像的信息熵；L 为图像的总灰度级；$\mathrm{p}(i)$表示灰度值为 i 的像素数与图像总像素数的比值。

(2)拉普拉斯算子梯度(Laplacian operator gradient，LG)。

拉普拉斯算子是一个二阶微分算子，可以用于自动聚焦和边缘检测。本节将其作为清晰度的指标定量地评价融合效果。图像 $\mathrm{I}(x,y)$在点(x,y)的拉普拉斯算子计算公式如下：

$$L(x,y)=\nabla^2 I=\frac{\partial^2 I}{\partial x^2}+\frac{\partial^2 I}{\partial y^2} \tag{6-20}$$

式中：

$$\frac{\partial^2 I}{\partial x^2}=I(x+1,y)-2I(x,y)+I(x-1,y) \tag{6-21}$$

$$\frac{\partial^2 I}{\partial y^2}=I(x,y+1)-2I(x,y)+I(x,y-1) \tag{6-22}$$

即：

$$L(x,y)=I(x+1,y)+I(x-1,y)+I(x,y+1)+I(x,y-1)-4I(x,y) \tag{6-23}$$

图像 $I(x,y)$ 的拉普拉斯算子梯度值总和的方程为：

$$L=\frac{1}{n}\times\sum_x\sum_y|L(x,y)| \tag{6-24}$$

式中，n 为图像 I 的总像素数；LG 的大小与图像清晰度正相关，图像越清晰，图像内部的详细特征越明显。

6.2.3 应用实例

1）多属性特征提取融合

图 6-13a）为采用灰度图绘制的道路病害探地雷达剖面图，其中白色方框内的病害容易识别，黑色实线方框内的病害不易识别，黑色虚线方框内的病害难以识别。在原始剖面图中有 4 处病害：白色方框内为容易识别的空洞病害，其反射波振幅强度明显增强；黑色实线方框内为不易识别的反射裂缝，呈模糊的衍射双曲线；以及黑色虚线方框内 2 处振幅较弱、特征模糊、难以识别的基层松散病害。

图 6-13b）为原始数据经 Hilbert 变换后的瞬时频率图，图中空洞病害和裂缝病害识别难度与原始剖面图基本一致，但在原始剖面图中难以识别的疏松病害，在瞬时频率图中同相轴错动间断更明显，可以判别为异常病害，这是因为路面结构层内部的介质变化与瞬时频率有较好的对应关系。图 6-13c）为原始剖面图与瞬时频率图的融合，该图综合了原始剖面图和瞬时频率图的异常特征显示优势，不仅病害的边界纹理显示更清晰，而且原始剖面图中无法识别的疏松病害特征更加突出。

图 6-13d）为原始数据经 Hilbert 变换后的瞬时相位图，瞬时相位反映相邻信号的连续性，与介质边界特征对应较好。因此，根据信号的不连续性，容易识别出图中的 4 个病害。图 6-13e）为原始剖面图与瞬时相位图的融合，该图不仅保留了瞬时相位图中信号的不连续性，同时也具有原始剖面图中的能量变化特征（白色箭头所指），这是判断介质介电特性差异的重要依据。

图 6-13f）为原始数据经 Hilbert 变换后的瞬时振幅图，图中病害的识别难度与原始剖面图一致，因为两个剖面图都是信号强度的反应。

图 6-13g）为原始剖面图与瞬时振幅图的融合，其融合后的图像中病害的识别难度与原始剖面图一致。

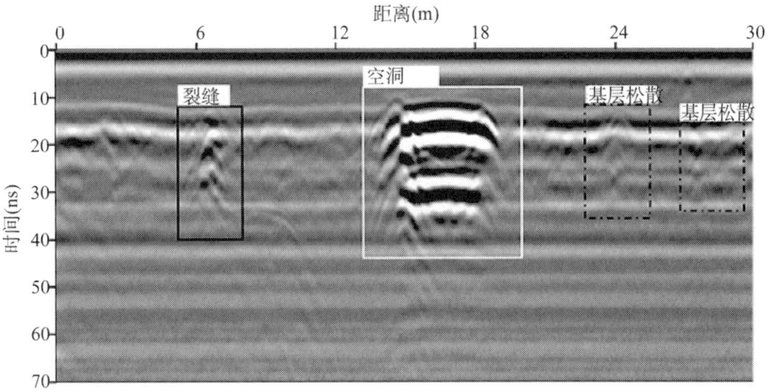

a) 原始剖面图

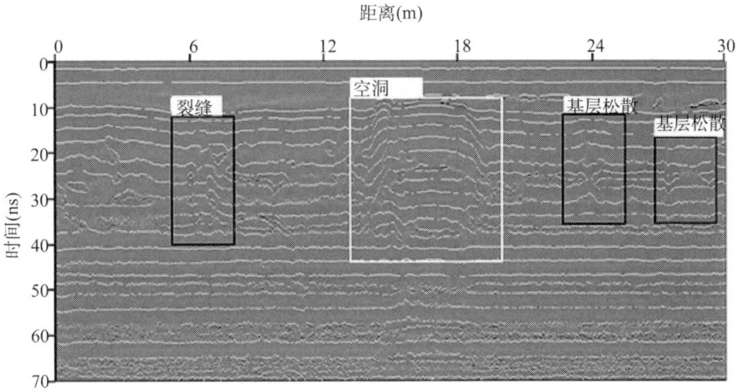

b) 原始数据经Hilbert变换后的瞬时频率图

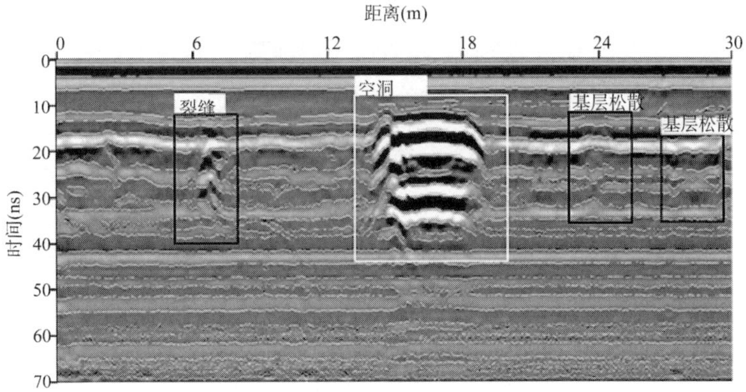

c) 原始剖面图与瞬时频率图的融合

图 6-13

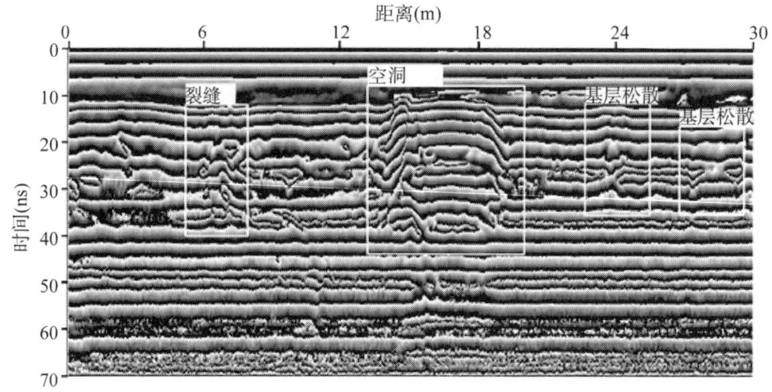

d) 原始数据经Hilbert变换后的瞬时相位图

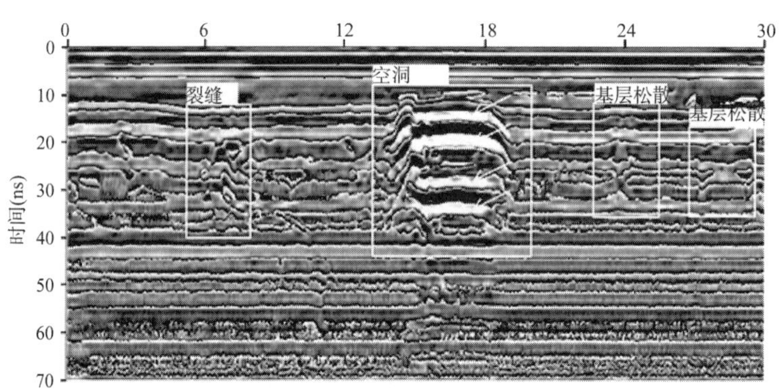

e) 原始剖面图与瞬时相位图的融合

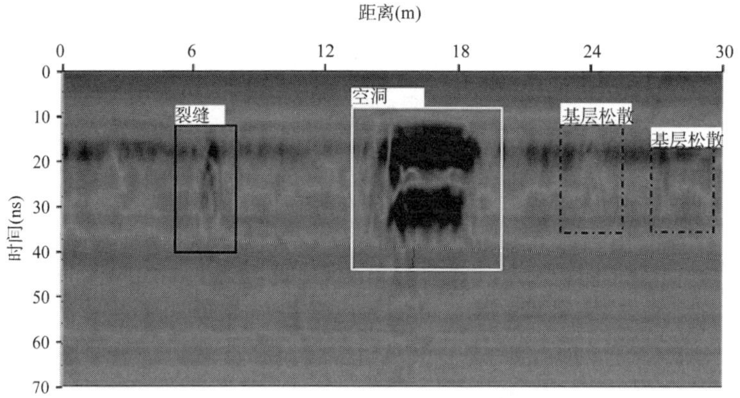

f) 原始数据经Hilbert变换后的瞬时振幅图

图 6-13

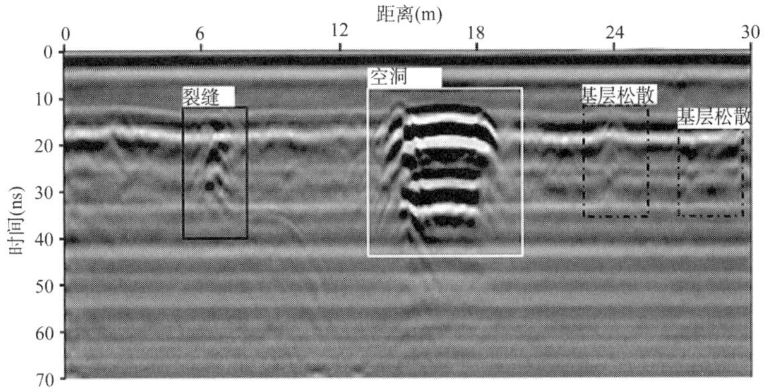

g)原始剖面图与瞬时振幅图的融合

图 6-13　原始剖面图及经 Hilbert 变换后的频率图、相位图、振幅图

2)融合结果评价

本书通过计算 GPR 原始剖面图和融合后图像的信息熵和拉普拉斯算子梯度来客观评价融合效果,在不同尺度下计算结果见表 6-3。

GPR 原始剖面图和融合后图像的信息熵和拉普拉斯算子梯度值　　表 6-3

梯度	单个图像				融合后图像			
	原始图(OF)	瞬时振幅(IA)	瞬时频率(IF)	瞬时相位(IP)	尺度	OF+IA	OF+IF	OF+IP
信息熵(IE)	5.4241	4.9180	3.7923	6.4950	2	5.2861	5.8270	6.8328
					4	6.0682	6.4044	7.0264
					8	6.6300	6.7779	7.2641
					12	6.6865	6.7853	7.2686
					16	6.6884	6.7876	7.2751
拉普拉斯算子梯度(LG)	0.0370	0.0313	0.1409	0.1780	2	0.0380	0.1470	0.1860
					4	0.0383	0.1478	0.1804
					8	0.0379	0.1455	0.1799
					12	0.0376	0.1459	0.1824
					16	0.0379	0.1455	0.1799

结果显示原始图与瞬时振幅、瞬时频率和瞬时相位融合后,其信息熵和拉普拉斯算子梯度相比单个图像都有所提高,即证明融合后图像中包含的信息量更加丰富、图像更清晰。其中原始剖面图与瞬时相位融合后指标提升最明显,瞬时频率次之、瞬时振幅最差。分析原因是瞬时相位的大小与振幅能量的强弱不相关,即两者是相互独立的,同时瞬时相位能较好地反映介质边界的变化和能量较弱的信号,是反应振幅能量变化的原始剖面图的补充。随着尺度水平的增加,IE 变大,但是 LG 变化不明显,基于瞬时属性和原始剖面图的融合结果,考虑到计算量,下文测试中使用基于小波变换 4 尺度水平的融合图像。

3)不同病害多属性融合结果对比分析

道路不同病害处的介质电性参数差异较大,电磁波在介质异常处传播时发生的随机反射致使接收到的反射信号特征复杂。瞬时属性的多个参数可以表征信号的动力学特征，在一定程度上反映了电磁波的衰减和散射过程。但不同病害探测时某些属性特征变化明显而有些却不易显现。上文案例中的雷达剖面图包含多个病害，原始剖面图与多个瞬时特征图融合后信息熵和拉普拉斯算子梯度值都有所提高，但无法判断不同病害对不同属性特征的敏感性，为了深入了解不同病害的属性特征参数融合结果，下文选取空洞、裂缝、基层松散三种病害各五个案例进行计算和分析。

从三种病害的融合计算结果来看，多种属性特征融合后的拉普拉斯算子梯度值相比原始剖面图都有所增加，说明融合后的图像改善了原始剖面图的清晰度和分辨率。但对于信息熵的计算结果，空洞病害中原始剖面图与瞬时振幅的融合结果有所提高，但与瞬时频率和瞬时相位融合时会有降低，另外裂缝和基层松散病害中振幅和相位融合结果提高，但瞬时频率降低。总的来看，空洞病害中瞬时振幅融合结果信息熵最大，而裂缝和基层松散病害的瞬时相位融合结果信息熵最大，分析原因来看，虽然空洞异常位置会导致同相轴突然间断，但由于空洞体积较大并且内部被空气填充，异常的反射振幅较强，反射能量也最强，所以对于空洞病害瞬时振幅的信息熵最大，即图像信息也越丰富；而对于裂缝和基层松散病害，在道路内部主要表现为结构层的间断不连续，病害内部体积较小，填充空气等异常介质较少，所以反射振幅强度偏弱，而雷达电磁波在不同电性参数介质中传播时，会使波的相位发生改变，所以瞬时相位在类似裂缝和疏松病害介质变化的边界处反映明显，见表 6-4～表 6-6。

空洞病害多属性融合图像的 IE 和 LG　　表 6-4

序号	属性	原始剖面图（OF）	瞬时振幅图（IA）	瞬时频率图（IF）	瞬时相位图（IP）	OF+IA	OF+IF	OF+IP
1	图像		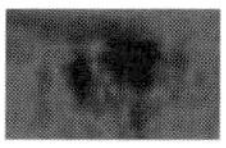		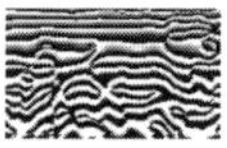		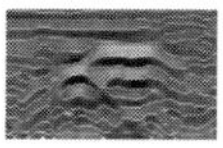	
	IE	6.9011	6.2696	6.7950	4.0144	7.1125	6.8747	6.0053
	LG	0.0214	0.0081	0.3793	0.3678	0.3696	0.0240	0.3566
2	图像					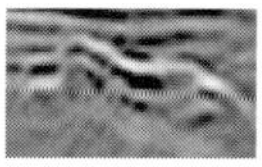		
	IE	7.1624	6.5942	7.0036	2.4356	7.2799	7.0802	5.7696
	LG	0.0219	0.0083	0.3812	0.3610	0.3643	0.0253	0.3437
3	图像	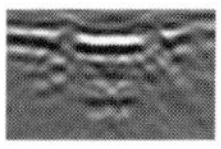	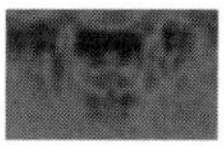		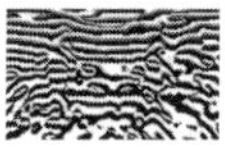		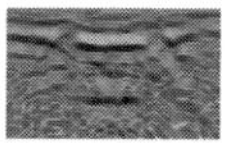	
	IE	6.9463	6.1927	6.9205	3.5772	7.2716	6.8769	5.8886
	LG	0.0206	0.0075	0.3707	0.3385	0.3579	0.0229	0.3305

续上表

序号	属性	原始剖面图（OF）	瞬时振幅图（IA）	瞬时频率图（IF）	瞬时相位图（IP）	OF+IA	OF+IF	OF+IP
4	图像							
	IE	6.9661	6.2693	6.8513	3.2645	7.2196	6.9224	6.1702
	LG	0.0162	0.0074	0.3109	0.2752	0.3000	0.0192	0.2671
5	图像	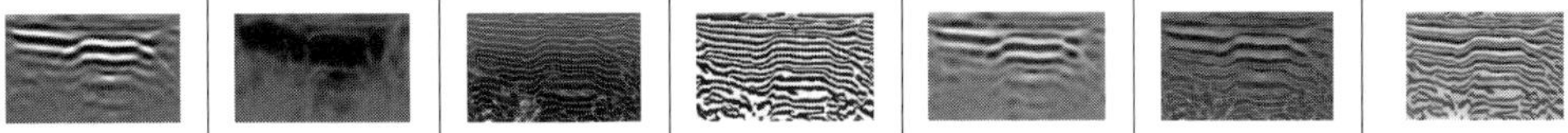						
	IE	6.8056	6.1351	6.7523	3.5704	7.1370	6.7478	5.7752
	LG	0.0223	0.0071	0.3913	0.3617	0.3758	0.0249	0.3512

裂缝病害多属性融合图像的 IE 和 LG 表 6-5

序号	属性	原始剖面图（OF）	瞬时振幅图（IA）	瞬时频率图（IF）	瞬时相位图（IP）	OF+IA	OF+IF	OF+IP
1	图像	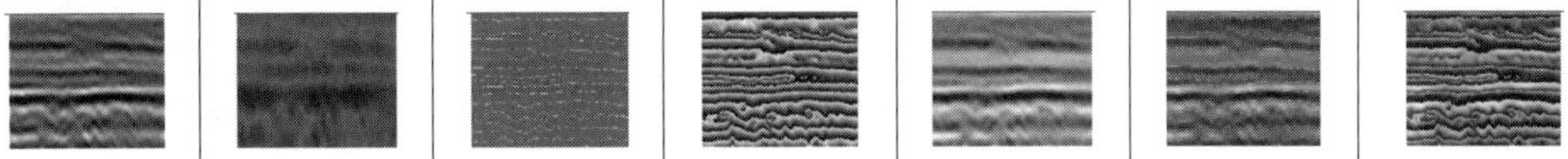						
	IE	6.9061	5.5800	3.3006	7.8975	6.8961	6.7403	7.8171
	LG	0.0134	0.0067	0.1202	0.2513	0.1311	0.0153	0.2522
2	图像	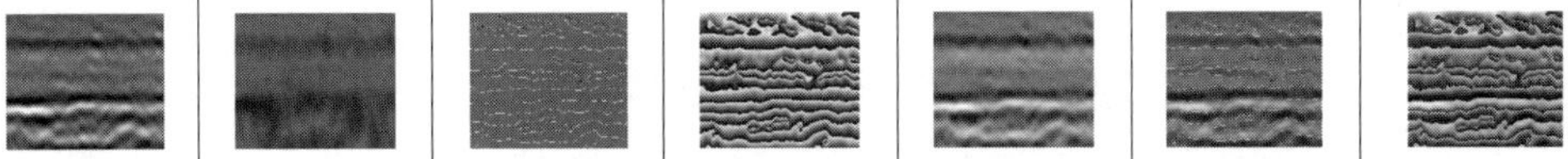						
	IE	7.0107	5.7269	3.2683	7.8982	7.1552	6.9486	7.7318
	LG	0.0138	0.0065	0.1403	0.2631	0.1528	0.0157	0.2645
3	图像	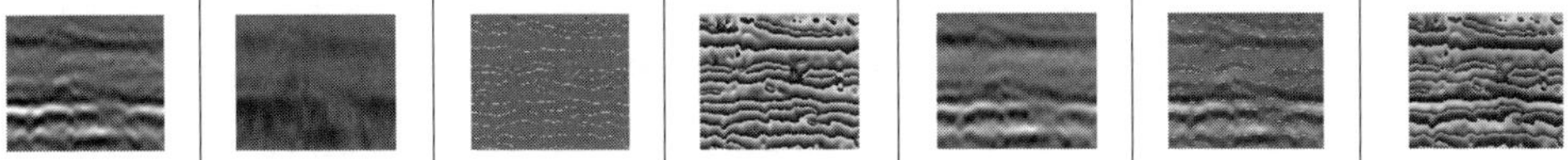						
	IE	6.9024	5.5910	3.4526	7.8946	6.9801	6.8528	7.7251
	LG	0.0140	0.0070	0.1398	0.2777	0.1520	0.0163	0.2780
4	图像	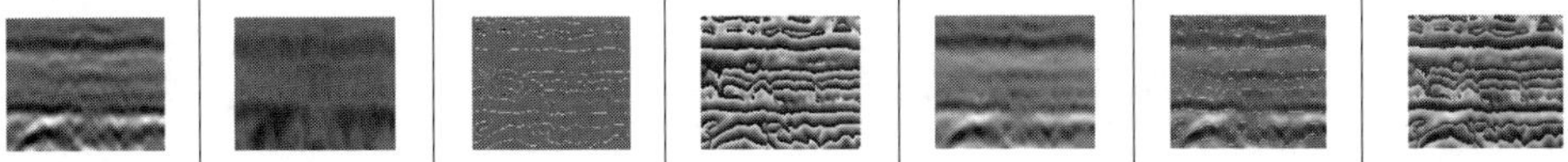						
	IE	6.9733	5.6613	3.4100	7.8929	7.0081	6.8309	7.7857
	LG	0.0138	0.0069	0.1260	0.2500	0.1380	0.0159	0.2506

续上表

序号	属性	原始剖面图（OF）	瞬时振幅图（IA）	瞬时频率图（IF）	瞬时相位图（IP）	OF+IA	OF+IF	OF+IP
5	图像	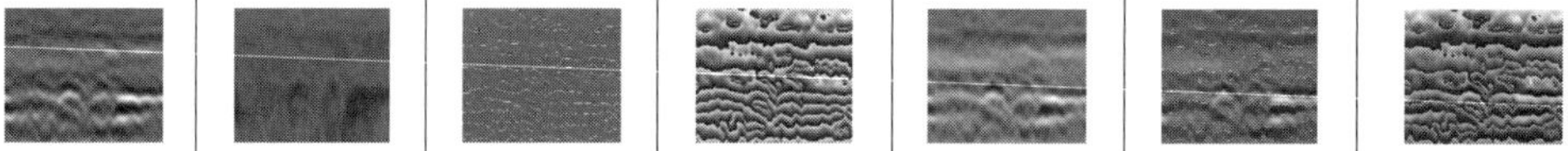						
	IE	6.6279	5.2237	3.4356	7.8933	6.7291	6.5410	7.7992
	LG	0.0118	0.0065	0.1257	0.2489	0.1356	0.0140	0.2491

基层松散病害多属性融合图像的 IE 和 LG 表 6-6

序号	属性	原始剖面图（OF）	瞬时振幅图（IA）	瞬时频率图（IF）	瞬时相位图（IP）	OF+IA	OF+IF	OF+IP
1	图像	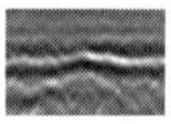				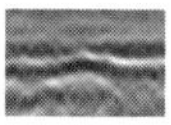	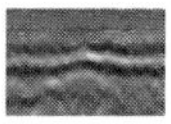	
	IE	7.2322	5.9434	3.3166	7.8910	7.4251	7.1744	7.6128
	LG	0.0154	0.0069	0.1374	0.2670	0.1511	0.0175	0.2709
2	图像		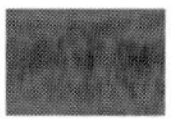					
	IE	7.0788	5.7109	3.3031	7.8903	7.2002	7.0377	7.7358
	LG	0.0136	0.0066	0.1274	0.2495	0.1400	0.0159	0.2508
3	图像		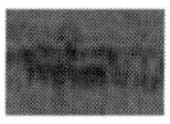			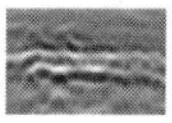		
	IE	7.1597	6.0192	3.5557	7.8972	7.3645	7.0876	7.6151
	LG	0.0193	0.0084	0.1446	0.2823	0.1621	0.0217	0.2873
4	图像	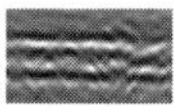						
	IE	7.3514	6.0605	3.2633	7.8929	7.4875	7.2291	7.5995
	LG	0.0176	0.0077	0.1313	0.2644	0.1474	0.0198	0.2669
5	图像							
	IE	7.2192	6.0147	3.1355	7.8945	7.2783	7.1601	7.6574
	LG	0.0166	0.0073	0.1399	0.2719	0.1545	0.0187	0.2749

6.3 基于深度学习的道路隐伏病害自动识别方法研究

尽管 GPR 设备具有很多优点,但由于道路材料是复合离散随机介质,GPR 信号在传播过程机理复杂,导致工程中仍主要基于技术人员的人工解释。数据的效率和准确性高度依赖于技术人员的专业知识,当数据量较大时,无法保证解释的及时性和准确率,因此实现 GPR 数据的处理和隐性病害自动识别具有重要的意义。数字信号和图像处理技术的发展进一步促进了 GPR 数据自动识别的发展,通过信号处理技术提取 A-scan 单道波的时域、频域和时频域特征,利用图像处理技术提取 B-scan 图像的梯度特征、二值特征及像素特征,然后通过支持向量机(Support Vector Machine,SVM)、神经网络(Neural Network,NN)、K 近邻算法(K-nearest Neighbors,KNN)、隐马尔可夫模型(Hidden Markov Model,HMM)、朴素贝叶斯(Naive Bayes,NB)、决策树(Decision Tree,DT)等机器学习算法,对由信号特征或图像特征构建的样本集训练获得的分类模型,实现病害的智能识别,表现出良好的性能。但机器学习算法需要从 GPR 信号中手动提取特征,所以这些算法的准确度高度依赖于选择的特征,并且只有在特定的数据集中表现良好。深度学习是机器学习中发展最快的算法类型之一,并逐步成为图像分类、语音识别、自然语言处理等众多领域的首选。特别是图像相关的任务,与依赖于手动选择特征的传统机器学习算法相比,深度学习显示出强大的提取复杂特征的能力,独立于人工特征提取和专家知识自动逐层提取样本特征,显著提高了 GPR 数据自动识别的效率和准确度,本书利用深度学习算法实现病害的自动检测。

6.3.1 探地雷达信号自动增益

在探地雷达探测过程中,道路结构层材料作为有损介质会吸收垂直向下传播的雷达信号,导致信号强度在向下传播过程中伴随着衰减。信号的增益通常被称为信号振幅的时变增强,就是将因传播而衰减的底层微弱信号以适当的比例放大,恢复由电磁波衰减引起的能量损失,以增强病害与周围介质之间的能量对比。目前数据解释时常用的增益函数有自动增益(Automatic Gain Control,AGC)、指数补偿增益(Spreading Exponential Compensation,SEC)、逆振幅衰减(Inverse Amplitude Decay,IAD)等,但以上增益函数在道路复杂环境中使用时,在增强信号强度的同时不可避免地引入噪声或造成平坦区,所以在实际工程应用时主要依赖于专家经验的调整选择。本节分析了雷达波在道路结构中的传播特性,提出基于小波分解的道路分层和功率谱能量比的增益自动调整方法。

传统的指数增益控制方法是在假设地下区域是均匀有损介质的基础上提出的,然而它忽略了路面分层的影响。不同深度的道路由不同比例的沥青、空气、骨料和土壤组成,介电常数差异显著,分层特征突出。常规的增益法无法有效补偿多层道路结构条件下的信号能量衰减。相比之下,采用针对不同结构层进行分段线性增益更接近工程实际。道路结构层通常包括面层、基层、底基层等,不同结构层采用不同的混合料铺筑。电磁波在道路中的传播具有以下特点:雷达信号在层间均匀衰减,由于材料介电常数的突变在层界面发生强烈反射。基于这样的衰减特性,可根据道路材料的分层使用不同的线性增益函数。

首先应用小波变换从反射信号中定位道路分层点。由于介电常数的突变,路面材料层界面处的雷达波会以相当大的值反射,可视为低频峰值信号。层之间的剩余反射信号可以被视为高频噪声信号。

确定道路结构层后需要计算层内的增益系数,本书依据每一层的能量衰减获得。根据采样点的数量将每一层的信号平均分为两段,然后计算每个信号段的功率谱密度(Power Spectral Density,PSD)。分段信号之间的功率表导数被用作该段的增益系数。层间其他位置的增益系数由线性差值确定,计算过程及处理效果如图 6-14 所示。

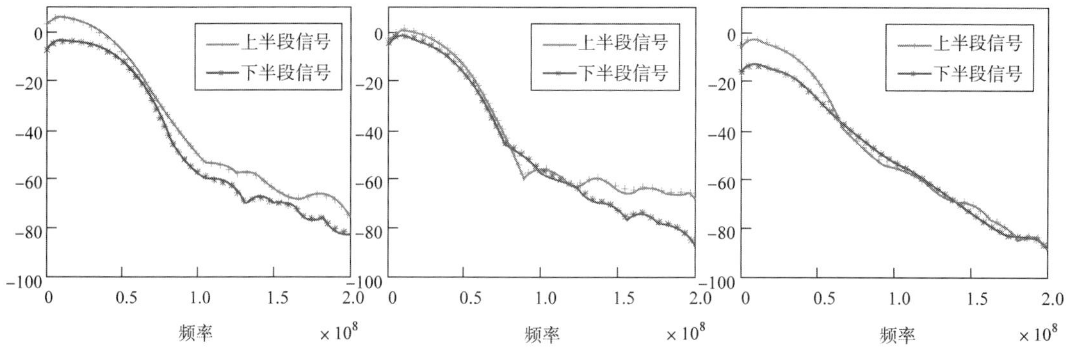

a) 每层结构层上半段和下半段信号的PSD

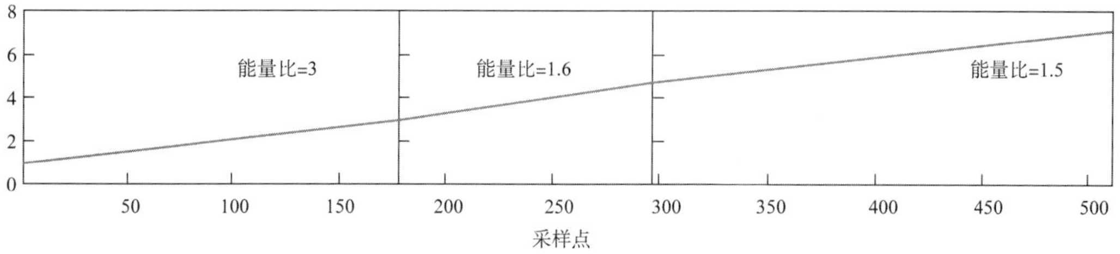

b) 不同深度信号增益的大小

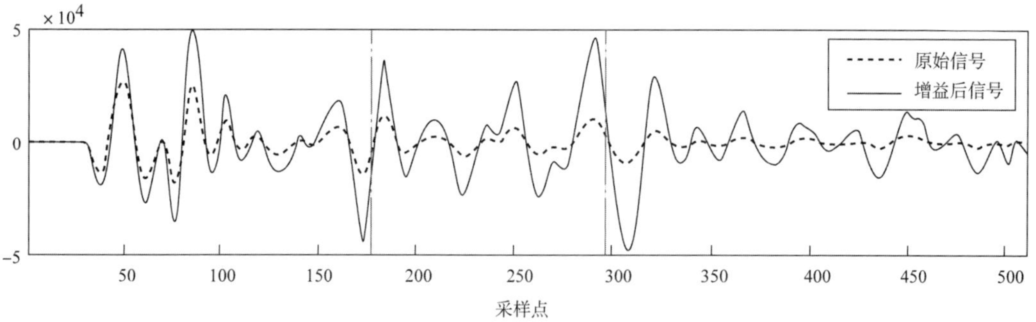

c) 信号增益前后的对比

图 6-14

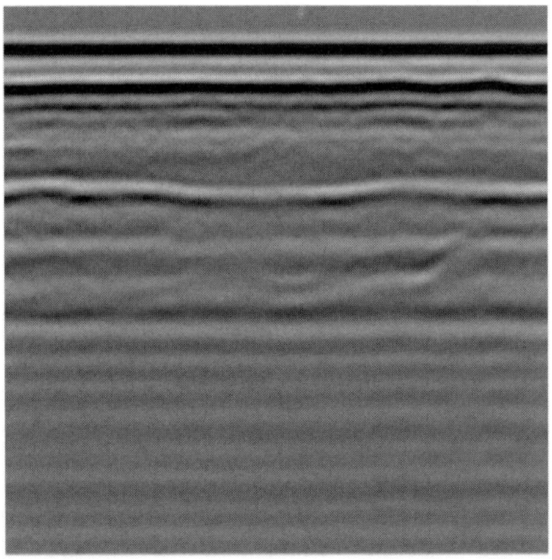

d) 雷达波原始剖面图

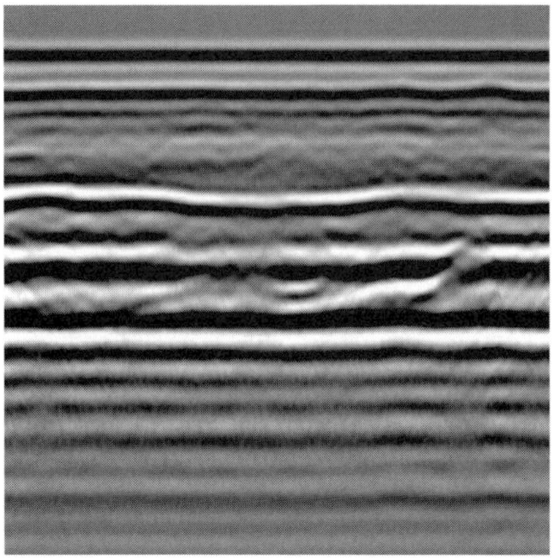

e) 雷达波增益后图像

图 6-14　基于 PSD 的增益函数参数确定及增益效果对比

通过小波变换的异常点识别将道路分为三层，图 6-14a）显示了每层上下信号的 PSD，图 6-14b）描述了不同深度的增益系数，图 6-14c）显示了信号增益前后的比较。图 6-14d）和图 6-14e）分别为增益前后的图像，可以看出，深部异常信号在增益前后更加明显，并且由病害引起的异常信号特征已经表现出来，更有利于后续深度学习模型的检测。但是这种增益方法有两个局限性，将在未来的研究中加以改进：①道路结构层定位是增益调整的前提，然而小波变换方法可能不适用于老化的道路，因为这些道路的分层界面并不明显，应该探索更强大的分层方法；②本节在每个道路层中选择一个线性增加的函数作为增益方法，后期可以考虑一些更接近电磁波衰减规律的复杂函数（如指数函数等）。

6.3.2　道路隐伏病害的自动识别方法

1）雷达信号的成像

当 GPR 在地面上沿着测线移动，会在不同的位置采集记录多道 A-scan，如图 6-15a）所示，多道 A-scan 的集合形成一个二维剖面 B-scan，如图 6-15b）所示，将接收信号的振幅强度值经过一定的映射关系用颜色或灰度表示时得到 B-scan 图像，如图 6-15c）所示。在图像中进行分析时，需要选择一种合适的映射方法来显示结构异常的特征，减少雷达回波信号的信息损失并且突出目标的特征。

传统的映射方法直接将 B 扫描数据转换为 256 级灰度的灰度图像。如图 6-16 所示，负相位最小值对应白色，正相位最大值对应黑色，其余反射信号幅度通过比例插值映射为灰色。这种映射方法会导致反射信号信息的大量损失。一方面，将幅度范围为[-20000,20000]的反射波信号映射到[0,256]的灰度级会丢失很多异常信息，只有相差大于 156 的异常反射波幅值才能在灰度图像中反映出来，这会使一些局部幅度异常无法反映在灰度图像中。另一方面，灰度图像不能有效保留相变信息，而相位对于病害检测很重要。因为当道路内部发生病害时，由于介电常数的差异，雷达波将在损坏处强烈反射。当雷达波从介电常数大的材料传播到介电常数小的材料时,反射信号的相位呈现负—正—负交替峰值。相反,反射信号的相位呈现正—负—正交替峰值。因此,当 B 扫描映射到图像时,能够区分正负相位将更有利于病害检测。

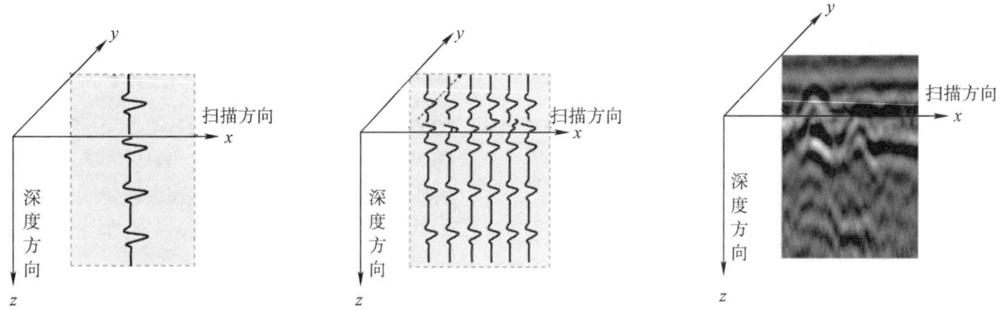

a) A-scan　　b) B-scan　　c) B-scan图像

图 6-15　探地雷达的数据采集和显示

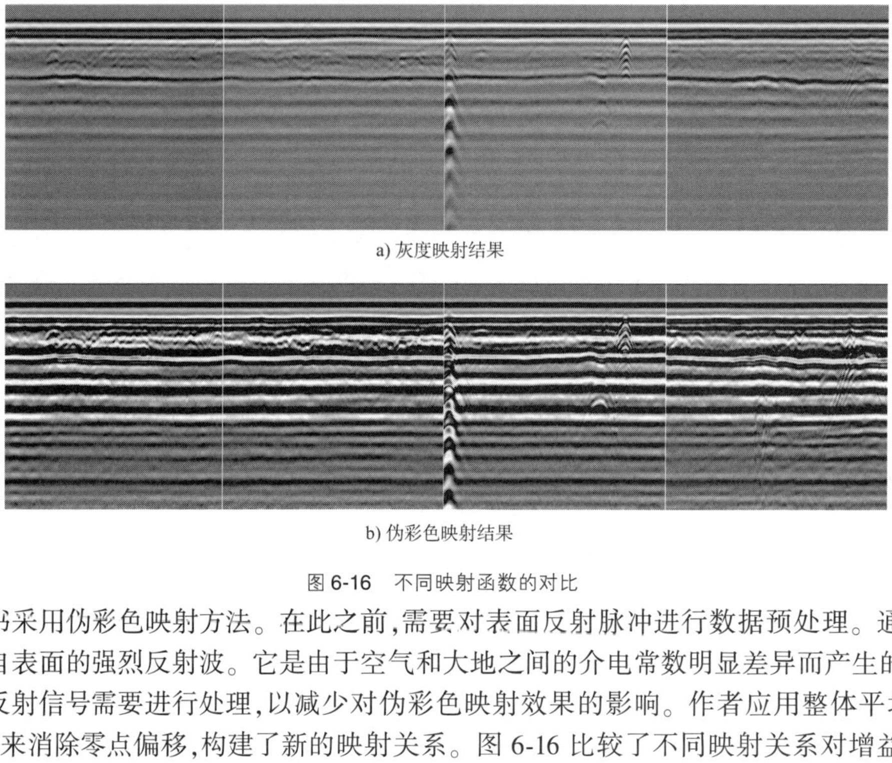

a) 灰度映射结果

b) 伪彩色映射结果

图 6-16　不同映射函数的对比

本书采用伪彩色映射方法。在此之前,需要对表面反射脉冲进行数据预处理。通常会观察到来自表面的强烈反射波。它是由于空气和大地之间的介电常数明显差异而产生的。这种强烈的反射信号需要进行处理,以减少对伪彩色映射效果的影响。作者应用整体平均法[式(6-25)]来消除零点偏移,构建了新的映射关系。图 6-16 比较了不同映射关系对增益后信号的影响。

$$s'(n)=s(n)-\frac{1}{N}\sum_{k=1}^{N}s(k) \tag{6-25}$$

式中,$s(n)$为第 n 道原始数据;$s'(n)$为整体平均后的数据。

2)目标检测模型

随着深度学习技术的发展,在目标检测领域出现了众多先进的 CNN 模型,如两阶段的 R-CNN、Fast-RCNN、Faster-RCNN 等,单阶段的 YOLO(You Only Look Once)、SSD(Single Shot Multibox Detector)等,都已被成功用于 GPR 图像中的道路设施隐性病害检测,为了能够实时自动获取病害类别和位置信息，本书使用 YOLO v4 的目标检测深度学习模型。该模型中部署了卷积神经网络（CNN）来提取图像特征、分类和坐标回归。作为单阶段目标检测算法，YOLO v4 是 YOLO 模型系列中最新、最有效的模型。如图 6-17 所示，它由 4 个主要模块组成：输入、主干、颈部和输出。在 YOLO v3 的基础上，增加了一些新的改进思路，极大地提高了 YOLO v4 的速度和准确性。

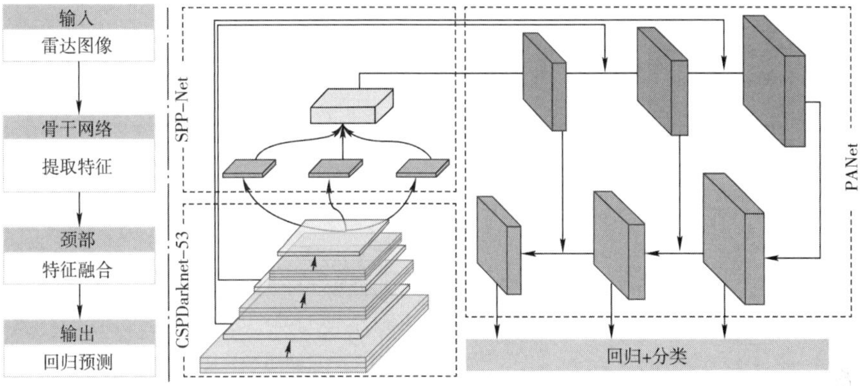

图 6-17　YOLO v4 的结构

主干模块用于提取图像中的一般特征，选择并训练了 CSPDarknet53，它是在 YOLO v3 骨干网络 Darknet53 的基础上增加 5 个 CSP 模块而形成的。CSP 模块首先将基础层的特征图分成两部分，然后通过跨阶段的层次结构将它们合并，这样减少了计算量，增强了 CNN 的学习能力，保证了模型的准确性。在激活函数方面，使用 Mish 激活函数来替代原来的 ReLU 激活函数，Mish 函数更加平滑，可以进一步提高模型的准确性。此外，Dropblock 被添加以随机停用网络中的一些神经元，这种卷积层的正则化方法可以进一步提高模型的泛化能力。

Neck 模块通常插入主干和输出模块之间，以提高提取特征的多样性和鲁棒性，本书使用的网络部署了 SPP 网络和 FPN+PAN 网络形成的 Neck 模块。SPP 网络合并不同大小的最大池化层以获得稳健的特征表示，自上而下的 FPN 特征金字塔和自下而上的 PAN 特征金字塔相结合，以充分整合不同层的特征。融合不同尺度的特征，用于后续的回归和分类。通过这种方式，利用不同分辨率的特征图来提高模型的定位能力，尤其是对于小物体（如裂缝）检测表现出良好的性能。

6.3.3　应用实例

1）数据介绍

本书使用了现场采集以及数值模拟两种类型的数据。现场采集的工程数据中病害的类别和位置由专家区分和标注，并且通过现场钻芯采样方法进行验证。由于破坏性抽样验证的成本很高，真值的数量通常很少，因此数值模拟数据主要用于模型预训练。使用模拟数据进行预训练可以约束深度学习模型的学习方向，从而加快模型收敛速度并提高其准确性。

现场试验数据选取了国内 4 条高速公路，均为半刚性基层沥青路面。设备采用了 LTD-2600 400MHz 地面耦合天线，其垂直和水平分辨率范围分别为 0.002～0.003m 和 0.03～0.05m。为了保证不同速度下等距采样，数据采集时利用编码器触发天线发射单元。数据中圈定的病害都由专家判断并通过现场取芯验证。但是由于现场真值数据的获取不仅费时费力又具有破坏性,典型病害的数值模拟在一定程度上可以起到补充作用。本书使用开源的基于有限时域差分理论的 GPRMax 软件,建立了对应基层反射裂缝和空洞的两个仿真模型。现场数据和模拟数据的统计如表 6-7 所示,其中 80%用于模型训练,其余用于模型测试。

收集数据的统计　　表 6-7

项目	训练集（现场测试数据）	测试集（现场测试数据）	预训练集（模拟数据）
裂缝数量	6182	1537	5972
空洞数量	2397	628	5316
图像数量	6625	1653	10566

2)结果分析

在两块 1080Ti GPU 上训练 30h 后,模型的损失函数逐渐收敛,获得了最优权重。模型在测试集上测试的结果如图 6-18 所示。图 6-18a) 显示了不同训练策略下损失函数的收敛进度。一般来说,使用模拟数据进行预训练会比从头开始训练取得更好的结果。预训练加快了损失函数梯度下降的收敛速度,可以减少训练过程中需要的计算能力,加快新场景下的模型部署。此外,借助预训练的初始参数,得到了一个低误差的模型,提高了识别效果。对比两种类型的预训练数据,使用有噪声的模拟数据进行预训练可以更快地加速训练收敛,添加噪声的数据更真实地模拟了现场数据,使模型能够更准确地学习特征。该模型在训练过程中也达到了与无噪声模拟数据预训练相当的精度。然而在随后的训练进展缓慢,这可能是由于预训练数据中的模拟数据过多造成的。在未来的研究中可以考虑适当数量的模拟数据和更复杂的噪声添加方法。

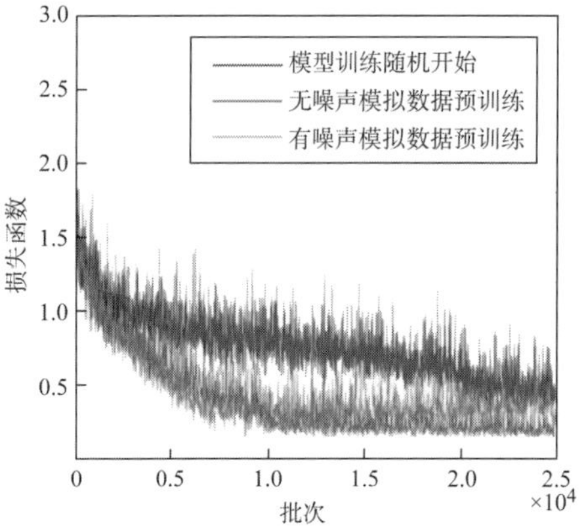

a) 损失函数的变化

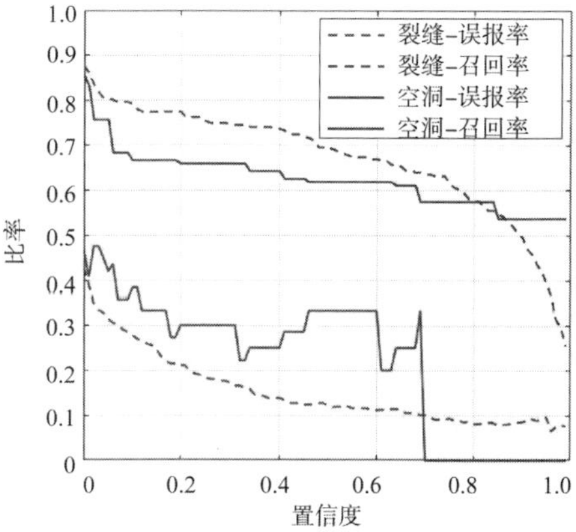

b) 召回率和误报率分布

图 6-18　模型训练结果

高召回率意味着已检测到尽可能多的病害,低误报率意味着模型检测到的准确结果百分比很高。这两个指标通常随着模型的预测置信度阈值而变化。图 6-18b) 显示了这种特定的变化,图中的横轴是指模型对每个预测结果的置信度,置信阈值需要根据实际应用的需要来确定。当假阴性更容易容忍时,置信水平应该更低,当误报更难以忍受时,置信水平应该更高。

图 6-18b)可以提供很好的参考,召回率和误报率的公式如下。

$$\text{Recall}=\frac{TP}{TP+FN} \tag{6-26}$$

$$\text{False alarm rate}=\frac{FP}{TP+FP} \tag{6-27}$$

式中,TP、FP 和 FN 分别指真阳性、假阳性和假阴性。可以看到,与地下空洞相比,反射裂缝识别效果更好(误报率更低,召回率更高)。随着置信度阈值的提高,两类病害的召回率均有所下降。特别是召回率在置信区间[0,0.2]和[0.8,1]时,下降得更多。在经历了快速下降之后,误报率保持了稳步下降的趋势。一般来说,在 0.8 的置信度阈值下,模型对裂缝的召回率为 70%,误报率低于 10%。空洞的召回率和误报率分别为 60% 和 10%。图 6-19 显示了各种病害的检测结果。

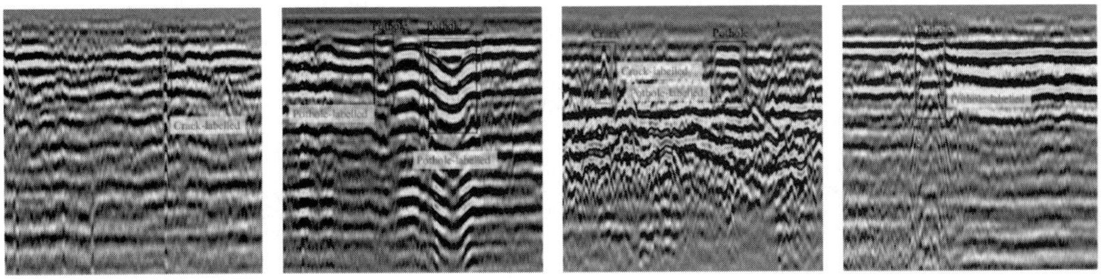

a)　　b)　　c)　　d)

图 6-19　检测结果示例

本书进行了两个对比试验来验证训练数据量和输入图像大小的影响。在第一个试验中,原始数据集被随机分为其子集的 1/3 和 2/3,分别命名为 GPR Data 2000(GD2000)和 GD4000。这三个训练集中每个类别的数据统计如表 6-8 所示。这三个训练集用于训练,结果如图 6-20a)所示。随着训练集数据的不断扩大,裂缝和空洞的检测精度有了显著提高。与 GD2000 和 GD4000 相比,GD6000 训练的模型中裂缝检测的准确率分别提高了 20.01%和 8.72%,空洞检测的准确率也分别提高了 25.82%和 18.50%。对于地下空洞,由于训练数据本来就很少,因此,数据量的增加带来的检测精度提升比较明显。因此,通过扩展数据样本,可以增强深度学习模型在 GPR 数据中病害自动检测中的性能。

三个数据集的统计　　表 6-8

项目	GD2000	GD4000	GD6000
地下裂缝	2031	3972	6182
地下空洞	954	1708	2397
图片	2200	4400	6625

第二个试验是探究训练图像大小的影响。由于设备在深度上的采样率是固定的,所以在图像的高度上固定为 512 像素。截取了 512、768 和 1024 条单道反射信号,并将它们转换为灰度图像。因此,对应图像的大小为:512×512、512×768 和 512×1024。训练结果如图 6-20b)所示,尺寸图像为 512×512 时的检测精度最高。结果表明,图像大小的变化对检测精度有显著影响,其中裂缝检测比空洞的影响更大。图像 1∶1 比例输入时可以减少特征提取前图像缩放

带来的损失。因此，在分析探地雷达数据时，建议根据深度方向的采样率确定图像的大小，并保持纵横比为 1∶1。

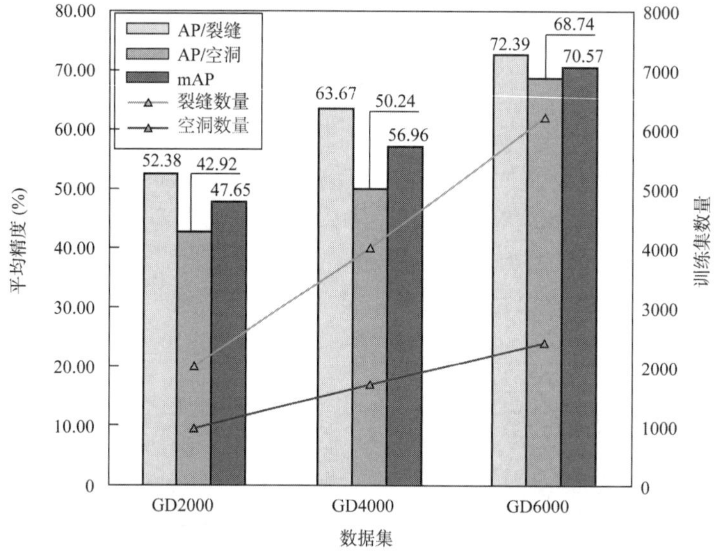

a) 准确率随训练数据量的变化

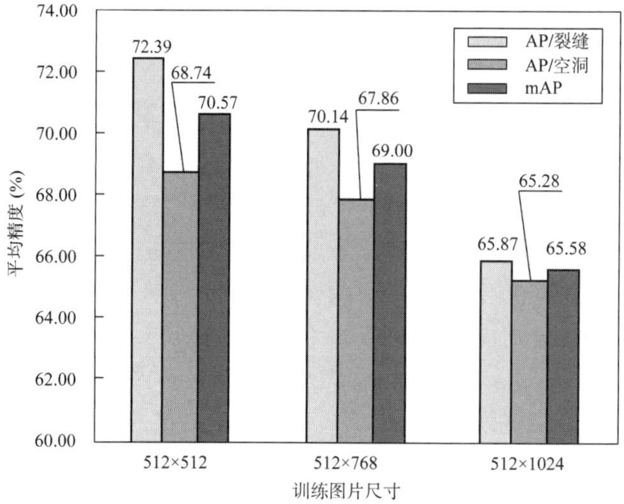

b) 精度随训练图像大小的变化

图 6-20　模型训练结果

为了更好地研究所提出模型和预处理方法的性能和适用性，比较了不同模型和预处理方法的准确性。选择了 YOLO v3 和 Faster RCNN 两个最常用的对象检测模型，并在同一数据集上进行了训练。两种病害的平均精度（AP）和模型的平均 AP（mAP）如表 6-9 所示，AP 的计算如式（6-28）所示。自动信号增益和伪彩色映射两种数据处理方法的效果也进行了对比分析。相同的数据集经过四种方式处理，然后用于模型训练和测试，它们分别是无增益和无伪彩色映射（NGNP），有增益和无伪彩色映射（WGNP），无增益和伪彩色映射（NGWP），以及增益和伪彩色映射（WGWP）。通过将处理后的数据整合到输入中，提高了识别精度。对比结果表明，结合领域知识的训练方法可以将准确率提高 12.56%(其中裂缝 10.66%,空洞 14.46%),并且自动信号增益和伪彩色映射方法对模型效果的改善有近似的贡献。更详细地说,比较 NGNP 和 NGWP,表明伪彩色映射可以将检测精度提高约 1.85%(其中裂缝 1.73%,空洞 1.98%)。比较 NGNP 和 NGWP,表明增益调整可以将检测精度提高约 6.59%(其中裂缝 4.13%,空洞 9.40%)。本节提出的模型也被证明在基于 GPR 数据的地下病害检测中具有更好的性能。

$$\mathrm{AP} = \int_0^1 \mathrm{p}(r)\,\mathrm{d}r \tag{6-28}$$

式中,p(r)表示召回时的准确率 r,精度可以通过公式(6-29)计算:

$$\mathrm{Precision} = \frac{\mathrm{TP}}{\mathrm{TP}+\mathrm{FP}} \tag{6-29}$$

各方法准确率对比分析　　表 6-9

病害类型	YOLO v4 (NGNP)	YOLO v4 (WGNP)	YOLO v4 (NGWP)	YOLO v4 (WGWP)	YOLO v3 (WGWP)	Faster R-CNN (WGWP)
裂缝	61.73	64.28	65.83	72.39	71.25	70.27
空洞	54.28	59.38	58.39	68.74	63.87	62.97
mAP	58.01	61.83	62.11	70.57	67.56	66.62

本书提出了一种基于深度学习和信号处理的 GPR 地下病害识别模型。设计了一种信号自动增益方法来增强反射信号的特征。基于卷积神经网络构建和训练目标检测模型。这种无损检测方法可以实现对最常见两种病害类型的自动检测,即地下裂缝和空洞,平均精度为 70.57%。研究表明:随着数据量的增长,模型的准确率会显著提高。对于 GPR 的 B-scan 数据,图像比例在 1∶1 时可以获得更好的结果,本书选择的 YOLO v4 模型也被证明比其他模型表现更好。在未来的研究中,将收集更多的现场数据,以提高所提出模型的准确性和泛化性。另一方面,本章只使用了反射波的振幅和相位,未来更多的信号特征,如极化、频率等将被分析并融合到检测模型中。

本章参考文献

[1] H. El-said M A. Geophysical Prospection of Underground Water in the Desert by Means of Electromagnetic Interference Fringes[J]. Proceedings of the IRE,1956,44(1):24-30.

[2] Waite A H,Schmidt S J. Gross Errors in Height Indication from Pulsed Radar Altimeters Operating over Thick Ice or Snow[J]. Proceedings of the IRE,1962,50(6):1515-1520.

[3] Annan A P. GPR—History,Trends,and Future Developments[J]. Subsurface Sensing Technologies and Applications,2002,3(4):253-270.

[4] Slob E,Sato M,Olhoeft G. Surface and borehole ground-penetrating-radar developments[J]. GEOPHYSICS,2010,75(5):75A-103A.

[5] 乔旭. 基于雷达图像道路地下病害识别技术研究[D]. 北京:中国矿业大学,2017.

[6] Gader P D,Mystkowski M,Zhao Y. Landmine detection with ground penetrating radar using hidden Markov models[J]. IEEE transactions on geoscience and remote sensing,2001,39(6):

1231-1244.

[7] Travassos X L, Avila S L, Ida N. Artificial Neural Networks and Machine Learning techniques applied to Ground Penetrating Radar: A review[J]. Applied Computing and Informatics, 2020.

[8] 郭士礼. 基于随机介质的高速公路探地雷达检测理论研究[D]. 武汉: 中国地质大学, 2013.

[9] 奚先, 姚姚. 随机介质模型的模拟与混合型随机介质[J]. 地球科学, 2002(1): 67-71.

[10] Jiang Z, Zeng Z, Li J, et al. Simulation and analysis of GPR signal based on stochastic media model with an ellipsoidal autocorrelation function[J]. Journal of Applied Geophysics, 2013, 99: 91-97.

[11] 韩颜颜, 张忠杰, 梁锴, 等. 基于非均匀化多尺度方法的自组织介质波前愈合效应波场模拟[J]. 地球物理学报, 2015, 58(2): 643-655.

[12] 郭士礼, 冀孟恩, 朱培民, 等. 多相离散随机介质模型及其探地雷达波场特征研究[J]. 地球物理学报, 2015, 58(8): 2779-2791.

[13] 冯德山, 杨良勇, 王珣. 探地雷达 FDTD 数值模拟中不分裂卷积完全匹配层对倏逝波的吸收效果研究[J]. 地球物理学报, 2016, 59(12): 4733-4746.

[14] Chen Q, Sidney S. Seismic attribute technology for reservoir forecasting and monitoring[J]. Leading edge (Tulsa, Okla.), 1997, 16(5): 445-450.

[15] Corbeanu R M, McMechan G A, Szerbiak R B, et al. Prediction of 3 - D fluid permeability and mudstone distributions from ground - penetrating radar (GPR) attributes: Example from the Cretaceous Ferron Sandstone Member, east - central Utah[J]. GEOPHYSICS, 2002, 67(5): 1495-1504.

[16] Conyers L B, Leckebusch J. Geophysical Archaeology Research Agendas for the Future: Some Ground-penetrating Radar Examples[J]. ARCHAEOLOGICAL PROSPECTION, 2010, 17(2): 117-123.

[17] Lu G, Zhao W, Forte E, et al. Multi-frequency and multi-attribute GPR data fusion based on 2-D wavelet transform[J]. Measurement, 2020, 166: 1-6.

[18] Yue G, Du Y, Liu C, et al. Road subsurface distress recognition method using multiattribute feature fusion with ground penetrating radar[J]. International Journal of Pavement Engineering, 2023, 24(2): 1-13.

[19] Bi W, Zhao Y, Shen R, et al. Multi-frequency GPR data fusion and its application in NDT[J]. NDT & E International, 2020, 115: 102289.

[20] Xie X, Li P, Qin H, et al. GPR identification of voids inside concrete based on the support vector machine algorithm[J]. Journal of Geophysics and Engineering, 2013, 10(3): 34002.

[21] 沙爱民, 蔡若楠, 高杰, 等. 基于级联卷积神经网络的公路路基病害识别[J]. 长安大学学报(自然科学版), 2019, 39(2): 1-9.

[22] Bianchini Ciampoli L, Tosti F, Economou N, et al. Signal Processing of GPR Data for Road Surveys[J]. Geosciences, 2019, 9(2): 96.

第 7 章
Chapter 07

精细化道路环境激光雷达全景建模和应用技术

激光雷达（LiDAR）技术是一种基于距离测量的新兴测绘技术，自20世纪90年代发展以来，因为其具备的自动化程度高、受天气影响小等特点，逐步成为测绘建模、智慧城市领域重要的数据获取途径，可实现对道路环境的三维位置和图像等多维信息的快速采集，在道路基础设施管理养护方面具有较大的应用前景。

激光雷达技术是利用光学测距原理来获取被观察对象的位置、距离、角度等参数，并通过三维点云化的表现形式来输出观测结果。其可以清晰刻画目标物体的三维形体和表面特征，因而可以将现实世界的环境映射为数字化的立体场景，在工业生产、农林业检测、地质勘探、军事工程以及航空航天等领域已有广泛应用。相较于其他测绘技术，LiDAR技术主要具备如下优势：①基于主动式光学测距原理，受环境光影响小，支持夜间工作；②可以实现全方位扫描，检测范围极广：激光雷达技术可以实现近乎360°的全方位扫描，检测范围可以达到100m以上，测量精度可达毫米级；③与图像等数据具备较好的融合能力，可丰富数据的特征维度。

近年来，无论是LiDAR测绘装备还是点云数据的处理解析方法，都取得了长足的发展和进步。LiDAR测绘设备逐步由传统的重型化向轻量化、小型化发展，可以匹配多种载具进行测绘工作，包括车载式、机载式、背包式等，可以覆盖城市、山区等各类场景下的三维测量和成像。在道路设施运维领域，LiDAR点云数据也正在逐渐发挥其覆盖范围广、数据精度高的特性，成为道路环境精细化全景建模的重要手段。近年来，随着LiDAR测绘设备在感知精度、存储能力方面的进步，三维点云的采集密度、计算能力也在逐步提升，而因其具备三维高精测量的技术优势，在道路设施建模场景下已逐步开始替代传统以图像采集为主的建模方法，并逐步在道路设施资产普查、路面病害检测、道路三维平整度测量、道路附属设施检测等领域展开应用。

综上所述，LiDAR技术作为近年来新兴的测绘技术手段，较传统道路测绘/检测技术具有环境影响小、速度限制小、覆盖范围广的显著优势，为道路设施精细化建模提供了更高精度、更便捷的解决方案，但由于其发展历程较短，国内外学者对其数据解析方法和智能场景应用的研究仍处于起步阶段，无论是路域目标检测、道路状况判别、路面平整度评估等应用方向，尚无成熟的技术体系和应用案例。本章重点结合道路环境建模场景下LiDAR技术的设备应用、数据解析、功能实现，构建道路环境全景建模方法和流程，提出三维点云数据的智能解析方法，并结合应用案例阐述点云数据在病害检测、平整度评估方面的应用途径。

7.1 道路环境激光雷达点云数据采集方法与设备

7.1.1 车载LiDAR移动测绘系统

为适应道路采集环境且保证足够的点云采集密度，采用车载LiDAR移动测绘系统（LiMobile 400)进行点云数据采集,如图 7-1 所示。该系统集成了 Riegel VUX-1HA 激光扫描仪、Ladybug5 PLUS 全景数码相机、惯性测量单元(IMU)、多频 GPS 接收器和其他必要的感应仪器。其中,激光雷达单元的最大测程为 420m,测距精度为 5mm,视角场为 360°,扫描频率为 75Hz,角分辨率达到 0.5°,扫描半径超过 50m。

图 7-1 车载 LiDAR 移动测绘系统

LiDAR 设备架设于检测车上距离地面垂直高度 1.8~2m 处,单向行驶即可覆盖双向道路及周边设施状况。为确保点云数据采集密度,车辆行驶速度建议控制在 40km/h 左右。为避免测量数据受道路行驶车辆影响,测量时间应选在车流量较少的夜间,且为了减少路面积水、积雪等潮湿物体对激光测量的干扰,宜在干燥环境下开展测量。

LiDAR 设备输出数据包括每个采样点的位置(X,Y,Z 坐标)及其与传感器的距离、反射强度、RGB(红、绿、蓝三种颜色通道)、激光 ID、方位角、调整后时间戳。原始点云数据是基于相对坐标系所构建的,具有稀疏性、无序性和无方向性的特征,且整体数据量较大,无效数据较多,轨迹数据近似于道路延伸方向但不平行于车道线,虽然有高度值但与点云高度无法直接匹配。所采集的点云数据和轨迹数据格式分别如表 7-1、表 7-2 所示,点云数据可视化效果如图 7-2 所示。

点云数据格式 表 7-1

X	Y	Z	反射强度	类别	返回值类别	时间戳
330884.896	3465081.221	17.8478	23089	0	4	402906
330885.2945	3465081.534	17.2160	13170	0	4	402906
330887.2477	3465081.146	17.4654	23746	0	2	402907
330894.5488	3465033.69	18.2747	19300	0	4	402907
330890.6495	3465081.456	17.3541	34634	0	4	402908

轨迹数据格式 表 7-2

时间戳	经度	纬度	高度	滚转角	俯仰角	航向角	X	Y
402428.080	121.226960	31.293602	18.823	2.418001	2.040557	-92.18039	331243.19	3463497.74
402428.088	121.226959	31.293602	18.822	2.432013	2.047565	-92.17534	331243.14	3463497.74
402428.096	121.226958	31.293602	18.821	2.443426	2.054934	-92.17202	331243.08	3463497.74
402428.104	121.226958	31.293602	18.821	2.452048	2.061238	-92.17118	331243.03	3463497.74
402428.112	121.226957	31.293602	18.82	2.457627	2.068523	-92.16789	331242.97	3463497.73

a)

b)

c)

d)

图 7-2 点云数据可视化效果

7.1.2 道路环境 LiDAR 点云数据采集方法

由于车载 LiDAR 测绘系统硬件设备繁多、道路环境复杂，为保证点云数据采集的可靠性和有效性，设计了如图 7-3 所示的采集流程，主要包括计划准备、车载采集实施、数据整理三个阶段。

采集实施前，应检查点云数据的可靠性和有效性，包括静止状态下 LiDAR 设备的振动状态检测、点云数据采集的可视范围和点云密度、LiDAR 设备扫描测线角度等，针对振动幅度过大等问题，可通过在固定支架下方架设缓冲材料予以解决。针对可视范围和测线角度问题，可通过手持高反射率材料标志，对点云数据采集的角度、方位等状态进行及时确定，并通过调整设备位置进行修正。

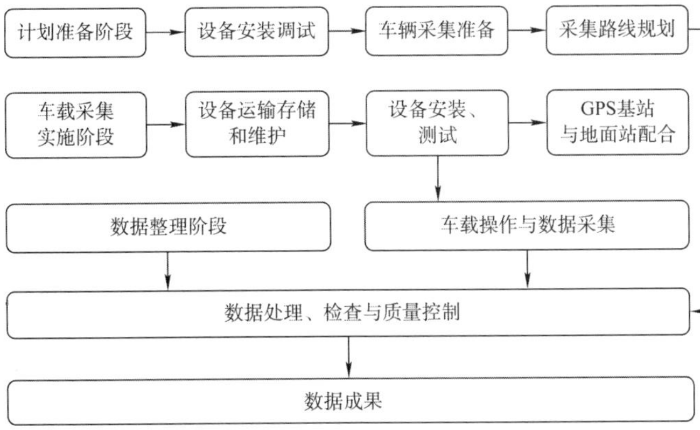

图 7-3　道路环境 LiDAR 点云数据采集流程

7.2 道路环境激光雷达点云数据的解析与计算

车载 LiDAR 移动测绘系统获得的道路环境激光点云数据通常在空间密度分布、精准性分布上存在差异。一方面,受设备自身和采集过程影响,LiDAR 设备会随车身摆动产生轻微的角度偏转,使得点云数据存在一定波动性,导致数据存在偏差和异常;另一方面,点云数据点在空间位置上呈离散性分布,数据结构呈扫描线排列方式,具有一定概率性,因而会存在一定的不均匀性。此外,受检测环境、车辆状态影响,点云数据可能存在偏离物体表面的非正常点数据,导致点云数据的密度分布也呈现一定的不确定性。

现有激光雷达点云数据解析计算方法的相关研究,多聚焦于点云分类、特征物提取分析与处理等工作。当采用 7.1 节中提出的点云数据采集方法对道路环境进行建模时,大量有关和无关的点云数据均会被无差别记录,包括路面和防护栏等交通基础设施、路侧绿化带和人行道等附属设施、周边建筑物等多种环境要素。对于道路环境的精细化建模和应用,首先需从复杂环境点云数据中,剔除由外部因素或设备因素导致的噪声信号,进而对路面区域、路侧区域进行有效划分和切割。针对上述问题,本节重点阐述道路环境点云数据处理方法,包括点云数据的预处理方法、自适应区段划分、基于轨迹和特征聚类的路面点分割方法等。

7.2.1 道路环境三维点云数据的预处理方法

受限于点云数据特征的影响,首先需要通过预处理操作确保数据的可靠性和置信度,具体包括坐标转换与点云数据滤波降噪两部分。

1) LiDAR 点云数据坐标转换

LiDAR 系统扫描得到的原始点云数据通常建立在设备自身的坐标系上,检测过程中车辆的 RTK(实时动态载波相位差分)设备也同步采集车辆的空间位置信息,为使其转化为连续的点云空间,需对原始点云数据进行坐标转换。

坐标转换的核心在于建立 LiDAR 坐标系和车辆坐标系之间的转换关系,通常可认为只包

括平移和旋转,坐标系旋转前后的点云坐标值可经由式(7-1)计算:

$$
\begin{cases}
\sin\theta = \dfrac{\sqrt{\tan^2\alpha+\tan^2\beta}}{\sqrt{\tan^2\alpha+\tan^2\beta+1}} \\
\cos\theta = \dfrac{1}{\sqrt{\tan^2\alpha+\tan^2\beta+1}} \\
(n_x, n_y, n_z) = \left(\dfrac{\tan\beta}{\sqrt{\tan^2\alpha+\tan^2\beta}}, \dfrac{-\tan\alpha}{\sqrt{\tan^2\alpha+\tan^2\beta}}, 0\right) \\
T = \begin{bmatrix} n_x^2(1-\cos\theta)+\cos\theta & n_x n_y(1-\cos\theta)-n_z\sin\theta & n_x n_z(1-\cos\theta)+n_y\sin\theta \\ n_x n_y(1-\cos\theta)+n_z\sin\theta & n_y^2(1-\cos\theta)+\cos\theta & n_y n_z(1-\cos\theta)-n_x\sin\theta \\ n_x n_z(1-\cos\theta)-n_y\sin\theta & n_y n_z(1-\cos\theta)+n_x\sin\theta & n_z^2(1-\cos\theta)+\cos\theta \end{bmatrix} \\
(x_0, y_0, z_0)^T = T\cdot(x_1, y_1, z_1)^T
\end{cases}
\tag{7-1}
$$

式中,$(x_1, y_1, z_1)^T$ 表示点云数据在 LiDAR 坐标中的位置;$(x_0, y_0, z_0)^T$表示转化为车辆坐标系后的点云坐标;α、β 分别表示 LiDAR 坐标系绕车辆坐标系 Y 轴和 X 轴的旋转角,且角度方向以顺时针为正;T 为坐标旋转矩阵。其中 α、β 角数值通常为定值,可通过实测或查阅获得。

2)LiDAR 点云数据滤波与降噪方法

LiDAR 点云采集受各类环境因素和车辆因素影响,会导致点云数据存在一定误差,即表现出存在偏离物体表面的非正常点数据。为避免对点云数据的分割、检测和应用产生影响,需进行滤波和降噪处理。现有的点云降噪主要包括 Laplacian 降噪算法、基于移动最小二乘法(MLS)的降噪算法、基于平均曲率流的降噪算法、基于邻域滤波的降噪方法以及基于小波分析的降噪方法等。相较于其他的降噪算法,基于小波分析的降噪方法可以在不同的分解尺度上对噪声信号进行去除,适用于噪声来源复杂的探测信号,故本节重点采用小波分析对点云数据进行去噪。

小波变换方法是一种成熟通用的信号滤波方法,其通过使用宽度可调的基函数将信号分解为等效的近似信号和细节信号。通过对目标信号进行多次小波变换,可以得到不同尺度、对应不同频段的分解结果。在高速行驶环境下,点云数据中由环境因素、车辆因素引起的异常值通常属于高频信息,可以通过小波分解后在不同尺度上进行分离和降噪。因此,本节重点通过小波变换去除高频信号并保留低频分量,完成三维点云数据的滤波处理。小波分解过程中,采用 sym4 小波基对原始点云信号进行 2 级分解,共提取 9 个分量,提取最低尺度的分量作为滤波结果,如图 7-4 所示。可见,经小波分解去噪后,点云数据平滑性良好,由路面障碍物、车辆振动引起的异常值得到了较好的消除,而路面的几何形状,甚至路面车辙等细节信息则仍得到较好保留。

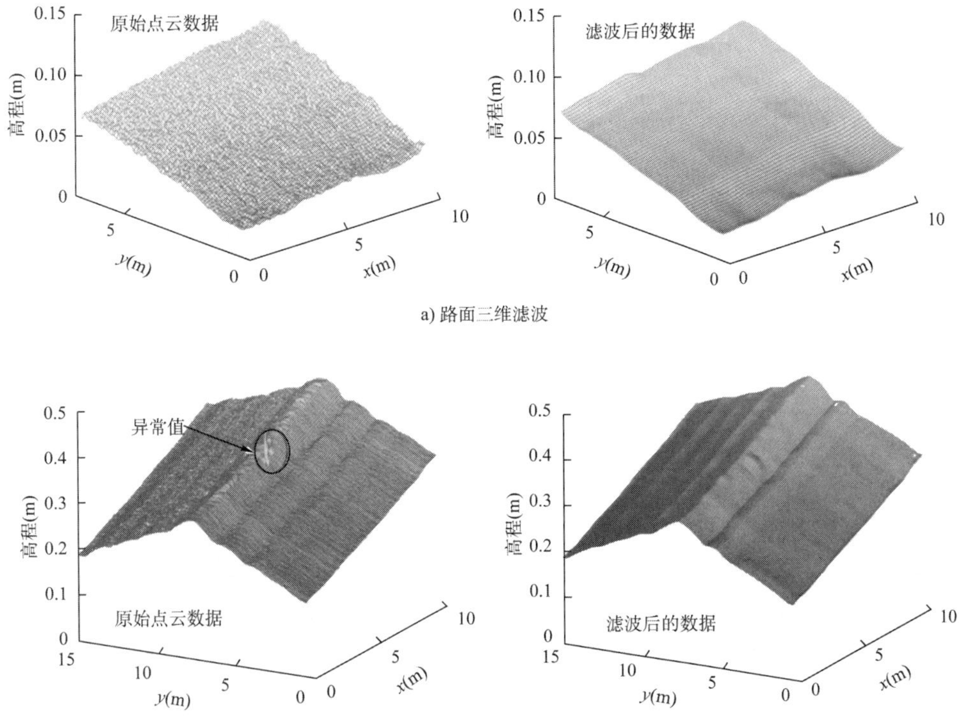

a) 路面三维滤波

b) 路面异常数据剔除

图 7-4　原始点云数据与滤波后的点云数据

7.2.2　基于点云稠度的自适应区段划分算法

对于庞大的道路环境点云数据,现有计算能力难以对其一次性批量处理,故本节重点提出基于点云稠度的自适应区段划分方法,采用均值漂移(Mean-shift)算法进行稠密点云分割,降低单次运算压力并提升运算效率,实现了分布式处理。在有 N 个总样本点的特征数据集内,在簇阶段 t 下,初始确定一个中心点 x_{t0},认为以 x_{t0} 为中心点、半径为 h 的点云数据集合 L_t 属于簇 C_t,计算中心点到点集合 L_t 中每个元素的向量以及得到偏移向量 $\mathbf{M}_{C_t}(X)$ 和偏移均值 $|\mathbf{M}_{C_t}(X)|$,将初始中心点沿着偏移向量方向移动,移动距离为偏移均值,得到新的中心点 x_{t_1},重复以上操作,直到偏移均值超出移动模量阈值 M_{max},输出此时的偏移向量和终止中心点 x_t。以经过终止中心点的初始中心点和终止中心点连线的垂线作为切割边界,以簇阶段 t 下终止中心点 x_t 为簇阶段 t+1 下的初始中心点,实现全路段分割。偏移均值计算方法如下:

$$|\mathbf{M}_{C_t}(X)| = \frac{\sum_{i=1}^{k} X_i g\left(\left\| \frac{X-X_i}{h} \right\|^2\right)}{\sum_{i=1}^{k} g\left(\left\| \frac{X-X_i}{h} \right\|^2\right)} - X \tag{7-2}$$

式中,$|\mathbf{M}_{C_t}(X)|$为偏移均值;X 为簇阶段 t 下中心点集合;X_i 为包含在 L_t 内的点集合;k 为包含在 L_t 内的点云数;i 为点云标签;$g(x)$ 为对核函数的导数求负。

7.2.3　基于车辆轨迹和多维特征聚类的路面点分割方法

提取的区段中,点云数据反映了地面以上区域的数据元素,包含了大量道路、树木、沿途构筑物及建筑物等无关要素,需要进行剔除,本节通过车辆轨迹和特征聚类,提出了路面点分割算法,从复杂环境点云数据中切割出完整的路面区域,具体包括以下方面。

地面点提取:利用时间戳匹配轨迹数据与点云数据,先计算轨迹数据点与邻域内数据点的欧式距离,剔除异常值,再以每个轨迹点的(x,y)平面坐标邻域内最高 Z 轴数值为地面点的最大高度,筛选高度位于该阈值下的所有点为地面点。地面点提取方法如下:

$$Z_{地}=Z_{轨}-h\pm\omega \tag{7-3}$$

式中,$Z_{地}$为地面点云的高度范围;$Z_{轨}$为车辆轨迹数据中的 Height 字段;h 为检测车辆 GPS 定位点距地面的高度;ω 为地面点云高度分布的容许范围。

由于提取的区段内包含有多种道路线形和复杂路况信息,且不同行驶阶段内车辆姿态存在差异,在使用基于特征聚类的路面点分割算法时,按照原世界坐标系直接进行处理特征差异较大,会导致分割结果存在误差。为消除其影响,将区段内点云进一步划分为区块,并将该区块内的所有点云数据投影在该处车辆轨迹的法平面上,最终可以得到投影换算后新的局部点云坐标,缩小单次处理数据的范围,同时降低由于环境和车辆因素导致的特征差异,便于通过特征聚类分割路面点。

拟合轨迹切线:为了减小路面纵坡的影响,设置平行于经度或纬度方向的直线沿双轴方向平移,记录其与点云数据的最大最小交点,计算每一对最大最小值的间距并求其中位数,剔除偏离中位数一定阈值外的异常最大最小值对。在计算交点均值后采用自适应迭代的 RANSAC 算法拟合道路中线,以避免由于噪声导致边界缺失而造成的拟合误差,确定迭代抽样次数如下:

$$P=1-(1-t^{n})^{k},k=\frac{\log(1-P)}{\log(1-t^{n})} \tag{7-4}$$

式中,k 为求解的迭代抽样次数;t 为先验值,初始设置为∞,之后动态调整为当前次迭代中有效点在总数据点中占比;n 为每次计算模型使用的最小量数据点数;P 为能采样到正确的 n 个点去计算出正确模型的概率。

在初始样本中随机选取 x_{i} 和 x_{j} 两个点配对,拟合中线方程,将所有数据代入该方程计算欧式距离 d,小于距离阈值 $d_{\max}$ 的为有效点,记录有效点比例并不断迭代,记录迭代抽样次数内最大有效点比例 $t_{\max}$ 对应的中线方程参数,最终拟合得到道路中线方程。结合车辆轨迹数据,可确定车辆行驶方向,近似取平行于道路中线方程、经过车辆轨迹点的直线为车辆轨迹切线,取与车辆行驶方向同向的有向射线方向为车辆轨迹切线方向。

坐标投影换算至轨迹法平面:沿车辆轨迹切线方向将区段进一步划分为沿道路延伸方向0.5~5.0m 取值范围的区块,并将该区块内的所有的点云数据投影在该处车辆轨迹的法平面上。在投影图中,以车辆轨迹与法平面的交线为中心、车辆轨迹在道路平面内的法线方向为横轴、点云数据高度方向为纵轴,换算点云数据坐标至投影面,结果如图 7-5 所示。

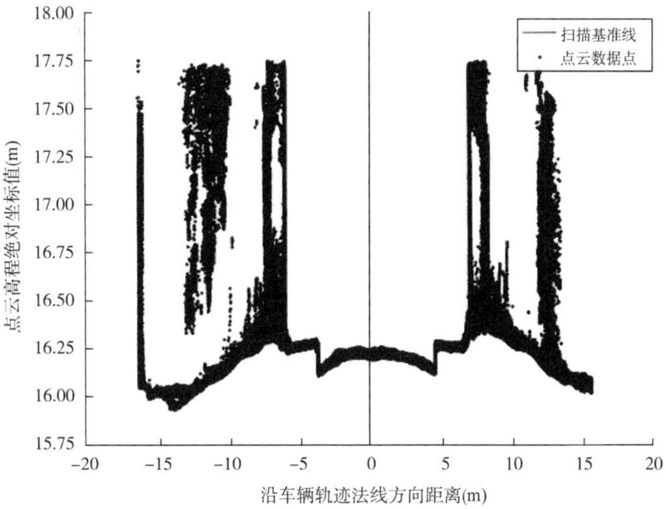

图 7-5 坐标投影换算至轨迹法平面示意图

基于特征聚类的路面点分割:由于路面点在空间分布上具有很强的连续性,且路面的反射强度明显区别于其他区域,选取投影换算后点云数据的坐标(X、Y、Z)和反射强度(I)4 个参数作为聚类的特征值,采用 K-means、Mean-shift、Gaussian-Mixture 和 DBSCAN 聚类方法对比路面分割效果,如图 7-6 所示。

K-means 方法计算速度非常快,但需人为确立类别的个数,并且对于初始中心点比较敏感,受异常数据的影响相对较大,分割效果不好。Mean-shift 方法不需要选择聚类的数量,类别数在运算过程中自动产生,但滑动窗口的半径需要人为设定,窗口半径过大分割结果中包含过多无效点。Gaussian-Mixture 聚类方法是对 K-means 方法的改进,优势在于计算时无须预设类别,而是给出点属于每一类的概率,在提取路面的效果上有较明显的提升。DBSCAN 方法是基于密度的聚类方法,优势在于不需要预设聚类数量,还能将异常值识别为噪声而非强制划分进某一类中,DBSCAN 聚类方法在选用 X、Y 和 I 作为特征值时,聚类的效果最优,几乎与真实路面保持一致。综上所述,通过比较各种聚类方法的聚类效果和运算耗时,最终选用 Gaussian-Mixture 聚类方法作为路面分割自动化算法。

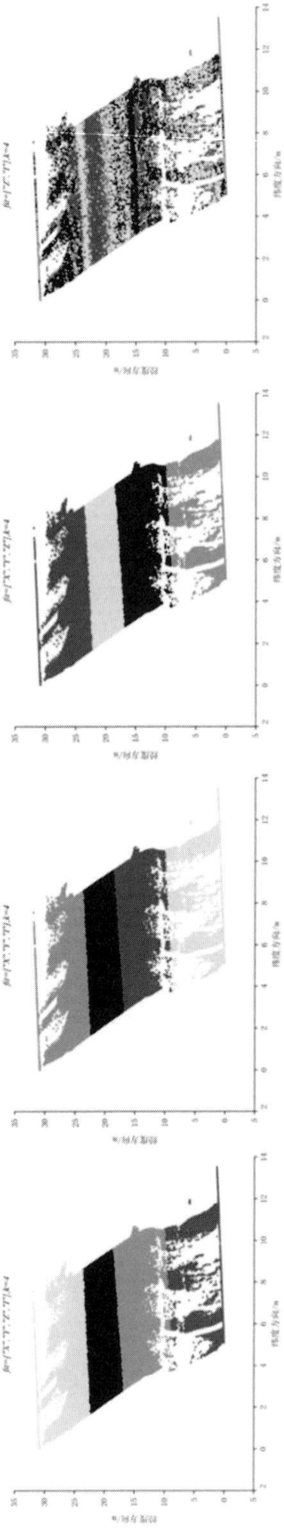

a) K-means 方法

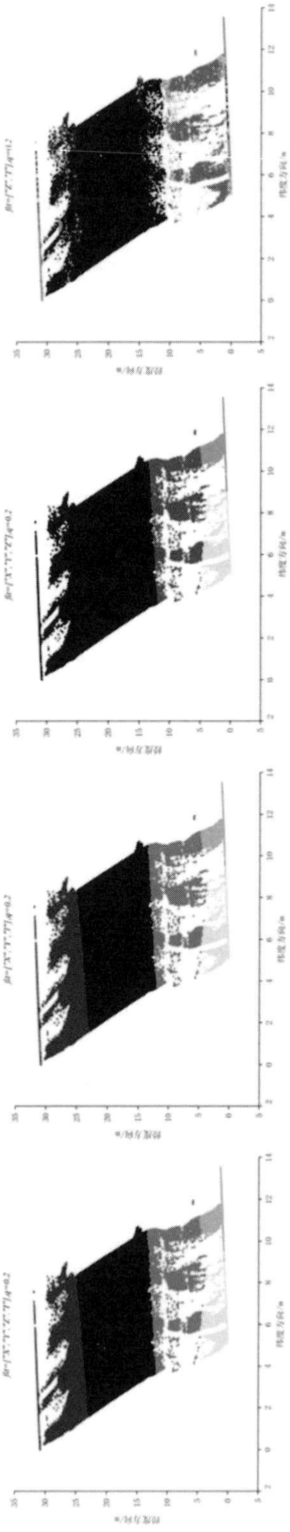

b) Mean-shift 方法

图 7-6

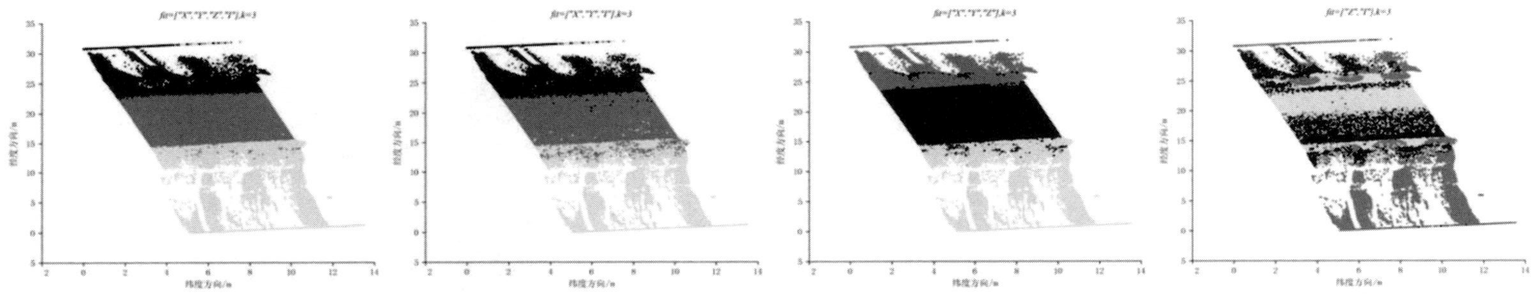

c) Gaussian-Mixture 方法

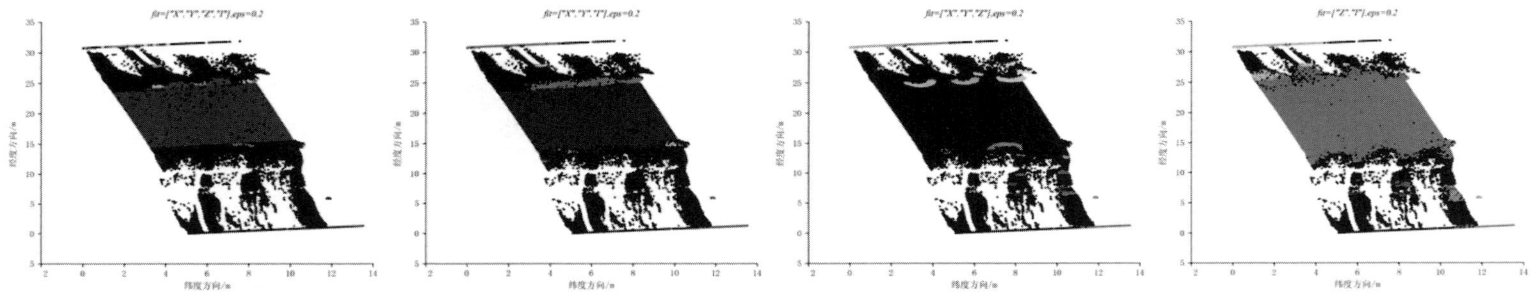

d) DBSCAN 方法

图 7-6　路面点提取结果

7.3 基于道路环境激光点云数据的病害检测方法

对于城市道路、高速公路的路面结构，其在长期的车辆荷载和自然荷载作用下，除会产生裂缝、网状裂缝等开裂损坏，亦会产生沉陷、拥包、坑槽等变形类损坏。第5章详细阐述了如何利用图像快速识别路面的病害特征，但由于图像仅能反映病害的平面特征，无法掌握路面病害的空间尺度特征。针对变形类病害的检测，本节基于激光点云数据在三维测量上的显著优势，在7.2节中对路面区域点云数据提取的基础上，利用实测道路三维点云数据，提出了路面变形类病害检测方法，具体包括病害区域检测、病害三维特征提取两部分。

7.3.1 路面变形类病害区域检测

(1)道路纵向坡度、横向坡度影响消除：首先，在分割得到路面点后，为了消除路面纵向坡度的影响，计算沿道路延伸方向所划分的每个区块内各点高程的最小值，作为该区块内的高程基准值，其他各点相对于该高程基准值的高差作为相对高程 z_n，用每个区块内的局部相对高程代替整体世界坐标系下的相对高程。

其次，为了消除路面横向坡度的影响，取区块内点云数据投影换算至轨迹法平面上的横轴坐标，即垂直于道路延伸方向的投影坐标 y_n，和各点的相对高程 z_n 为参数，采用二次抛物线形式，分段进行道路横坡线形的拟合，计算垂直道路延伸方向每个区块内拟合横坡线形方程上的各点高程，作为二次高程基准值，其他各点相对于该高程基准值的高差作为相对高程 z'_n。

(2)道路线形影响消除：为消除道路平面线形对于病害检测的影响，将道路矫正为直线。以道路中线方程为基准，计算区段内每一点至中线方程的距离作为 y'_n 坐标，计算至与中线垂直的区段边界直线的距离作为 x'_n 坐标，变换到新的坐标系下，矫正结果如图7-7所示。

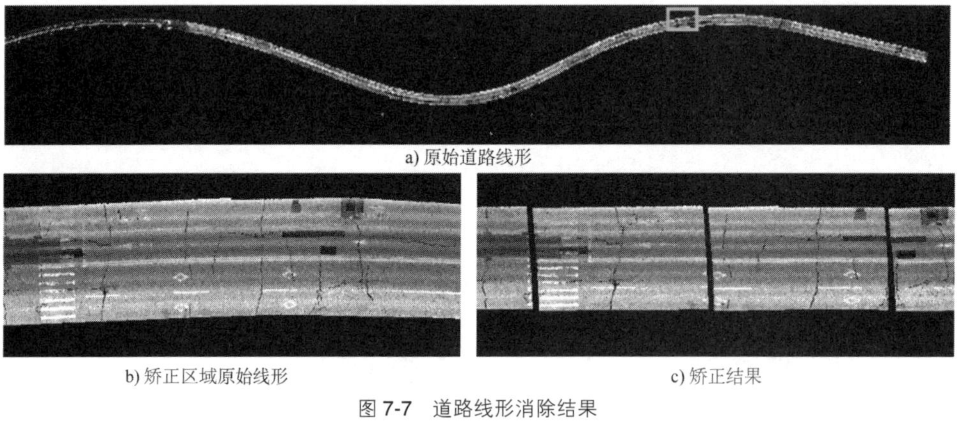

a) 原始道路线形

b) 矫正区域原始线形　　c) 矫正结果

图7-7　道路线形消除结果

(3)基于偏离程度的病害检测：计算各点偏离横坡抛物线的相对高程，利用四分位距判断数据分布特性，并采用箱形图来寻找异常值，异常值即变形类病害所在区域。拥包或沉陷等变形类病害会导致病害区域的路面与原路面严重分离，因此采用箱形图的异常值来判断是合理的,部分识别结果如图 7-8、图 7-9 所示。

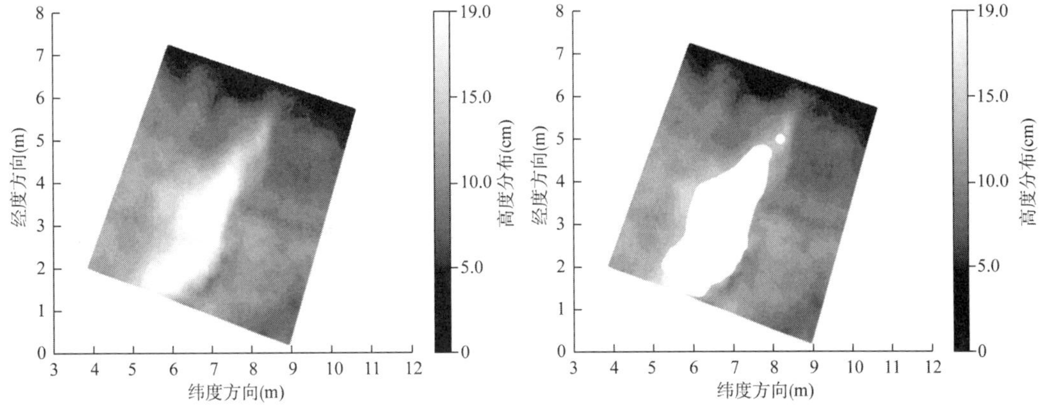

a) 点云可视化　　b) 提取结果

图 7-8　拥包病害点提取结果

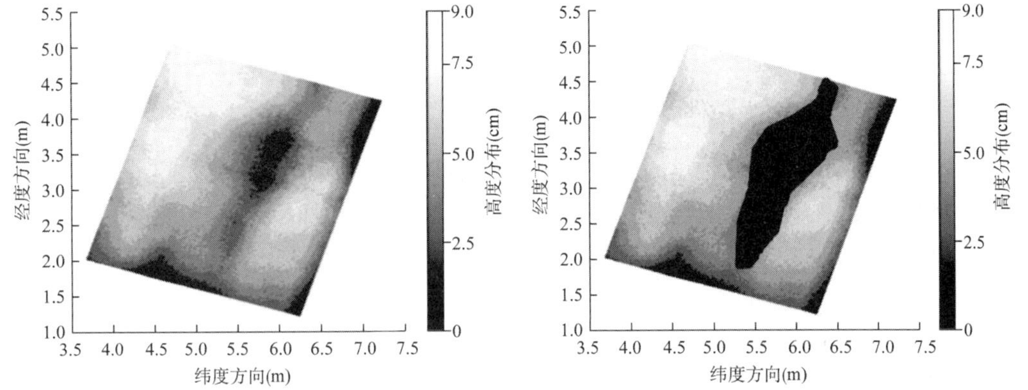

a) 点云可视化　　b) 提取结果

图 7-9　沉陷病害点提取结果

7.3.2　路面变形类病害特征计算

本节以《公路技术状况评定标准》(JTG 5210—2018)中对各类路面病害的特征描述为提取病害的三维特征依据。最终确定主要特征参数为病害的长度、宽度、最小外接矩形面积、水平投影面积、修复体积及其近似实际体积。

1)基于聚类的病害个体划分

采用均值漂移聚类方法将全部病害数据进行分割,方便以病害个体为单位计算三维特征。对于给定数量样本,任选一点为中心点划定一个圆形区域,求取该圆形区域内样本的质心,即密度最大处的点,再以该点为中心继续执行上述迭代过程,直至最终收敛。

2)病害三维特征计算

(1)最小外接矩形面积、长度和宽度,采用 Graham 扫描法获取点云二维投影的凸包,以横坐标最小值点作为搜索起点 p_0,以满足所有 $|\overrightarrow{p_ip_j}\times\overrightarrow{p_ip_{j+1}}|>0$ [$i\in(0,n)$,$j\in(1,n)$,n 为搜索数

据点总数]的 p_{j+1} 点为下一搜索点,表明以 p_i 搜索点为顶点,p_{j+1} 始终在 p_j 逆时针方向,依次递推形成最外包络线。再经过凸包的每一条边界分别求得其对应的外接矩形,最后比较各外接矩形面积,最小者即为最小外接矩形,病害的长度和宽度也可以由此得到。

(2)水平投影面积:为所有病害区域点在水平面上投影的凸包面积,与最小外接矩形相比,显示了更真实的区域。

(3)修复体积:病害的体积也是重要的特征,在工程上代表着变形类病害的挖方量或填方量。采用病害最小外接矩形面积与最大最小高程差乘积计算得到。

(4)近似实际体积:是指病害区域点云数据的凸壳进行体积积分后的体积。利用卷包裹(gift wrapping)算法找到三维空间中所有点的凸包,比二维投影的凸包搜索增加高程维度,以横坐标最小值点作为搜索起点 q_0,以满足所有 $\vec{s}\cdot\vec{q}_i\vec{q}_{j+2}>0$[$i\in(0,m)$,$j\in(1,m)$ $\vec{s}$ 为 q_i,q_j,q_{j+1} 三点组成平面的法向量,m 为搜索数据点总数]的 q_{j+2} 点为下一搜索点,表明以 q_i 搜索点为顶点,q_{j+2} 始终在 q_i,q_j,q_{j+1} 三点组成平面的逆时针方向,依次递推形成最外包络面,最后按体积积分求出体积。考虑到变形类病害的特殊性,其高度包含明显的过渡区域,将凸包的每个边界向外平移一定距离,以获得包含高度过渡区域的轮廓,添加到计算结果中。

7.3.3 路面病害检测案例分析

以 30km 的道路环境点云数据集进行实测验证,该数据集涵盖各种类型的道路,分别对路面提取和分割结果、变形类病害检测结果和病害区域三维特征提取结果进行分析,验证方法的可靠性。选取包含变形类病害的典型路段,其中路段一包含 1 处拥包、1 处沉陷,路段二包含 2 处坑槽。

1)变形类病害检测结果分析

为了消除纵向和横向坡度的影响,将路段划分为间距 0.5m 的 100 个区块。表 7-3 和图 7-10 对比了消除纵坡、横坡影响前后的差异,图 7-11、图 7-12 为最终病害检测结果。如表 7-3 所示,已处理路面的高度值域和标准偏差已大大降低,如果排除横向坡度的影响,仅观察中线区域,值域和标准偏差进一步降低。

消除纵向、横向坡度影响前后的统计数据　　表 7-3

路段	数据类型		高程(m)	高程标准差(m)	中线点高程(m)	中线点高程标准差(m)
一	实测数据		0.172		0.154	
	点云数据	处理前	0.770	0.215	0.644	0.208
		处理后	0.207	0.035	0.160	0.033
二	实测数据		0.162		0.057	
	点云数据	处理前	0.383	0.087	0.274	0.088
		处理后	0.138	0.022	0.063	0.016

对比图 7-10a)和图 7-10b)发现,路段一在坡度影响消除后,变形类病害区域与正常路面

之间的差异明显增大，有利于后续检测，该路段病害可视化和最终检测结果如图 7-11a）和图 7-11b）所示，可以看出变形类病害区域已成功检测到，其中包括拥包和沉陷，以及一些分散的点被识别为异常区域，散点可以通过简单的数据筛选方法消除。同时，在图 7-10a）中，还显示出病害区域左侧略高于正常路面，人工容易误判为拥包，但在消除影响之后［图 7-10b）中］，该区域的高度分布仍在正常范围内，可见该方法具有科学性。

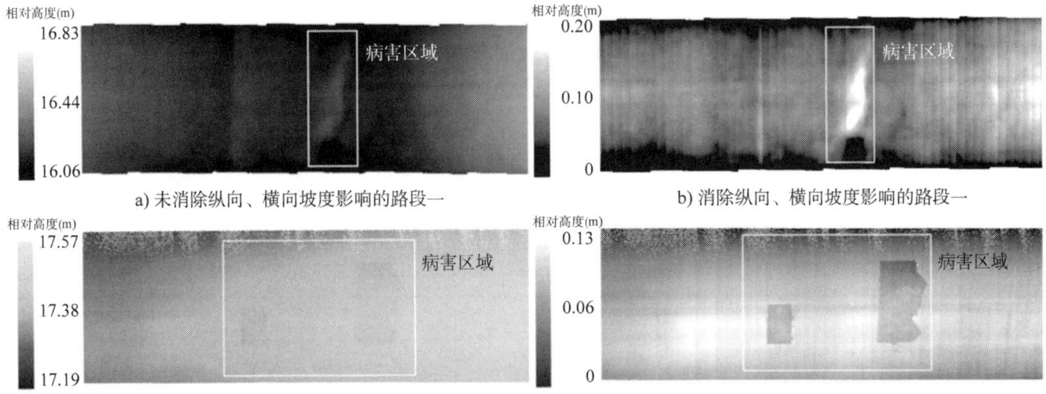

a) 未消除纵向、横向坡度影响的路段一　b) 消除纵向、横向坡度影响的路段一

c) 未消除纵向、横向坡度影响的路段二　d) 消除纵向、横向坡度影响的路段二

图 7-10　坡度影响消除前后结果对比

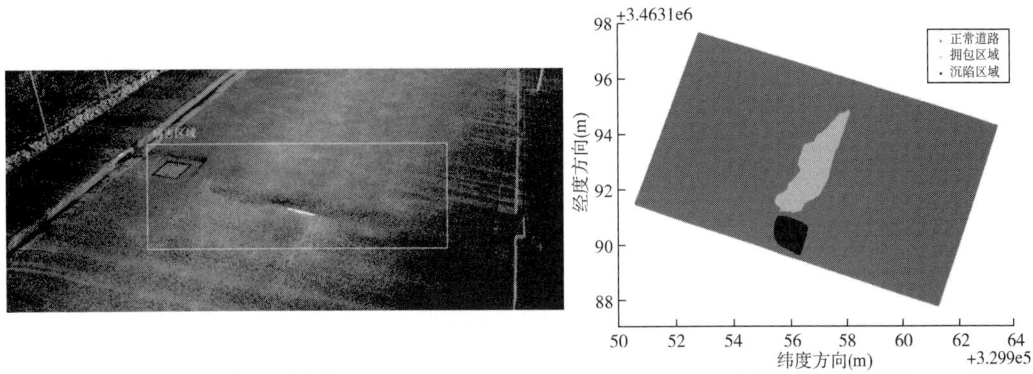

a) 路段一中病害　b) 路段一病害提取结果

图 7-11　路段一路面变形类病害检测结果

对比图 7-10c）和图 7-10d）发现，路段二在坡度影响消除后也表现出更好的效果，该路段病害可视化和最终检测结果如图 7-11 和图 7-12 所示，两处坑槽已成功检测到。其中，在右边坑槽中，未检测到许多内部点，主要原因有两个：一是坑槽内的高度分布存在波动，某些区域的凹陷程度要小于其他区域；二是未检测到的点位于横坡的最高处附近，坑槽的凹陷程度被横坡的上升趋势所抵消。鉴于这种情况，本节所提方法可以获取病害区域的边界，然后进一步补全边界内的所有点。

2）病害区域三维特征提取结果分析

探究点云提取算法的精度与三维特征指标计算方法的科学性，本节采用全站仪对部分指标进行采集，作为点云数据精度判别的标准，可反映道路变形类病害真值，提取病害的三维特征结果如表 7-4 所示。

a) 路段二中病害

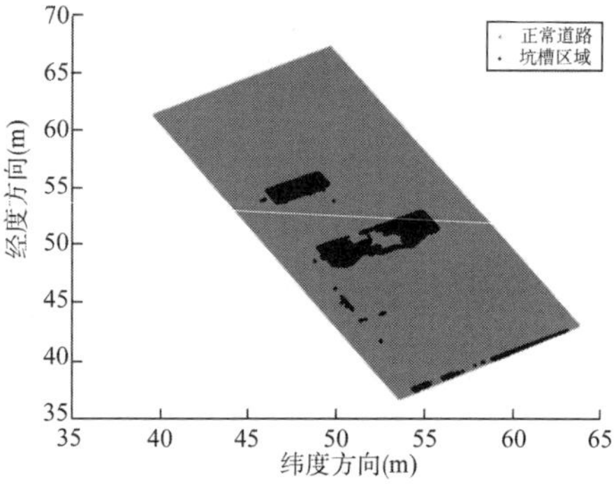

b) 路段二中病害提取结果

图 7-12 路段二路面变形类病害检测结果

病害的三维特征结果 表 7-4

三维特征指标	拥包			沉陷			坑槽(左)			坑槽(右)		
	点云提取结果	全站仪结果	相对误差(%)	点云提取结果	全站仪结果	相对误差(%)	点云提取结果	实际观测结果	相对误差(%)	点云提取结果	实际观测结果	相对误差(%)
长度(m)	4.845	5.083	2.717	1.163	1.358	7.025	3.522	3.703	2.187	7.075	7.891	9.074
宽度(m)	1.382	1.548	4.251	1.021	1.183	5.275	1.562	1.732	4.042	2.728	2.898	2.415
最小外接矩形面积(m^2)	6.697	7.868	13.62	1.187	1.607	19.92	5.503	6.414	12.64	19.30	22.8	15.17
水平投影面积(m^2)	3.809			0.887			5.137			16.931		
修复体积(m^3)	0.296			0.045			0.291			1.912		
近似实际体积(m^3)	0.165			0.012			0.224			0.884		
最大高度或深度(m)	0.102	0.084	21.43	0.106	0.088	20.00						

需要注意的是,全站仪试验中在构造病害外接矩形时,由于所框选病害区域是超出其轮廓10cm而构造出的,而点云数据中提取得到的病害外接矩形是最小外接矩形,因此在计算相对误差时需要将点云提取的边长结果加上10cm。由误差计算结果可知,与全站仪测量结果相比,基于点云数据提取的病害三维特征指标计算结果具有如下精度特征:沉陷、拥包病害的最大高度计算结果与全站仪结果有一定偏差。分析原因可能是由于全站仪是人为架设的,所参考的基准点高程数据未经过更新,可能地质变换后造成高程变化,所以最大高度是经由转换得到的绝对值,也相应存在误差,但其绝对误差也小于2cm,满足公路改扩建工程中对路面点测量精度优于3cm的要求。沉陷、拥包和坑槽病害的最小外接矩形面积、长度、宽度计算结果平均准确率为84.662%。在计算面积时,仅与点云相对位置关系有关,因此相对误差较小,这也说明点云数据在计算变形类病害面积时具有较好的精度。此外,基于点云数据的三维特征计算还可以获得水平投影面积、修复体积、近似实际体积等更精细化的参数,具有很强的工程应用价值。

7.4 基于道路环境激光点云数据的路面平整度检测

第 3 章内容详细阐述了如何通过采集车辆振动响应对路面平整度进行快速、高效的检测和计算。但无论是此类反应式检测方法，还是传统的断面类检测方法，其均是通过检测一条或几条测线的高程变化来计算路面平整度参数。虽然路面高程变化从统计学角度出发符合零均值正态分布，但受到车辆碾压、道路横纵坡、天气条件等影响，道路横向的高程分布并不均匀。当不同频次、不同检测车辆行驶在同一路段上时，由于激光探头检测轨迹难以完全保持一致，导致 IRI 检测结果一致性较低，从而影响了广域路网的平整度分析与评定。而激光雷达全景扫描技术可对路面的三维状况进行全方位刻画，提升了路面检测的数据维度。本节重点探究了基于激光扫描的路面平整度计算和评估方法，提出了基于三维激光点云的路面平整度计算方法，并分析了平整度检测的可靠性和空间分布差异。

7.4.1 基于三维激光点云的路面平整度计算方法

本节内容阐述基于三维激光点云的国际平整度指数计算方法。现有 IRI 国际平整度指标的计算方法多基于四分之一车模型，通过仿真或标准计算公式输入路面高程，计算相应平整度指标。现有的路面平整度计算多针对某一道路纵断面，对于激光扫描获取的三维路面点云数据，首先需计算道路中线，在此基础上进一步提取各纵断面的高程数据。

本节采用基于道路边界拟合的中线提取方法，如图 7-13a）所示。通常而言，道路两侧边界符合 *X* 或 *Y* 方向的最大最小值，基于该论断，定义一平行于 *X* 轴或 *Y* 轴的直线沿对应方向平移，记录其最大最小交点，进一步拟合上述交点获取边界方程，取平行于上下边界且二者距离相同的直线即为中线方程。图 7-13b）为路面中线提取效果，基本与道路延伸方向保持一致，可有效避免由于点云密度不均导致的拟合误差，且不受线性局限，在直线段、曲线段均可应用。

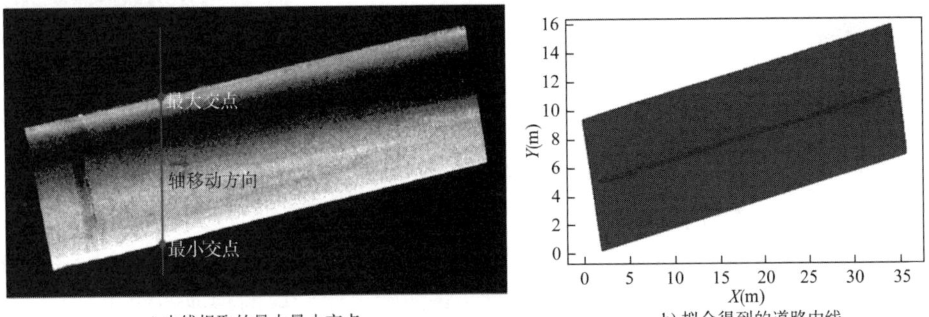

a) 中线提取的最大最小交点　　b) 拟合得到的道路中线

图 7-13　基于道路边界拟合的中线提取方法

以提取的路面中线为零点，向两侧按一定间隔确立道路纵断面采样带，考虑点云的稀疏性，采样带具有一定宽度，随后按照固定间隔采样即可获取各纵断面的高程数据。提取高程数据后，参考行业标准《车载式路面激光平整度仪》(JTG 075—2010)中国际平整度指数 IRI 的计算方法，将采集的路面高程 z_0 转化为 IRI 值。在计算之前，应进行趋势项剔除，降低路段坡度的影响。

7.4.2 路面平整度空间分布评估

基于上一节阐述的路面平整度计算方法，本节重点基于实测的路面三维点云数据，结合方差分析与 Kruskal-Wallis 非参数检验等方法，分析了不同横向测线高程数据计算的平整度数值是否具有显著性差异，并基于上海市超过 25km 的实测道路数据总结了平整度横向分布的差异特性。

1)三维点云数据采集

数据采集路段为上海市嘉定区嘉松北路周边道路，全长约 26km，将采集路线利用城市交叉口分为宝安公路段、博园路段、曹安公路段、嘉松北路段、联群路段、绿环路段、绿苑路段、翔方路段、伊宁路段、众百路段共 10 个路段，如图 7-14b)所示。

为保证试验结果的可靠性且避免周边行驶车辆对结果的影响，试验选择晴朗天气、地面无积水、路段无限高且数据采集时间为 23:00—次日 03:00，检测过程速度均保持在 30~40km/h，在各路段行驶中，车辆基本保持在中间/右侧车道行驶，试验获得的点云图像经初步处理后，如图 7-14c)所示。

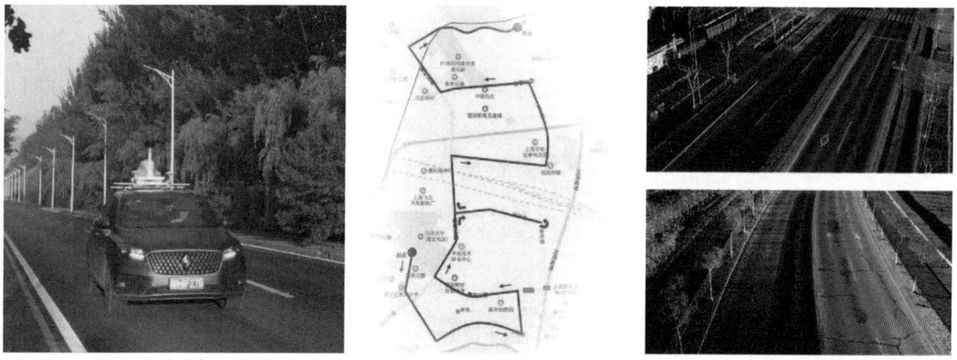

a)试验设备　　b)试验路段　　c)点云处理后图像

图 7-14　三维点云数据采集

2)不同横向测线的路面平整度差异分析

如上文所述，受到车辆轴载、路面横坡等多因素影响，不同横向测线的路面高程变化可能具有差异性。因此，本部分以 LiDAR 检测路段的中线为零点，左右分别设 l 距离读取测线的高程变化，如图 7-15 所示。图中红线为路段中线，黄线为等距读取的横向各测线，由于本试验均选取直线路段，因此在操作过程中通过在路段中线的起点、终点分别绘制其垂直方向等距 l 的两点，将其相连即可获得一条测线。

图 7-16 是以图 7-15 路段为例，绘制了不同纵断面测线计算的 IRI 值变化情况，蓝色折线

表示平整度检测结果沿道路横断面的分布。红色水平实线表示该路段平整度的均值,红色数值虚线表示以 3.5m 为标准车道宽度时车辆轮迹带的位置(一般检测车辆的左右轮距约为 1.8m)。

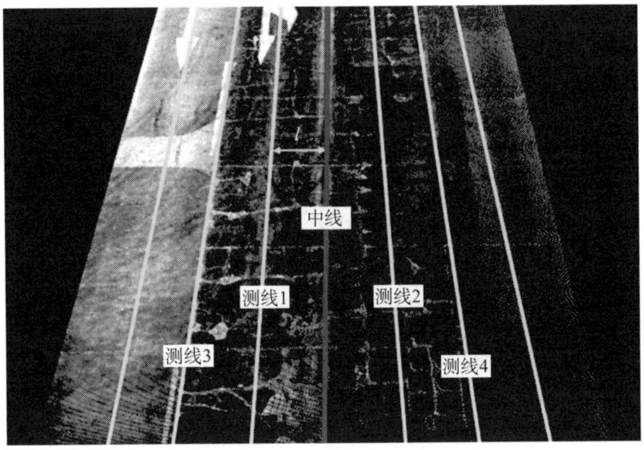

图 7-15 不同横向距离提取的纵断面

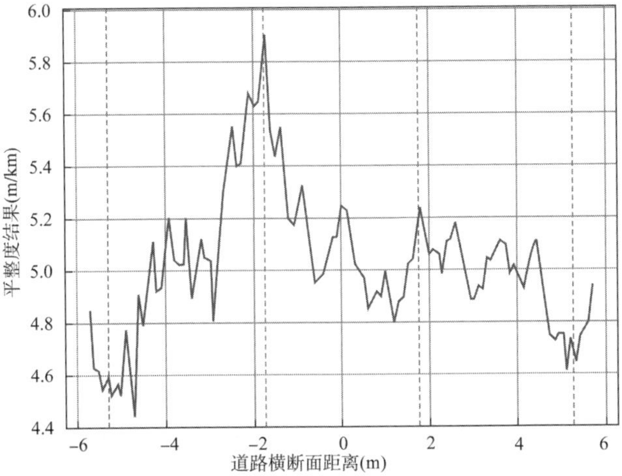

图 7-16 不同测线下平整度的检测结果

由图 7-16 可知,对于同一段道路,检测车辆沿不同检测路径进行平整度检测时,其检测结果可能存在明显的偏差,其中 IRI 结果的最大值为 5.90,最小值为 4.43,对应二者极差为 1.47,其大小足以使得实际评价结果降低一个等级。即使仅考虑检测车辆行驶于车道间的限制条件,图中双向 4 车道对应的检测结果分别为 4.59、5.90、5.12、4.64,最大差值为 1.31,仍是不可忽视的偏差。因此,就单个路段而言,不同测线测得的结果可能出现明显差异,而这些道路一般都分布着不均匀的大面积路面破损。因此,在进行 IRI 检测的过程中,应根据获得路面损伤情况来判别是否有必要获取多测线的平整度数值。

图 7-17 为同时考虑纵向距离(约 1500m)和平整度横向分布(4 个车道)绘制的伪彩图,纵向 IRI 计算间隔为 100m,从图中可以明显看出平整度参数在路段中不同空间位置分布的差

异,在该路段内侧车道的IRI数值高于外侧车道,平整度较差的位置主要集中在距离中心线3m左右位置,图7-15中也可直接观察,可能原因在于该路段为拓宽道路,原道路的服役时间较长,性能衰变明显,而外侧为新拓宽道路,整体性能较优。

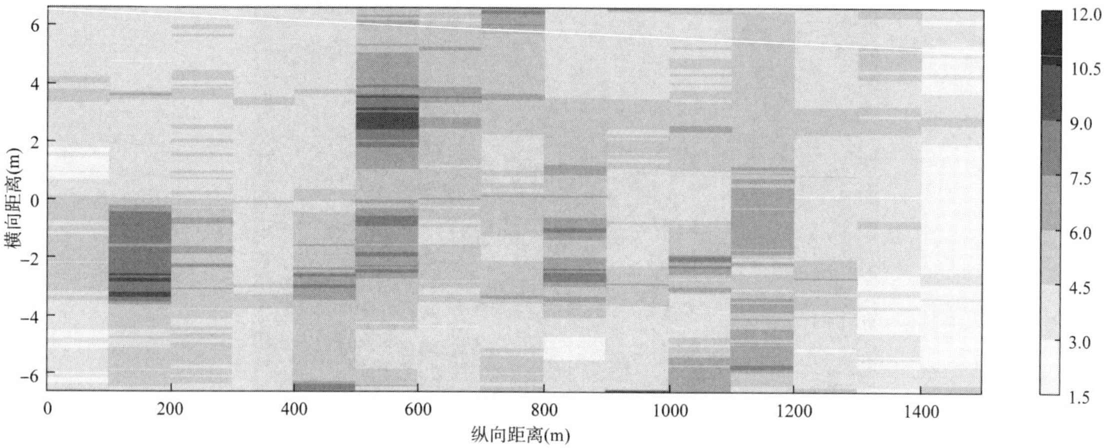

图7-17　考虑纵向与横向空间特征的平整度分布

7.4.3　路面平整度横向分布差异检验

受到路段病害的影响,单纯比较某一路段IRI数值的大小难以表征大规模路网平整度横向分布特性。因此,利用采集的26km道路进行多测线、多路段IRI分布差异的统计检验,提出采用参数检验和非参数检验两种方法比较IRI分布是否具有显著性差异。为避免异常数据对结果造成影响,将采集的道路进行100m间隔的分段,并剔除了转弯区域,仅考虑直线线形的路面。沥青路面的平整度分布整体呈正态或偏态分布,根据大数定理,当数据样本量不足情况下,路面平整度的分布情况可能偏离整体分布状态,且在偏态条件下,模型参数检验更倾向于拒绝原假设。因此,为保证参数检验的有效性,首先利用Box-Cox变换将路段分布调整至正态分布,Box-Cox变换的核心思想均是通过将原有的数值利用特定的函数形式转换为另一数值,使得新的数值在分布上更接近正态分布的形式,并且保障因变量的方差处于恒定状态,符合正态分布的要求。图7-18为偏态的路面平整度分布,经过变换后的正态分布形态。

将不同测线的平整度样本转化为正态分布后,即可采用方差分析(ANONA)方法比较不同测线平整度分布是否具有显著差异。虽然多条道路测线均取自于同一段道路,但每条道路纵断面均是不同的样本组,而计算IRI的过程则是对某条道路纵断面的再次采样,可以视为独立样本。ANONA检验的统计量如式(7-5)~式(7-7)所示。

$$F=\frac{\mathrm{MS_A}}{\mathrm{MS_E}}=\frac{\dfrac{\sum_{i=1}^{k}n_i(\bar{x}_i-\mu)^2}{k-1}}{\dfrac{\sum_{i=1}^{k}S_i^{\ 2}(n_i-1)}{n-k}}\sim F(k-1,n-k) \tag{7-5}$$

$$n = n_1 + n_2 + \cdots + n_k \tag{7-6}$$

$$\mu = \sum_{i=1}^{k} \bar{x}_i / k \tag{7-7}$$

式中,n_i 表示各样本的个体数量;$\bar{x}_i$ 表示各样本的均值;S_i^2 表示各样本的方差;n 表示所有样本的个体数总和;μ 表示所有样本的平均均值;k 表示样本的数量;MS_A 表示各组均值与总体均值的误差平方和与组间自由度的比值,反映各样本之间的差异程度;MS_E 表示每个样本中个体与其均值的误差平方和与组内自由度的比值,反映各样本内的差异程度。

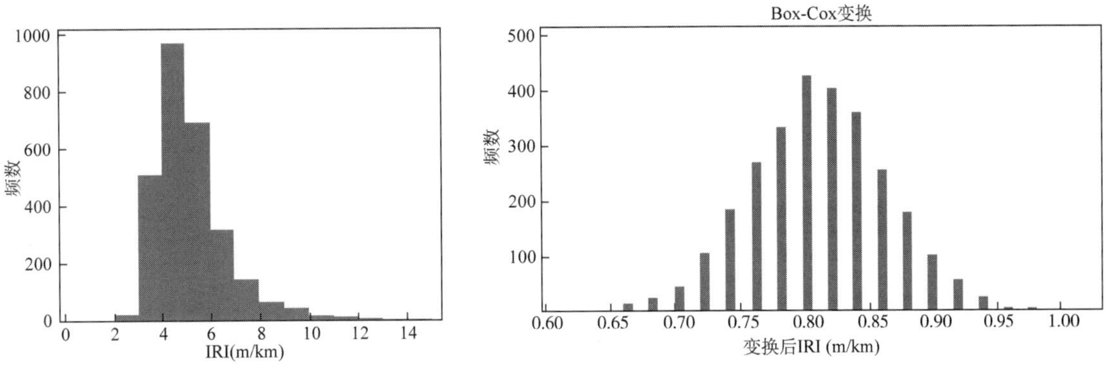

图 7-18　Box-Cox 变换后的路面平整度分布情况

表 7-5 为相邻测线横向间距 l 下,检测路线整体 IRI 分布进行 ANONA 检验的 p 值情况。从表 7-5 中可以看出,仅在相邻纵断面间距为 2.5m 时,p 值小于 0.05,证明结果具有显著差异,而其他情况下均表现为各纵断面平整度间无显著性差异。这说明不同车道的平整度分布情况具有显著性差异,而同一车道不同测线计算的平整度分布结果没有显著性差异。值得注意的是,ANONA 检验仅能代表路段整体的平整度频数分布情况无显著差异,是大量数据展示出的统计学规律,并不能说明某个路段上不同测线计算的 IRI 无显著性差异,且 ANONA 检验前提为样本服从正态分布,而当小样本条件下,平整度数据可能呈现出更强的偏态趋势。因此,提出采用 Kruskal-Wallis 单因素秩方差检验(KW 检验),进行小样本条件下不同测线的平整度差异性分析。

不同测线间距下平整度分布的方差检验结果　　表 7-5

间距 l (m)	0.1	0.2	0.3	0.5	1.0	1.5	2.0	2.5
p 值	0.2909	0.3487	0.4266	0.2556	0.4356	0.2027	0.9469	0.0311

KW 检验是进行多个连续型独立样本差异性最常用的非参数检验方法之一,相比于 ANONA 侧重衡量不同分布均值是否相等,KW 检验更关注多个独立样本的秩以及其在总体样本中的位置有无差别,因此,KW 检验更好地评价了数据分布本身的波动性。KW 检验统计量如式(7-8)~式(7-10)所示。

$$KW_c = KW / C \tag{7-8}$$

$$KW=\frac{12}{n(n+1)}\cdot\sum_{i=1}^{k}\frac{T_i^2}{n_i}-3(n+1) \tag{7-9}$$

$$C=1-\frac{\sum(\tau_i^3-\tau_i)}{n^3-n} \tag{7-10}$$

式中，T_i 表示各组样本的秩和；k 为所比较数据组的总数；n 表示混合各组样本的所有个体后的总数；τ_i 表示第 i 个结值(数据相同的秩值)的个数。本部分将宝安公路段、博园路段、曹安公路段、嘉松北路段、联群路段、绿环路段、绿苑路段、翔方路段、伊宁路段、众百路段 10 个路段，分别以 $l=10$cm、50cm、1m、1.5m、2m、2.5m、3m 间隔提取横向不同测线的平整度数值，KW 检验结果如表 7-6 所示。

不同测线间距下平整度分布的 KW 检验结果(p 值) 表 7-6

间距 l (m)	0.1	0.5	1.0	1.5	2.0	2.5	3.0
宝安公路	<0.0001	0.0002	0.0007	0.0163	0.0035	0.0335	0.0118
博园路	0.0002	0.0088	0.0013	0.5093	0.4464	0.6793	0.4317
曹安公路	0.9547	0.9805	0.8293	0.6707	0.7544	0.6237	0.3974
嘉松北路	0.0011	0.1498	0.0892	0.0464	0.4080	0.4983	0.1648
联群路	0.9915	0.9984	0.9700	0.9512	0.7567	0.6320	0.7761
绿环路	0.0003	0.0225	0.0815	0.0407	0.8434	0.0154	0.0733
绿苑路	0.0033	0.0748	0.0565	0.2409	0.0236	0.5043	0.2725
翔方路	0.9733	0.9630	0.8559	0.7526	0.7472	0.6010	0.8537
伊宁路	0.0159	0.0773	0.0721	0.1258	0.0952	0.3167	0.1525
众百路	0.9199	0.9944	0.8625	0.8220	0.5448	0.3886	0.4462

从表 7-6 中可以看出，路段中不同测线的 IRI 检测数据是否具有显著性差异与路段本身属性相关，如宝安公路在全部间距下 p 值均小于 0.05，证明不同测线的 IRI 具有显著性差异，反之，曹安公路、联群路等在全部间距下 p 值均大于 0.05，证明不同测线的 IRI 分布差异不显著。绝大多数路段上 IRI 分布的显著性受到测线间距 l 的影响。

图 7-19 显示了各路段中线的 IRI 分布情况，整体上来看，路段平整度分布离散性越强的道路，如宝安公路、绿苑路、嘉松北路等，其各测线平整度结果具有显著差异的概率就越大；反之，路段平整度分布离散性越低的道路，如博园路、曹安公路等，其各测线平整度结果产生显著差异的概率相对较低。原因可能在于 IRI 离散性强的道路往往路面的养护修补作业较多，而养护工作会直接导致路面的材料性能、结构状态等发生变化，因此会具有更大概率出现横向分布特征差异明显。

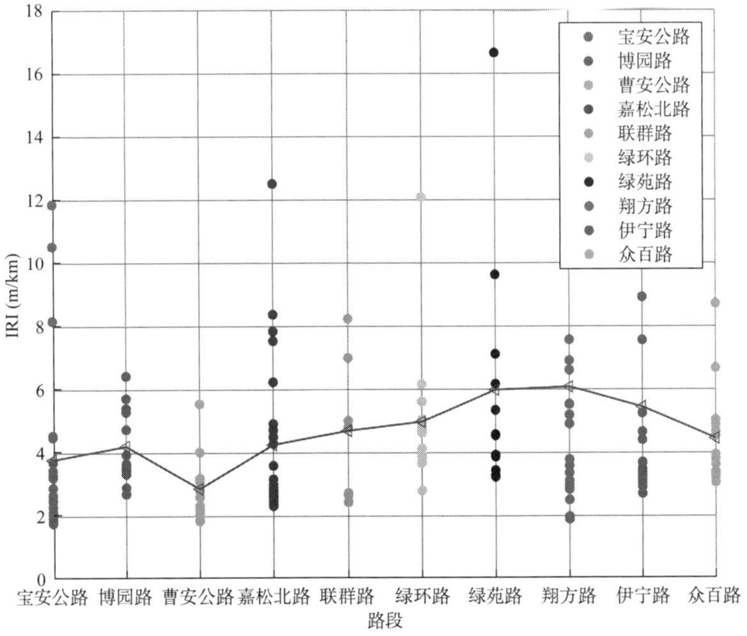

图 7-19　各路段中线的 IRI 分布情况

本章参考文献

[1] 杨力,刘俊毅,王延长,等.基于全景相机和全向激光雷达的致密三维重建[J].浙江大学学报(工学版),2014,48(8):1481-1487.

[2] 周俞辰.基于激光三角测距法的激光雷达原理综述[J].电子技术与软件工程,2016(19):94-95.

[3] Polat N. LIDAR Derived 3d City Modelling[J]. The International Archives of the Photogrammetry, Remote Sensing and Spatial Information Sciences, 2020, 44:339-342.

[4] Yu Y T, Jonathan L., Guan H, et al. Semiautomated extraction of street light poles from mobile Li DAR point clouds[J]. IEEE Transactions on Geoscience and Remote Sensing, 2015, 53(3):1374-1386.

[5] Shin Y, Jung C, Chung W. Drivable road region detection using a single laser range finder for outdoor patrol robots[C]. 2010 IEEE Intelligent Vehicles Symposium. San Diego: IEEE Press, 2010:877-882.

[6] Zhang Y, Wang J, Wang X, et al. Road-segmentation-based curb detection method for self-driving via a 3D-LiDAR sensor[J]. IEEE transactions on intelligent transportation systems, 2018, 19(12):3981-3991.

[7] Alhasan A, White D J, De Brabanter K. Spatial pavement roughness from stationary laser scan-

ning[J]. International Journal of Pavement Engineering, 2017, 18(1): 83-96.

[8] Kibbel J, Justus W, Furstenberg K. Lane marking estimation and departure warning using multi-layer laserscanner[C]. IEEE Intelligent Transportation Systems Conference. Piscataway, USA: IEEE, 2005: 607-611.

第 8 章
Chapter 08

面向预防性养护的路面微观纹理检测与评价技术

道路的表观构造特性评价是道路预防性养护维修的重要依据。传统道路表观性能检测主要针对路面技术状况指标。现有检测评定标准多根据不同的使用性能指标，选用不同的检测评定方法，包括用于检测构造深度的“铺砂法”、用于检测路表抗滑性能的“摆式仪”和“横向力系数测试车”。然而，这些方法的人力、资金投入较大，检测效率较低。随着对道路性能效率要求不断提升，传统以人工/半自动化手段为主的方法正逐步被替代，无损快速的检测手段成为主流。数字成像技术的发展显著推动了路面性能检测技术的进步。其中，激光测距技术因其具备三维测量的特点，广泛地应用于现有道路检测车辆中。但激光检测车大多采用线激光技术，仅能测量数条侧线的路面高程，且相邻侧线间隔较大，无法有效反映路面的构造特性。近年来，激光高精三维扫描技术的成熟为路面构造特性的检测评估提供了新的解决途径，且兼顾了高精感知和快速测量的优点，可大大提高传统检测手段的效率。相对于传统的激光测距技术，激光高精三维扫描可达到1mm以内的空间分辨率，以及0.1mm尺度的竖向纹理测量精度，可有效表征路面的宏微观纹理，为精细化路面构造特性的评估提供了可能。精细的数据具有实现构造深度计算、抗滑性能判别、纹理特征表征的潜力，但制约其进一步发展的核心问题在于三维数据的解析和计算。先进的信号解析方法和人工智能算法为三维扫描数据的解析提供了新的途径，但需要针对具体的构造指标和路面性能参数做进一步探究。

8.1 路面纹理三维数据采集与数据处理技术

8.1.1 路面纹理三维数据采集

沥青道路表面纹理主要分为：波长为0.5~50mm的宏观纹理和波长<0.5mm的微观纹理。激光三维成像技术的检测精度可以达到亚毫米级别，满足路面宏微观纹理的要求，因此成为路面细观结构分析的主流技术。

激光三维成像技术采用三角测距原理获取路面纹理数据，其采集方法分为移动式和固定式。移动式的激光发射器和感光摄像头保持相对静止，通过编码器控制采集频率，在路面上移动进行采集。其优点是快速无损、检测适用性广、覆盖范围大，其缺点是易受外界光线干扰，检测精度受限于移动装置。固定式主要用于实验室内，优点是检测稳定性高、不受振动或外界光线影响等，缺点是只能检测路面试件，无法现场检测。图8-1展示了移动式和固定式三维激光成像设备。

固定式装备主要用于室内，基恩士公司VR3000三维轮廓测量仪[图8-1b)]在实验室内对试件进行扫描，扫描倍率是12，其平面的精度小于1μm，垂直精度小于0.5μm，设备的采样间隔为0.1mm，扫描区域的范围是100mm×230mm。

a) 移动式设备

b) 固定式设备

图 8-1　数据获取装备

移动式的数据采集设备包括西克公司生产的 Ranger3 相机、激光发射器、编码器和可移动实验平台，如图 8-1a) 和图 8-2 所示。基于激光脉冲反射原理和激光三角测量法获得三维路面数据。导轨放置在地面上，平板小车通过滑轮架在光滑的导轨上，以保证测量时相机的平稳移动。激光发射器放置在相机前方，发射线形激光束垂直照射向沥青路面试件，在沥青路面试件表面照射出一道红色轮廓线，三维激光相机以一个倾斜的角度 α 捕捉沥青路面试件上的轮廓线并进行测量。测量时，将沥青路面试件放置在三维激光相机的视野中保持不动，通过三维激光相机和激光发射器相对于沥青路面试件的相对滑动，对沥青路面试件进行测量。编码器与小车车轮相连，小车车轮转动带动编码器的转轮转动，三维激光相机可以根据编码器的小轮转动圈数确定捕获一次轮廓线的时机，以保证在小车的任何速度下，三维激光相机捕获轮廓线的距离间隔是一致的。随着平台的移动，相机以一定的间隔(纵向分辨率 y) 获取轮廓，形成三维点云数据。连接到轮子上的编码器检测平台的实时运动并确定纵向分辨率，如式(8-1)所示：

$$y=\frac{C_{\mathrm{wheel}}}{P\times C_{\mathrm{wheel}}/C_{\mathrm{encoder}}}\times \mathrm{ED}=\frac{200\mathrm{mm}\times 33}{65536}=0.1007\mathrm{mm} \tag{8-1}$$

式中，P 代表编码器每圈的脉冲数；C_{wheel} 和 C_{encoder} 分别是轮子和编码器的周长；ED(Encoder Driver) 是输入参数。

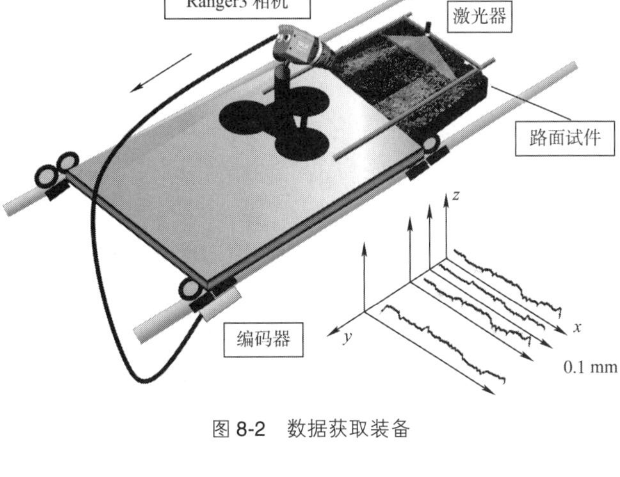

图 8-2　数据获取装备

编码器可以严格控制 y 方向的采样间隔，但是 x 和 z 方向受相机角度的影响，x-z 平面中的 3D 数据发生失真，如图 8-3a）所示。因此，利用锯齿校准将传感器位置转换为真实世界的坐标。校准工具经过专门设计和定制，带有 7 个锯齿，以适应相机视图，每个锯齿宽 40mm、高 20mm。采集到标定工具的激光反射后，软件可以自动计算标定参数，并校正相机在 x 和 z 方向的畸变。标定过程如图 8-3b）所示，标定后的三维路面如图 8-3c）所示。根据试样上的标记点提取尺寸为 96mm×160mm 的热点区域进行进一步分析，如图 8-3d）所示，以确保每次测量的位置相同。最后，将三维数据导出为坐标值为 x、y 和 z 的文本文件。

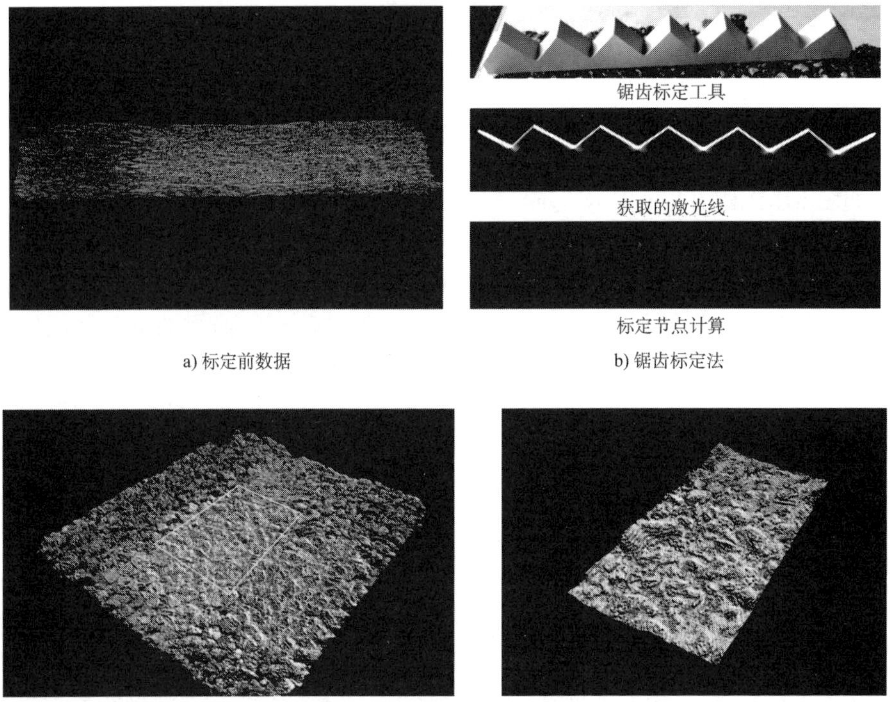

a）标定前数据　　b）锯齿标定法

c）标定后数据　　d）提取的区域

图 8-3　数据标定和区域提取

由于移动式设备在装备搭建、标定等方面效率较低，美国 AMES 公司对激光扫描装备进行封装，开发出了路面纹理激光扫描仪。AMES 路面纹理激光扫描仪（图 8-4）通过激光测距方法来测量路面表面的构造深度，并有 3 种型号的设备（9400S0 型，9400HD 型和 9500 型）分别满足不同的应用。其中 9400 的两个型号除了可以测量路面的宏观纹理（波长 0.5~50mm，高度 0.5~20mm）外，还可以测量路面的微观纹理（波长小于 0.5mm，高度 0.001~0.5mm）。9500 型使用了线扫描激光器，激光线的长度为 4 英寸（101.6mm），最大扫描面积为 4 英寸×4 英寸（101.6mm×101.6mm）的正方形，仅需 90s 即可完成测量。9400S0 型和 9400HD 型同样使用线激光传感器进行测量，激光线在 X-Y 轴上进行平面扫描，最大扫描面积 107.95mm×72.01mm，扫描间距可以在 10 条测线到 2700 条测线之间进行选择。

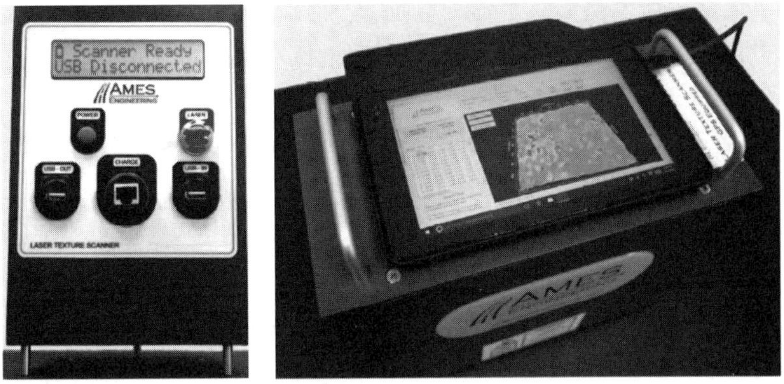

图 8-4　AMES 路面纹理激光扫描仪

8.1.2　路面三维纹理数据预处理方法

采集到的路面三维纹理数据基本上都是点云格式，但由于设备差异，会出现数据倾斜、噪声等问题。因此，预处理主要通过平面矫正、异常值识别和去除等方法对数据进行优化。另外，需要对数据进行网格化，在 x 和 y 方向上以 0.1mm 的间隔建立网格，采用插值方法为网格中的 z 赋值，并通过减去平均值的方式对数据进行归一化。

由于沥青路面试件厚度不是完全均匀的，这导致试件表面会略微倾斜。如图 8-5 所示，部分点云数据 z 坐标会偏高而另一部分点云数据 z 坐标会偏低。这些偏差将影响之后纹理参数与高程阈值线的计算，因此，本节对路面点云数据进行平面矫正，矫正方法如下：

(1) 为排除少量 z 坐标非常大或非常小的异常点影响，本节选取 z 坐标位于 10%~90% 分位数的点，并使用最小二乘法对这些点进行平面拟合，设得到拟合后的平面方程为 $z=ax+by+c$。

(2) 选取被测区域中一点作为基准点，通常该点为左下角点，设其纵坐标为 z_0。

(3) 对其余各点进行高度修正：$z_{ic}=z_0+z_i-(ax_i+by_i+c)$，其中 z_{ic} 为第 i 个点修正后的 z 坐标，x_i 为第 i 个点的 x 坐标，y_i 为第 i 个点的 y 坐标。

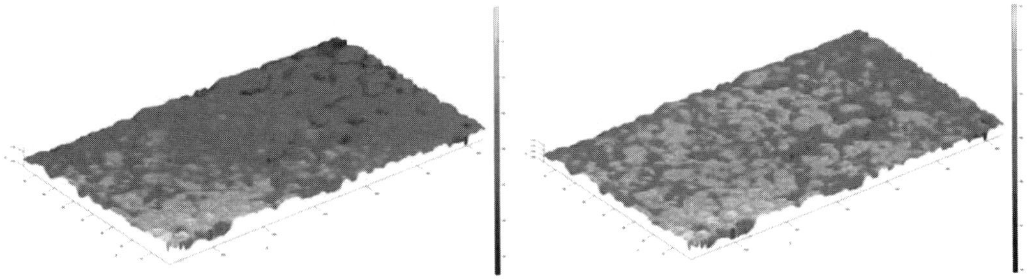

a) 矫正前　　　　b) 矫正后

图 8-5　平面矫正前和矫正后对比

对于进行平面修正后的路面三维点云数据，少量 z 坐标仍然存在非常大或非常小的异常噪声点。由于拍摄角度的原因，光线会被一些凸起遮挡。此外，一些错误读数是由于沥青或骨料对激光光源的扩散或折射而造成的。这些错误在三维数据图中显示为明显的突变，如图 8-6b）所示，并被视为异常值。考虑到逐个处理轮廓线会丢失一些空间信息，因此设计了一个二维中值滤波器，如图 8-6a）所示，来消除异常值。在两个方向上应用一个 3×3 的滑动窗口来进行异常值检测，当滑动窗口中 z 值的方差大于一定阈值（0.1）时，中心点会被认为是异常的，并被替换为滑动窗口中 z 的中值。图 8-6c）显示了去除异常值后的三维数据图。

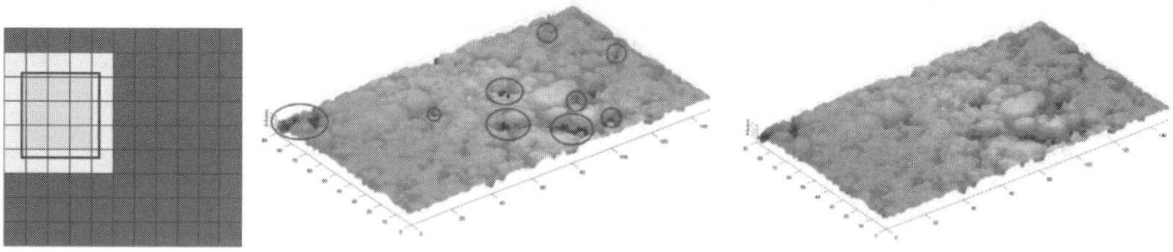

a) 滑动窗口　　b) 原三维数据　　c) 去除异常值后的二维数据

图 8-6　去除异常值

8.2 路面三维纹理数据特征提取方法

8.2.1 路面纹理表面几何特征

本书梳理了文献中描述三维特征的参数，归纳为五类，分别是轮廓参数、高度参数、功能参数、体积参数和复合参数。轮廓参数是最直观描述三维纹理数据的参数（表 8-1），包括算术平均高度 R_a、均方根高度 R_q、算术平均斜率 D_a、均方根斜率 D_q、算术平均波长 L_a、均方根波长 L_q 和平均断面深度（mean profile depth，MPD）；高度参数是应用于评估区域高度的参数（表 8-2），包括偏斜度 S_{sk}、峭度 S_{ku}、最大峰高 S_p、最大谷深 S_v；功能参数是通过负载轮廓计算得出的参数（表 8-3），用于评估机械性强力接触表面的行为，包括中心部的水平差 S_k、突出峰部高度 S_{pk}、突出谷部高度 S_{vk}、极点高度 S_{xp}；体积参数是使用负载轮廓计算出的与体积、容积有关的参数（表 8-4），与功能参数相同，用于评估机械性强力接触表面的行为，包括谷部的空隙容积 V_{vv}、中心部的空隙容积 V_{vc}、峰部的实体体积 V_{mc}、中心部的实体体积 V_{mp}；复合参数是应用于高度方向与平面方向两方面的参数（表 8-5），本节采用界面扩展比 S_{dr} 描述区域的扩展面积。

轮廓参数　　表 8-1

轮廓参数	单位	名称	计算
R_a	mm	算术平均高度	$R_a = \frac{1}{A}\iint_A \mid Z(x,y) \mid \mathrm{d}x\mathrm{d}y$

续上表

轮廓参数	单位	名称	计算
R_q	mm	均方根高度	$R_q = \sqrt{\frac{1}{A}\iint_A Z^2(x,y)\mathrm{d}x\mathrm{d}y}$
D_a	—	算术平均斜率	$D_a = \frac{1}{n}\sum_{i=1}^{n}\left\|\frac{\Delta y}{\Delta x}\right\|$
D_q	—	均方根斜率	$D_q = \sqrt{\frac{1}{n}\sum_{i=1}^{n}(\frac{\Delta y}{\Delta x})^2}$
L_a	mm	算术平均波长	$L_a = 2\pi\times\frac{R_a}{D_a}$
L_q	mm	均方根波长	$L_q = 2\pi\times\frac{R_q}{D_q}$
MPD	mm	平均断面深度	$MPD = \frac{\sum_{1}^{n}\left(\frac{h_1+h}{2}-h\right)}{n}$

高度参数 表 8-2

高度参数	单位	名称	描述	计算
S_{sk}	—	偏斜度	判断粗糙度形状(凹凸)倾向	$S_{sk} = \frac{1}{Sq^3}(\frac{1}{A}\iint_A Z^3(x,y)\mathrm{d}x\mathrm{d}y)$
S_{ku}	—	峭度	判断粗糙度形状尖锐度	$S_{ku} = \frac{1}{Sq^4}\left[\frac{1}{A}\iint_A Z^4(x,y)\mathrm{d}x\mathrm{d}y\right]$
S_p	mm	最大峰高	定义区域中最高点的高度	$S_p = \max Z(x,y)$
S_v	mm	最大谷深	定义区域中最低点的高度绝对值	$S_v = \|\min Z(x,y)\|$

功能参数 表 8-3

功能参数	单位	名称	描述	计算
S_k	mm	中心部的水平差	中心部的最大高度减去最小高度的值	$S_k = S_{k1} - S_{k2}$
S_{pk}	mm	突出峰部高度	突出峰部的平均高度	$S_{pk} = S_p - S_{k1}$
S_{vk}	mm	突出谷部高度	突出谷部的平均深度	$S_{vk} = S_{k2} - S_v$
S_{xp}	mm	极点高度	负载面积率 $p\%$ 与负载面积率 $q\%$ 的高度差分	$S_{xp} = S_p - S_v$

体积参数　表 8-4

体积参数	单位	名称	描述
V_{vv}	mm	谷部的空隙容积	负载面积率 p%的谷部的空隙容积
V_{vc}	mm	中心部的空隙容积	负载面积率 p%的实体体积
V_{mc}	mm	峰部的实体体积	负载面积率 p%的空隙容积与负载面积率 q%的空隙容积的差分
V_{mp}	mm	中心部的实体体积	负载面积率 q%的实体体积与负载面积率 p%的实体体积的差分

复合参数　表 8-5

复合参数	名称	描述	计算
S_{dr}	界面扩展比	定义区域的扩展面积(表面积)表示相对于定义域的面积增大了多少	$S_{dr}=\frac{1}{A}\left[\iint_A\left(\sqrt{1+\left(\frac{\partial z(x,y)}{\partial x}\right)^2+\left(\frac{\partial z(x,y)}{\partial y}\right)^2}-1\right)\mathrm{d}x\mathrm{d}y\right]$

8.2.2 基于二维小波的多尺度特征

小波变换方法是一种被广泛接受的多尺度分析工具,适用于纹理表征。通过在低频部分或高频部分使用宽度可调的基函数(称为小波),进行小波的拉伸或压缩。小波函数由式(8-2)定义平移和旋转变换的形成:

$$\psi_{j,k}(t)=2^{j/2}\psi(2^j t-k) \tag{8-2}$$

式中,j 和 k 分别表示缩放和移位参数;j 是小波分解级别。缩放函数在式(8-3)中定义:

$$\varphi_{j,k}(t)=2^{j/2}\varphi(2^j t-k) \tag{8-3}$$

小波变换将离散信号 s 分解为等效的近似信号和细节信号,随后将近似信号分解为另一组近似和详细信号(即近似分量 a_{i+1} 和 d_{i+1})。

使用 MATLAB Wavelet Toolbox 将数据分解为 9 个级别,其中 8 个是详细信号,分别表示为 Level 1(0.1~0.2mm)、Level 2(0.2~0.4mm)、Level 3(0.4~0.8mm)……8 级(12.8~25.6mm)和 9 级(>25.6mm)。第 9 级是分解的残差信号。图 8-7 列出了处理一个配置文件的一维分解过程。对于每次迭代,最高频率被隔离,根据波长小于 0.5mm 的微纹理定义,Level 1 到 Level 3 被认为是微纹理。同样,Level 4 到 Level 9 被认为是宏观纹理,其波长范围从 0.5mm 到 50mm。在一个方向上,每个轮廓被分解成 9 个部分,而 2D 小波变换在 x 和 y 方向上分解纹理,并将纹理变成 9×9 部分。

母小波,如 Haar、Daubechies (db)、Symlets 等,对分解结果有一定的影响,选择的母小波应该与原始信号相似。在一些论文中使用 Db3 小波来分析表面纹理,因为它包含尖锐的尖峰并且类似于轮廓信号,而 db4~db10 类似于平滑信号并且不适合纹理分析。Symlets 小波是 dbN 的改进版本。因此本节选择 sym4 作为母小波进行进一步分析。

能量是衡量每个部分整体状况的指标,可以如式(8-4)所示计算:

$$E=\sum_x\sum_y|Z_{xy}|^2 \tag{8-4}$$

能量 E 表征了整体粗糙度,该粗糙度因不同样本而显著变化。此外,对于同一标本,E 容易受到检测位置微小变化的影响。因此,引入表示每个尺度的能量比例的相对能量(RE)。

$$\mathrm{RE}_{ij}=\frac{E_{ij}}{\sum_{i=1}^{9}\sum_{j=1}^{9}E_{ij}}\quad(1\leqslant i\leqslant 9,1\leqslant j\leqslant 9)\tag{8-5}$$

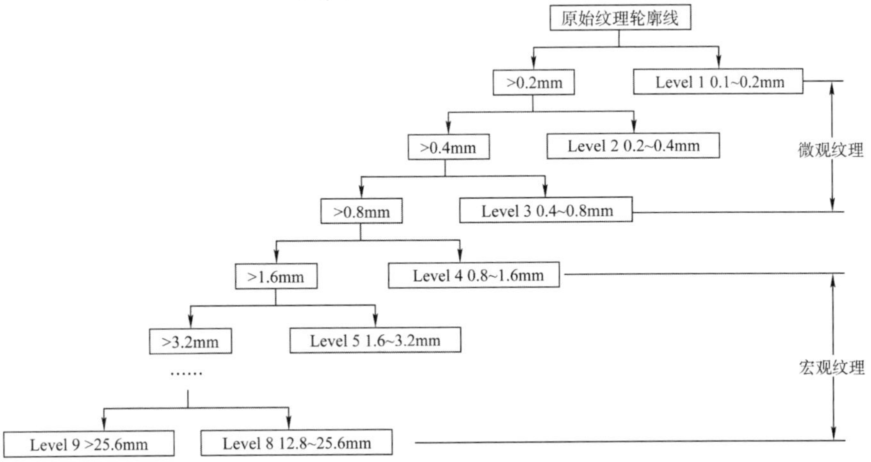

图 8-7　小波分解流程

由于 RE 在不同试件之间具有可比性,本节使用 RE 来表征多尺度路面纹理。

因此,形成了一个 9×9(图 8-8)的 RE 矩阵。在图 8-8 中,重新定义了纹理的层级:第 9 级包括第 9 行和第 9 列;8 级包括除 9 级部分外的第 8 行和第 8 列;7 级包括除 8 级和 9 级以外的第 7 行和第 7 列,以此类推。7、8、9 级的分解结果如图 8-8 所示。根据分布矩阵,主信号在 6 级达到峰值,然后下降。因此,以下内容对磨耗过程中的纹理进行微观和宏观分析时,选择前 6 个等级。

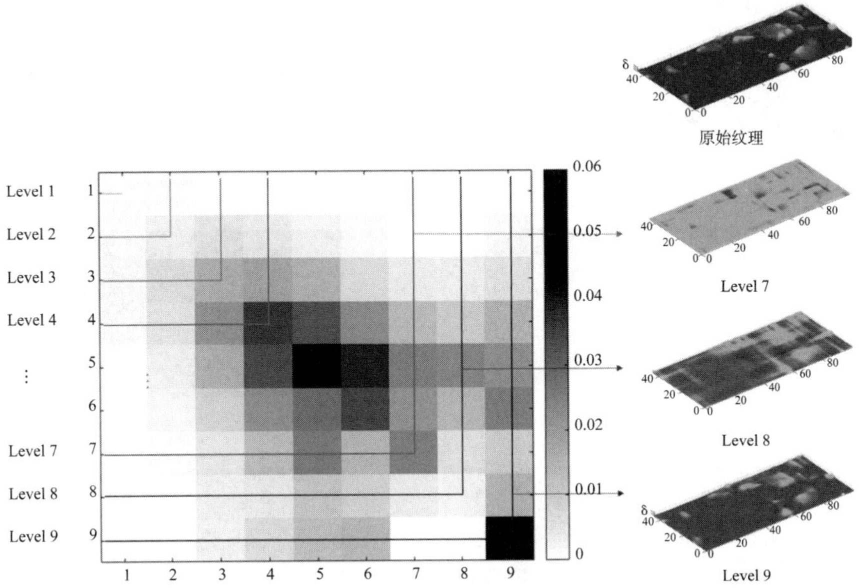

图 8-8　RE 矩阵

由于很难从三维网格图中直观地观察到每个级别的差异,因此将 3D 数据转换为灰度图像。图 8-9a)显示了 AC13 切割顶部 30%平面后的三维网格图和灰度图。本节标记了 4 个观察点,以验证二维小波分解方法是否可以对不同大小的粒径敏感。4 个边界框的尺寸分别为:

4. 5mm×4. 5mm(1 号)、6. 0mm×7. 0mm(2 号)、13. 0mm×10. 0mm(3 号)和 18. 0 mm×16. 0 mm(4 号)。图 8-9b)左栏为灰度图和 4 个不同级别的观测点(Level 6~Level 9),右栏为累积级别的灰度图(Level 6~Level 9)。最大颗粒(4 号)的轮廓只能在第 9 级观察到,随着累积层数的增加,细节变得更加清晰。3 号颗粒信号主要分布在 8 级和 9 级,加上高频信号后细节也更加清晰。较小的颗粒在其相应的尺寸级别中观察到:1 号颗粒,其尺寸为 4. 5mm×4. 5mm,在 6 级中观察到;在 7 级中观察到尺寸为 6. 0mm×7. 0mm 的 2 号颗粒。虽然无法用肉眼观察到更微小的部分,但仍然可以得出结论,2D 小波分解方法有效区分了不同尺寸尺度的纹理。

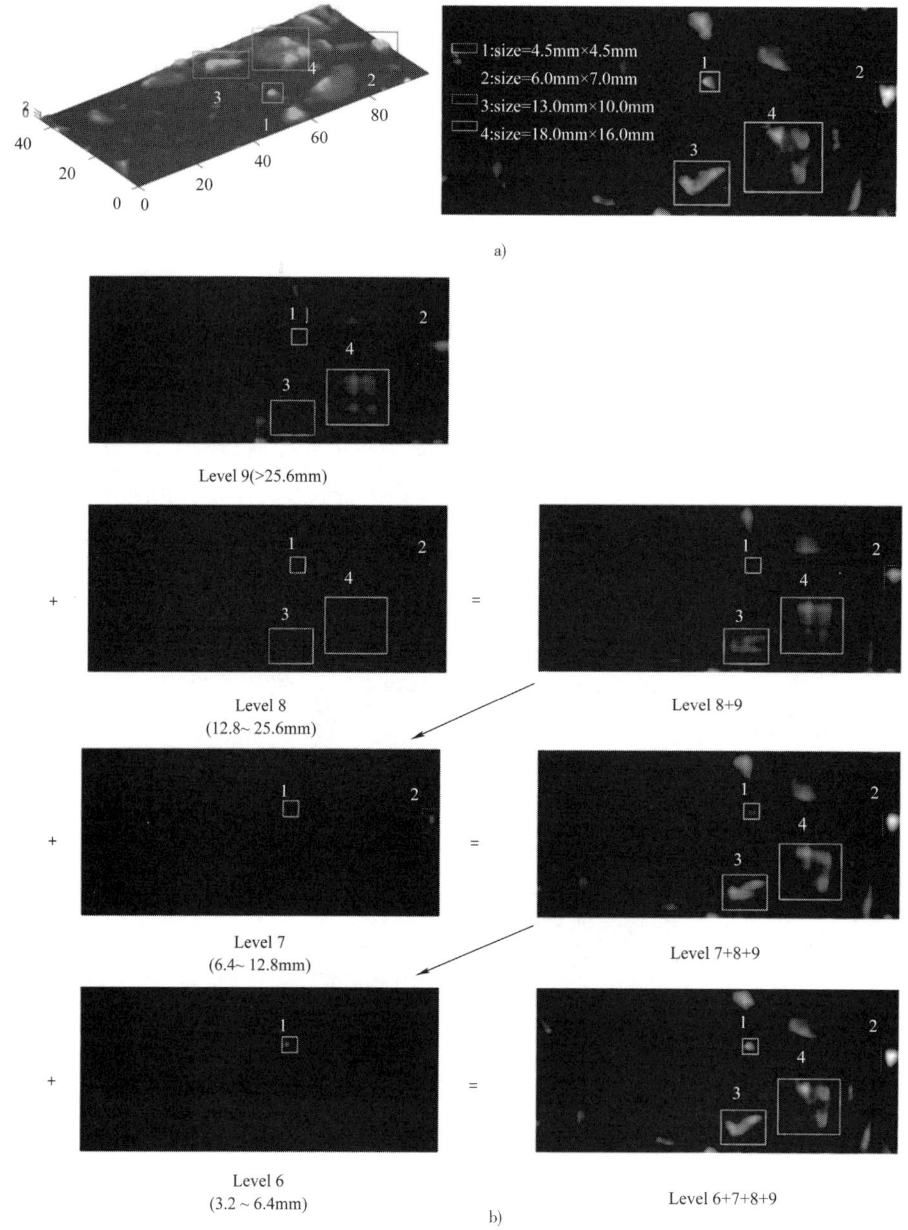

图 8-9　不同等级的粒径特征观测

从图 8-9 可以看出，从残差部分(Level 9)开始，每增加一个等级，灰度图就显示出更多的细节和信息。因此引入了另一个指标——二维熵，它是根据灰度图来评估每一层所包含信息和像素之间的空间关系。熵理论已广泛应用于分析路面纹理的图像，并已被证明可用于描述纹理的复杂性。选取像素邻域的平均像素灰度值作为分布的空间特征量，与像素灰度值形成特征对偶，记为(i,j)，概率 P_{ij} 定义为式(8-6)：

$$P_{ij}=\frac{f(i,j)}{N^2}\quad(0\leqslant i\leqslant 255,0\leqslant j\leqslant 255)\tag{8-6}$$

式中，i 代表像素灰度值；j 表示邻域的平均像素灰度值；$f(i,j)$表示二进制数(i,j)出现的频率。P_{ij} 可以反映像素位置的灰度值和周围像素的灰度分布的综合特征。二维熵的计算如公式(8-7)所示：

$$\text{2D-Entropy}=-\sum_i\sum_j P_{i,j}\lg P_{i,j}\tag{8-7}$$

与能量 E 相比，二维熵反映了纹理的复杂度和不同点的空间关系。

为进一步验证该方法能否有效解释不同灰度类型下的纹理，基于二维小波，分别使用灰度分布和 RE 分布，探讨了混合类型与分解级别之间的关系。但级配规模与分解等级不匹配：级配规模由筛径(0.075mm、0.15mm、0.3mm、0.6mm、1.18mm、2.36mm、4.75mm、9.5mm、16mm 和 31.5mm)确定，分解层次的尺度是基于小波变换的原理。因此，通过拟合两个分布来统一两组尺度进行比较。

将沥青混合料的级配曲线转化为概率分布的形式。采用了四种单峰拟合模型，拟合结果(OGFC20)如图 8-10 所示：非标准高斯混合模型(GMM，$a\times e^{-\left(\frac{x-\mu}{\sqrt{2}\sigma}\right)^2}$)的 R^2 为 0.988；正弦模型$[a\times\sin(bx+c)]$的 R^2 为 0.767；二次多项式模型(ax^2+bx+c)的 R^2 为 0.721；三次多项式模型(ax^3+bx^2+cx+d)的 R^2 为 0.766。GMM 模型具有最高的 R^2，表示最佳拟合结果，并被选择用于进一步分析。GMM 拟合曲线和最大粒径的概率分布如图 8-11 的左栏所示。在 8 种混合料类型中，最高的 R^2 为 0.988(OGFC20)，最低为 0.894(AC16)。

另一方面，纹理数据按照上一节二维小波分解的方法为 9 个级别，计算每个级别的 RE。由于级配大于最大标称粒径的概率为零，因此将大于最大标称粒径分解水平的概率设置为零，以更好地拟合级配概率分布。以 RE 为概率绘制不同分解尺度的概率分布，进行 GMM 拟合，如图 8-11 右栏所示。拟合效果良好：最大 R^2 为 0.982(OGFC13)，最小 R^2 为 0.889(AC5)。拟合结果表明，OGFC13、OGFC20 等颗粒较大的集料的级配分布，比 AC5 等颗粒较小的集料更能拟合 GMM 曲线。

非标准高斯分布的均值和方差作为衡量两条拟合曲线接近程度的指标。由图 8-11 可以看出，集料尺寸较大的混合物的 RE 分布与级配分布的关系比集料尺寸小的混合物更接近。例如 AC13 的 RE 分布拟合曲线($\mu=9.571,\sigma=5.596$)几乎完美地描绘了灰度分布拟合曲线($\mu=9.531,\sigma=6.534$)。AC16、SMA13 和 SMA16 的 RE 分布也非常匹配。然而，AC5 和 SMA5 的 RE 拟合曲线与灰度拟合曲线的接近度不够好。8 种混合料类型的 RE 分布与级配分布的拟合参数(μ,σ)相关系数为 0.9386。综上所述，基于二维小波的 RE 分布可以通过整体能量分布来表征不同集料级配和混合料类型，可应用于施工质量检测或级配类型识别。

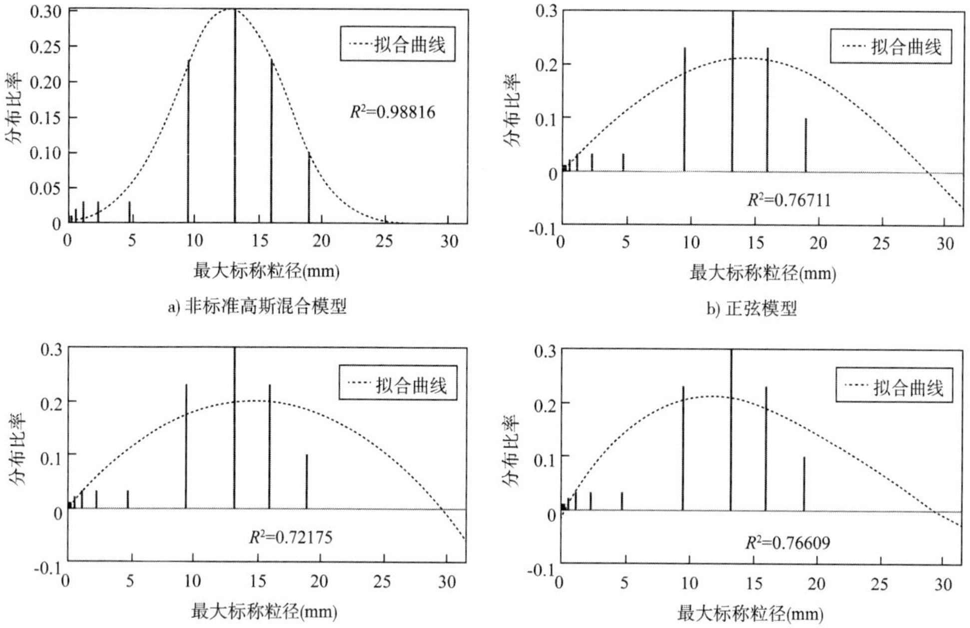

图 8-10　不同拟合模型的对比

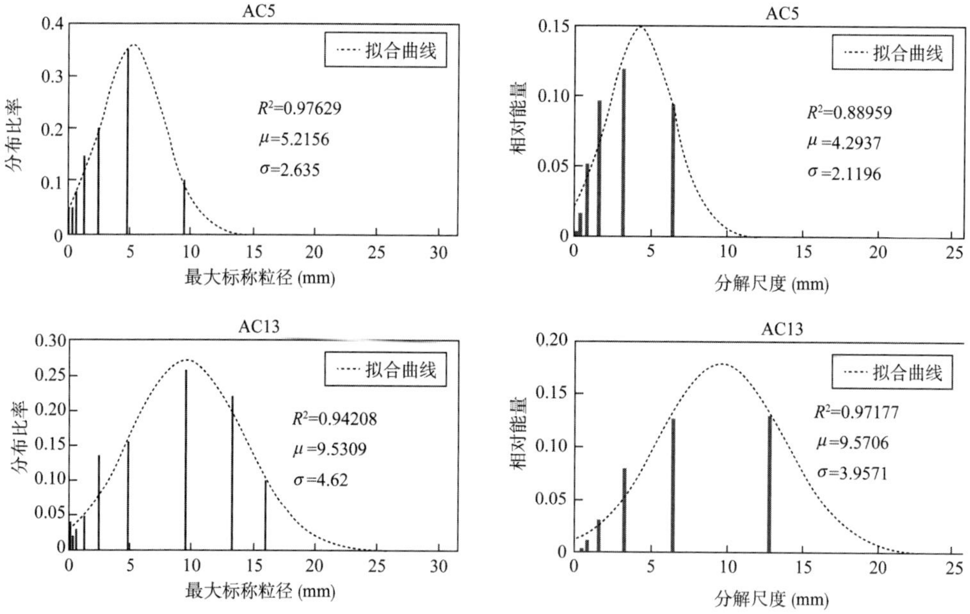

a)

图　8-11

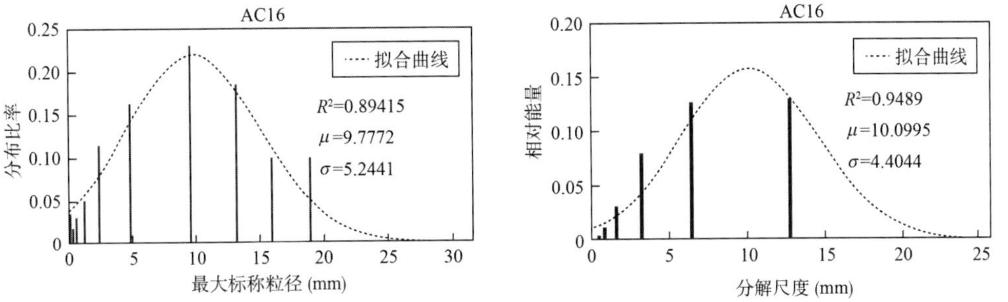

a) AC

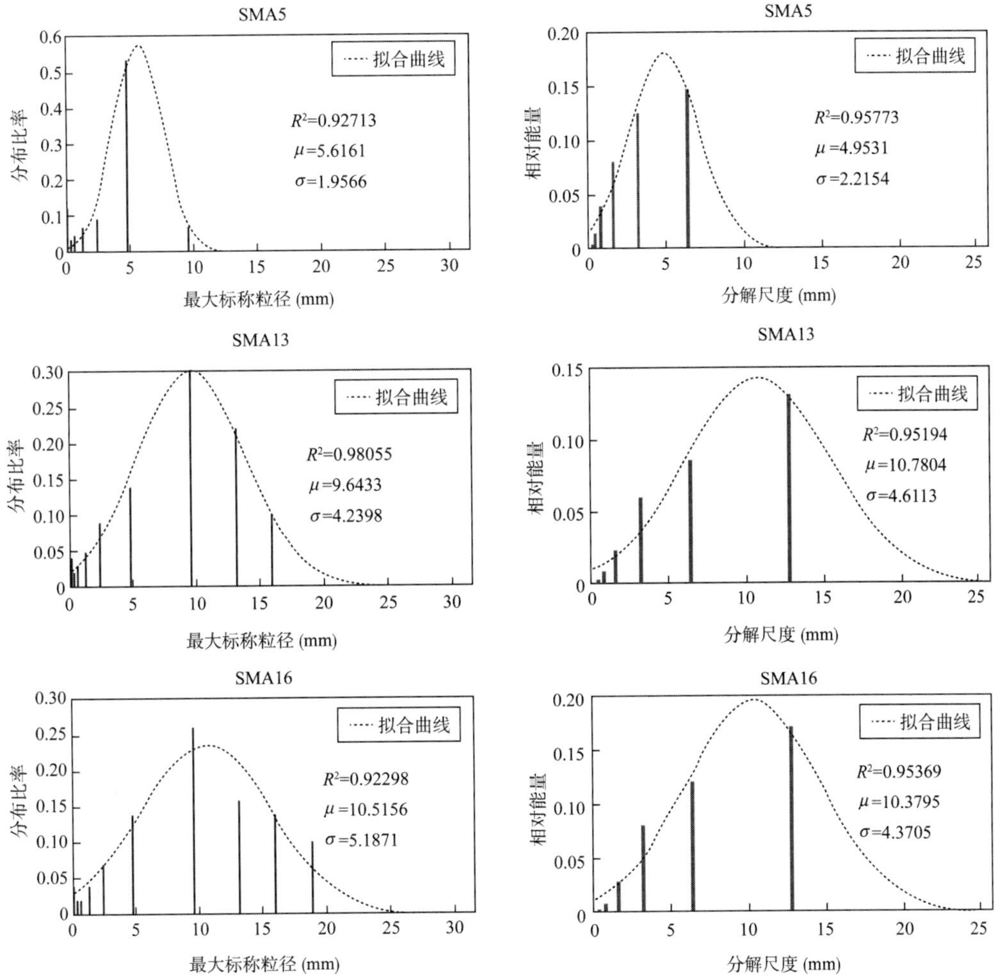

b) SMA

图 8-11

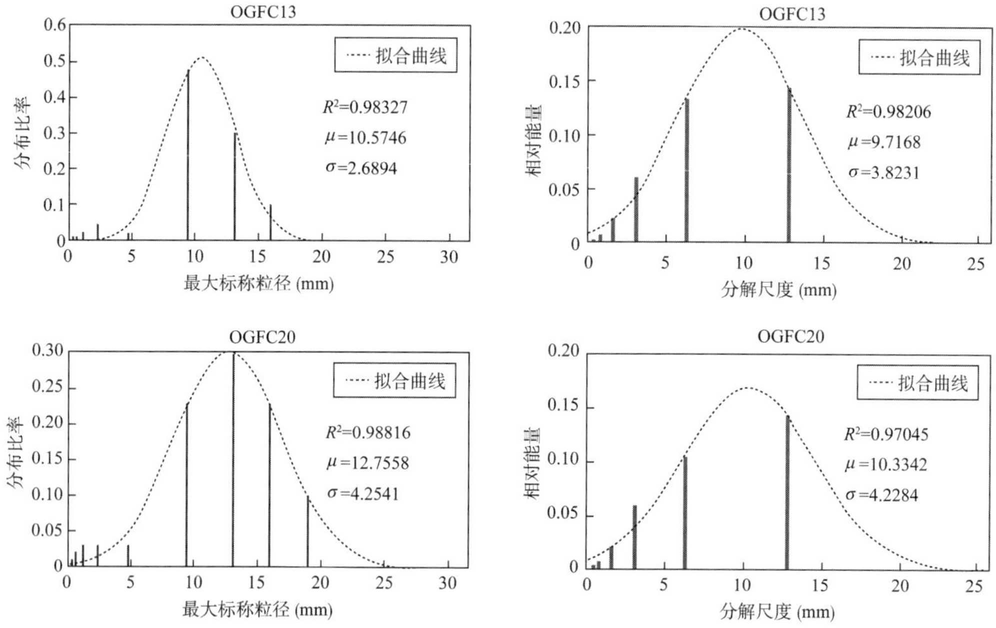

c) OGFC

图 8-11　不同 RE 分布和级配分布的对比

8.3 基于纹理特征解析的路面表观构造性能预估

8.3.1　路面构造深度

路面构造深度（mean texture depth，MTD）是工程验收和道路维护的基本指标，正常范围为 0.7～1.1mm，MTD 小于 0.55mm 表示抗滑性差，而 MTD 过高则表示剥落、离析、破损等。传统上，MTD 主要是通过铺砂法获得。铺砂法基于体积原理，测量均匀分布在路面上形成圆形标准体积的沙子面积。然而，测量结果在很大程度上受人为操作的影响。例如圆的厚度、不均匀度和曲率偏差，都会导致结果的重复性和再现性低。因此，本节采用基于三维路面纹理数据的计算方法：平均断面深度 MPD 和电子铺砂法 eMTD。

MPD 是对每一个断面的轮廓线进行计算，将每个轮廓线平均分成两段，求两段峰值的均值与两段的均值之差，将每条轮廓线的结果平均即为 MPD，计算示意图如图 8-12 所示，其计算公式为：

$$\mathrm{MPD}=\frac{\sum_{1}^{n}\left(\frac{h_1+h_2}{2}-h\right)}{n} \tag{8-8}$$

式中，MPD 为平均断面深度；h_1 为轮廓线前半段峰值高度；h_2 为轮廓线后半段峰值高度；

h 为轮廓线整段的平均高度；n 为轮廓线数量。

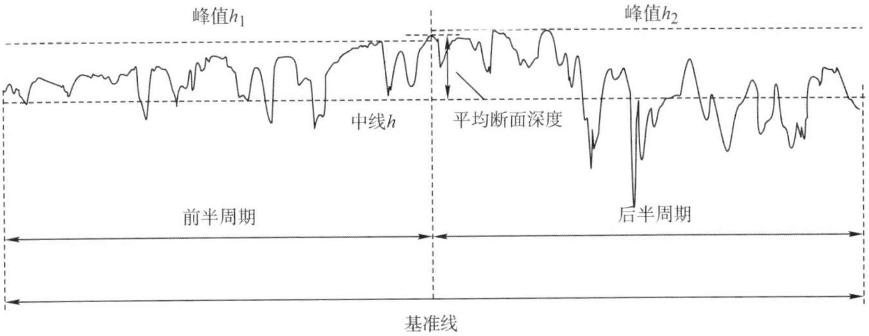

图 8-12　平均断面深度计算示意图

MPD 是计算轮廓线的断面平均深度，无法有效表征空间信息，因此，本节提出电子铺砂法计算三维平均构造深度 eMTD。eMTD 是一种模拟铺砂法，将路面划分为 9 个区域，对每个区域取最大值，并插值网格化，形成等效铺砂基准面，计算示意图如图 8-13a）所示，其计算公式为：

$$\mathrm{eMTD} = \frac{\sum_{1}^{n} \iint (S_1 - S_2)\,\mathrm{d}x\mathrm{d}y}{nxy} \tag{8-9}$$

式中，S_1 代表等效砂斑试验面；S_2 代表路面；x 和 y 代表长度和宽度。

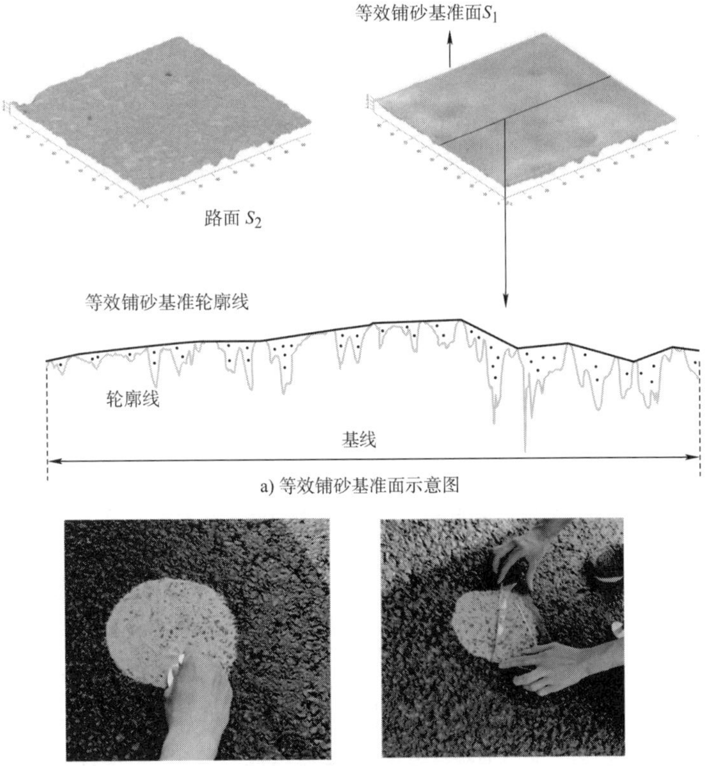

a) 等效铺砂基准面示意图

b) 铺砂法

图 8-13　eMTD 计算示意图

将计算得到的 MPD 和 eMTD，与两种道路（新建道路和服役道路）的铺砂法测得［图 8-13b）］的 MTD 进行比较。在新建道路和服役道路上各自选择 4 个路段，并在每个部分利用三维激光扫描仪和铺砂法随机采集 5 个样本，计算其平均值。每个截面的 MTD、MPD 和 eMTD 的平均值如表 8-6 所示，可以看到 MTD 和 MPD/eMTD 之间有很好的相关性。MTD 和 MPD 之间的平均差异为 8.41%，而 MTD 和 eMTD 之间的平均差异为 7.89%。

MTD、MPD 和 eMTD 的平均值对比 表 8-6

道路类型	路段	MTD	MPD	eMTD
新建道路	1-1	0.936	0.939	0.916
	1-2	0.875	0.960	0.887
	1-3	0.799	0.697	0.783
	1-4	1.104	1.026	1.100
服役道路	2-1	0.35	0.345	0.367
	2-2	0.75	1.220	1.057
	2-3	0.39	0.475	0.464
	2-4	0.73	0.771	0.828

8.3.2 路面级配预估

沥青混合料是由沥青、矿料以及添加剂所组成的复合材料，经摊铺、压实成型后成为沥青路面。其中，矿料是由适当比例，符合规定级配的粗集料、细集料及填料所构成的，起到骨架支撑作用。矿料级配的选取是影响沥青混合料路用性能的主要因素，不良的级配使路面的力学性能（抵抗疲劳、车辙、磨耗、摩擦）下降，易造成剥落、松散等路面病害。级配是设计阶段的概念，大量学者致力于研究满足不同性能的最优矿料配合比设计。目前，矿料的级配组成主要分为连续密级配沥青混凝土混合料（Asphalt Concrete，AC）、大孔隙开级配排水式沥青磨耗层（Open Gradation Friction Course，OGFC）和沥青玛蹄脂碎石混合料（Stone Matrix Asphalt，SMA）。然而，在实际施工过程中，由于诸多不确定因素的影响，成型后的路面集料组成可能与设计级配有所差别，需要进行施工质量监测和控制，以保证真实的施工状况和设计级配之间的差距尽量小，提高沥青路面的路用性能和使用寿命。因此，快速预估成型路面级配在道路施工质量监测环节至关重要。

本节选取不同的级配类型路面：连续密级配沥青混凝土混合料（AC）、大孔隙开级配排水式沥青磨耗层（OGFC）和沥青玛蹄脂碎石混合料（SMA）。为了获取不同粒径分布的级配，尽量选取差异较大的集料最大公称粒径：对于 AC 和 SMA，选用 16mm、13.2mm 和 4.75mm 三种规格；对于 OGFC，选用 13.2mm 和 19mm 两种规格。综上选用了 8 种级配的路面类型，级配曲线如图 8-14 所示，每种级配制备两块车辙板。车辙板试件的尺寸为 300mm×300mm，该尺寸不满足三维轮廓测量仪的测试尺寸要求，因此将每块车辙板如图 8-15 所示切割成 3 块，每块的尺寸为 100mm×300mm，进行三维扫描。考虑车辙板试件成型的变异性，在扫描时取较为中间的部分，尽量避免车辙板四周的离析问题。

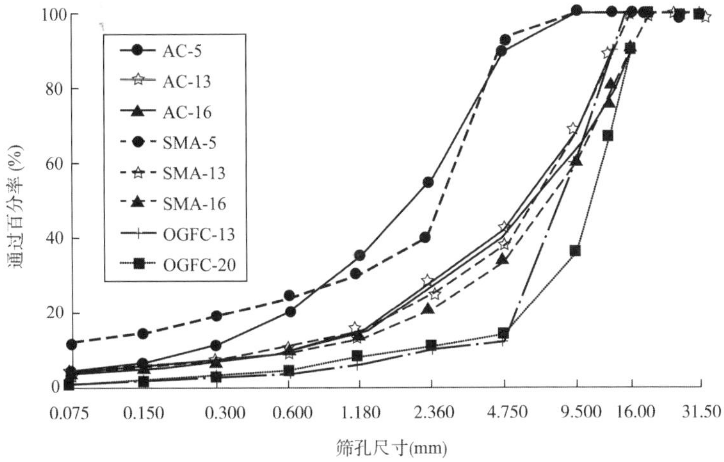

图 8-14　8 种路面类型的级配曲线

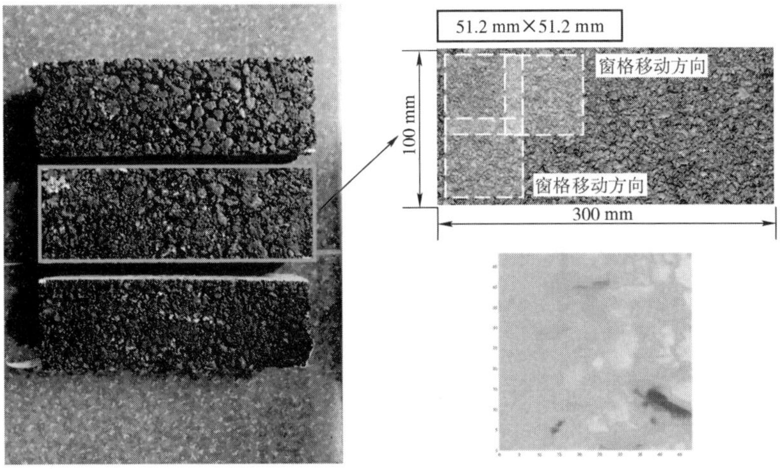

图 8-15　路面样本选取

每个三维数据样本的尺寸为 51. 2mm×51. 2mm(0. 1mm×512 = 51. 2mm)。一方面因为较小的尺寸在有效区分不同级配的基础上,可以增加样本的数量;另一方面根据宏观纹理的定义,选择以最大宏观纹理的尺度为界,同时由于下文的小波变换需要按 2 的倍数分解。此外,本节采用滑块移动切割的方式提取样本,创建 51. 2mm×51. 2mm 尺寸窗口(图 8-15),在 x 和 y 两个方向分别以 40mm 的步长移动,每移动一次窗口,提取该窗口覆盖的三维点云数据,每个路面类型有 100 个样本。

本节利用提取的三维特征参数,通过相关性分析选择部分特征,比较不同的参数选择在多种分类器下的分类效果,并选取最佳分类效果的方法作为级配预估方法,利用多层感知机进行多元回归实现级配的快速预估,图 8-16 描述了沥青混合料级配分类与预估模型构建的流程。

本节基于 8. 2 节提出了 20 个表面性状参数和 18 个基于二维小波分解的参数。利用 8 类级配共 800 个数据计算得到的参数值进行分析。由于二维小波分解参数表征的是不同尺度下的三维特征集合,因此无须通过相关性分析选取特征参数。对于表面性状参数,本节将轮廓参数、高度参数归为一类，功能参数、体积参数和复合参数归为另一类进行相关性分析。相关系数取值范围为[-1,1]，绝对值大于0.8说明变量之间的线性关系强。表8-7、表8-8展示了两类参数的相关性，若两个参数相关性较强，则只选取一个。最终选取D_a、D_q、L_q、S_{sk}、S_{pk}、S_{vk}、V_{vv}、V_{vc}、V_{mp}、S_{dr}10个表面性状参数进行后面的分析。

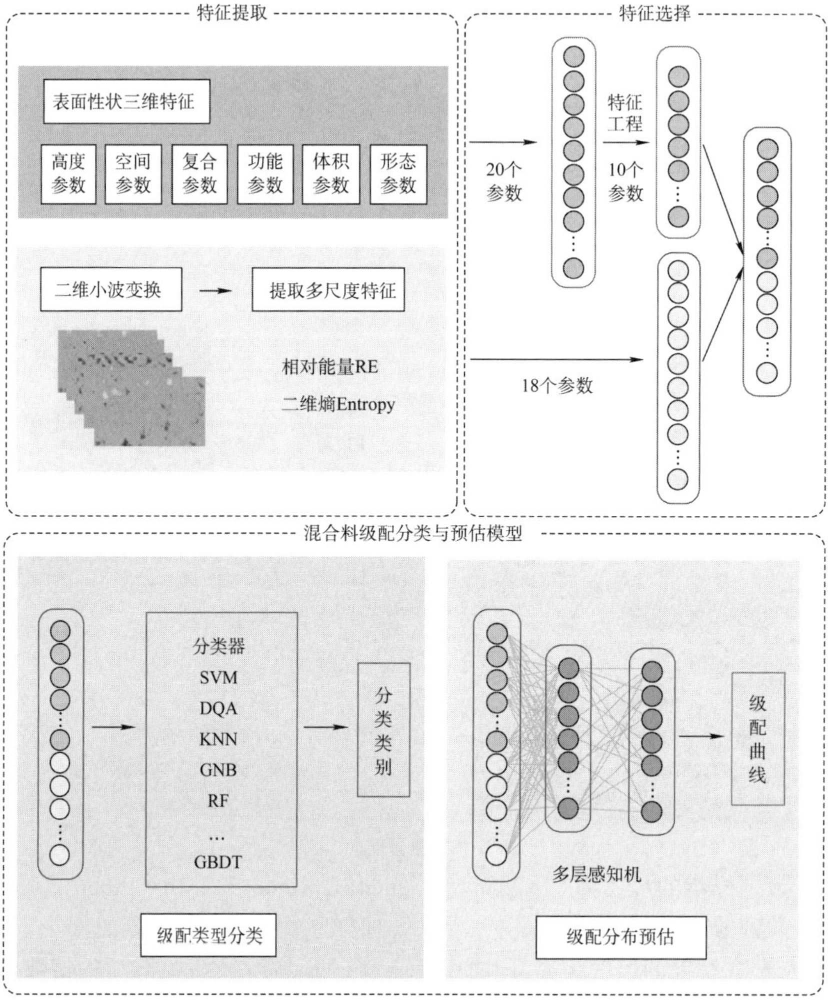

图8-16　沥青混合料级配分类与预估流程图

轮廓参数、高度参数相关系数表　　表8-7

参数	R_a	R_q	D_a	D_q	L_a	L_q	S_{sk}	S_{ku}	MPD	S_p	S_v
R_a	1.00	1.00	0.35	0.88	0.98	0.95	0.65	-0.74	0.97	0.97	0.97
R_q	1.00	1.00	0.35	0.88	0.98	0.95	0.64	-0.72	0.97	0.97	0.98
D_a	0.35	0.35	1.00	0.50	0.18	0.24	0.31	-0.40	0.37	0.37	0.35
D_q	0.88	0.88	0.50	1.00	0.83	0.71	0.58	-0.65	0.85	0.85	0.87
L_a	0.98	0.98	0.18	0.83	1.00	0.95	0.63	-0.71	0.94	0.94	0.95

续上表

参数	R_a	R_q	D_a	D_q	L_a	L_q	S_{sk}	S_{ku}	MPD	S_p	S_v
L_q	0.95	0.95	0.24	0.71	0.95	1.00	0.63	-0.71	0.93	0.93	0.93
S_{sk}	0.65	0.64	0.31	0.58	0.63	0.63	1.00	-0.89	0.77	0.77	0.51
S_{ku}	-0.74	-0.72	-0.40	-0.65	-0.71	-0.71	-0.89	1.00	-0.76	-0.76	-0.60
MPD	0.97	0.97	0.37	0.85	0.94	0.93	0.77	-0.76	1.00	1.00	0.92
S_p	0.97	0.97	0.37	0.85	0.94	0.93	0.77	-0.76	1.00	1.00	0.92
S_v	0.97	0.98	0.35	0.87	0.95	0.93	0.51	-0.60	0.92	0.92	1.00

功能参数、体积参数和复合参数相关系数表 表 8-8

参数	S_k	S_{pk}	S_{vk}	S_{xp}	V_{vv}	V_{vc}	V_{mc}	V_{mp}	S_{dr}
S_k	1.00	0.01	0.59	0.96	0.48	0.99	0.99	0.29	0.78
S_{pk}	0.01	1.00	0.03	0.16	-0.03	0.00	0.03	0.53	-0.06
S_{vk}	0.59	0.03	1.00	0.59	0.74	0.60	0.57	0.18	0.50
S_{xp}	0.96	0.16	0.59	1.00	0.47	0.94	0.95	0.49	0.73
V_{vv}	0.48	-0.03	0.74	0.47	1.00	0.50	0.42	0.13	0.45
V_{vc}	0.99	0.00	0.60	0.94	0.50	1.00	0.98	0.24	0.77
V_{mc}	0.99	0.03	0.57	0.95	0.42	0.98	1.00	0.30	0.76
V_{mp}	0.29	0.53	0.18	0.49	0.13	0.24	0.30	1.00	0.21
S_{dr}	0.78	-0.06	0.50	0.73	0.45	0.77	0.76	0.21	1.00

本节采用 8 类级配，每一类选取 100 块样本提取了 10 个表面性状参数和 18 个基于二维小波变换的参数，共 800 组训练样本，其中训练集 720 组，测试集 80 组，构建 8 种分类模型。为了对比选取不同参数对分类效果的影响，本节采用了 3 种不同的参数选择策略进行训练和分类，分别是表面性状参数（10 个），二维小波参数（18 个）和表面性状+二维小波参数（28 个），表 8-9 比较了三种参数选择策略在支持向量机（Support Vector Machine，SVM）分类器［核函数为径向基函数（Radial Basis Function，RBF），惩罚系数 C = 10，gamma = 5］和多层感知机（Multi-layered Perceptron，MLP）（全连接层 32-128-8）分类器中的分类效果。由于选取的参数维数较多，本节考虑采用主成分分析，将多个相互之间可能存在某种关系的变量，正交变换为一组互不相关的变量，表 8-9 对比了是否降维（维数为 2）的分类效果。

不同参数选择的分类效果 表 8-9

参数选择	参数个数	是否 PCA 降维	分类器	准确率 P	召回率 R	综合评价指标 $F1$
表面性状参数	10	是	支持向量机（SVM）	0.64	0.6	0.6
表面性状+二维小波参数	10+18	是	支持向量机（SVM）	0.68	0.65	0.64
表面性状参数	10	否	支持向量机（SVM）	0.8	0.79	0.79
二维小波参数	18	否	支持向量机（SVM）	0.91	0.9	0.9
表面性状+二维小波参数	10+18	否	支持向量机（SVM）	0.96	0.95	0.95

续上表

参数选择	参数个数	是否 PCA 降维	分类器	准确率 P	召回率 R	综合评价指标 $F1$
传统参数	10	是	多层感知机(MLP)	0.6	0.56	0.57
表面性状+二维小波参数	10+18	是	多层感知机(MLP)	0.69	0.62	0.63
表面性状参数	10	否	多层感知机(MLP)	0.82	0.79	0.79
二维小波参数	18	否	多层感知机(MLP)	0.9	0.89	0.89
表面性状+二维小波参数	10+18	否	多层感知机(MLP)	0.96	0.96	0.96

本节采用 3 类指标衡量分类的准确性,分别是精确率 P(Precision)、召回率 R(Recall)和综合评价指标 $F1$,其计算公式如下:

$$P=\frac{\mathrm{TP}}{\mathrm{TP}+\mathrm{FP}} \tag{8-10}$$

$$R=\frac{\mathrm{TP}}{\mathrm{TP}+\mathrm{FN}} \tag{8-11}$$

$$F1=\frac{2\times P\times R}{P+R} \tag{8-12}$$

式中,TP (True Positive)为将正类预测为正类数;FP (False Positive)为将负类预测为正类数——误报;FN (False Negative)为将正类预测为负类数——漏报。

从表 8-9 中可知,在没有降维以及相同的分类器下,只用表面性状参数的分类效果最差,采用二维小波参数效果较好,而表面性状参数和二维小波参数相结合的预测效果最佳。结果表明,相较于表面性状参数对轮廓的平均,二维小波对多尺度特征的提取更能表征不同粒径组合级配的表面特性。同时,表面性状参数也提供了对于纹理总体特征信息的概括,两者相互补充,有效地对不同的 8 种级配进行区分。因此后续的分析选用表面性状+二维小波参数。对于主成分分析降维的效果分析,从表可知,降维后的分类效果明显下降,其原因在于降维丢失较多关键信息,因此本节后续分析不采用主成分分析降维。

图 8-17 展示了四种基于多层感知机(MLP)的分类效果,采用的是混淆矩阵的形式绘制热力图,横坐标表示真实的类别,纵坐标表示预测的类别,正对角线上的数值表示每一类预测正确的数量而其他位置的数值表示预测错误的数量。由图 8-17 可得:采用不降维的表面性状与二维小波参数相结合的方式预测效果最好。

本节采用机器学习领域多种分类器对选用表面性状+二维小波参数的 800 个样本进行分类效果比较,分类器包括高斯贝叶斯(Gaussian Naive Bayes,GNB)、随机森林(Random Forest,RF)、K 近邻(k-Nearest Neighbor,KNN)、逻辑回归(Logistic Regression,LR)、迭代决策树(Gradient Boosting Decision Tree,GBDT)、二次判别分析(Quadratic Discriminant Analysis,QDA)、SVM 和 MLP,其结果如表 8-10 所示,分类效果最佳的是 MLP。由于表面性状参数与级配的关系较为隐蔽,而二维小波参数作为一组具有关联性的不同尺度的特征数据,普通分类器难以提取不同参数间的关联,而神经网络能够较好地挖掘不同尺度之间特征的关联性,从而达到最优的分类效果。

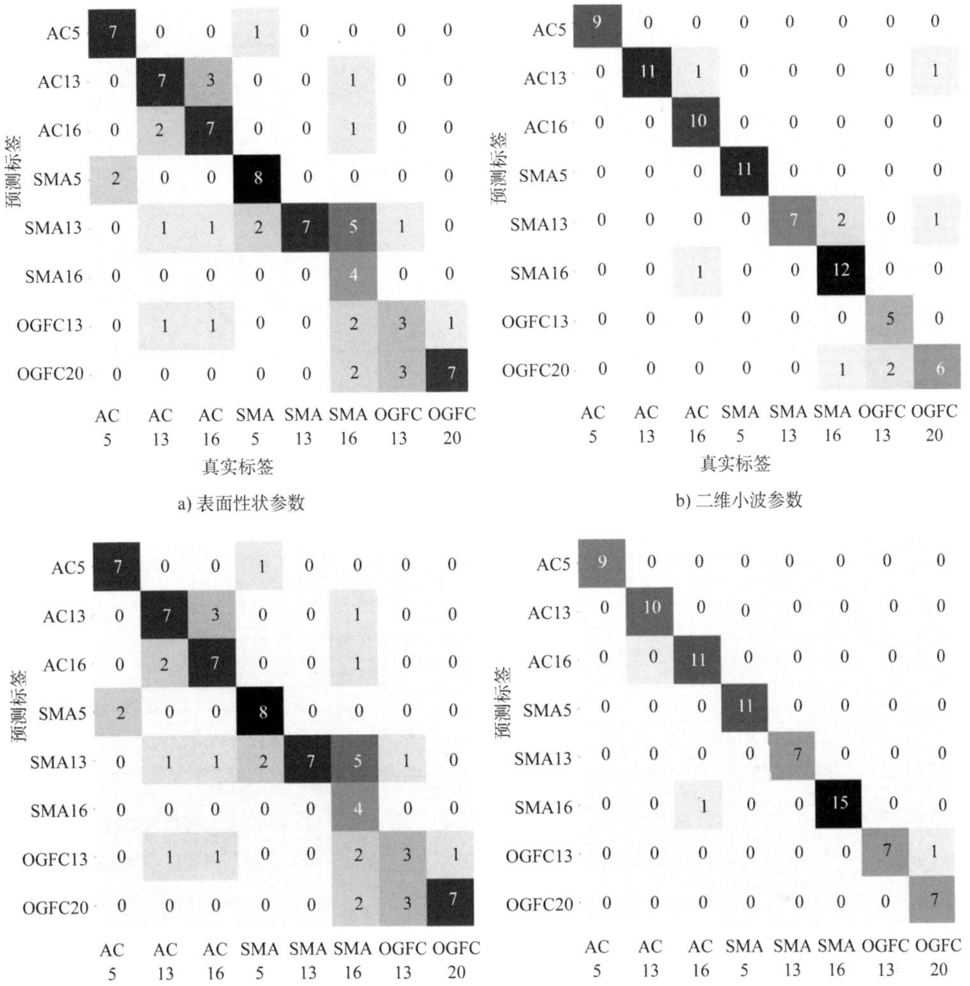

a) 表面性状参数　b) 二维小波参数

c) 表面性状+二维小波参数(降维)　d) 表面性状+二维小波参数

图 8-17　多层感知机(MLP)网络预测效果

不同分类器的分类效果　表 8-10

参数选择	参数个数	PCA 降维	分类器	参数	准确率	召回率	综合评价指标 $F1$
表面性状+二维小波参数	10+18	否	高斯贝叶斯(GNB)	—	0.74	0.7	0.7
表面性状+二维小波参数	10+18	否	随机森林(RF)	准则=entropy,最小样本叶=10	0.72	0.71	0.71
表面性状+二维小波参数	10+18	否	K 近邻(KNN)	近邻数 n_neighbors=5	0.83	0.8	0.81

续上表

参数选择	参数个数	PCA 降维	分类器	参数	准确率	召回率	综合评价指标 $F1$
表面性状+二维小波参数	10+18	否	逻辑回归(LR)	—	0.87	0.86	0.86
表面性状+二维小波参数	10+18	否	迭代决策树(GBDT)	n_estimators = 200	0.88	0.86	0.86
表面性状+二维小波参数	10+18	否	二次判别分析(QDA)	—	0.92	0.91	0.91
表面性状+二维小波参数	10+18	否	支持向量机(SVM)	核函数为 RBF,惩罚系数 C = 10,gamma = 5	0.90	0.89	0.89
表面性状+二维小波参数	10+18	否	多层感知机(MLP)	全连接层(32-128-8)	0.91	0.91	0.91

虽然分类算法能够对不同级配进行较好的区分,然而当出现新的级配类型时,现有的分类模型无法直接预测,仍然需要采集样本进行训练,缺乏对不同路面级配类型预测的泛化能力。集料级配是多级筛孔控制,对级配曲线的预测,实质上是一个多元回归问题,预测集料每个筛径的通过率。本节采用分类效果较好的多层感知机(MLP)进行多元回归,训练样本仍为 800 个,其中 80 个为测试集,输入为表面性状+二维小波参数,标签为每种级配类型对应的筛径集料的通过率,模型的输出同样是对应筛径的集料通过率,即预估的级配分布。

通过指标比对确定最佳的网络结构,拟合程度 R^2 达到 0.849。图 8-18 展示了对每个级配类型的预估效果,深色线是真实的级配曲线,浅色线是 80 个测试样本的预测级配曲线,每种级配有多个预测值。总体而言,预测结果匹配度较高,对 AC5、SMA5 等的预测比较准,而对于大集料粒径的预测相对较差。

为了进一步探究不同特征对预估结果的影响,本节引入了消融实验,即比较对网络的不同部分输入进行屏蔽后的输出结果,从而分析不同输入对网络的影响程度。表 8-11 首先对比了三组不同组别参数的贡献度,包括表面性状参数、二维小波能量参数和二维小波二维熵参数,衡量的系数是对 80 个测试集的预测结果和真实结果的对比的指标:平均绝对误差(Mean Absolute Error, MAE)、均方误差(Mean Squared Error, MSE)、可释方差值(Explained Variance Score,EVS)和判定系数 R^2。结果显示,移除二维小波能量参数后对模型的影响最大,而移除二维小波二维熵参数后对模型的影响极小。因此,可以看出二维小波能量参数在级配预估方面有较大的贡献度,而二维熵参数影响非常微小。

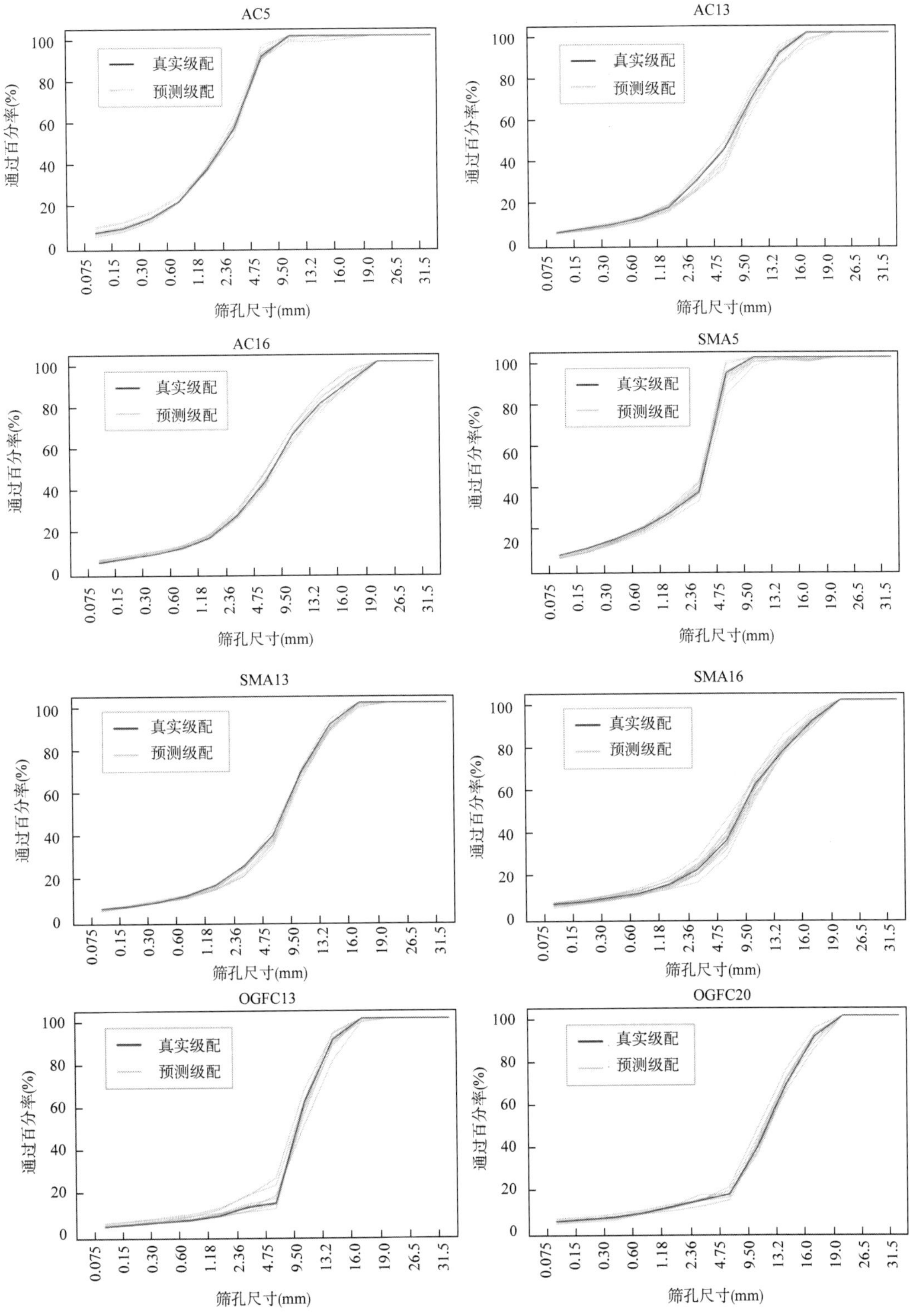

图 8-18 级配分布预估效果

三组参数的消融实验结果　　表 8-11

参数输入	平均绝对误差 MAE	均方误差 MSE	可释方差值 EVS	判定系数 R^2
表面性状参数	3.31	27.12	0.76	0.74
二维小波能量参数	2.84	18.69	0.84	0.83
二维小波二维熵参数	3.81	34.07	0.70	0.67
表面性状参数+二维小波能量参数	2.35	15.45	0.86	0.85
表面性状参数+二维小波二维熵参数	3.15	22.19	0.77	0.77
二维小波能量参数+二维小波二维熵参数	2.70	15.42	0.85	0.83
全部参数	2.71	16.97	0.86	0.85

为了探究具体不同尺度的二维小波能量参数对结果的影响,本节对 9 个分解层级的二维小波能量参数进行逐一屏蔽,如表 8-12 所示。可以看到:Energy 8（12.8~25.6 mm）和 Energy 4（0.8~1.6 mm）对结果的影响很大,其他的有较轻微的影响,而对于 Energy 9(即残余量),以及 Energy 2（0.2~0.4 mm）几乎对预测的结果没有影响。

二维小波能量参数的消融实验结果　　表 8-12

参数选择	平均绝对误差 MAE	均方误差 MSE	可释方差值 EVS	判定系数 R^2
Energy1	2.69	16.81	0.84	0.84
Energy2	2.21	11.99	0.88	0.87
Energy3	2.76	19.08	0.84	0.83
Energy4	2.94	18.17	0.82	0.79
Energy5	2.80	17.58	0.84	0.82
Energy6	2.50	14.15	0.88	0.87
Energy7	2.63	17.23	0.84	0.83
Energy8	4.28	44.46	0.72	0.65
Energy9	2.41	13.56	0.86	0.86

综上得出以下具体结论:

(1)在特征选取方面,选用 10 个表面性状参数和 18 个二维小波参数分类效果最佳,表明了二维小波可以反映路面级配的多尺度特征,与表面性状参数相互补充,能较好区分不同级配类型。

(2)在模型构建方面,对比了不同分类器的分类效果,多层感知机(MLP)分类效果最佳,表明多层感知机可以较好地挖掘不同特征参数之间与级配类型相关的隐形特征。利用多层感知机对混合料级配曲线进行回归预测,预测的 R^2 为 0.849,说明该回归模型通过提取的三维纹理特征可以较好地预估级配曲线。

(3)在影响分析方面,通过消融实验发现,二维小波能量参数对模型的结果影响最大,而表面性状参数次之,二维小波二维熵参数的影响十分微小。

本节主要探讨的是多类型的路面纹理特征指标对不同路面级配的敏感性,其结论也表明,经过二维小波分解得到的多尺度特征能较好地表征和区分不同级配的路面,该讨论更加深了对路面三维纹理特征的认识和理解。另一方面,对新建路面级配的预测意义在于,可通过观测全路段预测结果的波动性,分析整个路段的施工均匀性、集料分布等特性。

8.3.3 路面磨耗程度预估

路面磨耗程度指的是在交通荷载作用下,纹理的衰变程度,本节使用自动车辙测试仪(SYD-0719B)进行碾磨测试,以模拟交通负荷下路面纹理的演变(图 8-19)。60℃时硬度为 78±2 标准硬度的橡胶轮每分钟横向移动 42±1 次。车轮与试件的接触压力为 0.05~0.7MPa,车轮总载荷为 78kg。本节进一步选择了尺寸为 300mm×300mm 的 4 种混合料(AC5、AC13、SMA5 和 SMA13)进行测试。轮子在试样上的同一位置来回滚动 100h。纹理数据是定期收集的——0h、2h、4h、8h、16h、24h、32h、40h、50h、60h、70h、80h、90h 和 100h。由于试验是连续进行的,在获取 3D 数据时,由于操作不当、振动或光线的干扰,或 ROI 的未对准切割等原因,会出现一些异常数据。异常数据的缺失数据较多,其 MPD、RE、二维熵等指标与其他数据差异较大。直接剔除明显异常数据后,用于碾磨过程的微观和宏观纹理分析的数据列于表 8-13。

图 8-19 碾磨试验

碾磨试验工况 表 8-13

路面类型	图像	采集时间(h)
AC5		0,2,8,12,16,24,32,40,50,60,70,80,90
AC13		0,2,4,8,16,24,32,50,60,70,90,100
SMA5		4,8,12,16,24,32,40,50,60,70,80,90
SMA13		0,2,4,8,16,24,32,40,70,80,100

本节将 MPD 与属于宏观纹理的第 6 层、第 5 层和第 4 层的能量进行了比较,以探索 2D 小波方法是否可以很好地解释宏观纹理。发现在 Level 5 和 Level 4 时 MPD 和 Energy 相关性较差,而

在 Level 6 时 MPD 和 Energy 相关。Level 6 的线性拟合结果如图 8-20 所示：AC5、SMA5、AC13 和 SMA13 的 R^2 分别为 0.874、0.928、0.757 和 0.480。良好的相关性（AC5、SMA5）说明 MPD 和 Level 6 的能量都包含主要的不均匀信息，分解的宏观纹理的能量可以代表纹理的粗糙度以及 MPD。但是，本节注意到存在 R^2 变化。一方面，变化的原因可能在于尺度的选择，因为 AC13 和 SMA13 的 R^2 不佳，它们含有较大粒径的集料。另一方面，虽然 MPD 主要表征 Level 6（>6.4mm）的宏观纹理，但 MPD 中也包含一些波长小于 6.4mm 的信息。

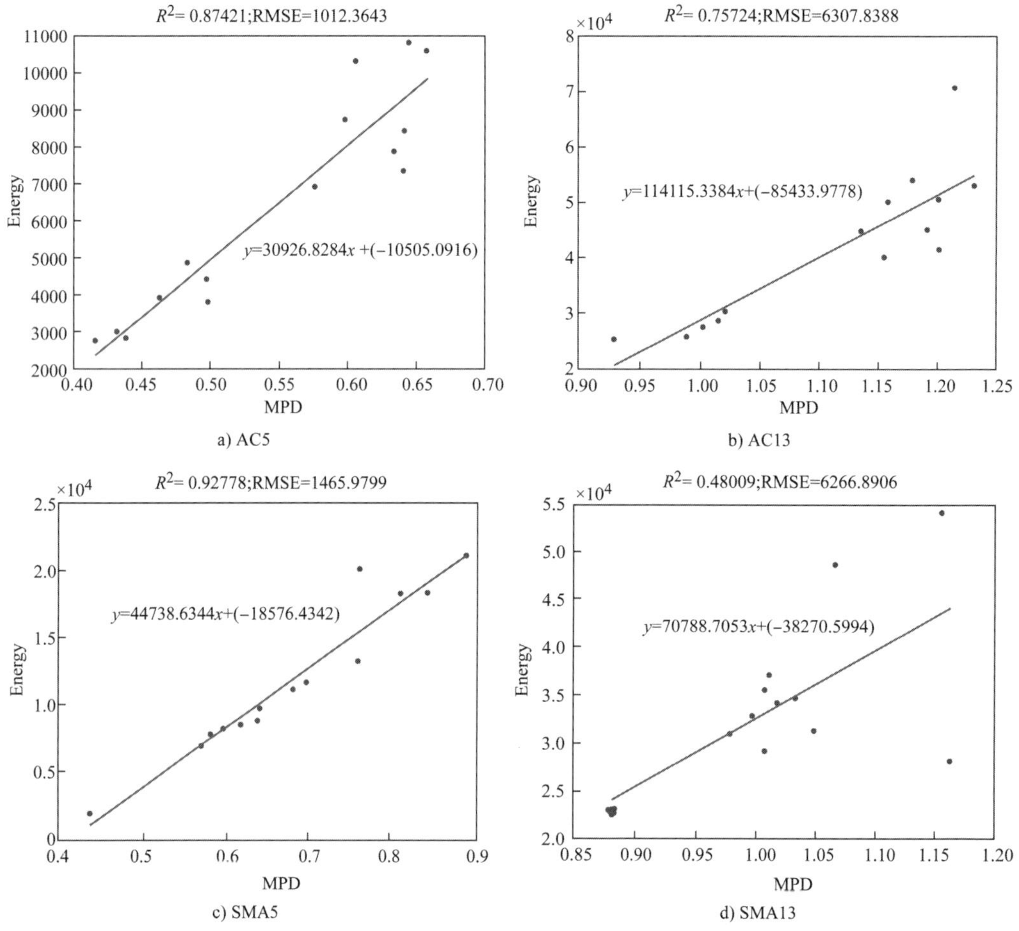

图 8-20 MPD 和第六层级能量的相关性

为了分析不同层次能量分布的微观纹理变化，计算了 RE 矩阵。在图 8-21 中，每个级别（Level 1、Level 2 和 Level 3）的 RE 在碾磨过程中的微观纹理尺度上呈现下降趋势，这意味着微观纹理随着车轮的碾磨而衰减。

本节还分析了两个方向的纹理变化。图 8-22 显示了抛光过程中两个方向之间衰减率的差异。x 方向（垂直于车轮运动）和 y 方向（平行于车轮运动）的相对能量分别以直方图的形式显示在图 8-22 中。三角形标记表示相对能量之间的差异 x 和 y 方向（RE_y 减去 RE_x）在同一级别。从图中呈现的趋势是，随着碾磨时间的增加，差异减小，这意味着纹理在 y 方向上的衰减比在 x 方向上更快。AC5 和 AC13 的测量趋势明显且平稳。但是，对于 SMA5 和 SMA13，趋势是波动的，不够清晰。这可能是因为 SMA5 和 SMA13 具有更好的耐磨性，这使得它们在碾磨过程中对纹理变化不敏感。

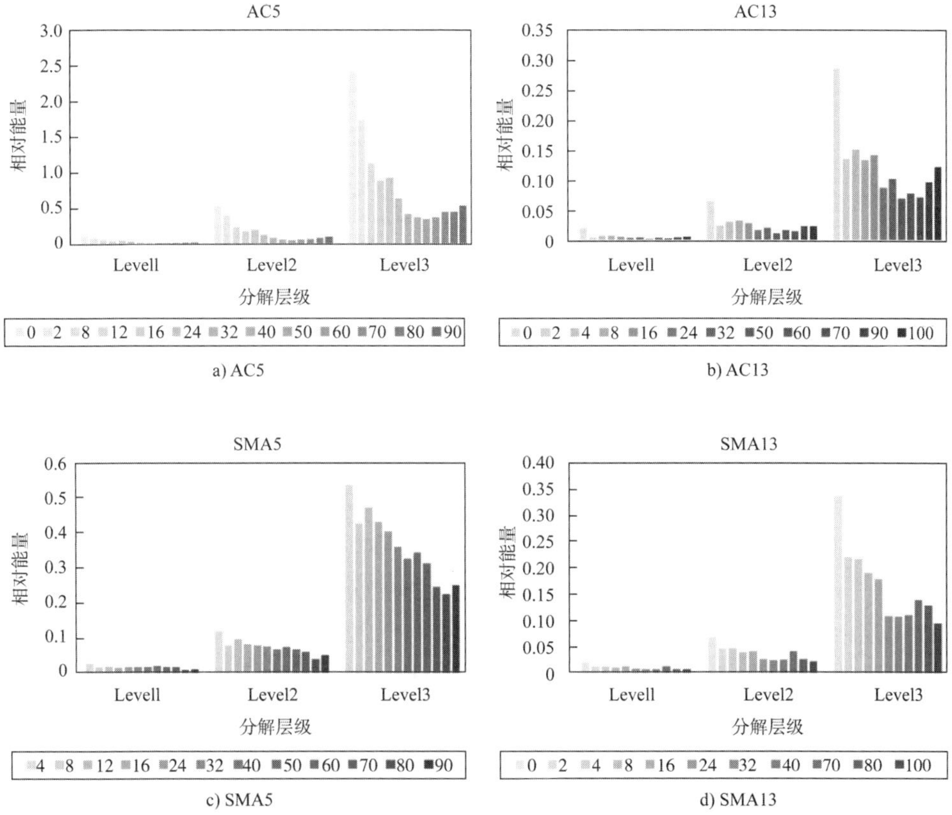

图 8-21　碾磨过程中微观纹理的演变

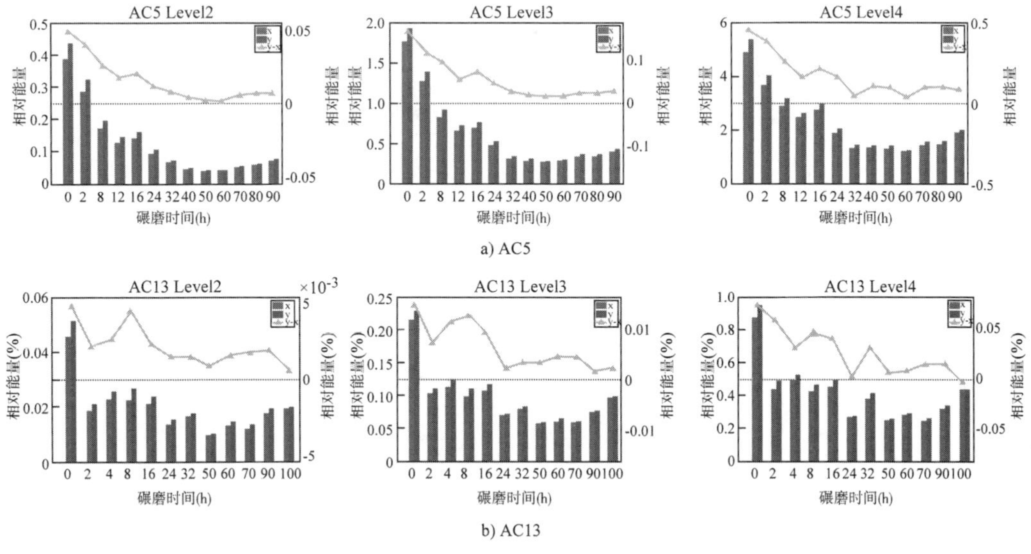

图　8-22

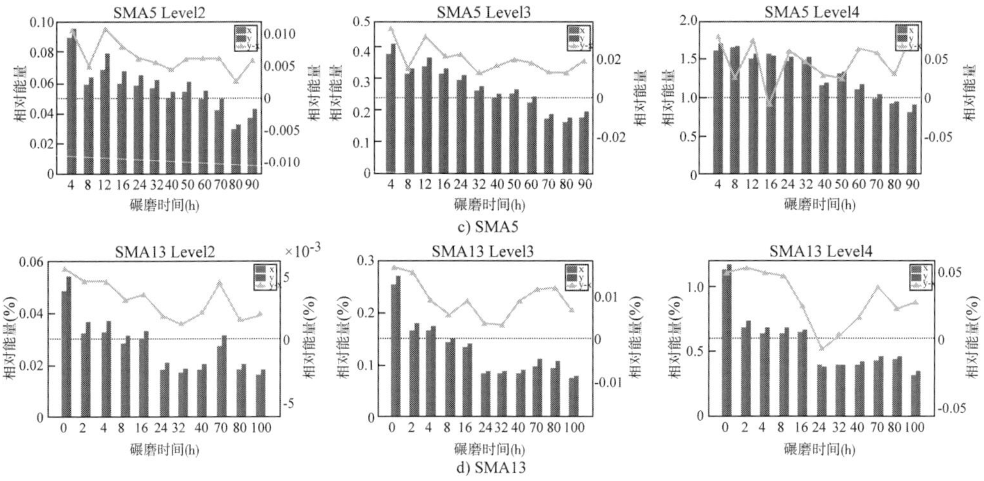

图 8-22 碾磨过程中微观纹理在两个方向的变化

二维熵表示每个级别中纹理的复杂性，包含像素之间的空间关系。之前的研究发现，纹理的熵在交通负载下逐渐减小。为了验证碾磨过程中每个分解级别的二维熵的变化，本节计算了4种混合料类型的5个级别的二维熵值，除了残差之外，结果如图8-23所示。在图8-23中，级别越高，二维熵值越大。二维熵值随着碾磨时间的增加而降低，这意味着在磨损过程中不同级别的纹理复杂性降低。因此，二维熵被证明是可行的，可以描述交通负载下每个分解级别的变化。与相对能量相比，二维熵的变化规律更加明显和稳定，可能是因为纹理复杂度对磨损更加敏感，更适合作为进一步研究纹理磨损的指标。

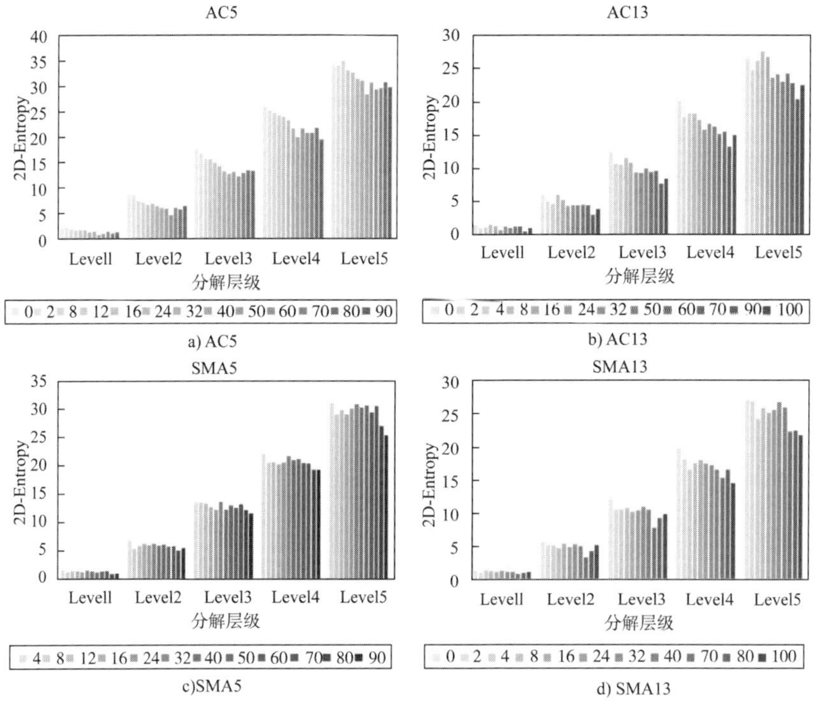

图 8-23 二维熵计算结果

8.3.4 路面抗滑性能预估

路面抗滑性能是反映道路安全性的重要指标之一,描述了车辆在路面行驶过程中,轮胎与路面的摩擦力的大小。路面抗滑性能的不足常常会导致车辆制动距离变长甚至引发交通事故。路面的 BPN 值由英式摆式仪测得,它常被广泛地用于衡量路面的抗滑性能。然而,英式摆式仪在测量过程中容易受诸多因素影响,这常常导致其测量结果波动性较大。因此,许多学者尝试从其他角度建立关于 BPN 的预测模型,以保证模型计算结果更加准确,路面三维纹理便是本节选取的角度。

本节以 BPN 作为衡量路面抗滑性能的先验指标,在试验过程中选取了 12 块沥青路面试件,其中每块试件分别划分了 2~6 块区域,共计得到 43 块路面区域用来做 BPN 检测,图 8-24 展示了其中 2 块沥青路面试件。考虑到用英式摆式仪测量路面 BPN 时,前几次的测量结果波动幅度较大,且测量结果容易受到温度、橡胶片磨耗程度等因素影响,本节在测量 BPN 时采取以下措施以尽可能地减少 BPN 的波动性:①对每块路面区域进行测量时,仅当测量结果不再发生较大变化时开始记录测量值,取最后 5 次测量值的平均值作为最终的测量结果;②试验在室内环境中进行,温度保持在 23℃左右,上下幅度不超过 2℃,且对于测量结果均进行温度修正;③本节以购买的全新英式摆式仪进行测量,保证橡胶片与路面之间具有足够的摩擦力。

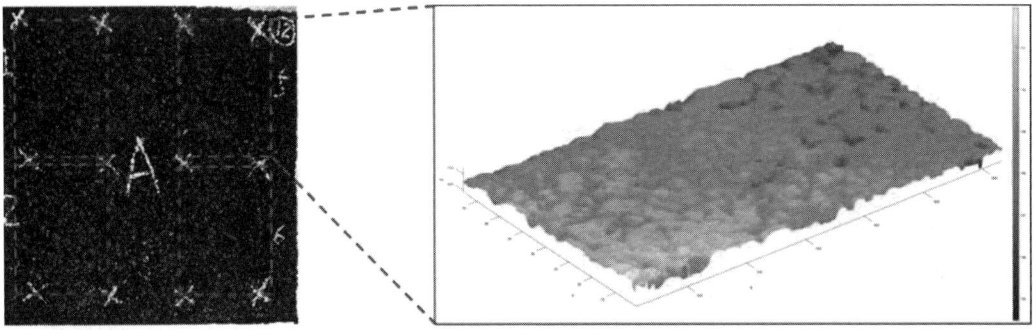

图 8-24 车辙板取样

BPN25 修正为 BPN20 时,BPN 的值向上修正 2 个单位,当温度在 20~25℃之间时,采用线性插值并四舍五入的办法进行 BPN 的温度修正。

英式摆式仪与沥青路面试件摩擦接触区域的尺寸为 126mm×76mm 的矩形区域。使用三维激光相机对试件进行扫描,获取的数据格式为三维点云格式,其中包含了每个点的 x,y,z 坐标。

在测量 BPN 的试验中,共测量了 12 块沥青路面试件上的 43 块区域的 BPN 值,并使用 3D 激光相机对 12 块沥青路面试件都进行了扫描。为了扩充样本数据量,本节使用滑窗法对数据进行扩充。

试验中发现,由于集料类型、沥青类型、表面纹理和磨耗程度没有较大差异,同一块沥青路面试件相邻的两块测量区域测得的 BPN 值比较接近。因此,本节认为位于这两块测量区域的中间部分路面的 BPN 值不会发生突变,应该介于这两块测量区域的 BPN 值之间。为此,挑选了位于同一块沥青路面试件,且 BPN 值之差小于 2 的相邻被测区域,并创建了一个被测区域尺寸一致的窗口(126mm×76mm)。假设两块相邻中心点之间的距离为 d,将窗口以 $d/4$ 的步长从被测区域 1 分 4 次移动至被测区域 2,每移动一次窗口,该窗口覆盖的点作为扩充后的三维点云数据,其 BPN 值取相邻两块被测区域 BPN 值的平均值。采用滑窗法扩充出 36 份新的样本数据,加上原有样本数据共计 79 份样本数据。

使用摆式仪测量沥青混凝土路面试件的摆值时,摆锤自由下落带动摆锤下端的橡胶片与试件表面进行摩擦,以此来模拟车辆在道路上行驶时,轮胎与路面摩擦的过程。众所周知,沥青混凝土路面并不是完全光滑且平整的,而是由于填充了碎石块集料而在其表面上布满了凹凸不平的纹理。较高凸起路面纹理与橡胶充分接触产生摩擦,而大部分凹陷的路面纹理与橡胶始终没有接触,因此这部分纹理对摩擦没有贡献。

本节设计了摩擦接触面试验,以探究摆式仪在测量路面摆值时,橡胶片与测量区域路面表面纹理的摩擦接触百分比。试验操作步骤如下:

(1)在测量摆值的区域均匀地涂抹有颜色的粉末,确保粉末将该区域完全覆盖,然后拍照保存摩擦前的图片。

(2)将摆式仪架设于被测区域上方,让摆锤自由下落,使摆锤下方的橡胶片与被测区域路面表面纹理充分摩擦。受到摩擦的路面部分上方的粉末会被抹去,显露出路面的黑色,而未受到摩擦的路面部分上方的粉末则被保留了下来。

(3)重复步骤(2)直至被测区域路面颜色不再发生明显变化为止,然后拍照保存摩擦后的图片。

本节一共对 26 块被测区域进行了摩擦接触面试验,图 8-25 展示了其中的 1 块被测区域路面摩擦前后对比。通过对比被测区域路面摩擦前后的颜色变化,可以明显地看出哪些路面纹理受到了充分的摩擦,而哪些没有。

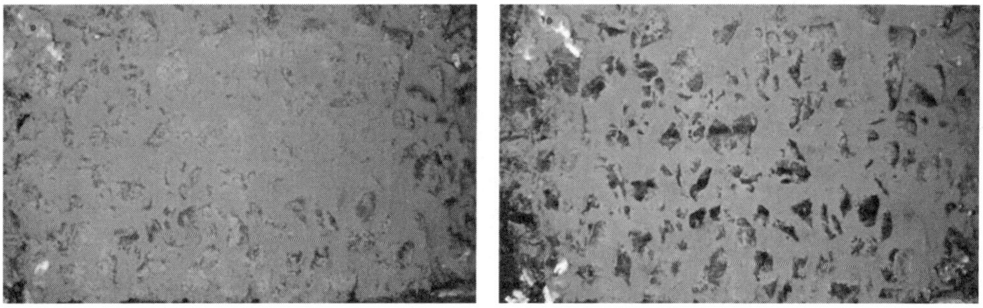

a) b)

图 8-25 摩擦前后对比

分别得到摩擦前后被测区域路面图片后,下一步是基于这两张图片,提取受到摩擦的路面部分区域并计算摩擦接触面积百分比。

由于灯光的影响,图片中会存在高光和阴影部分,阴影区域的颜色会偏暗一些。此外,即使在摩擦前,尽可能地让有颜色的粉末完全覆盖被测区域,但从图 8-25a)中可以看到,粉末下的黑色路面仍然会显露出轻微的黑色。基于以上两点原因,如果直接提取图 8-25b)中的黑色像素作为受到摩擦的路面区域,那么得到的结果将会是不准确的。

最好的办法是挑选出摩擦前后颜色发生了显著变化的区域,作为受到摩擦的路面区域,也就是通过两张图片的 RGB 值相减的办法。然而,受限于两张图片拍摄位置和角度不能完全一致,不能简单地直接进行两张图片的 RGB 值相减,在此之前需要对两张图片进行裁剪和透视矫正。完成图片 RGB 值相减后,对得到的图片进行二值化处理与高斯去噪,以上所有步骤即提取受到摩擦的路面部分区域的全部过程(图 8-26)。最后计算图片中黑色像素占整张图片的百分比,即摩擦接触面积百分比。

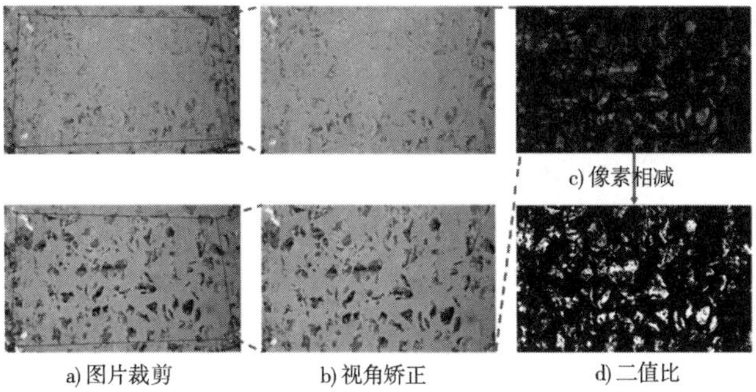

图 8-26　提取受到摩擦的路面部分区域过程

将 26 块被测区域与橡胶的摩擦接触面积百分比的计算结果,绘制成频率分布直方图,如图 8-27 所示。从图中可以看出,橡胶与被测区域路面的摩擦接触面积百分比主要集中在 14%~20%之间。

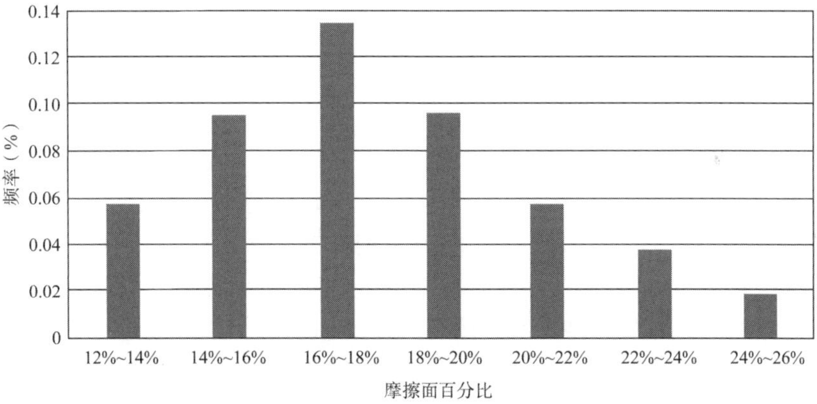

图 8-27　摩擦面积占比情况

计算出摩擦接触面积百分比后,接下来的问题就是如何根据已知被测区域的摩擦接触面积百分比,提取出受到摩擦的路面区域的三维纹理。

假定存在一个高度阈值平面,高于这个平面的路面纹理会与橡胶接触并产生摩擦,而低于这个平面的路面纹理则不会或者很少部分与橡胶接触,从而这部分纹理不会与橡胶进行摩擦。之前路面三维点云数据已经做过平面修正,因此假设的这个高度阈值平面是一个水平面,只需要确定其高度即可。本节采用二分法迭代的算法确定这个高程阈值水平面的高度,计算步骤如下所示。

(1)确定一个区间,区间下限设为 z_l,区间上限设为 z_u。一开始,假设区间下限等于数据点中最低点高度,区间上限等于数据点中最高点高度:$z_l = z_{min}$,$z_u = z_{max}$。确定一个初始高度值

z，通常这个值取区间上限和区间下限之和的一半：$z=\frac{z_l+z_u}{2}$。

(2)在所有数据点中挑选出高于 z 的点，计算这些点在水平面上的投影面积，并计算投影面积占整个被测区域面积的百分比，设为 p_c。

(3)设这个被测区域的摩擦接触面积百分比为 p_r，计算 p_c 与 p_r 的误差，设为 err，$err=|p_c-p_r|$。如果误差小于期望的计算精度(1%)，那么停止迭代，否则进入下一步。

(4)如果 $p_c>p_r$，$z_l=z$，$z=\frac{z_l+z_u}{2}$；如果 $p_c<p_r$，$z_u=z$，$z=\frac{z_l+z_u}{2}$。返回至第(2)步。

采取以上的算法，就可以根据摩擦接触面积百分比确定一个高度阈值水平面，最后提取高于这个高度阈值的三维点云数据点，就获取了受到摩擦的路面三维纹理。按照这个方法，计算了 26 块被测区域路面高度阈值平面的高度，并提取了它们高于这个平面，也就是受到摩擦的路面纹理。图 8-28 所示为 26 块被测区域中的 1 块路面，它展示了从图片中提取的受摩擦区域，计算得到的高程阈值平面和从三维点云数据中提取的受摩擦部分点。

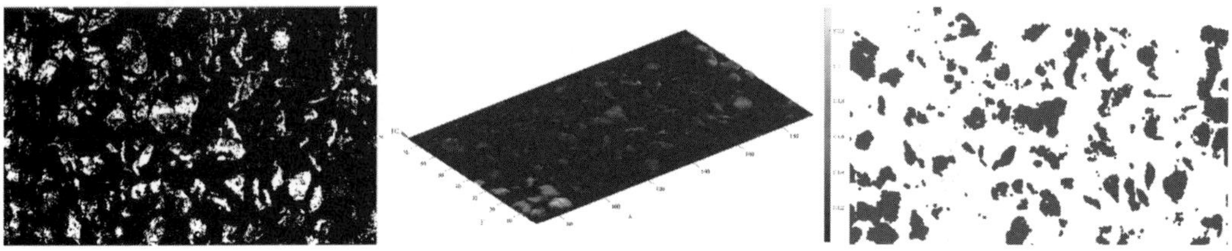

图 8-28　摩擦面积占比情况

通过摩擦试验，获取了 26 块被测区域路面的摩擦接触百分比数据，而共有 79 块被测区域路面，那么剩下 53 块被测区域路面的摩擦接触百分比仍是未知的。本节将通过机器学习的方法，建立一个基于全高程三维路面纹理的摩擦接触面积百分比预测模型。

将 26 块被测区域路面的全高程纹理参数挑选出来，作为自变量 x，这 26 块被测区域路面的摩擦接触面积百分比作为因变量 y。本节使用 Matlab 机器学习工具箱中的 Regression Learner 工具寻找最优的回归模型。本章用于对比的回归模型为 Linear Regression、Fine Tree、Bagged Trees、Linear SVM 和 Quadratic SVM。

Fine Tree 模型对摩擦接触面积百分比的回归效果最好，因此将剩余 53 块被测区域路面的全高程三维纹理参数作为输入量输入训练好的 Fine Tree 模型中，得到预测的 53 个摩擦接触面积百分比，这样就有了 79 块被测区域路面的摩擦接触面积百分比。

剔除了对摩擦没有贡献度的路面三维纹理，提取与橡胶充分摩擦的路面三维纹理，并计算这些纹理的三维纹理参数，相比于全高程纹理的纹理参数，前者应该在预测 BPN 上更具有优势(图 8-29)。为了验证这一点，本节在这一部分建立了两类模型(模型 1 与模型 2)，模型 1 是基于全高程路面三维纹理参数的 BPN 预测模型，模型 2 是基于受摩擦路面三维纹理参数的 BPN 预测模型。模型 1 和模型 2 都包含了回归模型和分类模型，从这两个角度对比两类模型的结果。在分类模型中，将所测得的 79 块被测区域路面的 BPN 值分为两类，以 BPN=92 为分类界限：BPN 大于或等于 92 的样本数据为类别 1，BPN 小于 92 的样本数据为类别 2。

模型 1：基于全高程路面三维纹理参数的 BPN 预测模型。

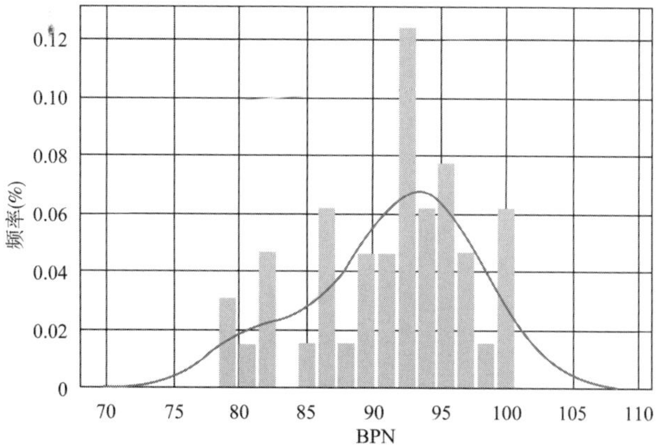

图 8-29　BPN 分布情况

选取 15 个与 BPN 相关度较高的三维纹理参数，建立全高程路面三维纹理参数与 BPN 的预测模型（模型 1）。这 15 个纹理参数包括峰顶角参数、断面参数和高度参数。模型 1 包含回归模型与分类模型。同样地，本节使用 Matlab 机器学习工具箱中的 Regression Learner 和 Classification Learner 寻找最优的模型。回归模型包括 Linear Regression、Fine tree、Linear SVM、Quadratic SVM、Ensemble-Bagged Trees。分类模型包括 Fine Tree、Linear Discriminant、Logistic Regression、Linear SVM、Quadratic SVM、Fine KNN、Medium KNN 和 Ensemble-Subspace Discriminant。

模型 2：基于受摩擦的路面三维纹理参数的 BPN 预测模型。

基于前述试验和模型预测得到的摩擦接触面积百分比都在 30%以下。在模型 2 中尝试从 10%~30%中确定一个统一的摩擦接触面积百分比，并根据摩擦接触面积百分比确定高度阈值平面，提取受到摩擦的纹理，最后计算它们的三维纹理参数。当然，通过回归模型预测的 79 块被测区域的摩擦接触面积百分比（记作~%）提取纹理的三维纹理参数也会进行计算。基于受到摩擦的路面纹理的三维纹理参数，使用同样的回归模型与分类模型预测对 BPN 进行预测。图 8-30 和图 8-31 为对比模型 1 与模型 2 对于 BPN 预测的结果。

在回归模型中：

（1）训练后的 Quadratic SVM 回归模型计算得到的结果最优，摩擦接触面积百分比统一取 25%时，模型的误差最低，RMSE 为 3.0226，模型拟合效果最好，R^2 为 0.72。与它结果相近的是擦接触面积百分比统一取 20%，模型的 RMSE 为 3.1032，R^2 为 0.70。

（2）模型二的 Fine Tree、Linear SVM、Linear Regression 和 Quadratic SVM 的拟合效果比模型一相对应的回归模型更好。

（3）最佳的摩擦接触面积百分比。从模型 1 中的 5 个回归模型结果中可以看出，摩擦接触面积百分比统一取 20%或 25%时，结果是最佳的。

在分类模型中：

（1）最佳分类结果。整体而言，训练后的 Quadratic SVM 分类模型计算得到的结果最优，摩擦接触面积百分比统一取 25%时，模型的准确率最高，为 92.4%。训练后的 Linear SVM 分类模型的计算结果中，摩擦接触面积百分比为 100%（全高程）时，分类准确率也达到最高值：92.4%。

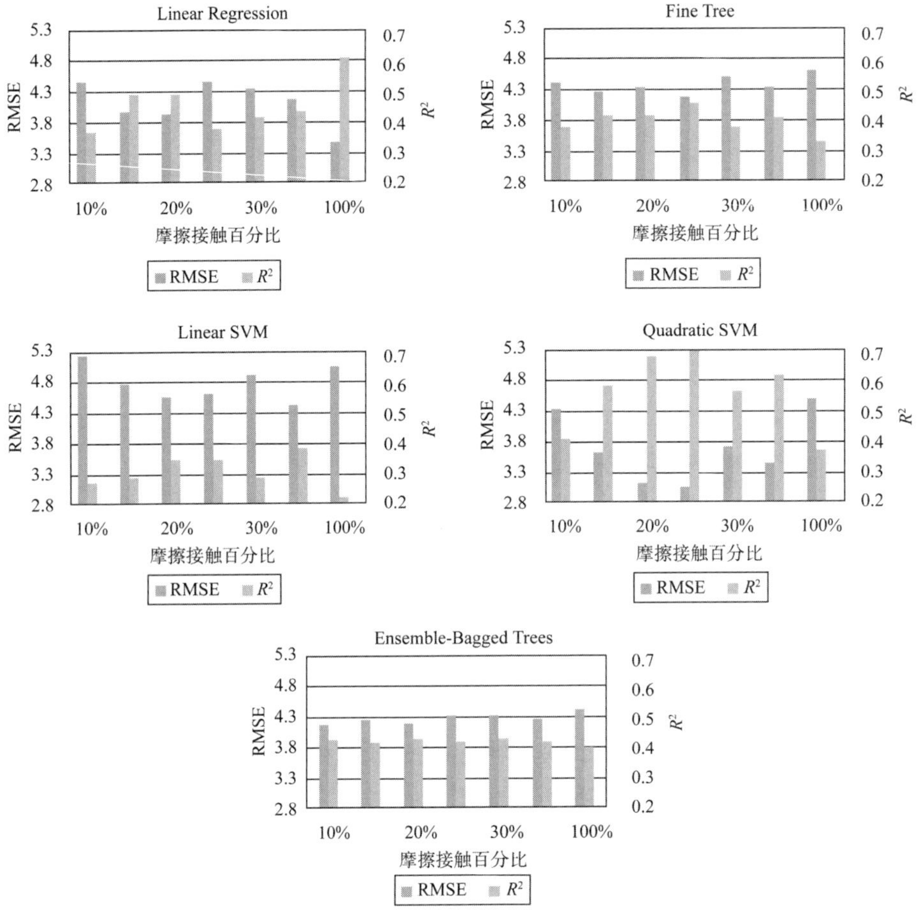

图 8-30　回归模型结果

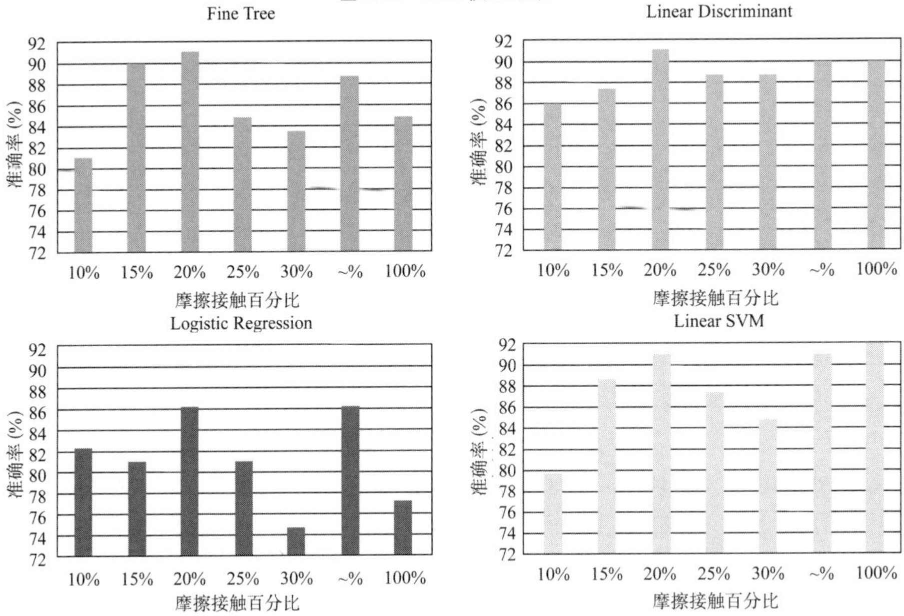

图　8-31

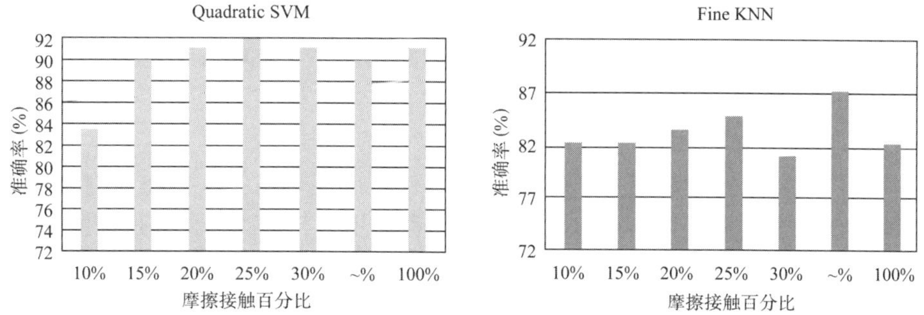

图 8-31 分类模型结果

(2)模型二的 Fine Tree、Linear Discriminant、Linear Regression、Quadratic SVM 和 Fine KNN 的准确率比模型一相对应的回归模型更高。

(3)最佳的摩擦接触面积百分比。从模型 1 中的 6 个分类模型结果中可以看出,摩擦接触面积百分比统一取 20%时,结果是最佳的,摩擦接触面积百分比取预测值时,结果接近甚至高于最佳结果。

综合回归结果与分类结果,当摩擦接触面积百分比取 20%与模型预估的摩擦接触面积百分比,模型一相比于模型二具有明显的优势。当摩擦接触面积百分比取 20%左右时,模型一的平均 RMSE 比模型二低 8.62%,模型一平均 R^2 比模型二高 22.73%,模型一平均准确率比模型二高 2.72%。当摩擦接触面积百分比取模型预估的摩擦接触面积百分率时,模型一的平均 RMSE 比模型二低 6.34%,模型一的平均 R^2 比模型二高 17.68%,模型一平均准确率比模型二高 2.53%。

当摩擦接触面积百分比取 20%时,回归与分类模型均取得最优的结果。不管是试验测得的 26 块被测区域的摩擦接触面积百分比,还是模型预测的 79 块被测区域的摩擦接触面积百分比,都集中在 14%~20%之间,这相对于 20%而言偏低。这一结果是在预料之内的,因为通过图片计算摩擦接触面积百分比时,高斯去噪这一步会使得一部分像素被当作噪声去除,因此确定一个合适的高斯去噪卷积核尺寸是关键。此外,投入预测摩擦接触面积百分比的回归模型训练的样本量较少,可能也会导致预测的摩擦接触面积百分比准确度不高。

使用高精度的三维激光相机获取路面三维点云数据的一大问题在于数据量非常庞大。如果需要对大范围的路面进行三维纹理的扫描并计算其特征参数,数据量与计算量是十分惊人的。仅提取摩擦接触面积百分比为 20%的路面三维纹理,相比于全高程三维路面纹理,数据量平均可以减少 78.49%,仅提取摩擦接触面积百分比为模型预估的摩擦接触面积百分比的路面三维纹理,相比于全高程三维路面纹理,数据量平均可以减少 81.77%。大幅度的数据量减少可以有效缓解数据存储压力,且提高数据处理计算速度,为大规模的路面三维纹理提取与抗滑性能检测提供了便利。

本节通过摩擦接触试验得到了橡胶与路面的摩擦接触面积百分比,并建立了一个通过路面全高程三维纹理参数预测摩擦接触面积百分比的回归模型。通过摩擦接触面积百分比计算了高度阈值平面,并提取了高度阈值平面以上的路面纹理,作为受到摩擦的路面纹理。此外,本节还对比了受到摩擦的路面三维纹理参数,与全高程路面的三维纹理参数在预测 BPN 上的效果。基于以上工作,得到了以下结论:

(1)橡胶与被测区域路面的摩擦接触面积百分比主要集中在14%~20%之间。

(2)当摩擦接触面积百分比取20%与模型预估的摩擦接触面积百分比时,模型一相比于模型二在对BPN进行回归和分类具有明显的优势。

(3)20%是最佳的摩擦接触面积百分比。

(4)仅提取受到摩擦的路面三维纹理参数,不仅可以使得这些参数在预测BPN时具有更好的结果,还能将数据量减少75%以上,缓解数据存储压力与提高数据处理速度。

本章参考文献

[1] WANG W F,YAN X P,HUANG H L,et al. Design and verification of a laser based device for pavement macrotexture measurement [J]. Transportation Research Part C-Emerging Technologies,2011,19(4):682-694.

[2] LI Q,YANG G,et al. Novel Macro-and Microtexture Indicators for Pavement Friction by Using High-Resolution Three-Dimensional Surface Data [J]. Transportation Research Record,2017(2641):164-176.

[3] HU L Q,YUN D,LIU Z Z,et al. Effect of three-dimensional macrotexture characteristics on dynamic frictional coefficient of asphalt pavement surface [J]. Construction and Building Materials,2016,126:720-729.

[4] 周兴林,蒋难得,肖旺新,等.基于激光视觉的沥青路面构造深度测量方法 [J].中国公路学报,2014,27(3):11-16.

[5] 黄晓明,郑彬双.沥青路面抗滑性能研究现状与展望 [J].中国公路学报,2019,32(4):32-49.

第 9 章
Chapter 09

高频：时空完备的道路基础设施数字化管理模式

快速高效的损坏检测是跟踪和掌握损坏发育情况的重要基础,也可以为路面损坏的早期预防和养护管理的进一步优化提供重要参考。一方面,建立时间连续、空间覆盖的路面状态获取机制迫在眉睫。目前我国的养护检测任务繁重,现有路面损坏数据采集体系难以满足精细化养护需求,大量中低等级公路的养护工作仍缺乏合理的数据支持。大规模养护工作的开展以及相关技术研究的提升都离不开全面精准的检测数据做支撑。低成本、快速化、高质量的路面损坏检测数据成为数据驱动的新型养护模式的重要前提,是近年来行业的需求痛点和学术界的研究热点。为推动公路养护转型,交通运输部《"十三五"公路养护管理发展纲要》要求要依托大规模检测数据推行养护科学决策,国省道技术状况检测和路面自动化采集覆盖率达100%,科学决策技术运用普及率达80%。路面状态的整体演变虽是长期的,但中微观的损坏产生或发育却是突发的。低频的检测不具有时效性,难以完整观测变化过程,需要通过高频率、时效性的检测数据才能保证对路面发展趋势的准确判别。中华人民共和国国民经济和社会发展第十四个五年规划和2035年远景目标纲要中指出,统筹推进基础设施建设,系统布局新型基础设施,这也对路面设施的运行状态监测和使用性能演变控制提出了更高要求,也进一步推动路面设施运营状况检测由定期检查向长期监测过渡。然而,由于目前的路面性能数据更新频率低、时效性不足、覆盖率有限,使得管养单位无法全面地掌握路网设施状态,难以在有限的资金投入下,合理优化资金分配。由此可见,在现有路面状态采集与处理手段的基础上,仍需研究针对低成本、高频、全覆盖的路面状态获取方法。

另一方面,路面性能的精细化重构和分析也尤为重要。2017年,交通运输部在《推进智慧交通发展行动计划(2017—2020年)》指出,在决策监管智能化方面要明显提升基于大数据的决策和监管水平。很多省市都开展了不同规模的路面养护维修、设计系统支持相关工作,包括:基于路面大数据建立路面养护维修方案决策矩阵、基于大规模检测数据能确定合理养护时机、养护手段的科学决策、养护资金的合理分配以及养护工作的后评估等工作。然而大数据分析不仅仅要求数据规模大,还需要具备挖掘数据间内在关系的能力。但是现有的公路质量评定多采用简单加权,人为的加权忽视了数据的物理特征,其结果的指导性、预判性欠缺。检测数据缺乏精细化特征,无法实现时空回溯。时间上的回溯可以完整展现同一损坏的变化过程,空间上对比分析可为针对性的养护技术措施提供决策依据。时空多维度展示的路面状态数据才能有效支撑预判性分析。此外,还缺乏对影响因素的完整记录,路面状况的变化是行车荷载和自然环境等多因素耦合的结果,真实完整记录各影响因素的变化同样是大数据分析的必要条件。《"十三五"交通领域科技创新专项规划》提出建立国家级道路交通基础设施信息大数据中心,包含道路结构时变模型数据、环境与荷载数据、监测数据、检测数据、养护管理数据等大数据,并研究基于大数据的交通基础设施管养维护决策支持技术。然而既有的数据构建方法与数据分析体系架构无法满足数据驱动的养护模式转型需求。

因此,本章主要通过建立时空完备的高频路面损坏数据集,实现时空连续分析体系构建,既可以依据检测数据为养护部门提供精准的损坏位置信息,又能为路面养护部门提供直观的路面损坏状态演变数据,便于对路面损坏数据进行多维分析和建模,从而为科学合理的养护方案提供数据支持,重点在于节省养护作业的费用,提升管养效率,以及提高路面服务水平。

9.1 道路损伤时空分析方法

时空完备的道路基础设施数字化管理的核心是,实现多次重复采集后各处损坏的时空维度的追溯。该方法能够实现在重复高频采集路面状况数据后,基于计算机视觉及高精度定位技术,通过融合高清路面图像、GPS 等传感数据,将不同时间发现的同一位置的损坏可以对应起来,进而在高频采集的适当时间周期内,追溯同一损坏。道路损伤时空分析方法整体架构如图 9-1 所示。

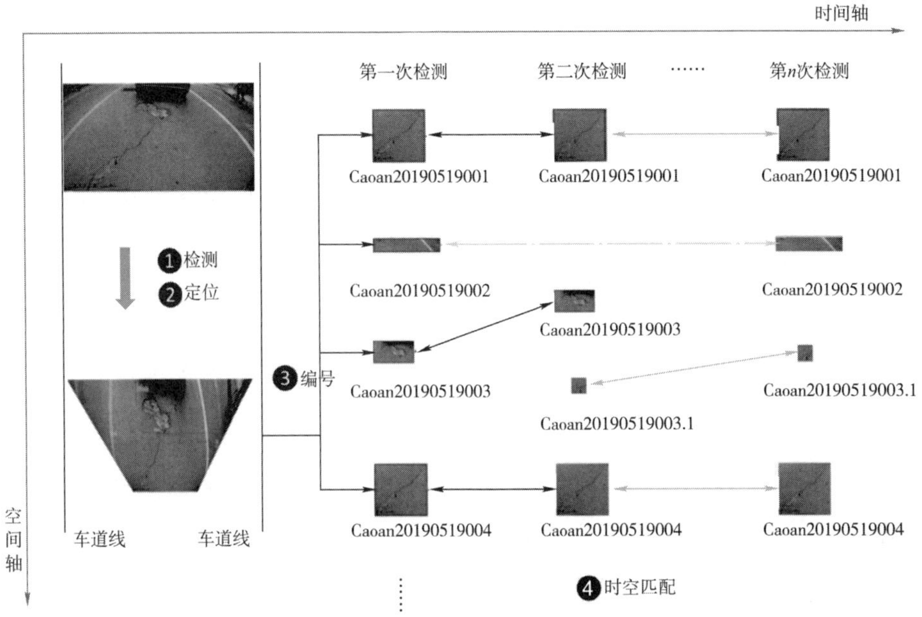

图 9-1　道路损伤时空分析方法框架

具体步骤如下:

(1)在单次采集后,根据基于神经网络模型的路面损坏检测与定位方法,实现图中第❶、❷步骤;根据 GPS 位置信息,可以获得该路面损坏的绝对空间位置,并根据 GPS 位置信息确定该损坏所在路段名;根据神经网络模型检测功能,获得该路面损坏在所在图像中的位置框,进而推导出该损坏在两根车道线内的相对空间位置,即离左右车道线的距离;根据图像拼接后特定长度道路的全景图像,获取该损坏与前后各损坏的相对位置关系;根据神经网络模型分类功能,获得该路面损坏的类别。

(2)接下来的工作是第❸步骤,针对第一次采集后识别的路面损坏进行编号,以“路段名+采集时间+损坏号码”格式进行编号,其中“路段名”由第❷步骤获得,“损坏号码”从 1 到 x 进行编号。

(3)在重复检测之后,进行第❹步骤时空匹配,若某处损坏经过匹配追溯到之前的某一编号损坏,则赋予其相同的编号;若无法找到与其匹配的损坏,则赋予其一个新的编号,并且根据其与已有损坏的前后相对位置进行编号重新整理，例如，新编号的损坏在已有损坏“Caoan20190519003”“Caoan20190519004”之间，则命名为“Caoan20190519003. 1”。

最新一次检测若出现部分已有损坏漏检情况，可能原因是采集过程遗漏、神经网络模型识别过程遗漏、时空匹配过程遗漏、损坏已被养护等，可以针对性地进行后续分析（例如若后续检测中该损坏又出现则因为前三种原因，若在该处损坏出现明显修补类损坏则为第四种原因）。

（4）如此类推，在每一次更新的检测后，以最新一次检测为基准，完成一次更新的时空匹配，之后会获得多次编号，相同的编号对应同一处损坏，新增的编号对应新产生的损坏。

针对步骤❹路面损坏时空匹配问题的特殊性，即考虑到高频检测损坏数据，每次间隔内损坏变化细微的特点，设计了“四级匹配框架”。以最新一次采集的数据为“基准图像”，以历史前一次数据为匹配范围，具体的实现方法如下：

①一级匹配：首先利用 GPS 定位的经纬度信息，实现损坏的一级匹配；设置采集设备中 GPS 的定位精度在±5m 内，故一级匹配的经纬度放宽到该范围内，即对应一张待匹配图像，在历史数据中的 GPS 搜索范围为 10m。

②二级匹配：根据单次采集后神经网络算法的检测结果中“损坏类别”进行二级筛选，提取 10m 区域内同一类别的损坏，剔除掉非同一类别的其他损坏。

③三级匹配：根据单次采集后神经网络算法的检测结果中“损坏选框位置”信息进行三级筛选，损坏在道路上的相对位置可以根据损坏选框获得，即损坏选框的 $x_{\min}$、$x_{\max}$，分别代表损坏最左端和最右端在车道上距离左边车道线的距离。本级筛选允许的两次匹配图像的 $x_{\min}$、$x_{\max}$ 差距占图像总像素宽度的 20%以内。因为沿着行车方向的位置信息由 GPS 经纬度控制，本级筛选仅考虑垂直于行车方向的位置。

④四级匹配：如果经过以上三级匹配后仍有多张图像候选，或者基准图像仍无法找到可能匹配的图像，则需要进行四级匹配，也就是根据图像上损坏的形态特征实现匹配。本级匹配分为“9. 2 基于损坏宏观全局的特征提取”“9. 3 基于损坏微观局部的特征提取”以及“9. 4 基于特征索引的时空匹配”，以下 9. 2~9. 4 三节做详细介绍。

9.2 基于损坏宏观全局的特征提取

本节通过损坏宏观全局特征提取，为图像的时空匹配工作提供特征输入。由于图像矫正会有像素失真，在损坏检测时影响较小，但在图像匹配中影响较大，会损失一部分特征，故匹配过程中仍基于原始图像进行。基于损坏宏观全局特征提取包括“Darknet53 网络结构优化”“基于 Keras 框架的神经网络构建的特征提取”两方面。

9.2.1 Darknet53 网络结构优化

基于内容的图像索引技术最为关键的核心模块为特征提取模块。本节基于神经网络实现特征提取,其中最为核心的内容为神经网络的构建。广泛应用于目标检测领域的 YOLO v3 框架中,实现特征识别功能的神经网络架构为 DarkNet53 网络结构。因其在目标检测过程中已经通过训练,具备适用于路面损坏特征的参数,本节采用基于 YOLO v3 目标检测后完成参数训练的 Darknet53 神经网络结构,进行进一步改造和优化。该方法具有以下优势:

(1)计算量小。采用完全无参数的经典的神经网络,如 VGG-16,ResNet-101 等进行全新的模型参数训练和模型性能测试,该实现路径所需的计算资源过大,同时训练时间难以保证。因此,对于绝大部分研究而言,都很少会直接使用这一实现路径。而直接使用经过目标检测部分训练的 YOLO v3 架构特征提取部分 Darknet53 的参数,就完全不需要再进行模型的训练和性能测试,因此这一实现路径所需的计算量最小。

(2)模型准确率高。使用含有预训练参数的神经网络,如含有 ImageNet 数据集的 VGG-16 等进行训练,由于需使模型学习到路面损坏的图像特征,需要相对较大的路面损坏数据集进行再次训练,否则路面损坏数据集中训练图像过小的话,容易导致模型发生过拟合,而一旦这种情况发生,将严重影响模型准确率。而直接采用已经实现了路面损坏图像目标对象检测的 YOLO v3 中 Darknet53 的网络参数,就可以保证模型的分类准确率能达到一般水平,不至于因为准确率过低而发生特征提取失败的情况。

更进一步,由于 Darknet53 网络结构原本设计用于为图像分类功能提供进一步参数,因此如果将其应用于本节所需的特征提取功能,还需要对该网络进行部分修改。修改后的 Darknet53 网络结构如图 9-2 所示。

	Type	Filters	Size	Output
	Convolutional	32	3×3	416×416
	Convolutional	64	3×3/2	208×208
1×	Convolutional	32	1×1	
	Convolutional	64	3×3	
	Residual			208×208
	Convolutional	128	3×3/2	104×104
2×	Convolutional	64	1×1	
	Convolutional	128	3×3	
	Residual			104×104
	Convolutional	256	3×3/2	52×52
8×	Convolutional	128	1×1	
	Convolutional	256	3×3	
	Residual			52×52
	Convolutional	512	3×3/2	26×26
8×	Convolutional	256	1×1	
	Convolutional	512	3×3	
	Residual			26×26
	Convolutional	1024	3×3/2	13×13
4×	Convolutional	512	1×1	
	Convolutional	1024	3×3	
	Residual			13×13
	Maxpool		Global	

a) 修改后的Darknet53结构详图

	Type	Filters	Size	Output
	Convolutional	32	3×3	256×256
	Convolutional	64	3×3/2	128×128
1×	Convolutional	32	1×1	
	Convolutional	64	3×3	
	Residual			128×128
	Convolutional	128	3×3/2	64×64
2×	Convolutional	64	1×1	
	Convolutional	128	3×3	
	Residual			64×64
	Convolutional	256	3×3/2	32×32
8×	Convolutional	128	1×1	
	Convolutional	256	3×3	
	Residual			32×32
	Convolutional	512	3×3/2	16×16
8×	Convolutional	256	1×1	
	Convolutional	512	3×3	
	Residual			16×16
	Convolutional	1024	3×3/2	8×8
4×	Convolutional	512	1×1	
	Convolutional	1024	3×3	
	Residual			8×8
	Avgpool		Global	
	Connected		1000	
	Softmax			

b) 对比图

图 9-2 修改后的 Darknet53 结构详图及其与原始 Darknet53 结构的对比图

与原始 Darknet53 的神经网络结构比较,对于神经网络的结构修改如下:

(1)输入图像尺寸修改。神经网络输入图像的尺寸从 256×256 像素修改为 416×416 像素。在原始 Darknet53 结构中,学者并未采用常用的通过池化层和全连接层实现张量的变换,而是通过改变卷积核的步长来实现张量尺度变换。例如 Darknet53 中第二层卷积层参数为

Filters = 64, Size = 3×3/2, Output = 128×128,其中卷积核尺寸为 3×3 像素,步长为 2,相比第一层卷积层参数 Size = 3×3 表明卷积核尺寸为 3×3 像素,步长为 1,最后得到的图像边长缩小了一半,即图像面积缩小了 3/4。在整个神经网络特征提取过程中,图像尺寸经过了这样的张量变换操作一共 5 次,即输入图像和最后一层卷积层中的图像尺寸比为 32 : 1。同时,研究人员在 YOLO v3 中,为保证其能够在小目标的检测任务当中同样保持较好的效果,将 YOLO v3 的最后一层卷积层输入图像设置为 13×13 像素,因此 Darknet53 的输入图像尺寸应保证能同时被 32 和 13 整除,本节将最终的输入图像尺寸设置为 13×32 = 416 像素。

(2)删除原始神经网络最后一层的全连接层。原始的 Darknet53 网络是为了进行图像分类任务设计的,在其网络的输出端使用了全连接层(Fully-connected, FC 层)将最后的卷积层输出结果连接到一个 1000 维的特征向量中,再和 softmax 函数结合输出分类结论,因此原始的神经网络结构最多可以进行 1000 类目标分类的任务。但是在全连接层中,大量的高阶图像特征被简化掉,所以如果使用全连接层将无法完整表现输入图像的高阶特征,因此本节删除了全连接层以及后续的 softmax 函数部分。

(3)将原始神经网络最后一层卷积层后连接的全局平均池化(Global Average Pooling)层修改为全局最大值池化(Global Max Pooling)层。对于全局平均池化操作而言,其作用在于将最后一层卷积层中每个卷积核运算后得到的对应特征图,计算所有像素的平均值后输出;同理对于全局最大值池化操作,则计算的是特征图中所有像素点最大值。针对本节特征提取的需求,是利用 Darknet53 提取一幅图像中损坏的特征,因此需要尽可能地区别出两张图像中不同的损坏特征,选择使用全局最大值池化来处理最后一层卷积层输出的特征图。值得一提的是,由于 Darknet53 最后一层卷积层的卷积核为 1024 个,因此其将输出 1024 张不同的特征图,而经过全局最大值池化后,最终将得到一个 1024 维的特征向量,即该 1024 维特征向量为区别任意两张损坏图像的量化数据。

9.2.2 基于 Keras 框架的神经网络构建的特征提取

基于 Python 和 Keras 可实现神经网络模块的代码。Keras 是基于 Python 代码运行的一个高级神经网络 API,并能够使用目前主流的深度学习框架 TensorFlow、CNTK 或 Theano 进行底层运算。其最初是为研究人员开发的,目的是能使研究人员以最小的学习成本和最快的部署时间,实现快速的神经网络构建,从而以最少的时间完成从想法到试验的过程。Keras 的底层张量库使用 TensorFlow 后端。

将 Darknet53 定义为函数后,分别进行以下构建:

(1)首先进行输入数据的命令设置。Input 函数的首个参数为输入图片的格式尺寸,如前文所述,输入图片文件格式为宽 416 像素,高 416 像素,通道数为 3,故在此输入(416,416,3)。

(2)分别实现神经网络的"卷积层、池化层、激活层"部分搭建。定义"1×1 卷积层—3×3 卷积层—残差连接层"的网络结构为一个残差块。则整体网络结构可以被拆分成如下表述:首层卷积层—第一个张量变换卷积层—1 个残差块—第二个张量变换卷积层—2 个残差块-第三个张量变换卷积层—8 个残差块—第四个张量变换卷积层—8 个残差块—第五个张量变换卷积层—4 个残差块—全局最大值池化。

为了在后续调用 YOLO v3 的权重文件时，使用完成了目标检测训练的权重参数进行特征提取，需要保证创建的神经网络各个功能层的名称与 YOLO v3 中的功能层的名称相同，需要与原始命名格式对应。在完成了整个神经网络内部结构的搭建后，生成模型文件。

本模块的作用是通过构造 Darknet53 类，在调用该类后可以完成"图像的输入—特征提取—图像特征向量化"的过程。其基本逻辑是读取并重新调整输入图像尺寸，在将图像转化为多维矩阵后，将其导入 Darknet53 神经网络模块提取路面损坏图像的特征，将输出的 1024 维特征向量单位化，完成全部特征提取工作。因此，基于损坏宏观全局的特征提取会生成 1×1024 维度的特征矩阵。

9.3 基于损坏微观局部的特征提取

本节通过将损坏微观局部特征提取为图像的时空匹配工作，来提供特征输入，该过程仍基于原始图像进行。在移动中进行图像采集，多次采集后损坏在单张图像中的位置不定（即距离摄像头有远近差异），故检测的损坏选框的尺寸不同，因此用整张图的特征去做匹配会造成误差，最好是用损坏选框的局部图像区域去综合匹配，因此本方法先利用损坏检测网络识别出损坏，再通过选框切割图像区域，得到局部图像区域。

不同于通过损坏的全局特征进行匹配，本节需要对局部图像区域进行进一步划分，获得多张子区域的图像，各子区域的图像具有相对的空间位置属性，再针对子区域的图像进行损坏有无的判别，实现更加精细化的损坏描述。

假设局部图像区域可以包含完整一处损坏，且不会有太大的冗余，则将图像均匀划分为 $m \times n$ 等分，例如每个等分的像素为 64×64 像素等。

用类似的 64×64 像素的小图像数据集进行训练，生成一个二分类的判别模型。利用这个模型，对 $m \times n$ 等分的每一个子区块进行判别，生成结果 1 代表是损坏点，0 代表不是损坏点，则会生成一个由 0 和 1 组成的判别矩阵序列。重复多次检测会有多个矩阵序列，针对序列进行矩阵运算，计算余弦相似性。

本特征提取以当前最新检测情况下为基准，缩放前期库内的图像变为同样尺寸的图像。以两次检测后匹配为例，整体思路如图 9-3 所示。多次检测则以最新一次结果为基准，同历史检测数据进行匹配。

9.3.1 基于 HOG+SVM 的二分类判别

HOG 特征结合 SVM 分类器已经被广泛应用于图像识别中。HOG 是一种在计算机视觉和图像处理中用来进行物体检测的描述子。通过计算和统计局部区域的梯度方向直方图来构成特征。在一幅图像中，局部目标的表象和形状能够利用梯度或边缘的方向密度分布来进行描述。其本质是梯度的统计信息，而梯度主要存在于边缘所在的地方。

与其他的特征描述方法相比，HOG 具有较多优点。由于 HOG 是在图像的局部方格单元上进行操作的，所以它对图像的几何和光学形变都能保持很好的不变性，因为这两种形变只会出现在更大的空间领域上。其次，在粗的空域抽样、精细的方向抽样以及较强的局部光学归一化等条件下，只要目标大体上保持一致，该算法针对某些细微的变化具有鲁棒性，不影响检测效果。

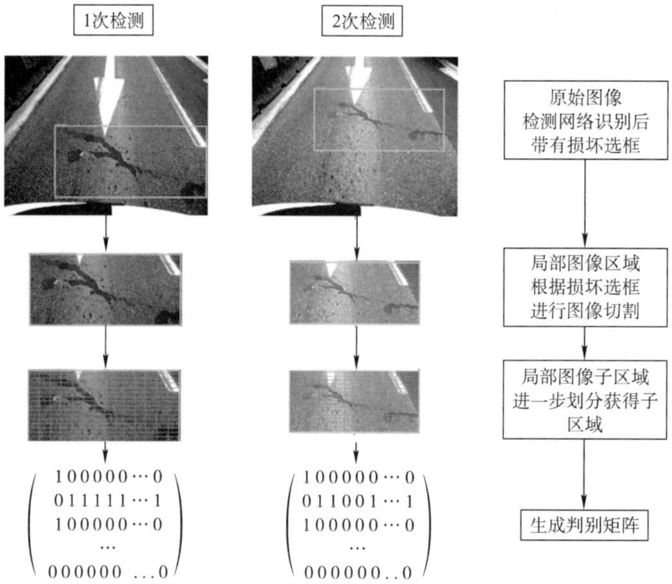

图 9-3　基于损坏微观局部的特征提取整体思路

具体实现的步骤为：

(1)读取待检测的图片；

(2)将输入图像灰度化(将输入彩色图像的 RGB 值通过特定公式转换为灰度值)；

(3)采用 Gamma 校正法对输入图像进行颜色空间的标准化(归一化)；

(4)计算图像中每个像素的梯度值(包括大小和方向)，捕获轮廓信息；

(5)统计每个 cell 内的梯度直方图(不同梯度的个数)，形成每个 cell 的特征描述子；

(6)将几个 cell 组成一个 block，一个 block 内所有 cell 的特征串联起来得到该 block 的 HOG 特征描述子；

(7)将图像 image 内所有 block 块的 HOG 特征描述子串联起来，得到该 image(检测目标)的 HOG 特征描述子，这就是最终用于二分类的特征向量。

基于 HOG+SVM 的二分类判别流程如图 9-4 所示。

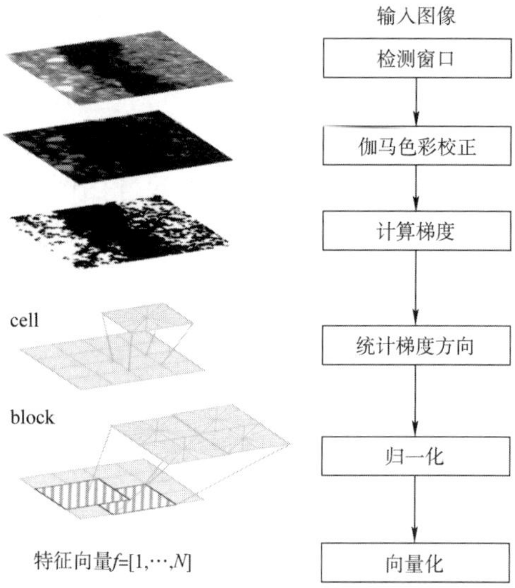

图 9-4　基于 HOG+SVM 的二分类判别流程图

选取 Gray、RGB、HLS、HSV、YUV、YCrCb 颜色模式，提取图像的 HOG 特征如图 9-5 所示。

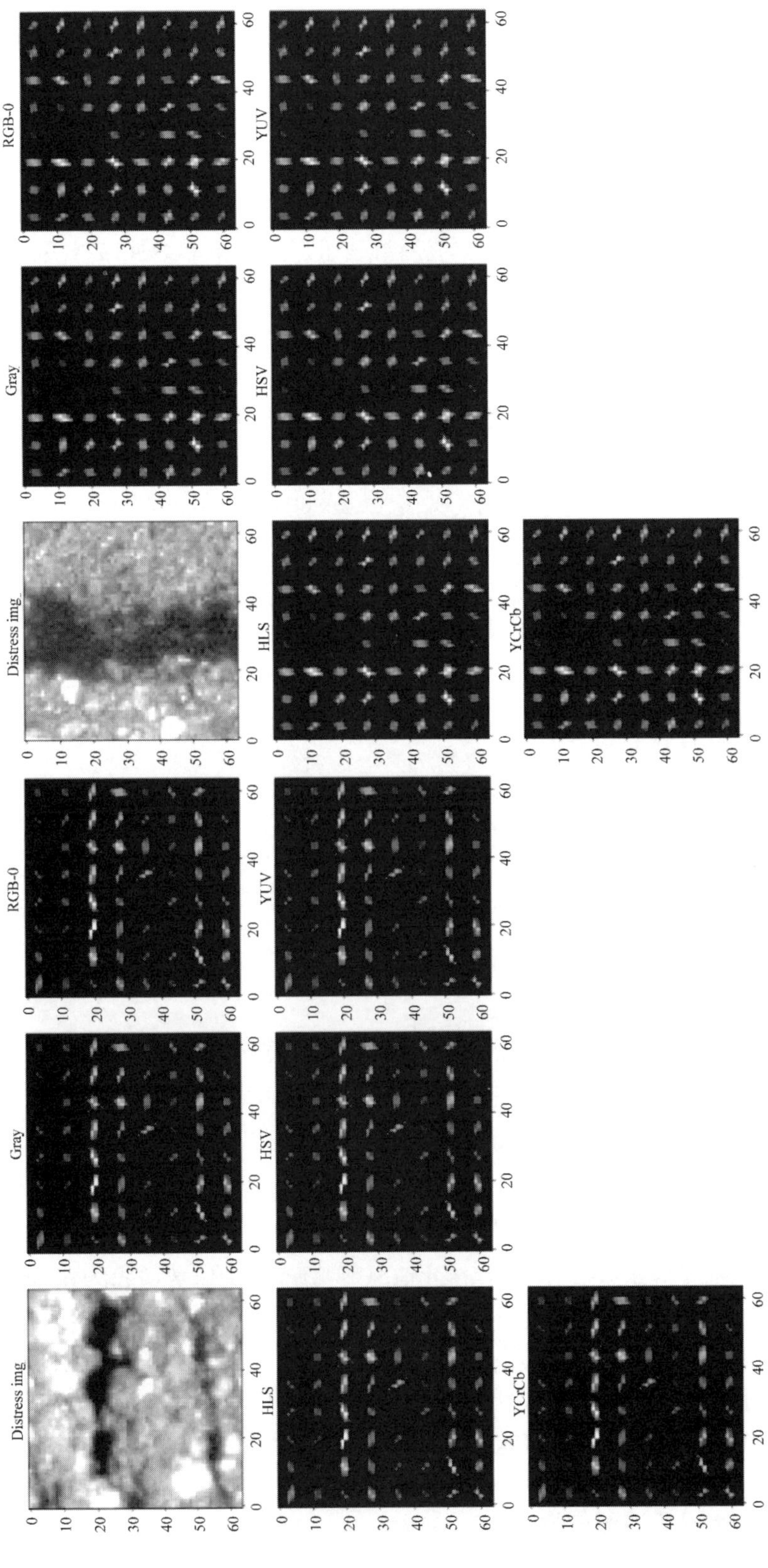

图 9-5 图像的 HOG 特征图

支持向量机(Support Vector Machines,SVM)是一类按监督学习(supervised learning)方式对数据进行二元分类的广义线性分类器,SVM 学习的基本想法是求解能够正确划分训练数据集并且几何间隔最大的分离超平面。

对于输入空间中的非线性分类问题,可以通过非线性变换将它转化为某个维特征空间中的线性分类问题,在高维特征空间中学习线性支持向量机。由于在线性支持向量机学习的对偶问题里,目标函数和分类决策函数都只涉及实例和实例之间的内积,所以不需要显式地指定非线性变换,而是用核函数替换当中的内积。核函数表示通过一个非线性转换后的两个实例间的内积。具体地,$K(x,z)$是一个函数或正定核,意味着存在一个从输入空间到特征空间的映射 $\phi(x)$,任意输入空间中的 x,z,如式(9-1)所示:

$$K(x,z)=\phi(x)\cdot\phi(z) \tag{9-1}$$

在线性支持向量机学习的对偶问题中,用核函数 $K(x,z)$ 替代内积,求解得到的就是非线性支持向量机,如式(9-2)所示:

$$f(x)=\text{sign}\left(\sum_{i=1}^{N}\alpha_i^* y_i K(x,x_i)+b^*\right) \tag{9-2}$$

非线性支持向量机学习算法如下。

输入:训练数据集 $T=\{(x_1,y_1),(x_2,y_2),\cdots,(x_N,y_N)\}$,式中 $x_i\in R^n$, $y_i\in\{0,1\}$, $i=1,2,\cdots,N$;

输出:分离超平面和分类决策函数。

(1)选择适当的核函数 $K(x,z)$ 和惩罚参数 $C>0$,构造并求解凸二次规划问题,如式(9-3)所示:

$$\begin{cases}\min\limits_{\alpha}\dfrac{1}{2}\sum\limits_{i=1}^{N}\sum\limits_{j=1}^{N}\alpha_i\alpha_j y_i y_j K(x_i,y_i)-\sum\limits_{i=1}^{N}\alpha_i\\ s.t.\ \sum\limits_{i=1}^{N}\alpha_i y_i=0\\ 0\leqslant\alpha_i\leqslant C, i=1,2,\cdots,N\end{cases} \tag{9-3}$$

得到最优解 $\alpha^*=(\alpha_1^*,\alpha_2^*,\cdots,\alpha_N^*)^T$。

(2)计算,选择 α^* 的一个分量 α_j^* 满足条件 $0<\alpha_j^*<C$,计算 b^* 如式(9-4)所示:

$$b^*=y_i-\sum_{i=1}^{N}\alpha_i^* y_i K(x_i,y_i) \tag{9-4}$$

(3)求分类决策函数,选用高斯核函数,如式(9-5)所示:

$$k(x,z)=\exp\left(-\frac{\| x-z \|^2}{2\sigma^2}\right) \tag{9-5}$$

对应的 SVM 是高斯径向基函数分类器,在此情况下,分类决策函数如式(9-6)所示:

$$f(x)=\text{sign}\left(\sum_{i=1}^{N}\alpha_i^* y_i\exp\left(-\frac{\| x-z \|^2}{2\sigma^2}\right)+b^*\right) \tag{9-6}$$

为了节约计算时间,简化为线性支持向量机学习算法如下。

输入:训练数据集 $T=\{(x_1,y_1),(x_2,y_2),\cdots,(x_N,y_N)\}$,式中 $x_i\in R^n$, $y_i\in\{0,1\}$, $i=1,2,\cdots,N$;

输出:分离超平面和分类决策函数。

(1)选择惩罚参数 $C>0$,构造并求解凸二次规划问题,如式(9-7)所示：

$$
\begin{aligned}
&\min_{\alpha} \frac{1}{2}\sum_{i=1}^{N}\sum_{j=1}^{N}\alpha_i\alpha_j y_i y_j(x_i \cdot y_i)-\sum_{i=1}^{N}\alpha_i \\
&s.t. \sum_{i=1}^{N}\alpha_i y_i=0 \\
&0\leqslant\alpha_i\leqslant C, i=1,2,\cdots,N
\end{aligned}
\tag{9-7}
$$

得到最优解 $\alpha^*=(\alpha_1^*,\alpha_2^*,\cdots,\alpha_N^*)^T$。

(2)计算,如式(9-8)所示：

$$
w^*=\sum_{i=1}^{N}\alpha_i^* y_i x_i \tag{9-8}
$$

选择 α^* 的一个分量 α_j^* 满足条件 $0<\alpha_j^*<C$,计算 $b^*=y_i-\sum_{i=1}^{N}\alpha_i^* y_i(x_i,y_i)$。

(3)求分离超平面,如式(9-9)所示：

$$
w^* \cdot x+b^*=0 \tag{9-9}
$$

则分类决策函数,如式(9-10)所示：

$$
\mathrm{f}(x)=\mathrm{sign}(w^* \cdot x+b^*) \tag{9-10}
$$

为训练 SVM 分类模型,将原始图像切割为 64×64 像素的子图像,人工对每张子图像进行二分类的标注。从数据集中获取 3804 个正样本块(1,有损坏的子图像),并计算正样本块的 HOG 特征描述子;从数据集中获取 28196 个负样本块(0,无损坏的子图像),并计算负样本块的 HOG 特征描述子。将数据集按照 4∶1 的比例划分为训练集和测试集,基于 HOG 特征,用 YUV 色彩通道训练线性 SVM 分类器,并保存模型。训练样本、测试样本如图 9-6 所示。

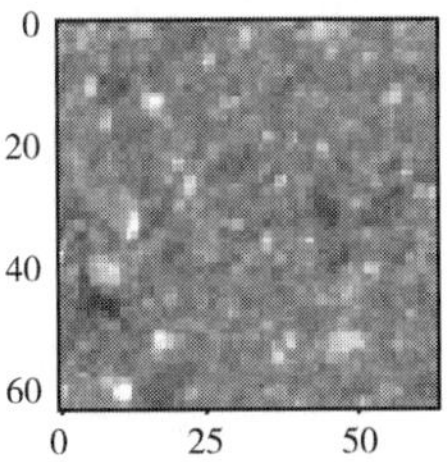

a) 无病害1

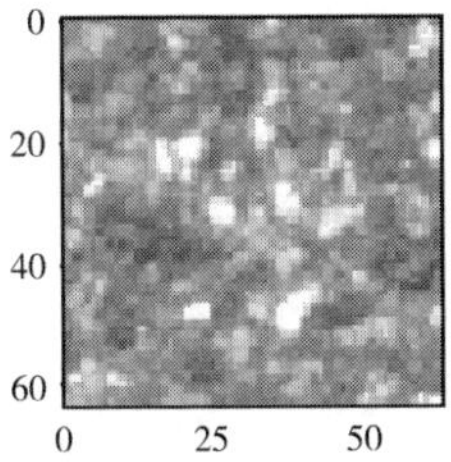

b) 无病害2

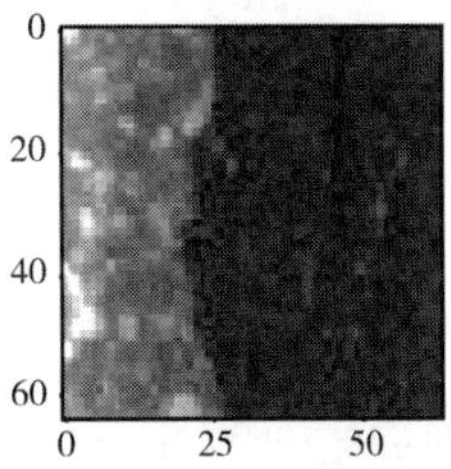

c) 有病害

图 9-6　训练样本、测试样本图

训练结束后,在测试集上进行算法效果的测试,训练集上算法的正确率为 88.172%,测试集上准确率为 88.438%。

9.3.2　图像子区域分割及特征提取

对于每张图像中被 bounding-box 检测为损坏的范围内的图像,将其定义为待匹配图像,将需要匹配的两张原始图像进行子区域的分割,需要划分为数量相等的子区域,针对子区域图像进行 SVM 模型的二分类判别,继而会生成一个元素均为 0、1 的判别矩阵(其中 0 代表该子区域不包含损坏,1 代表该子区域包含损坏)。待匹配图像的分割结果如图 9-7 所示。因此,基于损坏微观局部的特征提取会生成 $m\times n$ 维度的特征矩阵。

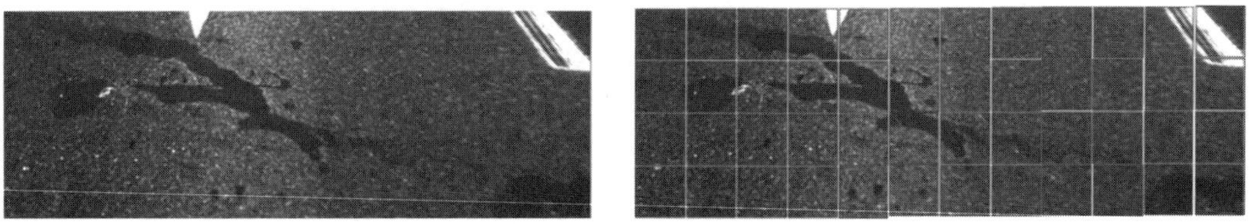

图 9-7 待匹配图像的分割结果

9.4 基于特征索引的时空匹配

本节基于卷积神经网络和深度学习框架的路面损坏图像特征匹配算法采用如图 9-8 所示架构，整体架构包含图像索引建库模块、查询模块和基于特征索引的匹配模块，共计 3 部分模块，下文将详述各个模块的基本逻辑和构建流程。

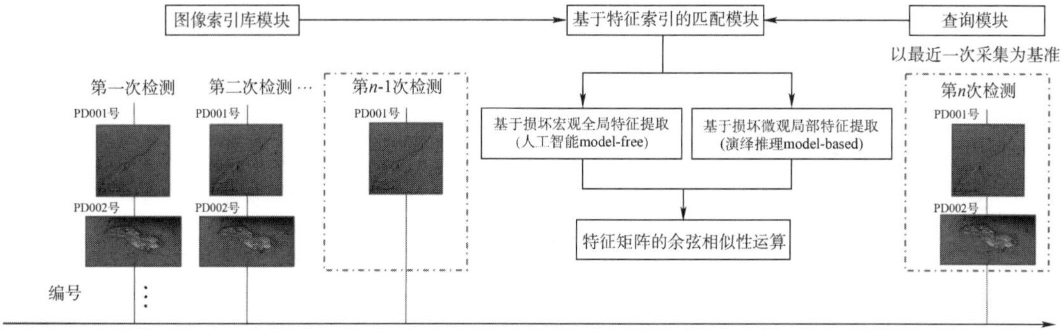

图 9-8 路面损坏图像特征匹配算法流程图

9.4.1 图像索引库模块

该模块的作用是通过特征提取模块，批量化处理路面损坏图像集，并将图像集转化为每一张损坏图像对应唯一特征向量，完成图像索引建立过程。

9.4.2 查询模块

该模块的作用是将需要查询的图像输入上述流程中，单独完成特征提取后特征向量化等操作，并将量化后的数据索引库中的图像索引利用相似度比较算法比较差异程度，并将相似程度最高的路面损坏图像作为匹配成功图像输出，完成全部图像匹配任务。其基本逻辑为：读取图像索引数据库，利用特征提取模块提取查询图像的图像特征并向量化，再采用暴力检索的方式利用矩阵乘法将查询图像特征向量和图像索引数据库中的向量相乘，得到结果后再排序取最大值对应的图像为匹配成功图像。查询模块图像完成更新的匹配后，自动汇入图像索引库模块，以备下一次采集后的时空匹配。

9.4.3 基于特征索引的四级匹配模块

利用“9.2 基于损坏宏观全局的特征提取”“9.3 基于损坏微观局部的特征提取”两节生成的特征矩阵，进行余弦相似性的运算，具体如下。

针对两张匹配图像对应的判别矩阵，进行矩阵运算，计算矩阵的差异性。对于两个 $m\times n$ 维度的矩阵 A 和 B，使用类似于夹角余弦的概念来衡量他们之间的差异程度，如式(9-11)所示：

$$\begin{cases} \text{similarity}_{c}=\cos(\theta_{c})=\dfrac{A_{c}\cdot B_{c}}{\|A_{c}\|\cdot\|B_{c}\|}=\dfrac{\sum_{i=1}^{n}a_{i}b_{i}}{\sum_{i=1}^{n}(\|a_{i}\|\cdot\|b_{i}\|)} \\ \text{similarity}_{r}=\cos(\theta_{r})=\dfrac{A_{r}\cdot B_{r}}{\|A_{r}\|\cdot\|B_{r}\|}=\dfrac{\sum_{j=1}^{m}a_{j}b_{j}}{\sum_{j=1}^{m}(\|a_{j}\|\cdot\|b_{j}\|)} \\ \text{similarity}=\dfrac{n\cdot\text{similarity}_{c}+m\cdot\text{similarity}_{r}}{m+n} \end{cases} \tag{9-11}$$

式中，similarity_c 为各列向量的相似性；similarity_r 为各行向量的相似性，最终的相似性为二者根据行列个数的加权平均；θ_c 和 θ_r 为列向量、行向量相似性对应的夹角余弦；A_c 和 B_c 为等价的矩阵 A 和 B 的列向量，A_r 和 B_r 为等价的矩阵 A 和 B 的行向量；a_i 和 b_i 分别代表矩阵 A 和 B 的各列向量，a_j 和 b_j 分别代表矩阵 A 和 B 的各行向量。

经过简化，将 $m\times n$ 维度的矩阵中各元素按照逐行展开，变换为 $1\times(m\times n)$ 维度的向量 A'和 B'，其余弦相似性由点积和向量长度给出，如式(9-12)所示：

$$\text{similarity}'=\cos(\theta')=\frac{A'\cdot B'}{\|A'\|\cdot\|B'\|}=\frac{\sum_{i=1}^{m+n}A'_{i}\times B'_{i}}{\sqrt{\sum_{i=1}^{m+n}(A'_{i})^{2}}\times\sqrt{\sum_{i=1}^{m+n}(B'_{i})^{2}}} \tag{9-12}$$

式中，A'_i 和 B'_i 分别代表向量 A'和 B'的各分量。

给出的相似性范围 $\in[0,1]$，1 表示它们的指向是完全相同的，0 通常表示它们之间是独立的，而在这之间的值则表示中间的相似性或相异性。

同时，引入汉明距离作为另一个表征两张匹配图像对应判别矩阵相似性的参数。汉明距离是使用在数据传输差错控制编码里面的，定义为两个相同长度向量字对应位不同变量个数所占变量总数的百分比，如式(9-13)所示：

$$\frac{\mathrm{d}(A',B')}{m+n}=\frac{\sum_{i=1}^{m+n}A'_{i}\oplus B'_{i}}{m+n} \tag{9-13}$$

式中，$\oplus$ 表示异或运算。

综合基于损坏宏观全局的 1×1024 维度的特征矩阵和基于损坏微观局部的 $m\times n$ 维度的特征矩阵，可以得到平均余弦相似性，如式(9-14)所示：

$$\text{similarity}_{\text{average}}=\frac{\text{similarity}+\text{similarity}'}{2} \tag{9-14}$$

在采用上述暴力检索的方式时,取余弦相似性排序最大值对应的图像为匹配成功图像。

9.5 算法效果评估

9.5.1 算法结果分析

本节选取样本库中包含典型损坏的两次采集数据做测试,对以上的算法模型效果进行评估。所选择的测试道路具有四类损坏类型,分别为裂缝、坑槽、网裂、修补的裂缝,路面损坏类型标准取自《城镇道路养护技术规范》(CJJ36—2016),《公路技术状况评定标准》(JTG 5210—2018)。

各类损坏的真值数量、成功匹配数量和匹配结果样例如表 9-1 所示。

各类损坏的真值数量、成功匹配数量和匹配结果样例 表 9-1

损坏类型	损坏形状	真值数量	成功匹配数量
裂缝	单根/条裂缝,包括横缝、纵缝以及斜缝等	11	7
坑槽	路面材料散失后形成的凹坑	5	4
网裂	交错裂缝,把路面分割成近似矩形的块	2	2
修补的裂缝	修补后的裂缝	40	29
总计		58	42

由此可见,该算法具有较稳定的效果,可以有效实现损坏多次检测后的匹配,尤其对于部分特征明显的损坏识别效果较好,可以基本满足工程应用的需求。但是,仍有一些误匹配或漏匹配的情况出现。以上情况在下文中会再详细讨论。结果如表 9-2 所示。

误匹配或漏匹配的情况结果样例 表 9-2

序号	匹配失败原因	失败数量
1	由于光照条件不同,导致前后匹配的图像特征差异过大,算法无法自适应调整	6
2	损坏局部区域像素不清晰/特征不明显,算法无法有效获取	4
3	图像拍摄角度差异/特征不明显,造成特征不一致	5
4	检测过程中不可控变道,造成损坏缺失,人工匹配也难以完成	1
总计		16

选取试验路段中一部分的 7 次采集数据,生成 6 次匹配结果,进行长周期情况的时空匹配效果评估,如表 9-3 所示。

长周期时空匹配情况 表9-3

序号	采集时间间隔（天）	前次检测损坏数量（处）	后次检测损坏数量（处）	成功匹配损坏数量（处）	误漏匹配损坏数量（处）	后次新增损坏数量（处）	明显变化损坏数量（处）
2-1	7	50	50	42	8	0	0
3-2	7	50	50	41	9	0	0
4-3	7	50	50	37	13	0	0
5-4	16	50	51	39	12	1	0
6-5	90	51	53	36	17	2	2
7-6	72	53	54	35	19	1	2

其中，“前次检测损坏数量”“后次检测损坏数量”为该路段损坏检测出的损坏数量真值；“成功匹配损坏数量”为应用以上“四级匹配框架”后的成功匹配结果；“误漏匹配损坏数量”为应用以上“四级匹配框架”后的失败匹配结果，包括误匹配和漏匹配情况。“后次新增损坏数量”为两次检测周期间隔内新产生的损坏，会导致“后次检测损坏数量”增加；“明显变化损坏数量”为两次检测周期间隔内发生修补的损坏数量，不会导致“后次检测损坏数量”增加，但是为了之后的时空匹配方便，所以此类损坏仍需要与原始损坏进行编号对应。

试验中前4次采集时间间隔为1周，可见损坏的发育十分缓慢，损坏的变化十分微小，时空匹配方法的准确性相对较高；同时，通过比对时间间隔为半个月的两次采集数据，发现以“月”为采集周期，损坏的发育同样迟缓。因此，后续试验的采集时间间隔继续扩大，为2~3个月，比对试验数据发现，损坏发生较为明显的变化，时空匹配方法的准确性相对降低，但损坏变化在可捕捉范围内，后续建议损坏重复性检测采样周期控制在“2~3月”。

9.5.2 适用性和局限性分析

部分匹配成功损坏局部图像示例如图9-9所示。

从匹配成功的图像可以看出：

(1)当检测系统内输入的图像为同一个损坏的不同部分时，只要输入图像能保持路面损坏大部分的图像重合或相似时，匹配效果良好，如图9-9a)所示。

(2)当路面图像采集车辆采集同一损坏的视角略有变化，但不至于产生过大的差异时，匹配效果良好，如图9-9b)所示。

(3)当不同损坏图像中损坏分布虽然明显不同，甚至两幅图像中只有少量重合部分或相似部分时，只要保存下来的图像仍具有明显形状特征时，匹配效果良好，如图9-9c)所示。另外，部分匹配失败的局部图像示例如图9-10所示。

从匹配失败的图像中可以看出：

(1)当需要匹配的图像中损坏的形状过于相近，即在外形特征方面的区别不大，仅有除外形特征外的其他特征可以加以分别的两张损坏图像，则利用神经网络进行损坏特征提取再匹配相似度接近图像的方式，无法准确地完成图像匹配的任务，如图9-10a)所示。

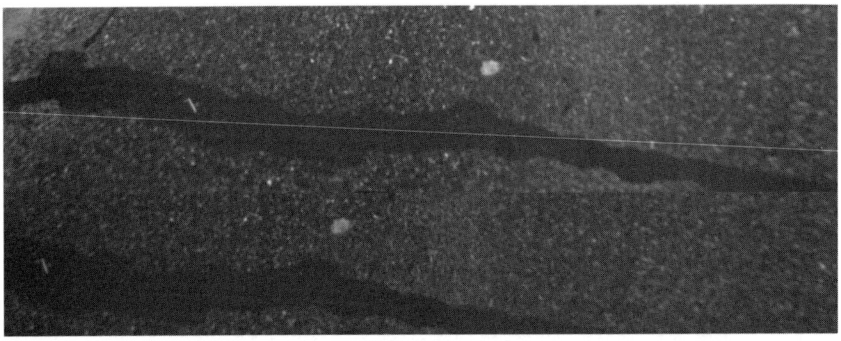

a) 图像匹配成功

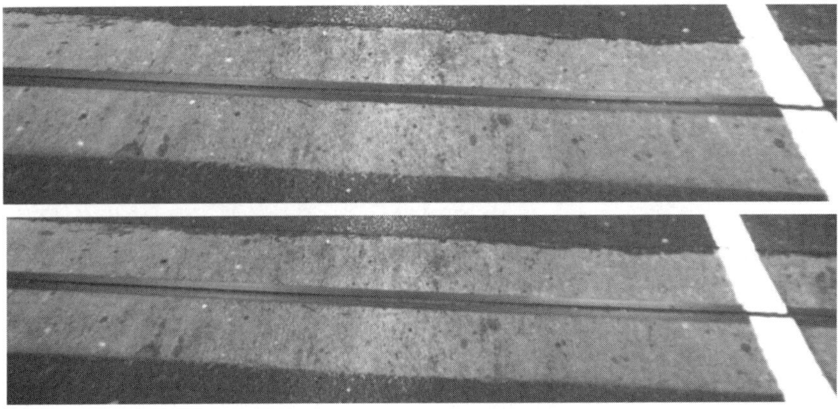

b) 图像匹配成功

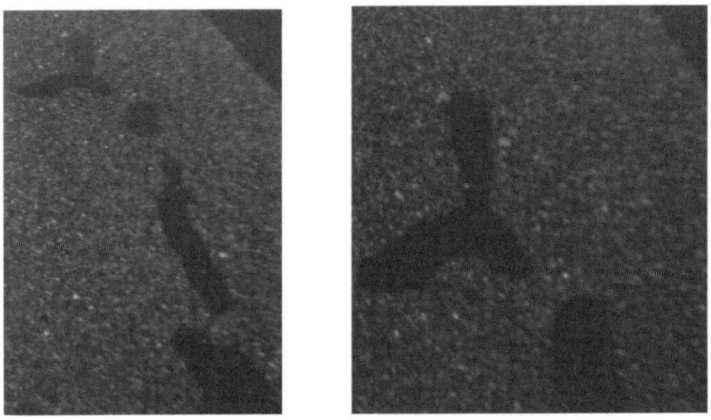

c) 图像匹配成功

图 9-9　匹配成功损坏局部图像示例

注：1. a)、b)上图来源为图像索引库模块，下图来源为查询模块。

2. c)左图来源为图像索引库模块，右图来源为查询模块。

(2)若需要匹配的两张损坏图像之间损坏重合度较低，或者两张图像间重合部分内不具有可以分辨出不同图像的特征时，系统匹配的准确率较低。如图 9-10b)所示，虽然两张图片都处于同一损坏中，但是由于可能的拍摄缺陷或者目标检测算法对目标对象不完全框选造成失误的状况，导致两张图片之间不存在人眼可以直接识别的特征。此时，若需要进行匹配，则要结合拍摄图像周围环境特征才能完成最后匹配,但是仅从图片中,计算机无法得知这些信息,因此只能将算法相似度最高的一张图片作为匹配图片。

a) 图像匹配失败，左图来源图像索引库模块，编号09；中图来源查询模块，编号08；右图为应完成匹配的图像，来源查询模块，编号09

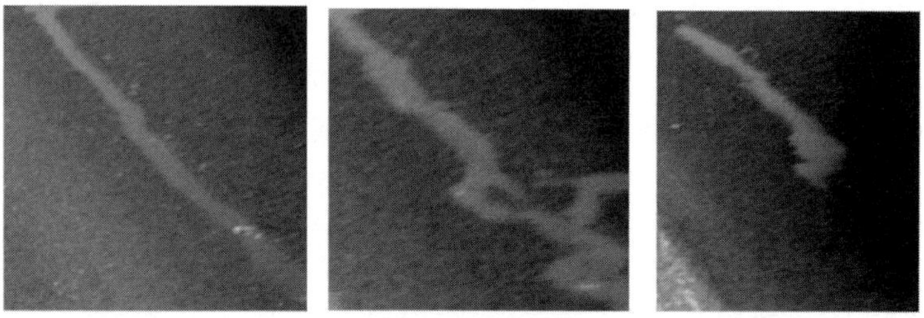

b) 图像匹配失败，左图来源图像索引库模块，编号11；中图来源查询模块，编号14；右图为应完成匹配的图像，来源查询模块，编号11

c) 图像匹配失败，左图来源图像索引库模块集，编号21；中图来源查询模块，编号31；右图为应完成匹配的图像，来源查询模块，编号21

图 9-10　匹配失败损坏局部图像示例

(3)若需要进行匹配的两张损坏图像由于拍摄过程中外界环境(强光、反光、遮挡、灰尘等)产生不良影响,导致图像在像素层面的对比度极低,或由于泥土、水渍等导致图像中损坏特征被污染,以致损坏与后景过于接近,系统将无法完成识别。如图 9-10c)所示,在这三张图片拍摄时,由于反光的原因,修补的裂缝与路面背景的直接区别不大,甚至人眼都难以识别,因此导致匹配失败发生。

综上所述,路面损坏时空匹配方法的综合准确率为 72.41%,可以实现超过 2/3 路面损坏的时空匹配,基本可以满足工程应用的需求。而通过分析可知,造成方法误差(误匹配或漏匹配)的主要原因在于图像特征提取容易受到光照条件、图像清晰度、图像拍摄角度与范围等外界因素的影响。因此,后续如果要大规模工程应用,一方面需要通过算法的优化,进一步提升多场景的鲁棒性;另一方面也需要在数据采集过程中规避这些因素的干扰。针对由于外界条件影响路面损坏匹配算法的情况,试提出以下几个解决方案:

(1)光照条件是造成图像匹配失败的最主要原因,这点很好理解,光照条件会极大程度上影响图像的特征,导致像素灰度值不同,经过卷积或四则运算后所得到的结果同样会产生差异,则会造成匹配的失误。

针对光照条件对于匹配的影响,建议在后续的采集过程中,尽量在阴天检测,避免在下雨天或光照充足时进行检测。

(2)因为损坏局部区域像素不清晰、特征不明显，算法无法有效获取特征也会导致匹配失误，这点是由于图像采集过程中车速、障碍物、经过一段时间后道路状况变化导致的，在今后的采集中较难控制。

针对损坏局部区域像素不清晰、特征不明显的问题，建议采集时车速尽量保持匀速。此外，综合考虑损坏重复性检测成本和时空分析效果，建议采样周期控制在“2~3月”。

(3)图像拍摄角度差异、检测过程中不可控变道、拍摄出的图像占地范围过大单张无法采集完全等，都会造成损坏缺失，这点人工匹配也难以完成。

针对图像拍摄角度差异、检测过程中不可控变道的问题，建议在后续重复采集过程中，检测车辆尽量沿着车道正中央行驶，避免变道、超车操作。

(4)针对拍摄出的图像对占地范围过大的损坏图像无法进行全尺寸采集的问题，可以适当增大车载摄像头的图像采集广度，在保证图片质量的基础上，尽可能扩大摄像头对路面的拍摄范围，或者通过提高车载摄像头的硬件配置，用更高的拍摄帧率，换取高速行驶条件下，摄像头可以拍摄更多张的路面影像，从而通过增大图片冗余的方式，争取保证每张图像中都保留足以进行特征匹配的特征数量。

9.6 时空完备的道路基础设施数字化管理框架设计

基于上述研究，为了更好地为道路管理与养护部门提供实时交互的路面损坏数据，也为道路养护辅助决策提供参考，进一步挖掘数据潜在价值，本节对时空完备的道路基础设施数字化管理框架设计方法进行探讨。

本框架的核心是基于端到端视觉处理的路面损坏快速检测和时空完备的自然数据集构建方法。首先，通过车载的高清工业相机采集路面图像，结合计算机视觉技术分析路表面材质的形态特征，采用端到端的神经网络算法实现路面损坏的自动识别、分类和定位；其次，根据时间戳和空间位置信息，构建时空完备的自然数据集。

本框架应用人工智能领域的计算机视觉算法，可实现快速、高效的路面损坏自动检测，可以通过在任意车辆上布设高清工业相机和处理终端，实现与图像采集同步的分析与处理，即在原始图像中框选该损坏位置，并赋予其相应的类别和判断为该类别的概率。且本体系的另一特点在于检测的网络模型训练是基于数万张真实路面图像组成的时空相关的数据集进行的，该批图像具有人工预先标注出的真实损坏位置和类别，作为评估网络模型参数性能的依据。随着该数据集的扩充，网络模型的效果将会逐步增进，本方法可大大减少了人工检测路面损坏工作所需要的工作量。

基于端到端视觉处理的路面损坏快速检测和时空完备的自然数据集构建方法，整体框架图如图9-11所示。包括以下主要环节：

(1)端到端路面损坏检测模型训练。

(2)端到端路面损坏快速检测。

(3)时空完备的自然损坏数据集构建。

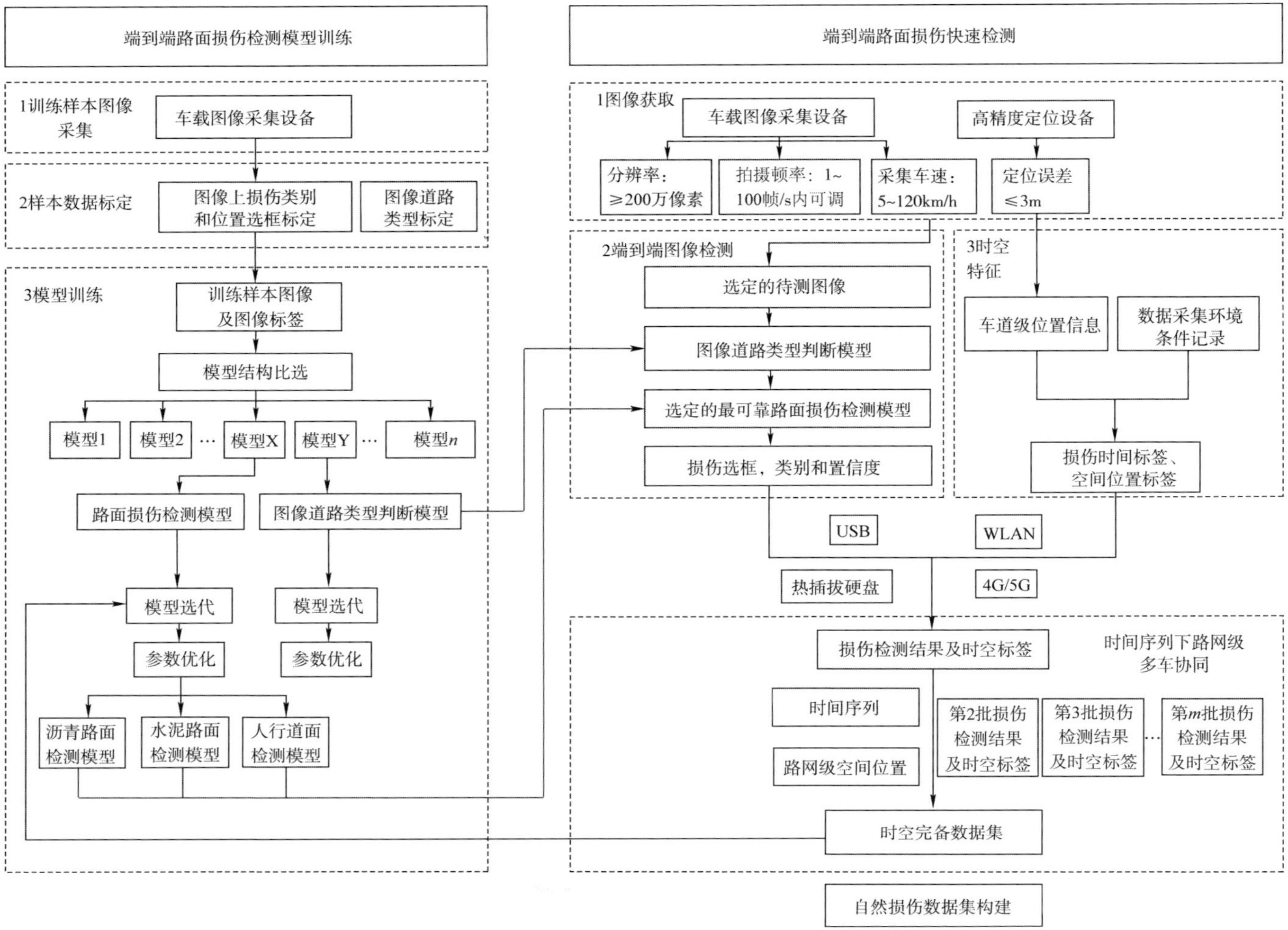

图 9-11　时空连续的路面损坏分析体系总体框架

9.6.1 端到端路面损坏检测模型训练

端到端路面损坏检测模型训练通过收集不同场景下的路面异常图像训练深度神经网络，对不同异常状况图像进行检测；通过对训练图像数据集进行语义标注，得到裂缝、坑槽、网裂、修补的损坏（修补的裂缝、坑槽、网裂）、路面变形类损坏（路面变形、松散、错台）、修补上二次发育损坏、路况差、伸缩缝等损坏的训练样本图像及其对应的图像标签文件；将训练样本图像和对应的图像标签文件作为训练集，输入神经网络算法模型中进行训练，并根据模型验证集、测试集的识别结果进行模型结构比选，确定图像道路类型判断模型和路面损坏检测模型；增加训练次数，进行模型迭代和参数优化，并形成针对沥青路面、水泥路面和人行道面的最可靠路面损坏检测模型。具体实施步骤如下：

（1）进行图像道路类型标定，包括区分沥青路面、水泥路面和人行道面等道路类型。

（2）进行图像上损坏类别和位置选框的标定，采用 labelImg 软件，针对训练样本图像进行标定，标记损坏类别和位置选框（框选住损坏的最小外接矩形），损坏类别和位置选框的信息存储为 XML 格式或 txt 格式，形成训练样本图像对应的图像标签文件。

（3）选择 YOLO v1、YOLO v2、YOLO v3 等一阶段目标检测框架，或者 Fast RCNN、Faster RCNN、SSD 等两阶段的目标检测算法，进行神经网络算法模型比选，利用足量的训练样本图像提升算法精度，并且通过高效的检测，方便自然数据集的构建。

（4）对同一批训练样本图像，按照 7 ∶ 3 ∶ 3 的比例划分为训练集、验证集和测试集，训练集用于神经网络算法的训练，验证集用于阶段性检验算法的收敛等性能，测试集用于评价算法的效果。训练过程选用二分交叉熵作为损失函数，模型通过 bounding box 回归和 logistic 进行分类，可以支持多标签对象检测。同时可以借鉴残差网络（residual network）的做法，在一些层之间设置快捷链路，在保证准确率的基础上，进一步提升运算效率。

9.6.2 端到端路面损坏快速检测

端到端路面损坏快速检测，应用车载图像采集设备，采集路面图像，并利用可变帧数法，根据采集状态下的车速动态截取待测图像，使得选定的待测图像覆盖完整车道；将待测图像直接作为输入，放入图像道路类型判断模型和选定的最可靠路面损坏检测模型中进行测试，输出损坏选框、类别和置信度结果，输出损坏尺寸数据；同时，根据车载高精度定位设备，明确图像对应的空间位置标签；根据数据采集环境条件的记录，明确图像对应的时间标签。具体实施步骤如下：

（1）利用车载图像采集设备，采集路面图像，分辨率≥200 万像素；拍摄帧率在 1~100 帧/s 内可调；采集车速在 5~120km/h；摄像设备放置于车顶后侧或前侧，将摄像机镜头倾斜向下与垂直路面方向夹角 30°~60°范围内进行拍摄，则根据车辆高度计算单幅图像内道路的纵深，如式（9-15）所示：

$$l=h\cdot\tan\theta \tag{9-15}$$

式中，l 为单幅图像内道路的纵深；h 为任意采集车辆的车身高度；θ 为摄像机镜头与垂直路面方向夹角。

(2)根据采集状态下的车速动态截取待测图像,使得选定的待测图像覆盖完整车道;利用可变帧数法中每秒截取图像的帧数选择,如式(9-16)所示:

$$f=\left[\frac{v}{2.4l}\right]+1 \tag{9-16}$$

式中,f 为每秒截取图像的帧数,单位为 pic/s;v 为行驶车速,单位为 km/h;l 为单幅图像内道路的纵深,单位为 m。

(3)将待测图像直接作为输入,放入图像道路类型判断模型和选定的最可靠路面损坏检测模型中进行测试,输出损坏类别、置信度和位置框结果,包括每一张图像上所有损坏,生成结果列表含有图片名、病害类别、置信度、损坏在图片上的位置框四处角点坐标,四处角点坐标是以图像左上角为(0,0),向右为 x 轴正方向,向下为 y 轴正方向的相对像素坐标,分别表示为 x 轴最小像素值(x_{min})、y 轴最小像素值(y_{min})、x 轴最大像素值(x_{max})和 y 轴最大像素值(y_{max});

输出损坏尺寸数据,包括病害校正后长、病害校正后宽、病害的长度、病害的真实面积尺寸,包括以下数据:

①病害校正后长:病害经过倾斜校正后的真实长度尺寸(单位为 m)。

②病害校正后宽:病害经过倾斜校正后的真实宽度尺寸(单位为 m)。

③length:只有裂缝、修补的裂缝、伸缩缝有该参数,为病害的长度(单位为 m)。

④area:计算得到的病害的真实面积尺寸(单位为 m^2)。

输出空间位置标签,根据车载高精度定位设备采集获得,包括:

①GPS 放置点位处 LATITUDE:GPS 放置点位处的纬度。

②GPS 放置点位处 LONGITUDE:GPS 放置点位处的经度。

③病害选框中心坐标 x_0:以图像左上角为(0,0),向右为 x 轴正方向,向下为 y 轴正方向,病害的可能位置框 bounding-box 中心点在图像上的横坐标。

④病害选框中心坐标 y_0:以图像左上角为(0,0),向右为 x 轴正方向,向下为 y 轴正方向,病害的可能位置框 bounding-box 的中心点在图像上的纵坐标。

⑤Δx:病害选框中心和 GPS 放置点位处偏移的 x 方向距离(单位为 m),以汽车行进方向为准,偏左为正号,偏右为负号。如根据 GPS 模块放置车顶中心距离镜头距离、镜头距离图像正中心距离进行空间位置标签坐标修正。

⑥Δy:病害选框中心和 GPS 放置点位处偏移的 y 方向距离(单位为 m),以汽车行进方向为准,因为相比于 GPS 放置位置处,图像位置均为向后,为负号。如根据 GPS 模块放置车顶中心距离镜头距离、镜头距离图像正中心距离进行空间位置标签坐标修正。

输出损坏时间标签,包括数据采集的时间、数据采集的温湿度条件、数据采集的光照条件、数据采集的季节条件等必要信息。

9.6.3 时空完备的自然损坏数据集构建

时空完备的自然损坏数据集构建,核心是基于多源特征融合的路面损伤数据时空分析方法。该方法包括路面损伤检测、损伤数据的 GPS 定位及视频定位空间融合,基于形态匹配的损伤数据时间序列追溯,以及自然路面状态高频数据集构建,如图 9-12 所示。

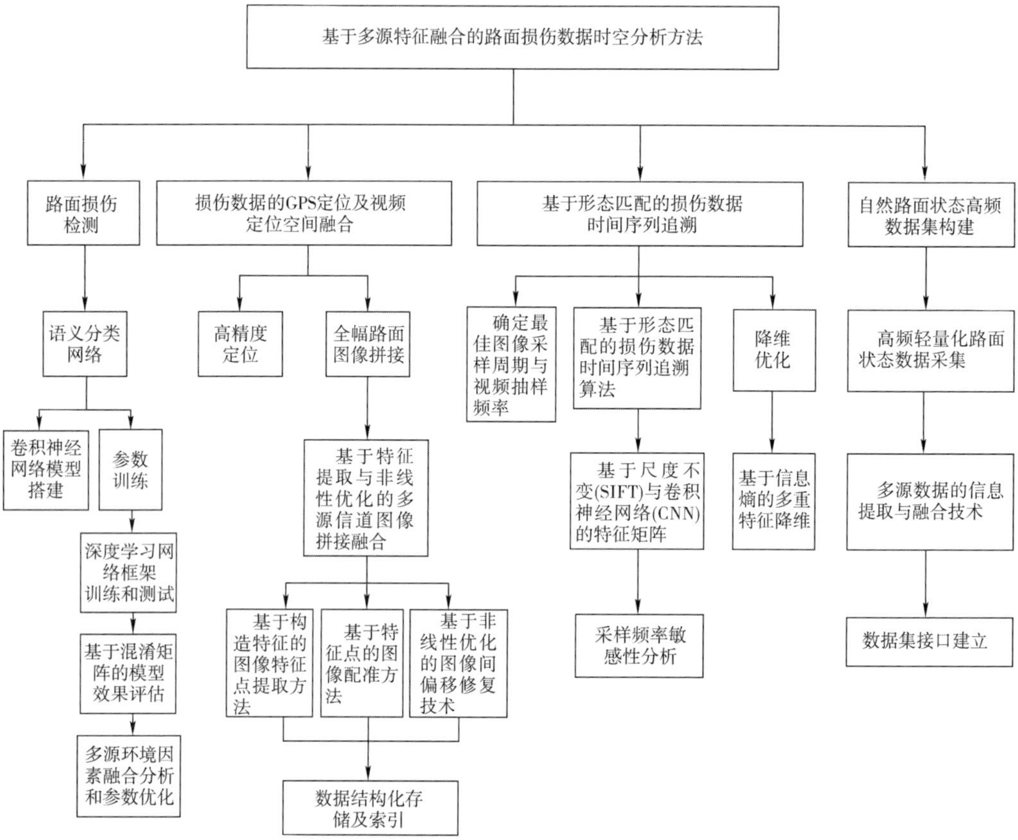

图 9-12　基于多源特征融合的路面损伤数据时空分析方法

(1)路面损伤检测。采用语义分类网络,在可见光摄像机采集模式下,捕获路面局部异常、病害的图像数据进行分类学习,对路面异常状况下的图像语义特征进行训练分类,检测出路面异常状况的分类结果。具体包括路面损伤图像的卷积神经网络模型搭建和参数训练。

①卷积神经网络模型搭建,是实现基于卷积神经网络的损坏特征提取,通过大量高频采集真实道路的实测图像数据,采用尺度不变特征、卷积神经网络等特征提取方法,挖掘复杂环境下路面损伤在发生的长宽范围、颗粒化程度、连贯性、路段位置等维度的表观特征,构建统一的特征描述的参数;对高清工业相机采集得到的路面图像数据进行处理,输出路面损坏的可能位置框以及具体类别。

②利用深度学习网络框架进行训练和测试、基于混淆矩阵进行模型效果评估,实现多源环境因素融合分析和参数优化。通过小范围数据集模型预训练和大数据集下并行计算,比选多种图像识别人工智能神经网络模型方案,优化和搭建最佳的深度神经结构框架。基于混淆矩阵模型效果评估,采用混淆矩阵和 kappa 系数法,设计路面损伤识别的精度、效率指标,评估识别算法的精度、识别速度;通过预先采集自然条件下的海量路面状态图像,建立数据训练与验证样本库,结合模型的精度、效率指标评估其多场景的泛化能力;同时采用熵权法进一步确定各指标的客观权重。多源环境因素融合分析和参数优化,根据时间戳信息将损伤发生的光照、温度、障碍物、路面表观纹理、车道线等多源环境因素进行对应,利用人工智能算法定量分析各

种环境因素对损伤识别的影响，不断迭代训练，从而实现复杂环境下的参数优化。

(2) 损伤数据的 GPS 定位及视频定位空间融合。包括高精度定位、全幅路面图像拼接、数据结构化存储及索引。

①高精度定位，基于导航定位及视频帧相对位置的联合定位方法，实现分米级至厘米级高精度定位，为采集到的路面图像及路面损伤信息提供精确地理位置标签。

②全幅路面图像拼接，是指基于特征提取与非线性优化的多源信道图像拼接融合技术。由于图像采集传感器的感知视野有限，为了将大量单次采集的图像等路面状态信息进行空间聚合，得到全幅路面的状态数据集，需基于高精度空间位置信息的自然路面状态数据融合方法，将采集的图像数据进行优化合成，对于不同图像充分利用互补信息，清除冗余信息，获得空间连续的数据集。a. 基于构造特征的图像特征点提取方法，为使路面图像拼接融合具有良好的精度和鲁棒性，研究多种类型特征（例如加速稳健特征、尺度不变特征、加速分割测试获得特征等）在图像拼接中的适应性，建立适用于路面图像拼接问题的构造特征。b. 基于特征点的图像配准方法，通过随机抽样一致性算法，检测连续路面图像中构造特征，并计算特征点之间的匹配度，基于以上匹配信息采用随机抽样和迭代的方法，建立所采集路面图像序列之间的投影变换矩阵，从而实现图像配准。c. 基于非线性优化的图像间偏移修复技术，是根据图像局部信息的充分表示量或充分统计量（例如边缘、形状、轮廓、纹理、相似亮度区域等），通过最小二乘法匹配算法和全局匹配的松弛算法取得较为理想的去接缝处理结果，与此同时通过小波变换、人工神经网络和遗传算法的应用，进一步提高了融合精度和运算速度。

③数据结构化存储及索引，为辅助融合后数据的入库与后续分析，针对各类路面状态信息数据的特点，建立自然路面状态数据集的存储数据模型与存储结构，建立路面状态数据空间索引，实现融合后数据集的高效检索访问。

(3) 基于形态匹配的损伤数据时间序列追溯，包括确定最佳图像采样周期与视频抽样频率、基于形态匹配的损伤数据时间序列追溯算法，以及降维优化。

①确定最佳图像采样周期与视频抽样频率，平衡识别精度和效率，以及全路幅覆盖和时间连续之间的关系。

②基于形态匹配的损伤数据时间序列追溯算法，根据时间序列下的路面损坏特征提取，以空间位置特征的粗略匹配为基础，同时辅之以 SIFT、SURF 等形态特征描述子，进行前后次采集图像的匹配，基于匹配算法对集合进行有效性筛选，明确同一空间位置处、不同时间序列下的路面损坏，并赋予相应的编号。在多次重复检测后，通过比对损坏空间位置特征和形态特征，与之前检测得到的路面损坏信息进行匹配，并与时间戳进行对应，赋予损坏时间序列下的编号，从而实现时间序列下路面损坏的匹配和时间纬度上的可追溯。

③降维优化，采用基于信息熵的多重特征降维方法，分析各特征参数对于损伤匹配的敏感性，减少特征维度以提高模型计算效率，基于自然路面损伤图像数据，建立评估匹配算法的精度、效率和适应性指标，实现模型的参数优化。

(4) 自然路面状态高频数据集构建，包括高频轻量化路面状态数据采集、多源数据的信息提取与融合技术，以及数据集接口建立。

①高频轻量化路面状态数据采集，通过在多辆检测车上配备轻量化路面质量检测设备，以上海市道路为例，高频实测 20km 不同类型的城市道路路面及环境数据，并以月为周期高频更

新各项检测数据,利用空间数据融合与时间序列追溯的方法,实现多频次、多区域数据的损坏跟踪与路面病害全息拼接,建立时空完备的路面损坏数据集范式。

②多源数据的信息提取与融合技术,利用数据接入、爬虫算法、众筹数据等方法获取检测道路的天气、降雨、流量等信息,建立环境信息矩阵范式,与自然路面状态数据融合拼接,增加数据维度。

图 9-13 为技术流程图。

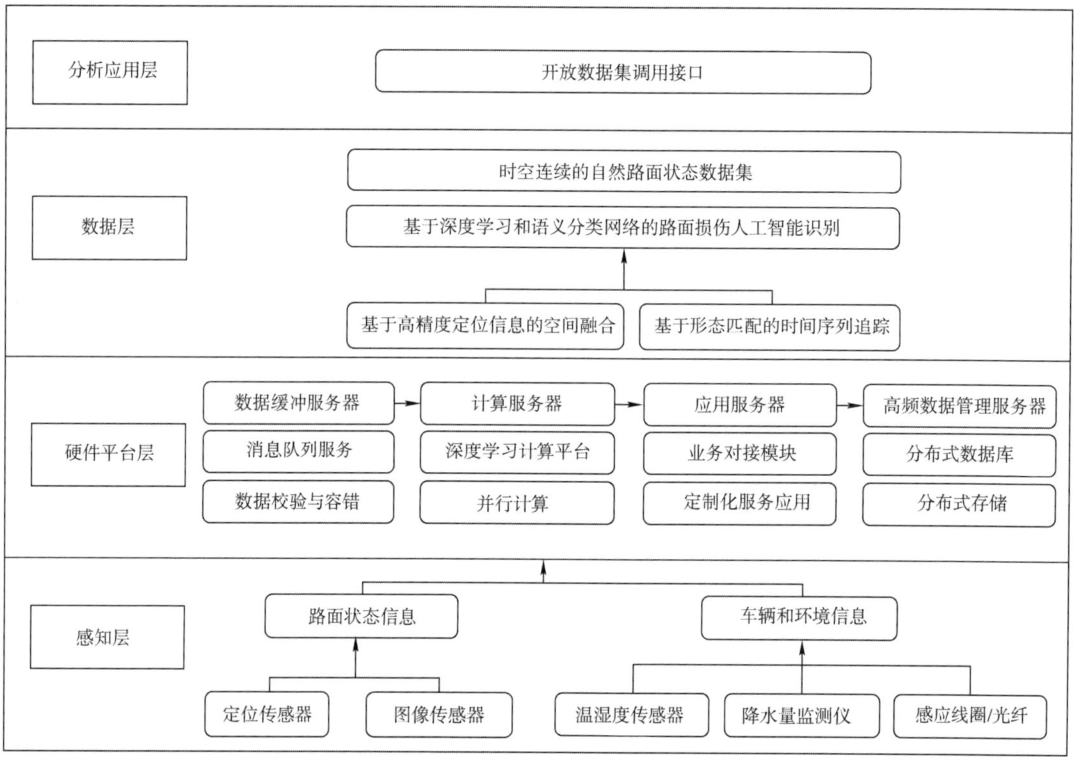

图 9-13　基于多源特征融合的路面损伤数据时空分析方法技术流程图

针对损坏检测结果及时空标签,利用边缘计算将检测结果存储于车载本地终端的数据库中,通过 USB 接口复制或热插拔硬盘导出数据上传至数据中心,或经由 WLAN/4G/5G 网络传输将检测结果上传至云端服务器进行计算,结果存储于数据中心,根据时间戳和空间位置信息,构建时空完备的自然数据集;进一步基于时间序列下路网级多车协同,实现多次损坏检测结果及时空标签,丰富了时空维度信息;同时获得的检测结果同样可以重新放入神经网络算法模型实现迭代和参数优化。具体实施步骤如下:

(1)利用边缘计算技术(mobile edge computing,MEC),通过将计算任务从移动设备卸载到计算能力更强大的边缘服务器进行处理,可有效缩短任务的处理时间并减少移动设备端的能量消耗。将边缘计算技术与车联网相结合,通过车辆边缘计算技术(vehicle edge computing,VEC)来提升系统的决策实时性能。在 VEC 系统中,一方面,车辆可以将感知生成的计算任务卸载到位于车载终端或者路边单元的边缘服务器进行计算处理,将检测结果存储于车载本地终端的数据库中。另一方面,车间可以进行协同计算,将计算任务卸载到附近计算资源空闲的车辆处理,充分利用车群系统的群体计算能力。VEC 系统中主要的通信过程包括车与车(V2V)、车与路边单元(V2I)的通信,主要的通信技术包括近距离无线通信技术(DSRC)和LET-V 通信技术。其中 DSRC 采用竞争的接入方式,适合无中心化的车群网络中的近距离通信。而 LTE-V 采用由基站进行统一信道资源调度分配的方式,适合中心化的车群网络,通信范围也大于 DSRC 技术。

(2)导出数据包括以下方式。

①USB:无须对现有硬件进行重大改造,但需调整接口,建议调整为雷电三接口等,加快导出速度,整体费用较低。

②热插拔硬盘:需要对硬件进行改造,采用直接硬盘插拔的方式,不过机房的设计需求中也对储存主机要求支持热插拔硬盘,整体费用较高。

网络传输包括以下方式。

①4G/5G:硬件改造较低,利用运营商提供的基站进行远程数据传输,可设计多套设备,每套采集满后放回实验室进行传输,换另一套,整体费用一般。

②WLAN:硬件改造较低,仅需将 4G/5G 传输技术替换为 Wi-Fi 等无限网数据传输,可设计多套设备,每套采集满后放回实验室进行传输,换另一套,整体费用一般。

(3)基于时间序列下路网级多车协同,利用车载图像采集设备,可以实现轻量化的多车部署和灵活的采集任务分配。在空间维度下,利用多车同时派出进行路面损坏数据采集,运用网络分配模型,保证一次全部覆盖的情况下,选用最短的时间、最少的车辆和人力成本;获取到的图像数据,根据空间位置标签进行重复剔除;时间序列下,每隔一定时间周期(如一个月等),派出一批车队进行图像采集,赋予同一点位相同的损坏以同样的编号,存储于数据库中,最终形成时间—空间二维的数据结构,实现多次损坏检测结果及时空标签,丰富时空维度信息,形成基于时间序列下路网级自然数据集构建;同时获得的检测结果同样可以再次放入神经网络算法模型实现迭代和参数优化。

与现有技术相比,本体系具有以下有益效果:

(1)采用计算机视觉、深度神经网络方法检测路面损坏状况,减少动态环境对图像处理算法干扰,满足道路实际养护工程对基于视觉的自动化路面损坏检测技术需求,可快速应用于国内道路检测场景,实现高效稳定的路面状况检测。

(2)采用端到端的计算机视觉算法,在保证路面损坏检测准确性的基础上,利用足量的真实道路训练样本图像提升检测效率,保证路面养护与管理的时效性,也方便自然数据集的构建;针对沥青路面、水泥路面和人行道面的最可靠路面损坏检测模型,提高了对不同路面场景的可迁移性能力。

(3)针对损坏检测结果及时空标签,利用边缘计算将检测结果存储于车载本地终端的数据库或数据中心,根据时间戳和空间位置信息,构建时空完备的自然数据集;进一步基于时间序列下路网级多车协同,实现多次损坏检测结果及时空标签,有利于实现模型迭代和参数优化。

本章参考文献

[1] 中国经济网. 莫富元代表:公路网络不断完善[N]. 经济日报,2024-03-13.

[2] 刘颖,关昌余. 全力建立现代化公路养护管理体系——解读《"十三五"公路养护管理发展纲要》[J]. 中国公路,2016,(15):54-58.

[3] 刘春雨, 郑传峰. 高寒高海拔地区沥青路面季节性损伤对比分析 [J]. 公路工程, 2018, 43(6): 62-67.

[4] 殷岳,梅深.《"十四五"交通领域科技创新规划》出台[J]. 水道港口,2022,43(2):239.

[5] 交通运输部印发《推进智慧交通发展行动计划(2017—2020 年)》[J]. 人民公交,2017,(3):11.

[6] 伊然.《江西省公路水路交通运输"十三五"发展规划》发布[J]. 工程机械,2017,48(6):58.

[7] 殷岳,梅深. 交通运输部、科学技术部印发《关于科技创新驱动加快建设交通强国的意见》[J]. 水道港口,2021,42(5):595.

[8] 闫丽英. 高速公路沥青路面的预防养护时机选择 [J]. 交通世界, 2018 (7): 74-75.

[9] 刘红遍. 基于神经网络的高速公路沥青路面预防性养护预测模型研究[D]. 西安:长安大学, 2015.

[10] 许鹰, TSAI J, 季节. 基于生存分析模型的水泥混凝土路面大修策略评估[J]. 中外公路, 2016, 36(3): 76-81.

[11] 杨永红, 晋敏, 白钰, 等. 公路养护资金分配方法优化研究[J]. 中外公路, 2015, 35(4): 336-340.

[12] FRANCE-MENSAH J, O'BRIEN W J. Budget Allocation Models for Pavement Maintenance and Rehabilitation: Comparative Case Study[J]. Journal of Management in Engineering, 2018, 34(2).

[13] 段应昌, 刘亚文, 邵飞. 基于 AHP-FUZZY 算法的高等级公路养护质量评估模型[J]. 公路, 2011 (2): 161-165.

[14] "十三五"交通领域科技创新专项规划印发[J]. 现代城市研究, 2017 (7):131.

第 10 章
Chapter 10

多维：多源性能数据交叉解释与病害致因分析

道路设施性能评价是路面养护管理系统的重要基础之一,对路面质量现状的判断和养护措施的决策具有指导意义。随着我国高速公路已逐步从“建养并重”跨入“以养为主”时代,如何准确评价道路设施性能、明确路面养护需求已成为公路养护管理的重点工作,且“老龄化”设施日益增多,道路“屡修屡坏”“修不及坏”的问题越发突出,养护压力逐年上升(图 10-1)。当前养护维修工作的开展主要以经验判断为主,主观性较强,基本采取的是“有坑修坑、有缝修缝”的方式,缺乏科学的数据分析支撑,难以有效发挥养护资金效能,造成养护资源和资金的浪费,存在“治标不治本”的问题。

a) 6.14 出现坑槽　　b) 7.15 坑槽被修补　　c) 7.26 坑槽再出现

图 10-1　路面病害频修频坏

随着当前图像、光纤传感、激光雷达、振动式传感等多维感知技术及人工智能分析技术逐渐成熟,快速、大范围、高频率的智能巡查为道路设施性能评价提供了海量不同制式、来源、结构的感知数据,包括点云数据、图像数据、振动数据、雷达数据等,包含道路设施健康状态和服役性能信息,数据驱动的养护决策模式成为我国道路养护行业的发展趋势。但是由于缺乏科学的数字更新机制以及时空追溯技术,海量、多源、异构、离散性大的感知数据相互割裂,难以形成数据合力,不能支撑数据基础上的智能分析与智慧决策。

路面病害的频发多发与众多因素相关,影响因素复杂且相关性强。本章中,我们对多源性能数据的融合分析进行介绍,面向检测大数据,基于已研究的数据时空匹配追溯的方法,结合多维度检测信息,以及传统养护记录、历史设计资料、气象数据等,以数据挖掘分析为核心解析其蕴含的路面状态信息,综合研判道路病害的实际致因,以支持管养部门制订针对性的养护方案和计划,优化养护资金分配,发挥大数据效能。

10.1 路面图像与车辆振动数据耦合分析

10.1.1 基于图像识别的异常颠簸致因分析

道路的图像数据提供了路面状况信息,车辆的振动数据提供了路面平整度信息,因此,可通过图像确定路表损伤的类型及发育程度,利用振动信息解析损伤影响造成的路面颠簸状况,进一步将振动数据与图像数据进行匹配,得到同一位点的图像和振动信息,综合判断异常颠簸的致因。

通过第四章介绍的异常颠簸精准识别与定位技术,利用小波分析识别与定位异常颠簸位点,得到异常颠簸的振动幅值与空间位置数据。为了筛选出可靠的颠簸数据,对振动检测采集时的车速以及振动 RMS 值(即均方根值,也称为有效值)进行筛选:

$$\begin{cases} \text{speed}>10 \\ \text{max\_left\_rms}>3.5\times\text{ave\_left\_rms} \\ \text{max\_right\_rms}>3.5\times\text{ave\_right\_rms} \end{cases} \tag{10-1}$$

考虑到城市道路的车辆巡检环境,异常颠簸筛选要求检测时的车速大于 10m/s,车辆左轮或右轮的最大振动 RMS 值大于 3.5 倍的平均振动 RMS 值。由此筛选获得异常颠簸的数据,再根据异常颠簸位点的采集时间,得到颠簸前后拍摄的路面图像,用于进一步致因分析。

进一步地,基于第五章介绍的路面病害自动检测与评价技术,利用神经网络模型自动检测颠簸位点前后的路面图像,识别异常颠簸前后的路面损伤状况,是否存在病害、井盖、减速带、伸缩接缝等路面状况,且判别其位置是否处于轮迹带上,综合分析得到异常颠簸致因,如图 10-2 所示。

a) 井盖造成的异常颠簸

b) 修补病害不平造成的异常颠簸

图 10-2

c) 伸缩接缝造成的异常颠簸

d) 路面坑槽造成的异常颠簸

图 10-2 异常颠簸前后图像及致因分析

10.1.2 基于振动-图像融合的窨井高差检测方法

窨井沉降导致的井框差通常表征为道路高程在较短距离内的局部异常变化，导致车辆产生跳车现象，因此可通过实时获取路面图像数据和车身振动数据，利用人工智能方法快速识别路表井盖信息，并通过时间戳信息匹配提取车身振动数据，进一步计算均方根值以评估井盖高差量级。具体步骤分为：井盖识别与定位、井盖有效性判别与复核、车身振动筛选和高差评估，如图 10-3 所示。

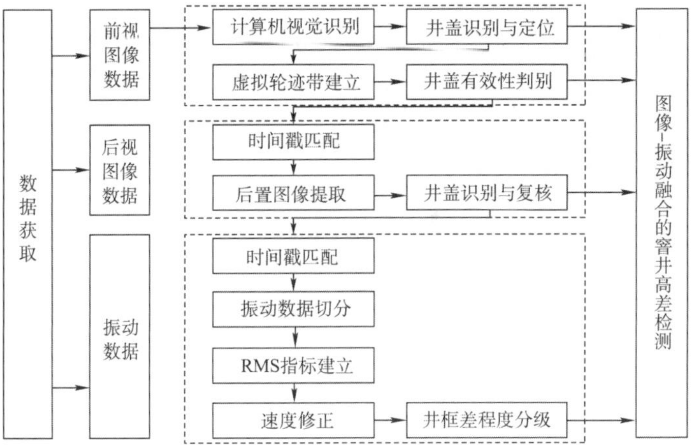

图 10-3 窨井高差检测识别算法流程

（1）井盖识别与定位。

结合第五章介绍的面向路面病害检测的深度卷积神经网络，基于采集的超 10000 张路面井盖图像的样本数据，包含混凝土井盖、铸铁井盖等 10 余种不同权属单位的窨井类型，利用机器视觉技术对路面井盖进行快速智能识别，并对准确率、精确率、检出率进行测试验证，结果如表 10-1 所示。

窨井识别测试结果 表 10-1

数据样本	准确率	精确率	检出率
训练集	98%	94%	90%
测试集	94%	93%	88%

（2）井盖有效性判别与复核。

采用车辆振动判别井盖高差时，需保证车轮轮迹与井盖位置重合，因此在进一步判别井盖高差之前，需对井盖位置进行定位，即判别车轮是否经过井盖位置。同时，考虑到所训练的深度学习方法在井盖识别上仍存在误差，本书采用前后景图像交叉复核的方式以保证井盖识别的准确性。图 10-4 为前后景图像的对比，前景用于井盖识别和轮迹判别，后景用于井盖识别的复核验证。

a) 前景图像　　b) 后景图像

图 10-4　前后景拍摄图像

为识别车辆的轮迹，首先在井盖识别的基础上，通过透视变换将前景图像投影到一个新的视平面，消除由相机倾斜导致的远近或倾斜透视失真，具体转换公式为：

$$[x',y',w'] = [u,v,w]\begin{bmatrix} a_{11} & a_{12} & a_{13} \\ a_{21} & a_{22} & a_{23} \\ a_{31} & a_{32} & a_{33} \end{bmatrix} \tag{10-2}$$

透视变换矩阵可以进行拆解如式（10-3）所示：

$$\text{Transform} = \begin{bmatrix} a_{11} & a_{12} & a_{13} \\ a_{21} & a_{22} & a_{23} \\ a_{31} & a_{32} & a_{33} \end{bmatrix} = \begin{bmatrix} T_1 & T_2 \\ T_3 & a_{33} \end{bmatrix} \tag{10-3}$$

式中，$T_1 = \begin{bmatrix} a_{11} & a_{12} \\ a_{21} & a_{22} \end{bmatrix}$表示图像线性变换；$T_2 = [a_{13} \quad a_{23}]^T$ 表示产生图像透视变换；$T_3 =$

$[a_{31} \quad a_{32}]$表示图像平移。

图像校正后，计算左右车道线间的像素距离 l，左右各取 $l/3$ 像素距离作为虚拟轮迹带区域，如图 10-5 所示。轮迹带区域确认后，提取识别井盖的外接矩形，计算其长、宽的像素距离 a 和 b，并输出外接矩形中心距离图像左右车道线的像素距离 d_1、d_2。采用式(10-4)对井盖位置进行判断，甄别与虚拟轮迹带区域相交的井盖为有效井盖，仅有效井盖才可判别。

$$
\begin{aligned}
&d_1<\frac{l}{3}+\frac{a}{2} \text{或} \ d_2<\frac{l}{3}+\frac{a}{2} \quad \text{有效井盖} \\
&d_1 \geqslant \frac{l}{3}+\frac{a}{2} \text{且} \ d_2 \geqslant \frac{l}{3}+\frac{a}{2} \quad \text{无效井盖}
\end{aligned}
\tag{10-4}
$$

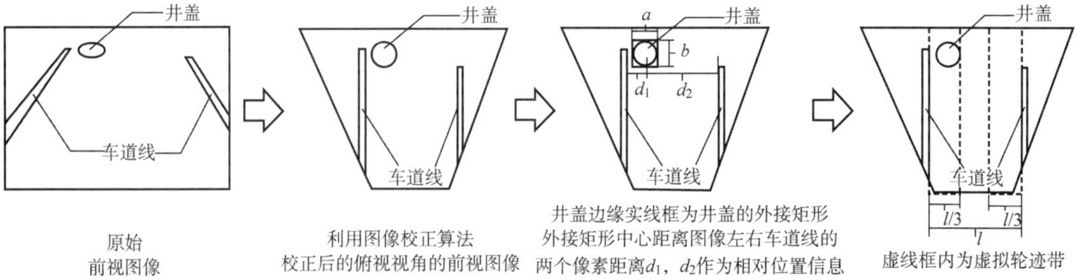

图 10-5　井盖有效性判别流程

图 10-6 和图 10-7 所示为识别出的部分有效井盖和无效井盖，可见车行道的井盖识别效果较好，且识别所得的外框矩形基本覆盖井盖大小。在有效井盖判别基础上，进一步结合后置图像对井盖识别结果进行复核，当前后景均识别有井盖信息时，即认为该井盖识别成功，并进一步提出振动数据进行高差评估。

图 10-6　有效井盖

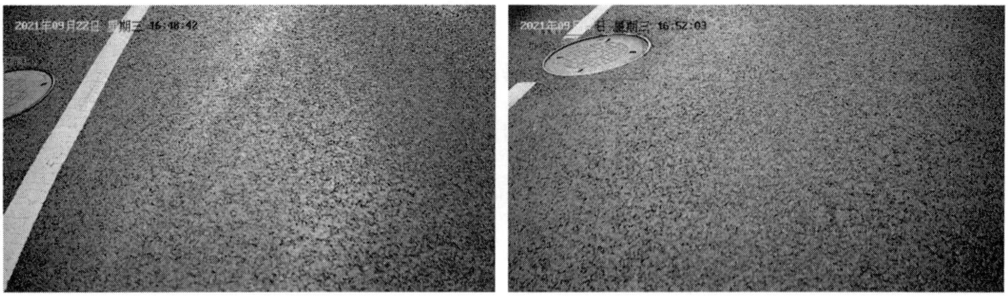

图 10-7　无效井盖

(3)车身振动筛选和高差评估。

在井盖识别基础上，首先判定井盖是否为有效井盖。判定为有效井盖后，通过时间戳匹配进行振动数据切分。受井盖定位误差和车速影响，车轮碾压井盖的时间很短，导致较难直接提取定位。因此，本书综合考虑车辆的行驶速度，采集有效井盖前后对应图像采集时间的前后各5s(共11s)的振动数据进行解析和评估。由于井盖高差所致的车辆振动为短时振动，因而选取均方根指标来表征车辆的振动量级。

随后对11s的振动数据进行切割，每1s计算对应Z轴加速度分量的均方根值式(10-5)，并选取其中最大值作为该井盖所致的当量RMS指标。

$$rms\_max = \max\left(\sqrt[2]{\frac{z_1^2+z_2^2+z_3^2+\cdots+z_{n-1}^2+z_n^2}{n}}\right) \tag{10-5}$$

式中，z_i为振动数据Z轴的分量；n为分量个数。

车速对于车身振动影响显著，在计算当量RMS指标基础上，需根据当前行驶车速进行速度修正。本书采用线性模型进行修正，将所有行驶车速条件下计算的RMS值，换算成40km/h等效速度下的当量RMS值，具体计算公式如下：

$$rms\_max_{revised} = rms_{max} \cdot \frac{40(\text{等效速度})}{v(\text{当前速度})} \tag{10-6}$$

当量RMS可用以表征车辆振动的幅值大小，且与路面局部高差的幅值呈正相关，通常假设路面高差与当量RMS呈线性相关，因而可依据该指标对窨井高差进行预估和量级评定，如式(10-7)所示。

$$h = M \cdot rms_{max\ revised} + e \tag{10-7}$$

式中，M为线性拟合参数；e为线性模型的拟合常数项。拟合参数与车辆的悬架参数、减振性能有关，可通过定量标定试验测得。

基于拟合的高差预估模型，选取试验路段的井盖数据进行测试验证，计算结果如表10-2所示，高差预估误差均在6mm以内，表明本书所介绍的方法可有效判别道路窨井高差。此外，仍有部分井盖所对应的振动量级距线性回归结果具有一定偏差，推测其原因在于：一方面，车轮碾压井盖的轨迹并不完全一致，理想情况下，车轮轨迹与井盖直径方向完全重合，但实际行驶过程中，车轮通常仅碾压井盖的局部区域，因而导致测量的振动数据存在偏差；另一方面，井盖前后的路面亦会存在一定的不平整现象，会对车身产生额外振动，引起判别误差。

井盖验证结果 表10-2

井盖编号	实测高差(cm)	计算高差(cm)	误差(cm)	井盖编号	实测高差(cm)	计算高差(cm)	误差(cm)
1	1.80	1.74	0.06	7	0.30	0.28	0.02
2	2.30	2.17	0.13	8	0.35	0.57	0.22
3	1.50	0.94	0.56	9	1.90	1.67	0.23
4	0.80	1.20	0.40	10	3.20	3.23	0.03
5	0.70	1.02	0.32	11	1.60	1.43	0.17
6	2.80	3.00	0.20	12	2.20	1.97	0.23

进一步分析车辆经过井盖位置的振动特征,如图 10-8 所示。由图可见,车辆经过井盖时,其振动特征具有典型的“双峰”特征,分别对应于车辆的前后轮,且前后轮所致的加速度峰值基本一致。而随着井盖高差的增加,振动峰值和量级也随之增加,当井盖的高差达到 2.8cm(重度沉降)时,车身的振动峰值可达到 1.68m/s^2。

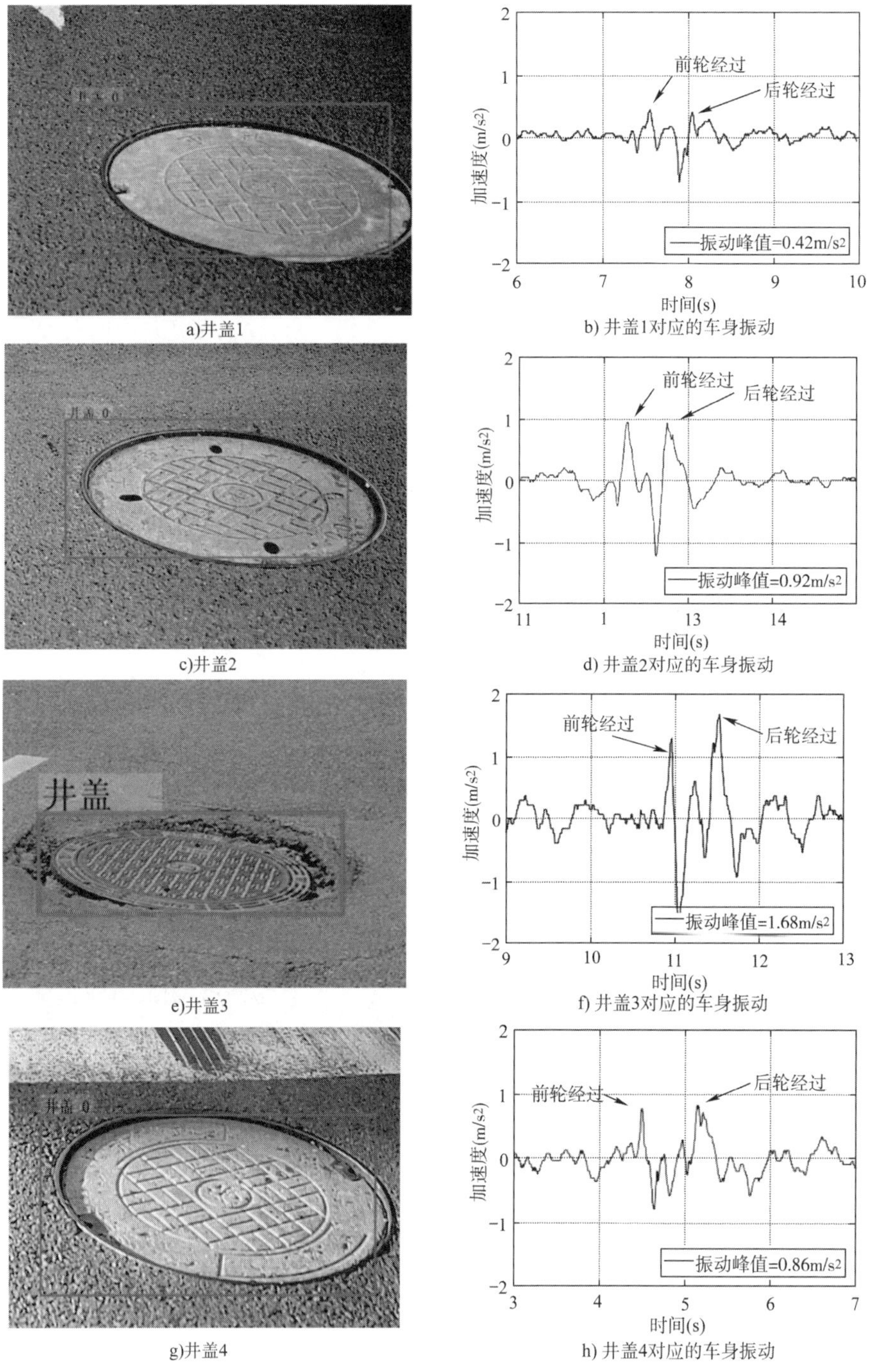

a)井盖1　b) 井盖1对应的车身振动

c)井盖2　d) 井盖2对应的车身振动

e)井盖3　f) 井盖3对应的车身振动

g)井盖4　h) 井盖4对应的车身振动

图 10-8　典型沉降窨井及其所对应的车辆振动特征

10.2 路面图像与路内雷达信号交叉解释

10.2.1 基于路面-路内交叉分析的道路病害致因解释

传统养护维修工作只能维护肉眼可见的病害，无法发现导致表观病害频发的道路深层结构损坏，存在“治标不治本”的问题。若道路上某一空间位置在连续时间范围内存在多次修补、多次损坏的情形，可能病害的频发并非路面问题或者养护措施不当，而是更深层次的路内结构发生了损坏。因此，需要交叉分析病害位点的路面数据和路内状况，精准辨析路表损伤的实际诱因。

(1)病害频发位点交叉分析。

基于第 9 章介绍的高频路面损伤数据的跟踪追溯方法，可以实现病害位点的时空匹配，明确同一空间位置处、不同时间序列下的路面损坏状况，进而发现病害屡修屡坏的频发位点，如图 10-9 所示。针对该频发位点的道路位置，利用探地雷达装备进行结构健康探查，挖掘路表损伤的实际致因。

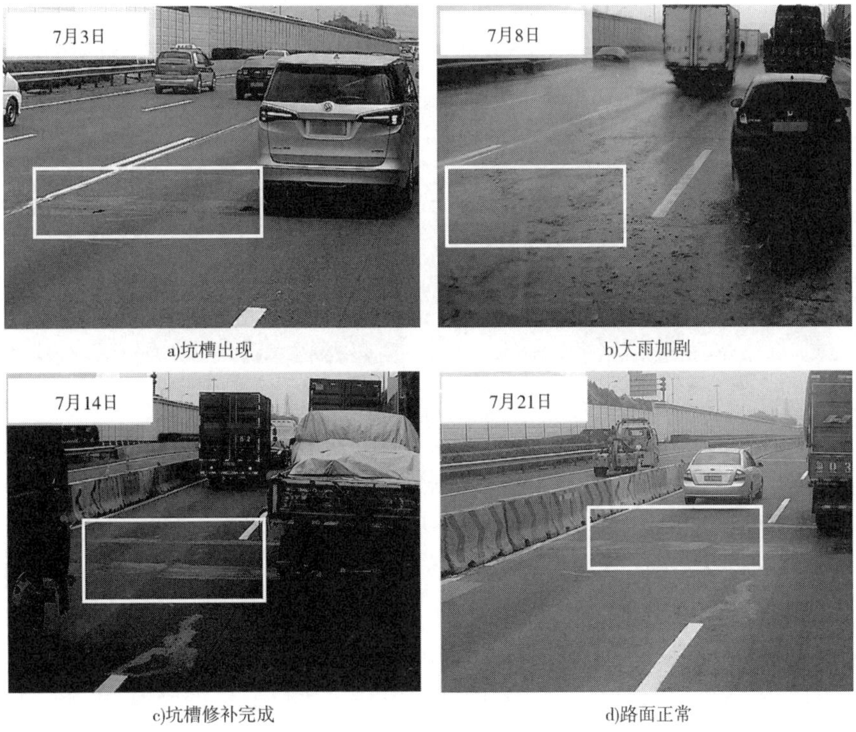

a)坑槽出现　b)大雨加剧　c)坑槽修补完成　d)路面正常

图 10-9

e)路面正常

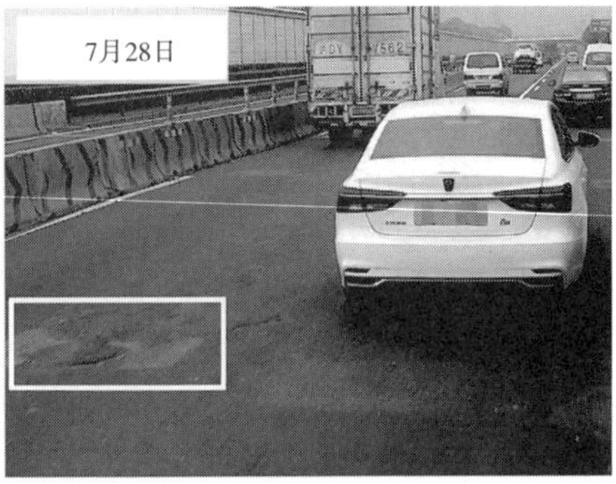

f)坑槽再现

g) 坑槽再修补完成

h)路面正常

i)坑槽重复出现

j)大雨加剧

图 10-9　坑槽屡修屡坏的频发位点

图 10-9 为上海市某一高速公路上的病害频发位点,从 7~9 月坑槽反复出现和修补,7 月 3 日发现坑槽的产生,7 月 8 日经过大雨后加剧了坑槽损坏,在 7 月 14 日左右完成了坑槽修补;修补过后的两周时间内,路面状况保持良好,没有新的病害产生;7 月 28 日坑槽再次出现,9 月 2 日完成了坑槽再修补,可见相关道路管养部门维修比较及时;但之后不到两周的时间,9 月 11 日坑槽又重复出现,并在 9 月 18 日大雨影响下发展恶化成为大坑槽。由此可见,虽然道路管养部门针对病害修补比较及时,但路表的养护维修无法根治病害成因,病害仍然屡屡发生,给养护工作带来了不少困扰,也造成了养护资源的浪费。

因此,路面的频修频坏可能是路内结构问题导致的,针对此类频发病害位点,需要对其路内深层结构进行健康探查,挖掘其深层致因,解释路面病害频发现象。图 10-10 为此处频发位点的深层雷达图像，探地雷达检测结果显示，此处路内结构出现了不均匀沉降，深层的不均匀沉降导致此处路面高度降低，低于周围平均路面高度，因此车辆经过时对路面造成了类似桥头跳车的竖向冲击，且该高速公路重载车辆较多，对路面结构的冲击程度更严重，不仅加剧了此处的沉降，同时也加速了病害的劣化，导致病害在不到半个月的时间里重复产生和衰变。

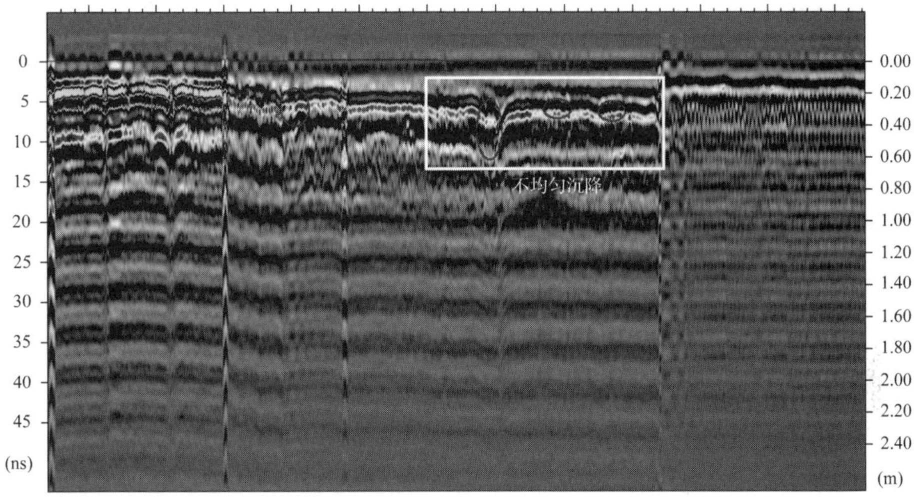

图 10-10　探地雷达探查结果

（2）路面病害不明成因交叉分析。

路面病害的形成不仅受到天气、交通量等外界因素影响，也与路内结构状况关系密切，当路表状况解释不足时，其真正致因可能为路内结构异常。

图 10-11 所示为河南省某一高速公路，路面出现了严重拱起，综合检测车检测一直未发现该处病害，直至某一车辆经过险些翻车，向公安交管部门报警后才引起相关养护管理部门的重视，但现场一直找不出病害成因，因此采用探地雷达技术对此处的道路深层结构进行探查，雷达图像如图 10-12 所示。

图 10-11　路面严重拱起

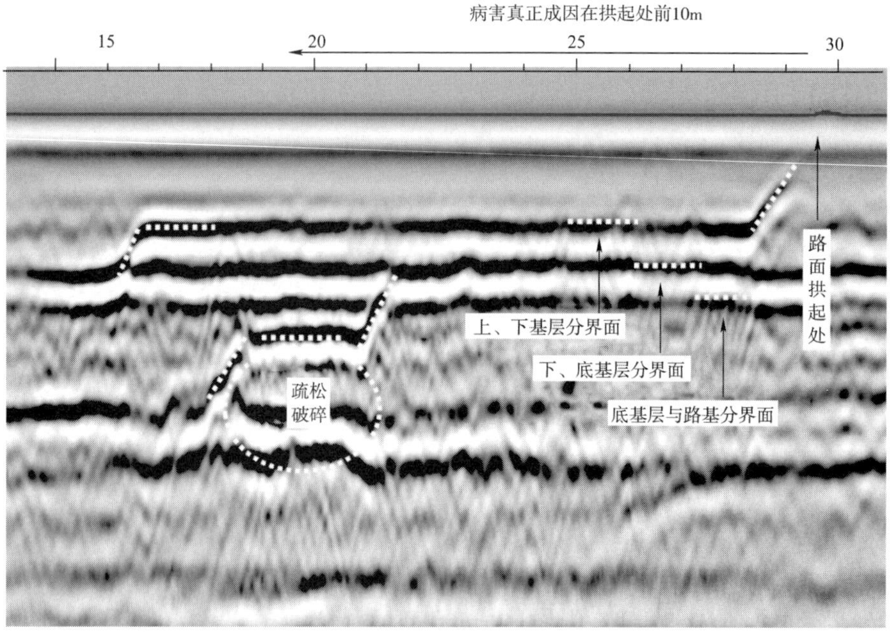

图 10-12　探地雷达结果分析

如图 10-12 所示，经过探地雷达对路面结构深层状况检测发现，拱起病害的成因在前方 10m 外，该处基层断裂，层间不良且底基层已破碎，路内结构破坏较严重，且拱起位置为下坡路段，路面在车辆行驶推移作用下不断积累变形而产生拱起，可见道路的深层损坏具有辐射性，对于一定范围内的路面均存在影响。

10.2.2　基于关联规则挖掘的道路深层病害共生模式分析

沥青道路在不断受到重载车辆以及自然环境的共同影响下，会形成多种路面和路基病害，如路面裂缝、坑槽、不均匀沉降、路基脱空和路基裂缝等，这些病害存在相互作用的关系，一种病害可能诱发其他多种病害的产生，例如裂缝会加速水分渗透路面结构，导致路基富水，水分冲刷路基从而形成脱空，严重时导致道路塌陷事故。而在当前的养护处治中，通常采取的是先检测发现然后处治的方式，根据检测发现的病害类型采取相应的养护措施进行维护，忽略了检测病害对其他类型病害的潜在影响，当具有诱发性的轻微病害出现后，如果没有及时进行深层加固处理，短时间内即可发展为网裂、沉陷等严重病害。本书将这种现象称为深层病害的共生模式，利用关联规则挖掘（Apriori）对多种道路深层病害的共生关系进行分析，为深入研究道路病害的产生机制提供了新的视角，进一步帮助管理部门优化养护计划，提高养护方案的可持续性和准确性。

关联规则挖掘是一种数据挖掘方法，用于反映一个事物和其他事物之间的相互依赖性和关联性，最早由 Agrawal 等人提出，用于分析大量数据中项集之间有趣的相互关系。关联规则挖掘有三个重要的基本概念，包括项（item）、项集（items）和事务（transaction）。项是一个项目，此处为一种病害；项集是若干个项目的集合，此处为不同种类病害的集合，关联规则即表示项集之间的关系；事务是包含所有项的项集的子集，此处为共生病害的集合。假设 A 和 B 是两个项集，且 $A\subset I$，$B\subset I$，$A\cap B\neq\varnothing$，因此一条关联规则可以表示为“$A\rightarrow B$”，在此关联规则中，A 为左端项，B 为右端项。

Apriori 算法是一种用于挖掘频繁项目集和学习关联规则的经典方法，也是目前关联规则学习领域最常用的算法之一。该算法主要包含两个步骤：首先找出数据集中所有的频繁项集，这些项集出现的频繁性要大于或等于最小支持度；然后根据频繁项集产生强关联规则，这些规则必须满足最小支持度和最小置信度。支持度、置信度和增益值是最常用的三个关联规则的评估指标，详细计算如下。

支持度（support）：事务数据同时包含该关联规则左端项和右端项的概率，如式（10-8）所示。

$$\mathrm{support}(A\rightarrow B)=\frac{N(A\cup B)}{N(ALL)}=P(A\cup B) \tag{10-8}$$

置信度：事务数据包含该关联规则右端项的概率，与事务数据同时包含该关联规则左端项和右端项的概率的比值，如式（10-9）所示。

$$\mathrm{confidence}(A\rightarrow B)=P(B|A)=\frac{P(A\cup B)}{P(A)} \tag{10-9}$$

增益值：表示该关联规则的左端项（或右端项）出现对该关联规则右端项（或左端项）出现概率的提升程度，如式（10-10）所示：

$$\mathrm{lift}(A\rightarrow B)=\frac{P(A\cup B)}{P(A)P(B)}=\frac{\mathrm{confidence}(A\rightarrow B)}{\mathrm{support}(B)} \tag{10-10}$$

由于高置信度的规则有时可能出现误导，与支持度和置信度相比，提升度往往更能揭示关联规则左端项和右端项之间的内在关系。因此在关联规则较多时，增益值往往用来对关联规则进行筛选和排序。如果关联规则的提升度大于 1，说明左端项与右端项呈正相关，即任意一个出现时，另外一个比一般情况下更可能出现。相反，如果增益值小于 1，说明左端项和右端项的出现是负相关的。如果增益值接近于 1，则说明左端项和右端项的出现相关性很小，或者说两者的出现并没有什么关联。对于给定的关联规则，增益值偏离 1 越远（尤其是远大于 1），则该关联规则越有可能具有实际意义。

本书采用 Apriori 算法挖掘多类型深度道路病害之间的关联规则，通过评价指标的阈值，即支持度和置信度的最小值，过滤出多个有意义的强关联规则。通常当支持度达到 5%时，关联规则被认为是有意义的，支持度越高，意义就越强。然而，即使支持度很高，置信度低的规则也可能没有意义。因此，还需要设置最小置信度（即置信度阈值）来保证规则的有效性。增益值没有阈值，是通过比较与 1 的大小来评估，前段已提及。本书旨在挖掘不同病害类型之间的关系，这意味着需要保留 13 种病害类型中的所有关联规则，因此，本书将支持度阈值和置信度阈值均设为零来挖掘强关联规则。

本书基于实地试验采集的探地雷达数据，进行预处理建立共生病害数据集，包括病害类型、位置、严重程度等信息，然后通过关联规则挖掘，分析道路深层病害的共生模式，具体步骤为：数据预处理，共生病害数据集建立，深层病害共生模式挖掘。

（1）数据预处理。

首先需要对采集的探地雷达数据进行滤波处理，滤除杂波干扰信号，为了保留尽可能多的

实际反射信息,采用一维高斯滤波代替复杂的滤波方法,如式(10-11)所示:

$$f(x)=\frac{1}{\sigma\sqrt{2\pi}}e^{-(x-\mu)^2/2\sigma^2} \tag{10-11}$$

此外,雷达信号强度通常随着时间的增加而下降,还需要应用一些增益函数来增强较弱的信号。SEC(Spreading & Exponential Compensation)是线性时间增益和指数时间增益的复合,它可以补偿数据在传播过程中的球形损失和指数级能量耗散,且由于雷达数据是呈指数衰减的,与 SEC 函数的指数形式类似,因此 SEC 是最接近物理现实的增益。图 10-13b)的 SEC 函数中,GMAX 是函数的一个限制值,α 值决定函数的陡度,当深层数据的衰减严重时,可能需要采用较高 α 值使得弱信号变显著;图 10-13c)展示了增益的效果,可见深层的雷达信号得到了补偿。

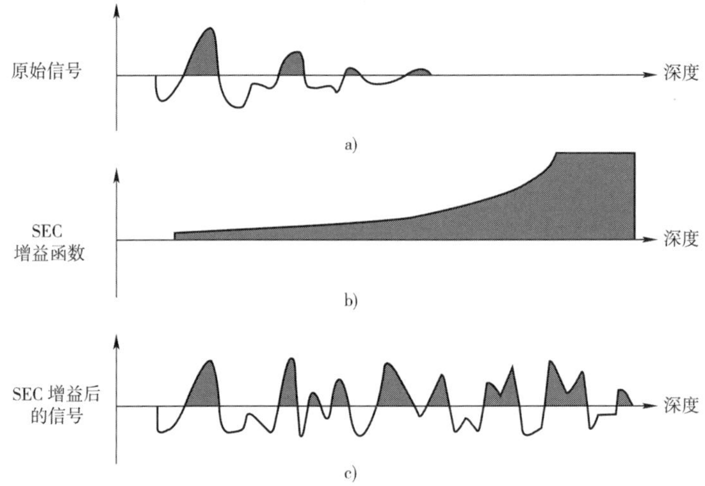

图 10-13　SEC 增益函数及效果

(2)共生病害数据集建立。

经过数据预处理后,结合第六章介绍的探地雷达自动化分析技术,识别分类得到五类道路深层病害:裂缝、脱空、松散、富水和不均匀沉降。为了定量分析不同类型病害之间的关系,需要对病害严重程度进行分级,分为轻度、中度和重度,一共 13 种病害类型,如表 10-3 所示。

道路深层病害严重程度分级　　表 10-3

病害类型	轻度病害	中度病害	重度病害
裂缝	病害面积较小且单独出现	多个病害聚集分布,且雷达信号反射能量较强	病害面积较大,成段发展,可能影响路基安全
脱空			
疏松			
富水			
不均匀沉降	—	—	

由于目前没有统一的道路深层病害等级分类规范,本书基于实际工程经验,结合病害发展情况和雷达信号反射能量,由经验丰富的专业工程师综合评价道路深层病害的严重等级。将病害面积较小、单独出现的深层病害判断为轻度病害;将聚集分布且雷达信号反射能量较强的

病害判断为中度病害；而重度病害则面积较大，往往发展成段，危及路基安全。此外，由于不均匀沉降难以划分其严重程度，因此不进行分级描述。病害严重程度等级划分如图 10-14 所示。

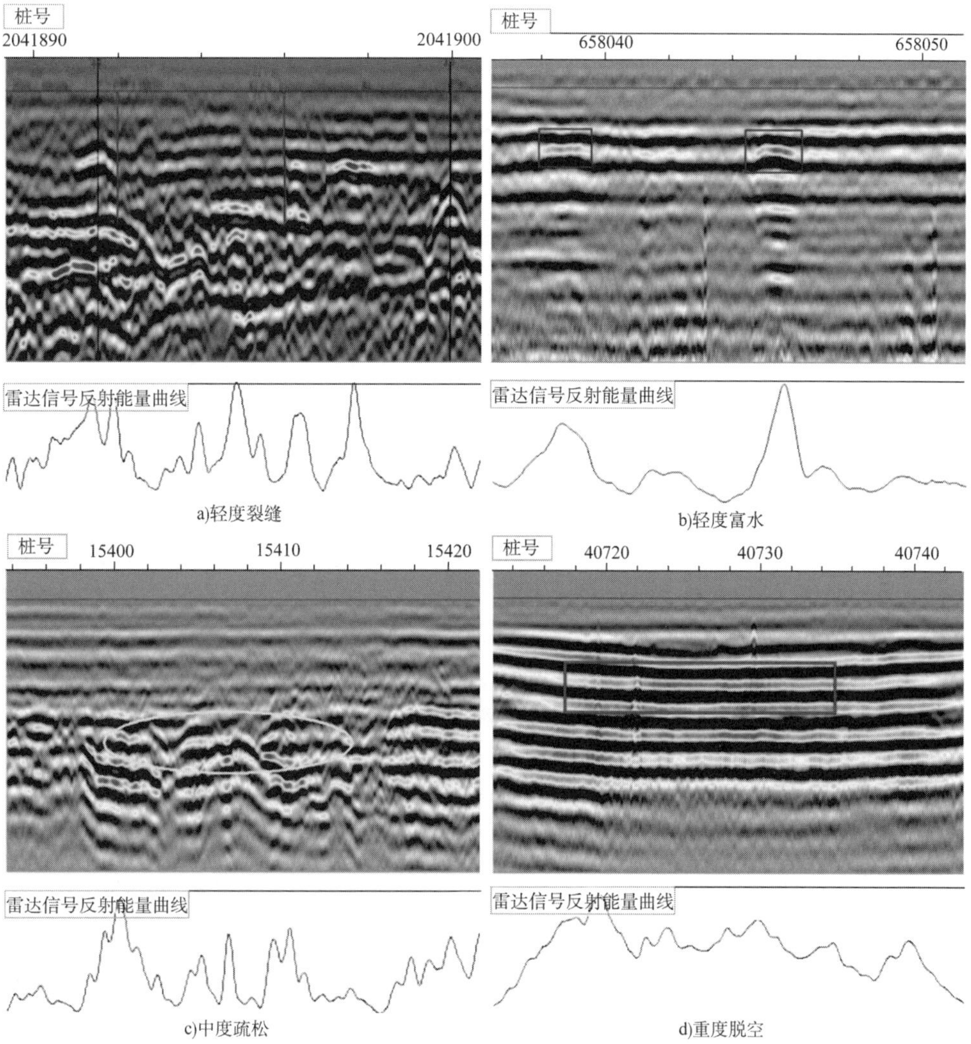

图 10-14　病害严重等级划分示例

在车辆荷载作用下，路面的动力响应可以扩展到路基的不同深度，大交通量时路基工作区深度可达 6~8m。因此，考虑到车辆轴重对周围路基的影响，本书将 10m 以内的病害作为共生病害，距离在 10m 以内的深层病害被统计在一条共生病害记录中，建立共生病害数据集。

（3）深层病害共生模式挖掘。

基于构建的共生病害数据集，采用关联规则挖掘对道路深层病害的共生模式进行分析。图 10-15a）为包含不同病害类型的共生病害记录占比。其中 82.5%的共生病害记录中有两种以上的病害，说明各种病害类型的组合是比较常见的，值得公路养护部门重视；17.5%的共生病害记录仅有一类病害且均为轻度病害，说明四类轻度病害可以单独发生，而中度及以上严重程度的病害不能单独发生，往往是伴随着轻度病害发生。图 10-15b）中也显示轻度病害的占比最高，四类轻度病害的占比均超过 10%。

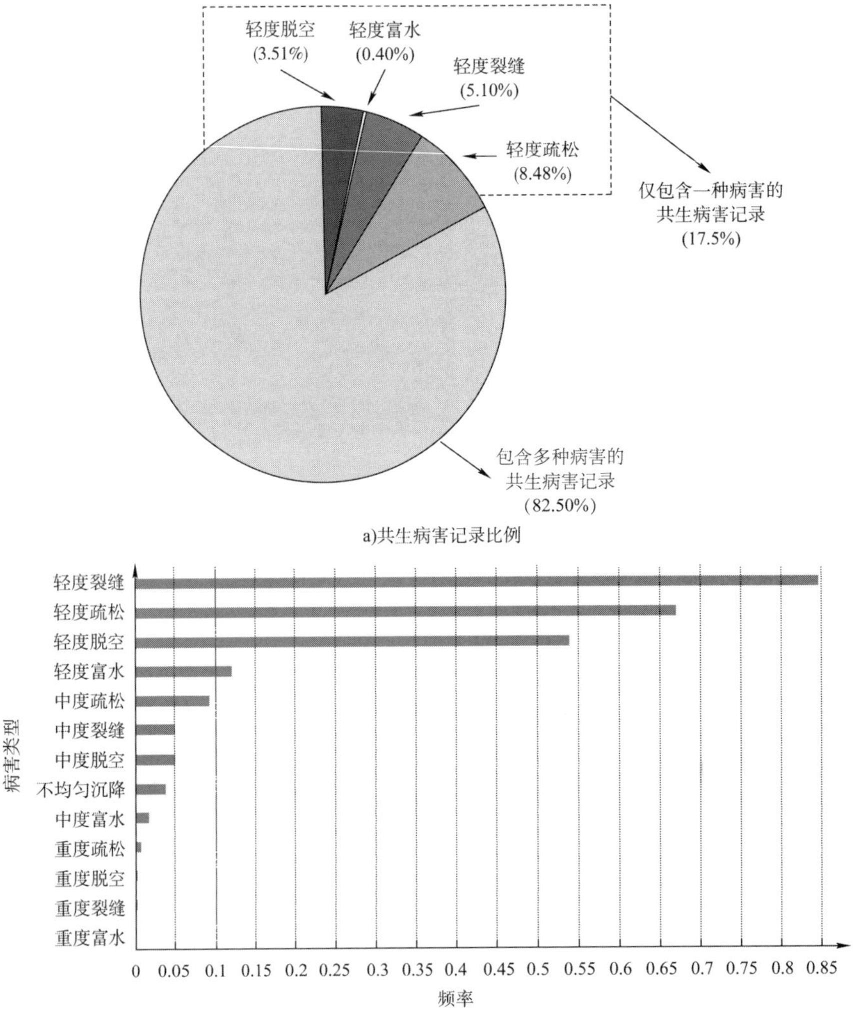

a)共生病害记录比例

b)不同类型病害的发生频率

图 10-15 共生病害记录和病害占比的统计结果

①轻度病害之间的共生模式。

如前所述,轻度病害的发生频率最高,经常伴随着其他病害,因此轻度病害之间可能存在着共生模式,采用关联规则挖掘进行分析。如图 10-16 所示,实线表示包含着两种轻度病害的关联规则支持度,即这两种病害同时出现的概率,括号内为对应的增益值,虚线表示该关联规则的置信度,箭头指向的为关联规则的右端项。

由图 10-16 中的实线可知,包含轻度病害的关联规则支持度都大于 5%,说明轻度病害之间存在很强的相关性,其中,轻度裂缝和轻度疏松的关联规则支持度最高,达到 50%以上,轻度裂缝和轻度脱空的关联规则支持度达到 48. 41%,表明 50%以上的道路路基既有裂缝又有疏松,45%以上的道路路基既有裂缝又有脱空。结合图 10-15b)中裂缝发生频率最高(达 85%),可见裂缝是最常见的深层道路病害,轻微的裂缝对道路的破坏并不严重。然而在车辆荷载和环境影响下,裂缝会引起土体松动,甚至造成土体收缩而形成空洞,这可能是道路深层病害潜在的产生机理。此外,箭头指向轻度裂缝的规则均具有较高的置信度,即以轻度裂缝为右端项的关联规则,"轻度疏松→轻度裂缝""轻度脱空→轻度裂缝""轻度富水→轻度裂缝"的置信度分别为83.30%、89.69%和93.33%,且这些关联规则的增益值都大于1,表明轻度裂缝的发生与其他轻度病害的发生成正相关关系。当道路深层存在其他轻度病害时,轻度裂缝有近90%的概率同时发生。相似地,当关联规则的右端项为轻度疏松时,规则的置信度也很高,达到66%左右,显然,作为第二常见的深层病害,轻度疏松也与其他轻度病害存在着共生关系。

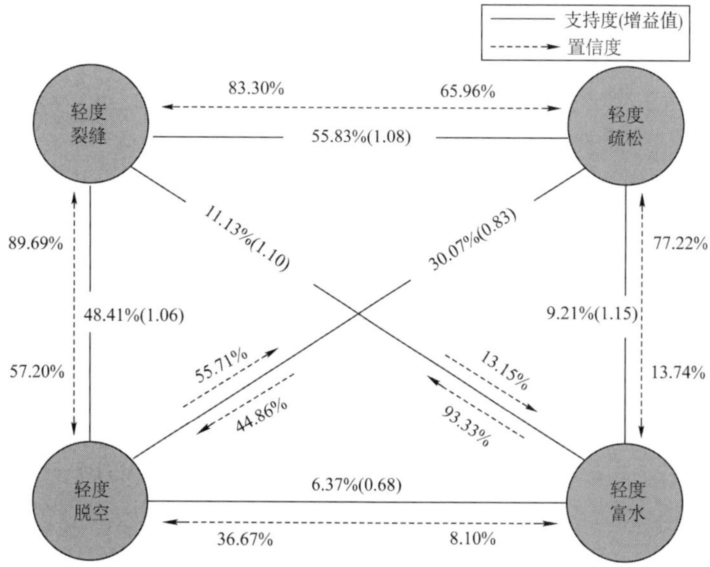

图 10-16 轻度病害之间的关系

为了进一步分析轻度病害之间的共生模式,筛选出包含轻度病害组合的强关联规则,即支持度和置信度均大于5%的关联规则,如表10-4所示。其中,规则"轻度疏松、轻度脱空→轻度裂缝"的支持度最高,达到28.21%,说明这三种病害组合的发生频率最高;置信度高达93.83%,表明当轻度疏松和轻度脱空同时存在时,出现轻度裂缝的概率大于90%,是轻度裂缝单独出现概率的1.11倍;且该规则的增益值也大于1,说明当存在轻度裂缝时,轻度疏松和轻度脱空更容易发生。与以上关联规则类似,表10-4中规则7~12的增益值都大于1,例如规则7的置信度为74.44%,表明当存在轻度裂缝和轻度疏松时,出现轻度富水的概率在70%左右。这可能是因为裂缝会使水分进入松软的路基,进一步导致路基富含水分。

表10-4还展示出一种共生现象,如规则3~6所示,虽然这些也是包含轻度裂缝、轻度疏松、轻度脱空的规则,但当规则的右端项为轻度疏松或者轻度脱空时,其增益值却小于1,支持度和置信度仍然较高。轻度裂缝和其他两种轻度病害的正相关关系在前面已经讨论过,因此这可能是由于轻度疏松和轻度脱空之间为负相关关系,由图10-16可知,轻度疏松和轻度脱空的增益值为0.83<1。当道路深层出现土质疏松时,只有再经过水侵蚀后才会形成脱空,而出现脱空病害时,下一步则是发展成一个更大的脱空,因此脱空和疏松之间不存在相互诱发的关系。

轻度病害之间的强关联规则　　表 10-4

序号	关联规则	支持度	置信度	增益值
1	轻度疏松,轻度脱空→轻度裂缝	28.21%	93.83%	1.11
2	轻度裂缝→轻度疏松,轻度脱空	28.21%	33.33%	1.11
3	轻度裂缝,轻度疏松→轻度脱空	28.21%	50.53%	0.94
4	轻度脱空→轻度裂缝,轻度疏松	28.21%	52.27%	0.94
5	轻度疏松→轻度裂缝,轻度脱空	28.21%	42.09%	0.87
6	轻度裂缝,轻度脱空→轻度疏松	28.21%	58.28%	0.87
7	轻度富水→轻度裂缝,轻度疏松	8.87%	74.44%	1.33
8	轻度裂缝,轻度疏松→轻度富水	8.87%	15.90%	1.33
9	轻度疏松→轻度裂缝,轻度富水	8.87%	13.24%	1.19
10	轻度裂缝,轻度富水→轻度疏松	8.87%	79.76%	1.19
11	轻度疏松,轻度富水→轻度裂缝	8.87%	96.40%	1.14
12	轻度裂缝→轻度疏松,轻度富水	8.87%	10.49%	1.14

根据上述分析,要提高养护措施的有效性,应考虑轻度病害之间的强相关性。当轻度病害被检测到时,需要注意它对周围路基其他病害的诱发性,而不仅仅只是维修这单一病害。例如,根据图 10-16 的数据,当轻度裂缝存在时,轻度疏松和轻度脱空发生的平均概率为 52%。因此,为了防止更深层、更严重的病害,有必要在检测到基层裂缝时关注周围路基的性能状况。

②轻度病害和严重病害之间的共生模式。

轻度病害往往会诱发更严重的病害,但它们的具体关系尚不明确,因此需对轻度病害和严重病害之间的共生模式进行挖掘分析。

首先需要对病害类型进行筛选,关联规则的左端项和右端项不应同时包含不同严重程度的同一病害,例如轻度裂缝、中度裂缝和重度裂缝不应包含在同一条关联规则内。因为严重病害是由轻度病害发展而来的,而且通常伴随有轻度病害,这些没有意义的规则应该被排除,且由于严重病害的发生频率远低于轻度病害的发生频率,这些规则的支持度很小。因此,为了获得有意义的关联规则,将支持度和置信度的阈值设为 1%。得到的关联规则如图 10-17 所示。

图 10-17 中,左边一列的子图是以轻度病害为左端项的关联规则,右边一列的子图是以轻度病害为右端项的关联规则。可以发现,右列子图中的置信度要比左列子图中高很多。例如图 10-17b) 中,平均置信度达到了 94.46%,其中"中度富水→轻度裂缝"的置信度为 100%,表明当富水病害发生时,周围路基一定存在有裂缝,且增益值均大于 1,说明轻度裂缝与严重病害的产生呈正相关,严重病害通常与裂缝一起出现。相似地,图 10-17d) 表示当存在严重病害时,轻度疏松出现的概率接近 80%。

然而,轻度脱空、轻度富水和严重病害之间的关系却并不类似。虽然轻度脱空作为右端项的规则平均置信度高达 44.78%,但"中度疏松→轻度脱空""不均匀沉降→轻度脱空"的置信度均小于 1,表明虽然轻度脱空与严重病害共生的概率不低,但轻度脱空并不会引起土质松散和不均匀沉降的发生,这与前文分析一致。轻度富水与严重病害之间的关系如图 10-17g)和h)所示,其平均置信度较低,约为 25%,但是增益值超过 1.5。与其他病害类型相比,其置信度较低可能是因为富水病害的样本数量较少,然而其较高的增益值表明轻度富水的确对严重病害存在强烈的诱发性。

综上所述,轻度病害和严重病害有较高的共生概率,尤其是轻度裂缝和轻度疏松。因此,在制订养护维修方案时应考虑裂缝、疏松、富水和严重病害之间的诱发关系。反之,脱空与严重病害之间的弱关系可以忽略不计。

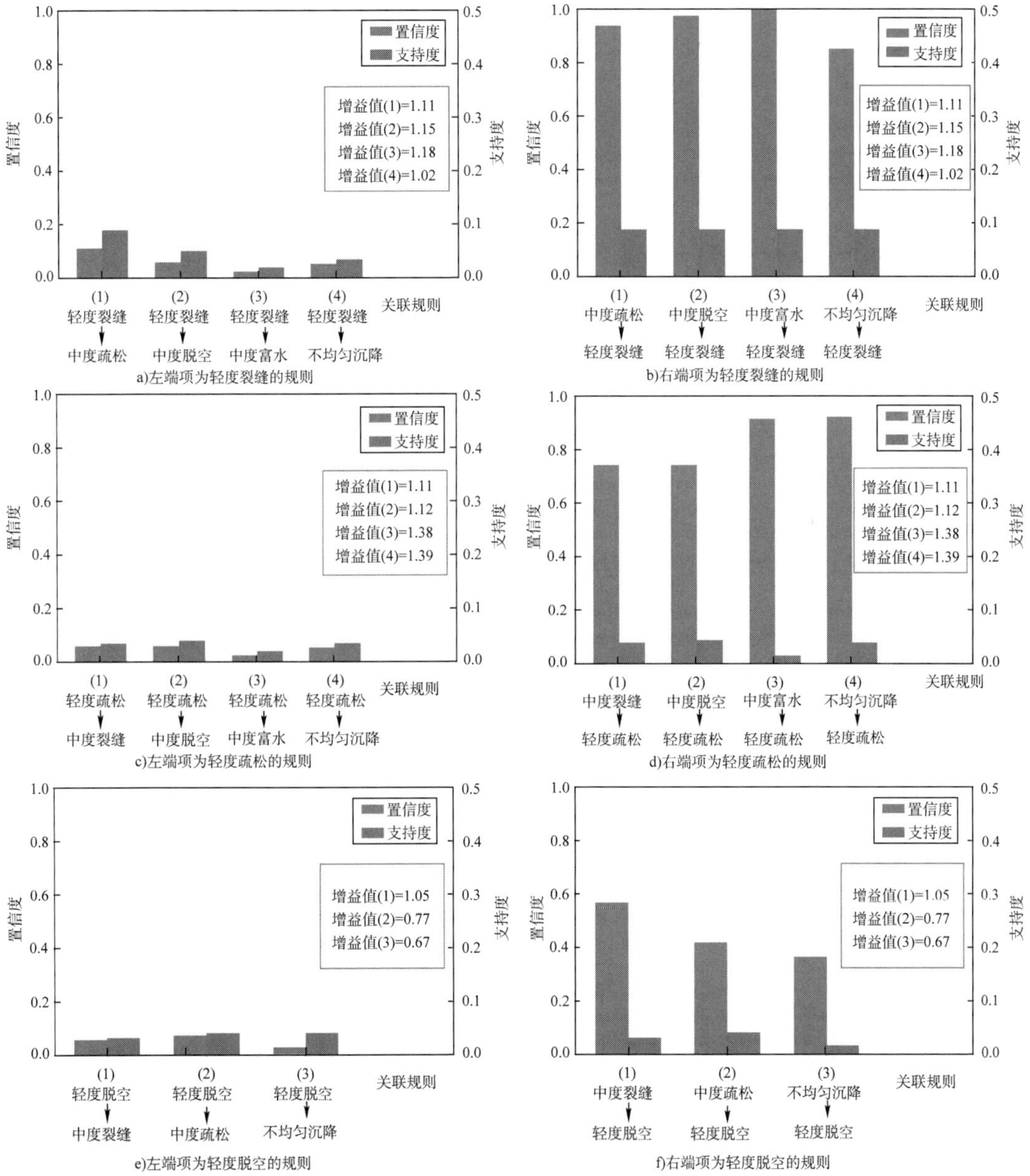

图 10-17

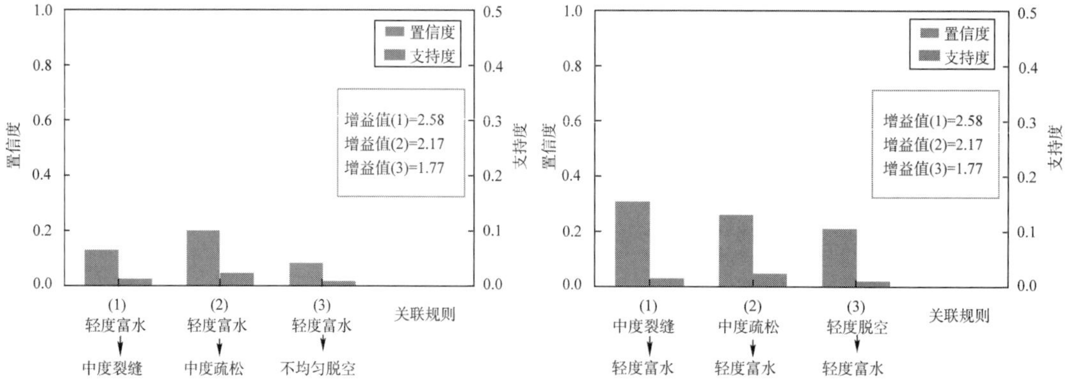

g)左端项为轻度富水的规则　　h)右端项为轻度富水的规则

图 10-17　轻度病害和严重病害的关联规则

10.3 多源性能数据与历史数据综合研判

10.3.1　多维数据与传统养护记录综合分析

传统的养护记录数据蕴含丰富的道路材料和养护细节，例如养护维修记录、道路线形、深基坑开挖记录、渣土车等重载车辆行驶轨迹，如图 10-18 所示，但因缺乏电子化、统一化管理，造成大量高价值信息被浪费，可以通过统一的数据管理，让多维巡查数据与传统养护记录信息有机结合，综合推理分析路面损伤致因，在数字化时代下发挥传统养护数据效能。

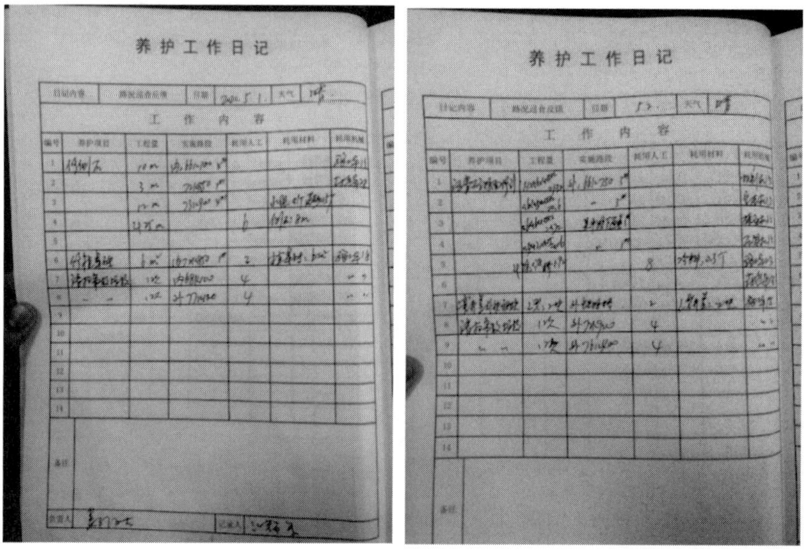

图 10-18　纸质养护记录

(1)基于养护记录的频修位点分析。

养护记录中包含维修的时间、位点、类型、工程量等养护数据，将其电子化后可以分析得到道路各位点的养护情况。图10-19为上海市某一高速公路的各车道养护记录统计，包括各车道的维修次数和维修工程量信息，可见养护维修多集中于第3车道，相较于第4车道，第3车道的维修次数超出326%，维修工程量高出172%，这是因为该高速公路的第3车道交通压力繁重，重载车辆比例较高，因此第3车道的路面状况较差，养护维修活动集中。

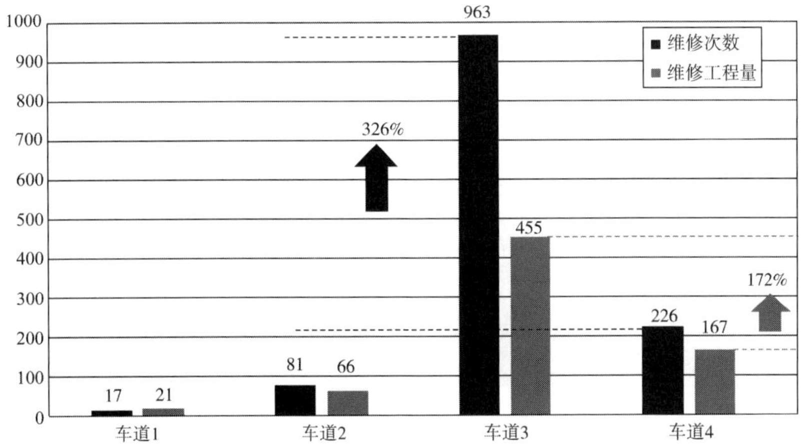

图10-19 各车道养护维修次数及工程量统计

进一步地，根据养护维修记录统计，针对第3车道上的频修位点进行分析。如图10-20所示，其中某些位点在半年内维修了24次之多，最高6次/月，其他频繁修补位点也有最高5~6次/月的维修频率。因此，针对这些频修位点，采用探地雷达技术对其深层状况进行探查，检测结果显示频修位点下方均有不同程度的道路结构损坏，存在着破损、层间黏结不良、松散、不均匀沉降等多种深层病害，正是由于道路深层结构已经发生了损坏，仅对路面病害进行修补不能根治病害成因，从而出现频修频坏的现象。因此，针对路表的频发病害，需要关注其道路深层结构健康，治标更要治本。

(2)基于多源性能数据的病害致因分析。

路面病害的频发多发与天气、交通量、养护等众多因素相关，为了更准确地判断病害诱因，需要综合分析高频跟踪检测结果、探地雷达探查结果、道路设计资料、养护维修记录等多源性能数据，结合多维高频的信息研判病害的真正致因。

图10-21所示为上海市某一道路交叉口的实景图，交叉口路面明显向上隆起，现场目测隆起高度超过50cm，路面状况良好，无明显损伤病害，因此采用探地雷达对该交叉口的道路深层结构进行探测，雷达结果剖面图如图10-22所示。

探地雷达检测结果显示，所检测位置下方存在裂缝、松散、破碎、富水等病害，病害个数较多、较严重，深度分布在0.3~1.3m，各病害信息均已在雷达剖面图上标记出。结合该处道路的基层设计资料，分析发现路面隆起是基层结构、材料和外界环境因素耦合作用的结果。

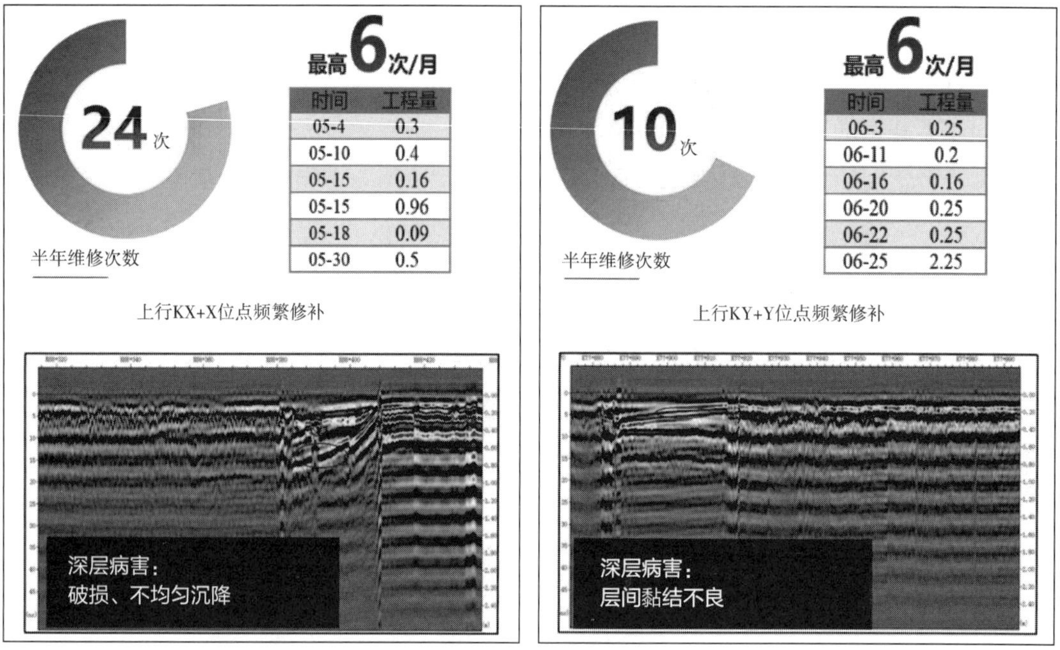

图 10-20 频修位点分析

图 10-21 交叉口中部异常隆起超 50cm

如图 10-23 所示，道路路口东西两侧设有较大中央绿化带，内部土壤和植被极易吸水储水，而道路下方是一条地道，地道顶板为现浇混凝土顶板，为不透水层。降水或市政浇灌用水进入绿化带后会聚集在底部的混凝土板上方，无法继续下渗，交叉口下方的路基与绿化带存在水位差，导致绿化带内水体不断渗流进入交叉路口下方的路基内，使路基处于高含水状态甚至被水浸泡。此外，地道与路面道路之间有 1m 厚二灰土基层，厚度较大，施工时可能存在石灰拌和不均，出现团块的现象。石灰遇水后即出现膨胀，且二灰土所包含的土本身具有遇水膨胀性，石灰和具有膨胀性的土在水的长期作用下发生缓慢膨胀，导致路面隆起，不均匀膨胀还进一步造成了路面下方多处松散和破碎病害。另外，雷达剖面图上还发现有管线存在，若该管线是给水管，也存在给水管漏水的可能性。

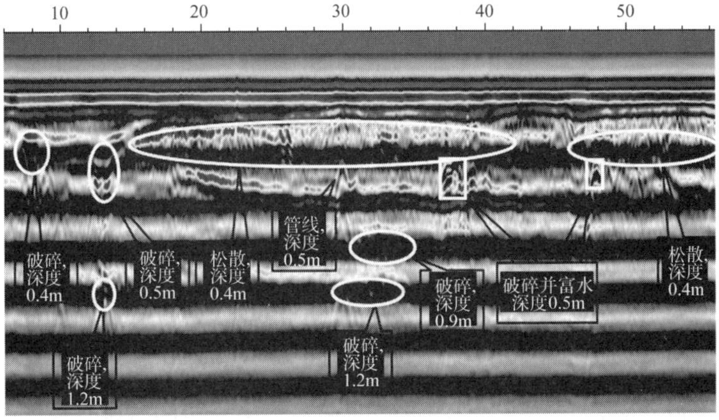

a)左转车道检测结果

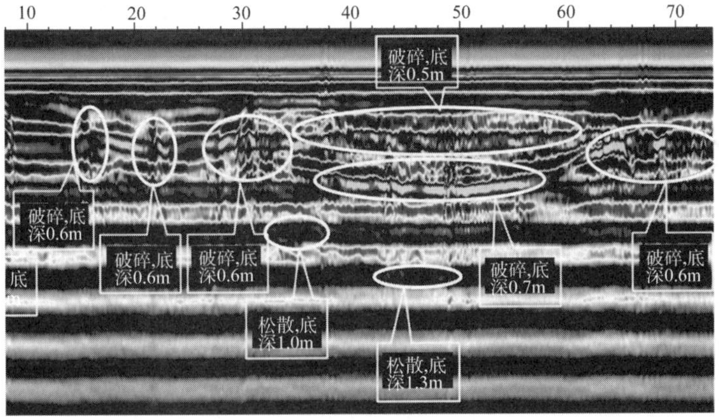

b)直行车道检测结果

图 10-22　探地雷达检测结果剖面图

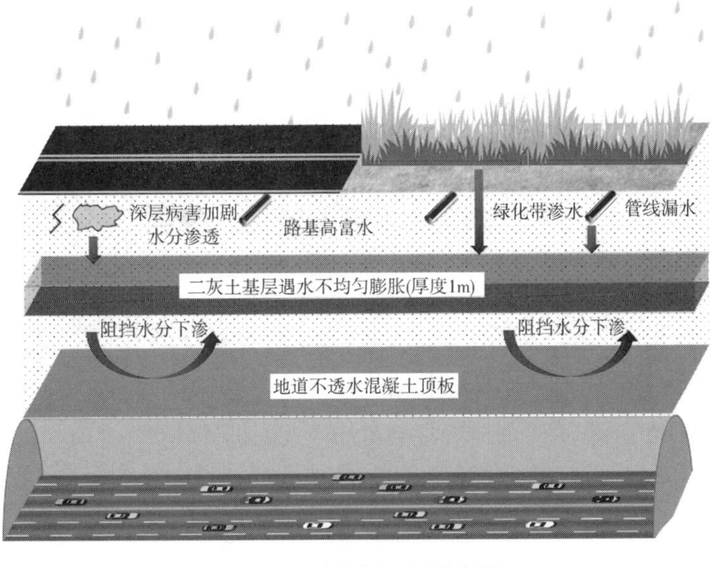

图 10-23　路面隆起致因分析图

综上所述,该处路面隆起的原因是绿化带内土壤储存的水长期渗透(不排除还有给水管漏水的可能性)进入十字路口下方路基,二灰土路基遇水后出现体积膨胀,导致路面隆起和路面下方出现松散、破碎等病害。

10.3.2 基于时滞互相关的路面病害发生影响分析

路面病害的产生受到气温、降雨、交通量、环境等多种因素的耦合影响,影响程度和效应时间各不相同,例如道路轴载每天都会影响路面性能的变化,天气状况具有短期影响也有长期影响,这些影响不会同时表现出来,具有时滞效应。因此,为了探究气象因素等对路面病害的发生影响,本书将高频检测数据与气温、降雨等历史数据相结合,利用时滞互相关分析方法(Time-Lag Cross-Correlation Analysis,TLCC)研究路面病害发生的时延现象。

为了从众多因素中确定有效影响因素,本书仅选取初次发生的路面病害作为研究对象,不对频发病害进行分析。根据第9章介绍的匹配跟踪算法,确定病害首次发生的时间。气象数据由相关网站获取,包括最高气温、最低气温、日平均气温、日总降水量和相对湿度,数据时间段为2021年1月1日至6月30日,共181天。

互相关分析(Cross-Correlation)是估计两个时间序列中事件之间相关性的常用方法,即两个时变事件之间的相关性在时间间隔内可能是一致的,也可能是不一致的。在信号分析中,互相关是用来描述随机信号 $x(t)$、$y(t)$ 在任意两个不同时刻取值之间的相关程度。因此,互相关分析不能够提供两个信号之间的 lead-follow 信息,例如哪个信号在前哪个在后。而时滞互相关分析(TLCC)可以用于识别两个信号之间的 lead-follow 关系,TLCC 是通过逐渐偏移第一个信号并频繁计算与第二个信号的相关性来测量的,公式如下:

$$\mathrm{r}(X,Y,\tau)=\frac{1}{N-\tau}\sum_{i=1}^{n}\frac{(x_i-\overline{X})(y_{i+\tau}-\overline{Y})}{\sqrt{\sum_{i=0}^{n}(x_i-\overline{X})^2}\sqrt{\sum_{i=0}^{n}(y_i-\overline{Y})^2}} \tag{10-12}$$

式中,N 是样本大小;τ 是信号的偏移量;x_i 是 y_i 两个样本中的值;$\overline{X}$ 和 $\overline{Y}$ 是变量的平均值。

在各种时间序列分析方法中,假设时间序列变量是平稳的,这表明时间序列的统计特征在整个时间段内都保持不变,但是在一些情况下,时间序列统计特征可能会受到某些因素的影响。因此,采用加窗时滞互相关分析(Windowed Time-lag Cross-Correlation,WTLCC)来评估无论时间间隔是否变化,统计特征都是稳定的,进而评价整个时间周期内的互相关:在多个时间窗口中计算两个信号之间的加窗滞后关系,每个窗口提供一个分数来比较 leader 和 follower 信号之间的差异。

时滞指的是两个密切相关的事件(例如因果关系)之间的时间段。由于环境各部分之间的交互作用需要较长的时间周期,地理和环境中的时滞现象被认为是一个常见的解释变量。为了了解气象因素对路面病害产生的影响,包括温度、降水和湿度,本书采用了一种同时具有时滞互相关(TLCC)和加窗时滞互相关(WTLCC)的时滞分析方法,分析结果如图10-24所示。

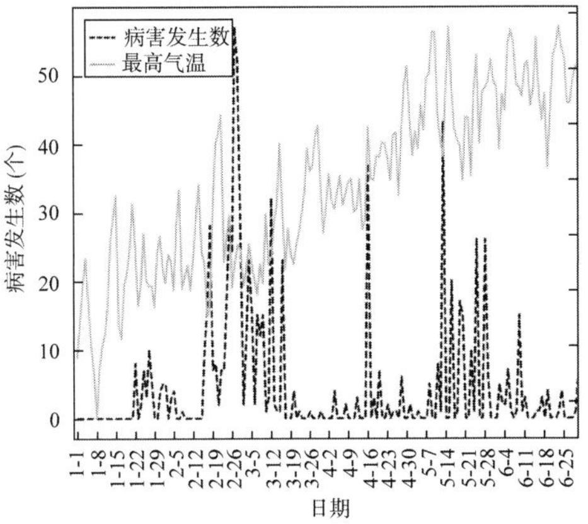

a) 病害发生数与日最高气温

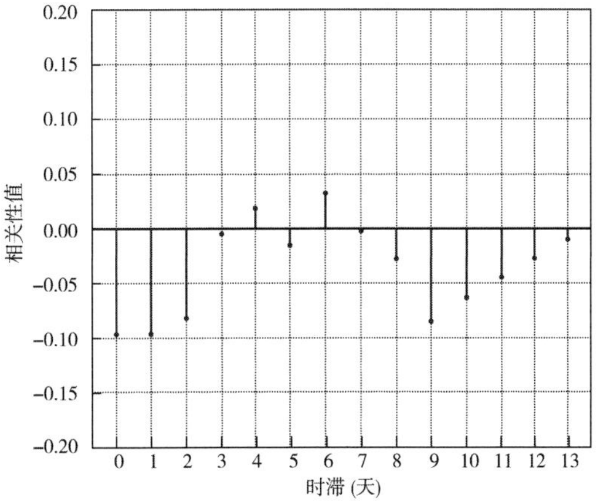

b) 病害发生数与最高气温的TLCC分析

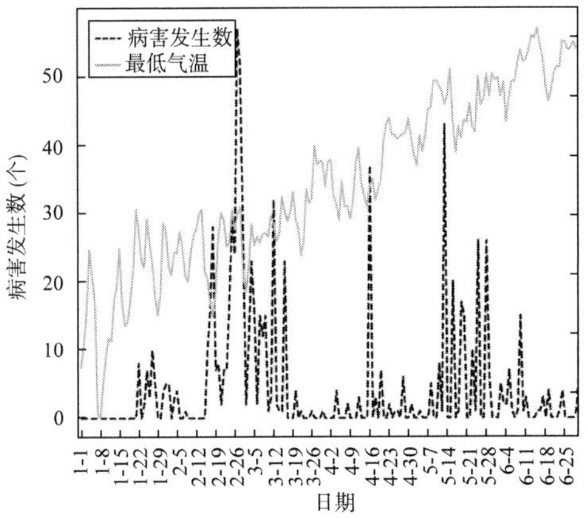

c) 病害发生数与日最低气温

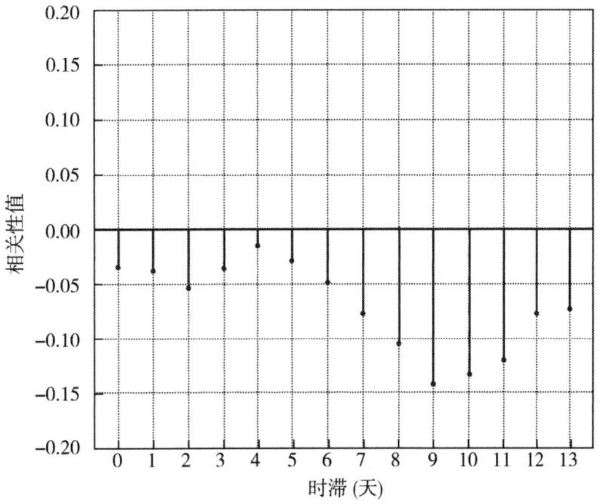

d) 病害发生数与最低气温的TLCC分析

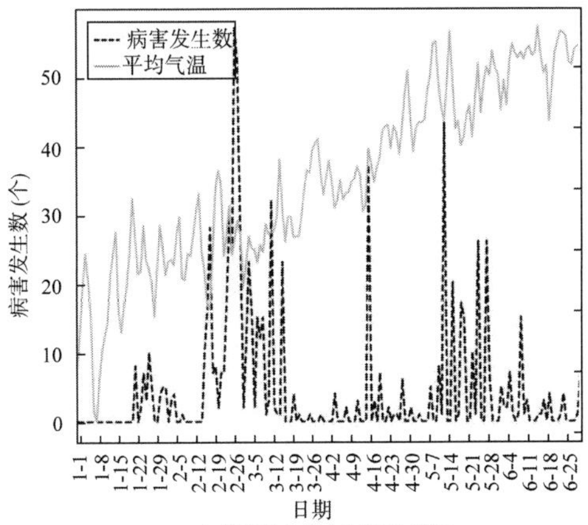

e) 病害发生数与日平均气温

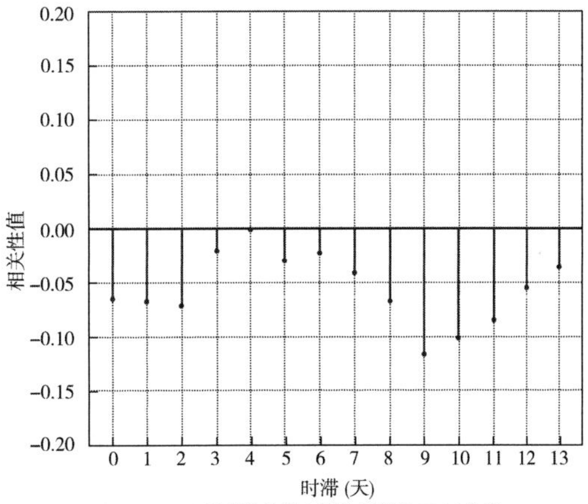

f) 病害发生数与平均气温的TLCC分析

图 10-24

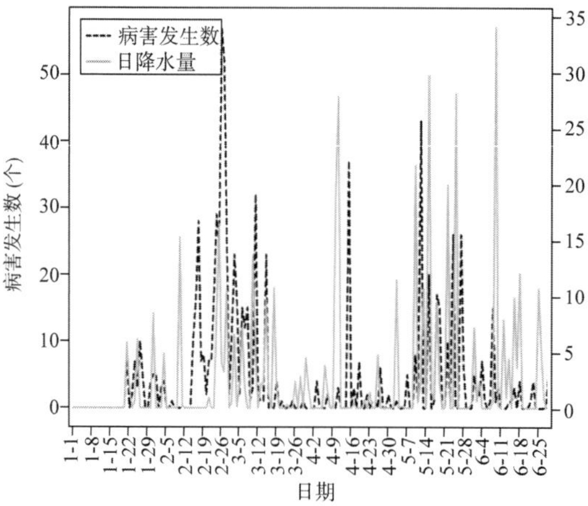

g) 病害发生数与日降水量

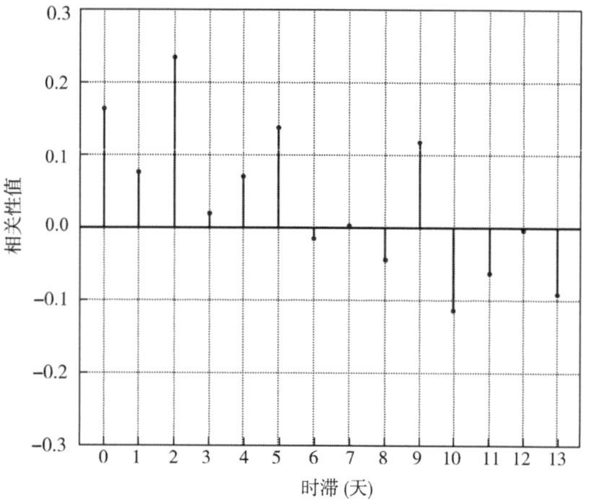

h) 病害发生数与平均日降水量的TLCC分析

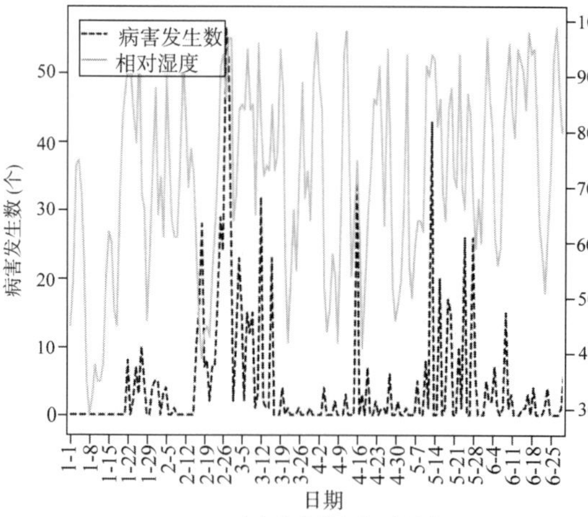

i) 病害发生数与相对湿度

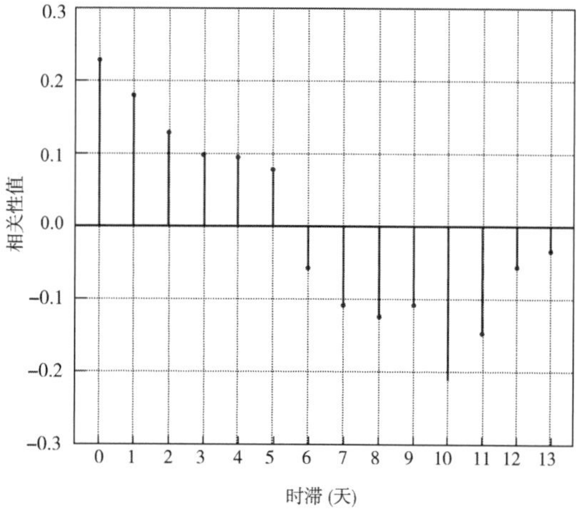

j) 病害发生数与相对湿度的TLCC分析

图 10-24　病害发生数与气象变量的时滞互相关分析

图 10-24 表示了病害发生和各个气象变量之间的时滞趋势,其中气象变量包括日最高气温、日最低气温、日平均气温、日降水量、相对湿度。左列子图表为病害发生数与各气象变量的统计,黑色虚线的波峰表示路面病害的集中爆发,分别出现在 02. 15～03. 17 和 05. 07～06. 01,其中最大病害发生数出现在 2 月 26 日,最大值为 57 个。图 10-24a)、图 10-24c)和图 10-24e)的红色实线分别代表最高气温、最低气温、平均气温的变化,呈现从冬季到夏季温度逐渐升高的趋势;图 10-24g)、图 10-24i)也表现出日降水量和相对湿度的增加,且在 3 月和 5 月分别有波峰出现,说明 3 月和 5 月有两个集中降雨期。

图 10-24 右列子图则是病害发生数和各气象变量的 TLCC 分析结果图,横轴表示两个信号之间的偏移量(lead—follow 之间的间隔),即时滞。纵轴表示时滞互相关性值,用来衡量移位后两个信号的相似度。图 10-24b)中,最大相关性值为-0. 10,出现在时滞为 0 天时,表明最高温度对病害发生数的影响没有时间滞后效应。而在图 10-24d)、图 10-24f)中,在时滞为 9 天时观察到最大相关性值,分别为-0. 14 和-0. 12,表明最低气温和平均气温的影响具有时滞性,可

能影响 9 天后的病害发生，且三个气温变量与病害发生数均呈现负相关的关系。此外，日降水量、相对湿度最大相关性值分别为 0. 24 和 0. 23，对应的时滞分别为 2 天和 0 天，表明日降水量与 2 天后的病害发生高度相关。相对湿度的影响则没有时滞性，且其相关性均为正值，意味着更高的降水量和湿度可能会增加病害发生的概率。

为了评估病害发生数与气象变量之间更细粒度的动态变化，对其计算加窗的时间滞后互相关关系（WTLCC），在信号的多个时间窗内反复计算时滞互相关，通过分析每个窗口或者取窗口上的总和，来评价 lead—follow 两者之间的互动性差异。如图 10-25 所示，WTLCC 图中将代表信号时间序列的每一行值平均划分为不同的时间窗 epoch，并在每个窗口计算时滞相关关系，用颜色表示相关性值大小。图 10-25a）中，时滞为 0 天的相关性值大部分均为负值，图 10-25b）、图 10-25c）中时滞为 9 天的相关性值也大部分均为负值，这与图 10-24 中的结论一致。图 10-25d）中，虽然时滞为 2 天的日降水量相关性大部分呈现负相关，但存在 2 个高相关值，这可能是因为降水信号中零值过多，如果时间窗口间隔较小，WTLCC 值中可能会出现过多的零值。

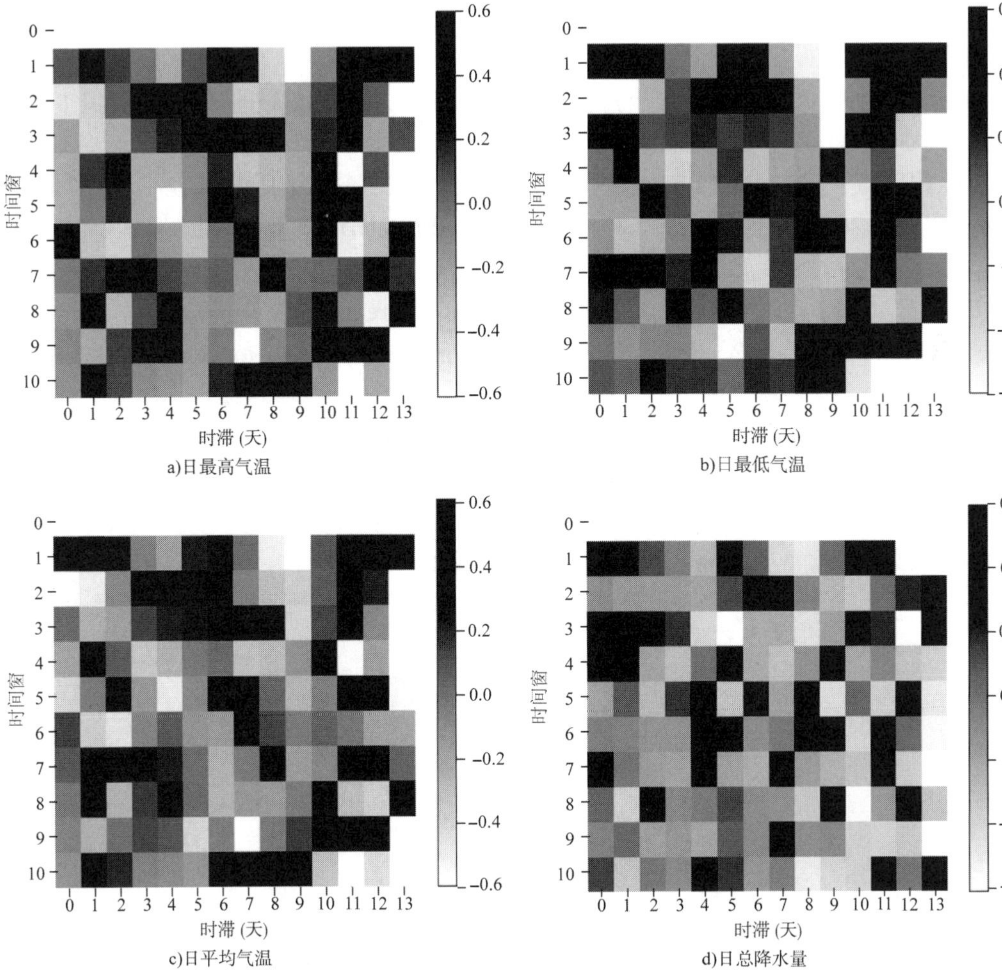

a)日最高气温　b)日最低气温　c)日平均气温　d)日总降水量

图 10-25

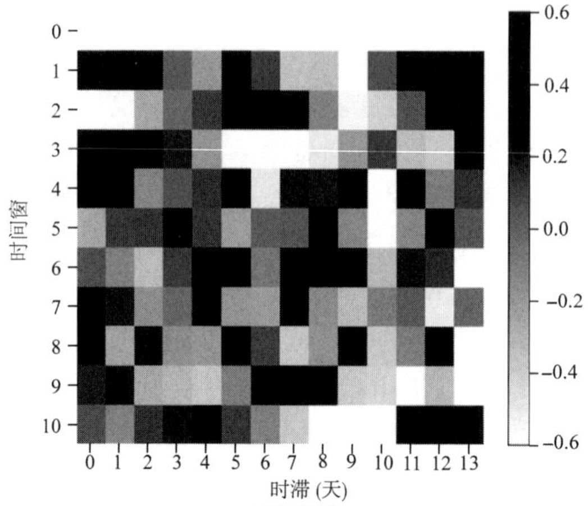

e)相对湿度

图 10-25　病害发生数与气象变量的加窗时滞互相关分析

本章参考文献

[1] 关丽敏,汪贵平,朱进玉,等.基于离散平整度指数的城市道路舒适性预估方法[J].振动与冲击,2021,40(24):236-242.

[2] AGRAWAL R, IMIELIŃSKI T, SWAMI A. Mining association rules between sets of items in large databases[C]. Proceedings of the 1993 ACM SIGMOD international conference on Management of data. 1993: 207-216.

[3] ZHANG Z, CHENG H, CHU X. Aided analysis for quality function deployment with an Apriori-based data mining approach[J]. International Journal of Computer Integrated Manufacturing, 2010, 23(7): 673-86.

[4] LU Z, HU Z, YAO H-L, et al. Field evaluation and analysis of road subgrade dynamic responses under heavy duty vehicle[J]. International Journal of Pavement Engineering, 2018, 19(12): 1077-86.

[5] 赵官胜.重载交通下等级路路基工作区深度的研究[D].济南:山东大学,2009.

[6] 刘伟,汤连生,张庆华.车辆动载下路基土竖向动应力及扩散规律[J].重庆交通大学学报(自然科学版),2012,31(4):799-802+823.